HEYNE <

Zum Buch

Der Traum von der schönen Welt. Als die hübschen Zwillingsschwestern Gisela und Jutta 1968 aus dem kleinen Kassel aufbrechen, um in der weiten Welt ihr Glück zu finden, scheinen ihnen alle Türen offen zu stehen. Sie studieren Kunst, machen Filme, stürzen sich in die Welt der Politik und der High Society und bereisen die Welt. Sie sehen Dennis Hopper die Peitsche schwingen und führen Küchengespräche mit Bob Dylan, schlucken Unmengen von Drogen und führen ein Leben wie im Rausch. Dann heiratet Gisela Paul Getty und das Glück scheint perfekt, doch bald wird der junge Getty entführt, und das Leben der Zwillinge ändert sich über Nacht …
Das eindrucksvolle Porträt zweier außergewöhnlicher Frauen: einfühlsam, authentisch, überraschend!

Zum Autor

Die Zwillingsschwestern Gisela Getty und Jutta Winkelmann, geboren Ende der Vierzigerjahre in Kassel, leben heute beide in München, wo sie als Filmemacherinnen, Fotografinnen, Designerinnen und Schriftstellerinnen arbeiten.

Jamal Tuschick, geboren Anfang der sechziger Jahre in Kassel, lebt seit 1987 in Frankfurt am Main. Er ist Journalist, Schriftsteller und Autor von drei Romanen, zuletzt *Bis zum Ende der B-Seite*.

Gisela Getty

Die Zwillinge oder vom Versuch, Geist und Geld zu küssen

Roman

WILHELM HEYNE VERLAG
MÜNCHEN

FSC
Mix
Produktgruppe aus vorbildlich bewirtschafteten Wäldern und anderen kontrollierten Herkünften

Zert.-Nr. SGS-COC-1940
www.fsc.org
© 1996 Forest Stewardship Council

Verlagsgruppe Random House FSC-DEU-0100
Das für dieses Buch verwendete FSC-zertifizierte Papier *Holmen Book Cream* liefert Holmen Paper, Hallstavik, Schweden.

Vollständige deutsche Taschenbuchausgabe 09/2009

Printed in Germany 2009
Foto Gisela Getty, Paul Getty, Jutta Winkelmann © Claudio Abate
Umschlagillustration: © Dr. Klaus Baum
Umschlaggestaltung: © Eisele Grafik-Design, München
Druck und Bindung: GGP Media GmbH, Pößneck
ISBN: 978-3-453-40678-0

www.heyne.de

Inhalt

1

Ein Tag am Meer – Die Vision

Gisela und ich haben vor, am Strand zu schlafen. Wir nehmen ein paar Tücher mit, viel brauchen wir ja nicht. Die Nächte sind warm.

In Sperlonga steht nur ein Gebäude dicht am Meer, eine alte weiße Villa, mit einem riesigen Tomatenfeld als Vorgarten. In der Dämmerung greifen wir durch den Zaun und angeln Gemüse. Abendbrot und Vorrat. Wir schwimmen zu den Klippen, bevor es ganz dunkel wird. Wir ernten Muscheln. Ganz leicht ist das nicht, das Meer spielt ruppig mit den Felsen. Eine Zitrone haben wir schon am Spätnachmittag gepflückt. Hier wachsen überall wild Zitronen und Oliven. Zwischen antikem Schrott und wie von Gram gebeugten, windschiefen Nespolibäumen wächst Salbei. Hinter dem seit Anbeginn der Welt existierenden Ort scheint die Welt aufzuhören. Wir fühlen uns wie angeschwemmt, ein bisschen wie zu Besuch auf einem besonders rückständigen Planeten. Mit all den Rudimenten niedergegangener Kulturen wirkt unsere Umgebung wie ein Freilichtmuseum und auch wie die schiere Wildnis. Man fühlt sich zivilisationsfern und zugleich als Fährtenleser der Geschichte.

Wir wollen heute nicht mehr viel essen, wir möchten leicht in den nächsten Tag gehen. Es soll ein besonderer Tag werden.

Schweigend liegen wir nebeneinander und überlassen uns der Betrachtung einer natürlichen Prachtentfaltung. Wir sind eingeschüchtert von der ganzen, so wollen wir das sehen, mystischen Erhabenheit der Leuchtkörper am nächtlichen Himmel. Das ist alles sehr effektvoll arrangiert vom großen Beleuchtungsmeister Mister Big, auch Gott genannt und von uns einst Herr Göttle. Ich bringe die Nacht mit einem dunklen Gewand in Verbindung und mit leichter Melancholie, die zum Stummbleiben Anlass gibt. Wir finden dann aber doch noch Gelegenheit, uns in unserem Entschluss zu bestärken, mit dem nächsten Sonnenaufgang aufzustehen, gemeinsam zu schwimmen und dann unseren ersten gemeinsamen Acidtrip zu starten.

Ich werde vor Gisela wach und sehe sie eingerollt wie eine kleine Schmetterlingspuppe auf dem weißen Sand liegen. Die Sonne behält ihre Kraft noch für sich. Später wird sie damit den Strand leer fegen und alle in den Schatten treiben, mit Ausnahme einiger Skarabäen.

Gisela erwacht. Sie friert und will nicht ins Wasser. Wir hocken zusammen und teilen die letzte Tomate. Dann packt uns aber doch die Lust zu baden, und wir rennen ins Wasser.

Außer uns ist kein Mensch am Strand. Wir beschließen, mit freier Brust auf die Reise zu gehen. Doch dann macht sich ein Landarbeiter am Zaun des Tomatenfeldes zu schaffen. Ungeschickt kaschiert er sein Interesse an weiblicher Schönheit. Wir bedecken uns hawaiianisch mit einem Vorhang aus Sandblumenblüten. Der Mann zieht Leine und wir lösen unsere Tickets am Gaumenschalter ein. Wir sind bereit, gemeinsam in ein geheimes Reich des Geistes einzutreten.

Ich habe erstmal nur einen Metallgeschmack im Mund. Wir frösteln einvernehmlich und strecken uns am Wasser aus. Plötzlich fängt der Sand an zu leuchten, jedes Korn leuchtet. Ich kann also jedes Korn einzeln sehen, aber nicht wie unter einer Lupe. Vielmehr offenbaren mir die Körner ein wunderbares Eigenleben. Sie verraten mir, dass sie sich als Sand nur ausgeben, in Wirklichkeit jedoch vor Energie pulsierende Wesen sind und vielleicht auch Diamanten. Am Himmel ziehen direkt aus dem Nirgendwo Wolken auf, selbstverständlich so weiß wie Schnee. Auch sie entpuppen sich und stellen sich mir dar als Göttergestalten, die sich nun paaren, so lustvoll wie feierlich.

„Siehst du das auch?" frage ich Gisela. Die Worte bilden auf meinem Lippenrand Blasen. Die Blasen schweben, Lichtperlen gleich, zu meiner Schwester. Sie haben ihren eigenen Atem, der wie eine göttliche Melodie klingt oder wie Meeresrauschen.

Mit geschlossenen Augen belausche ich mein Herz. Ich höre auch Giselas Herz schlagen, es hat den gleichen Rhythmus. Ich dehne mich aus, alles fällt mir zu und landet in mir, die ewigen Töne der Welt sind in mir, der pulsierende Strand, die Wolken, das Meer, die ganze Welt.

Ich schaue direkt in die Sonne, ohne mit einem Wimpernhaar zu zucken. Das Licht ist in mir und es spricht, wenn auch nicht mit Worten. Es sagt mir geheime Dinge, die ich sofort begreife ... die ich bin. Das Licht spricht, du bist das Licht. Ich bin das Licht und ich schaue in die Sonne, die immer heller wird und in meinen Augen wohnt. Ich schließe die Augen und alle Dunkelheit ist verflogen.

Ich betrachte Gisela. Ich sehe sie in ihrer unfassbaren Schönheit und weiß, dass ich nur sie liebe. Auch ihre Augen haben die Welt aufgenommen. Gelassen lagert sie auf dem leuchtenden Sand, die Frau aller Frauen, das ewig Weibliche … unendlich gelassen. Sie ist Krishnas Gemahlin, angetan mit überirdischen Preziosen und mit mystischen Zeichen bemalt.

Licht überflutet uns. Ich bin … wir sind aufgehoben in der Ewigkeit. Und Ewigkeit, das ist Liebe, Schönheit, Gott. Ewigkeit ist absolute Stille. So trete ich denn vor Gott.

Es gibt mich nicht mehr.

Ein leises Rauschen tritt ein in meinem Bewusstsein. Das Meer lässt sich mit seinem Walgesang vernehmen. Ich oder das, was von mir übrig geblieben ist, schaut sich erstaunt um. Weinend und lachend laufe ich ins Meer.

Gisela: Ich beobachte meine Schwester. Langsam geht sie ins Wasser, der Wellengang stockt in meiner Wahrnehmung. In einem Augenblick halte ich eine Erstarrung bis in alle Ewigkeit für wahrscheinlich. Zugleich erscheint mir der Kosmos gerade besonders lebendig. Ich sehe ihn pulsieren. Eine Aureole schließt Jutta ein; ihre schmale Figur leuchtet. Sie erscheint transparent. Mein Zeitgefühl kommt mir abhanden. Wortlos lässt mich Jutta wissen, dass es schon immer so war, dass alles das wahr ist, im Gegensatz zu dem Trashfilm, den man gewöhnlich Wirklichkeit nennt. Geburt und Tod sind eine Illusion. Wir werden nicht geboren und wir sterben nicht. Unser Alltagsbewusstsein zeugt furchtbare Schleier, die jeden blind und ängstlich in die Welt sehen lassen. Nun entdecke ich die wahre Gestalt meiner Schwester. Sie oszilliert in ihrer Schönheit und in ihrer Liebesbereitschaft. So kann nur ich sie sehen. Ich löse mich auf in reinem Schauen, ich zerfalle zu Staub, werde eins mit dem Sand, auf dem ich liege. Auch das war schon immer so, wie es mich auch immer schon gab, dieses unfassbar schöne, leuchtende Wesen. Ein Rätsel löst sich auf: In Wahrheit gibt es weder Schmerz noch Vergänglichkeit.

Wir sind Entkommene. Die Tentakel der Malavita können uns nicht mehr erreichen. Fast gestorben sind wir in Arturos Kammer: vor Lichtjahren. Endlich sind wir in der Wahrheit angekommen. Gott zeigt sich uns. Der Anblick meiner Schwester offenbart mir meine eigene Göttlichkeit, meine Schönheit, meine Liebe. Nichts weniger.

Jutta betrachtet mich. Sie hebt ihre Hand. Von ihren Fingerspitzen gehen Strahlen aus und verweben sich. Unter diesem Muster kommt das Meer wieder in Gang. Keine Spur hinterlässt Jutta auf dem Weg zu mir. Mir gegenüber lässt sie sich nieder. Gemeinsam lösen wir uns auf. Wir sind nur noch liebende Atome. Alles fließt über … heilig sind die Bäume, ist jedes Korn … und jedes Korn ist mit jedem Baum verbunden. Ich bin ebenso ruhig wie erschüttert … und endlich jenseits von Zeit und Raum.

Jutta bewegt eine Hand, ein Strahl folgt ihr, nein, die Hand ist der Lichtkern, wir sind jetzt in Indien und spielen als Götterkinder mit Göttern. Unsere Freude verwandelt sich in Perlen, die uns vor die Füße fallen.

Jutta steht an einem Jadebrunnen, wir beide tragen schwarze Schleier. Ihre Hand taucht in Wasser ein. Sie sagt, ohne eine Lippenbewegung: „Das sind die Tränen der Welt."

Ich weiß Bescheid. Wir gehen durch einen Hof mit drei Toren aus sandfarbenem Marmor. Ich erinnere mich schwach, mal gehört zu haben, dass man auf Acid besser nicht zu lang in die Sonne schaut. Ich schaue trotzdem unentwegt in die Sonne, bis ich bemerke, dass ich in Juttas Augen schaue. Mein Herz bleibt stehen. Vielleicht sagt sie so etwas wie: „Ich bin dein Licht.“

Schon bin ich nicht mehr sicher, ob ich mich vielleicht nur selbst betrachte.

Im Lotussitz sitzen wir einander gegenüber. Wir berühren uns ganz leicht, kurz davor, uns in einem Atemzug aufzulösen. Plötzlich fasst Jutta an ihre Nase: „Dir läuft ja der Rotz.“

Er tropft in Eidechsenfarben auf meine transparente Haut.

Die Kinder Gottes übernachten wieder am Strand. Seine auserwählten Lieblingskinder, um genau zu sein. Ich liebe meine Schwester, sie sagt Worte von großer Weisheit. Wir reden leise. Unsere Liebe füreinander und für das Leben löst eine Welle aus; ich laufe über vor Rührung. Darüber lachen wir unbändig, eingehüllt vom Samt der Nacht.

Jutta leuchtet immer noch, ich möchte sagen, ein Licht geht von ihr aus … und auch von mir geht Licht aus. Wir sind zwei Leuchtkörper mit einer Mission auf diesem Planeten. Die Lehren Buddhas sowie die Lehren aller Heiligen haben ihre Sendung in unsere Herzen graviert. Wir lesen sie wie eine Lebenslandkarte, auf der bereits die Wege unserer Gefährten eingezeichnet sind … die wir zum Licht bringen müssen. Die Aufgabe, unsere Aufgabe ist nicht ganz klar, aber wir trauen sie uns zu. Gemeinsam können wir alles.

Jetzt schweigen wir, ergriffen von Bildern und Gedanken. Wir ahnen, während eine kleine Sichel am Himmel ganz blass wird, dass so viel Licht viel Schatten mitbringt.

Wir tragen nicht mehr als Tücher um die Hüften. Freie Kinder sind wir. Gut möglich, dass uns die katholischen Ureinwohner hier gleich steinigen werden. Aber Furcht liegt uns fern, von nun an wird uns nichts Schlimmes mehr passieren, nichts mehr wird uns aus der Fassung bringen. Wir sind unsterblich und heilig in einer an sich heiligen Welt. Nur hat die schusselige Welt das vergessen.

Die Blüten kleiner Sandblumen legen wir auf unsere Brustspitzen. Rosa schimmern sie auf goldbrauner Haut. Ich bin albern, fast übergeschnappt, so grenzenlos verzaubert bin ich von Jutta … von ihr, von mir, von uns.

Unser Publikum besteht aus Jungen und Männern. Sie halten Abstand, sind unruhig. Nur zu gern würden sie uns nahe kommen. Es ist Frühling und für Italiener noch kalt. Der Sommer fängt erst noch an. Unser Sommer. Nackt laufen wir ins Wasser.

Nach dieser Erfahrung verstanden sich die Zwillinge als die Auserwählten. Sie mussten jetzt die Liebe und die Schönheit, die am Verschwinden waren, wieder in die Welt bringen. Die Tür, die sich Achtundsechzig geöffnet hatte, war ins Schloss gefallen. Nun hielten die beiden den Schlüssel in Händen. Sie waren die Lieblingskinder Gottes. Er hatte sie mit einer Mission betraut. Deren Erfüllung stand aus.

2

Im Paradies kann man fliegen

Wir wohnen bei unseren Großeltern in einem herrschaftlichen Haus in der Bremelbachstraße. Ich sage wir, weil es mich noch einmal gibt. Mein zweites Ich heißt Jutta. Gehen wir mit unseren Eltern spazieren, bleiben Leute stehen, um uns anzuschauen. „Zwillinge", sagen sie, „schaut mal, wie süß." Auch unser Opa sagt oft: „Zwillinge, und dann auch noch blond."

Neben uns wohnt eine Hexe. Manchmal klettern wir über den Zaun und schleichen durch ihren Garten: in einem Zustand zwischen Grauen und Erregung. Fremd und verboten ist dieser überwucherte Flecken für uns. Unsere Herzen pochen wie nach einer Anstrengung. Voller Angstlust erwarten wir die Erscheinung der Hexe an ihrem Fenster.

In unserem Garten leben Zwerge und Elfen, wir sehen sie manchmal, und manchmal reden sie auch mit uns. Sie verschwinden, wenn Erwachsene auftauchen. Wir wissen aber, dass sie immer da sind.

An der Sonnenseite des Hauses wächst flach ein Birnbaum in eigenartigen Verästelungen. Unser Opa ist sehr stolz auf dieses Spaliergewächs; er hat es gezüchtet.

Jutta steht in einem Hof, den die Sonne auf der Wiese erschaffen hat, und schaut mich an. Wir brauchen nicht zu sprechen, wir wissen Bescheid. Wir hören den Zug herankommen, gleich wird die schwer stampfende, dichten Qualm ausstoßende schwarze Lokomotive am Garten vorbeidonnern. Wir beeilen uns, das Gelände ist weitläufig, und wir wollen den Moment nicht verpassen. Angst ist wieder dabei, aber sie fühlt sich gut an … wie eine Ankündigung großartiger Erregungen in der Zukunft. Wir laufen so schnell wir können über eine von Gänseblümchen wie betupfte Wiese, einen Hang hinab, vorbei an in Reihen gesetzten Obstbäumen. Unsere Oma und unsere Eltern wollen in ihrer Besorgnis nicht, dass wir das machen. Wir fühlen uns aber unverstanden und missachten das Verbot.

Wir erreichen den Zaun, ich halte mich daran fest – gespannt Ausschau haltend. Der Zug kommt, wir haben es geschafft. Jetzt ist der Moment vollkommen. Die brüllende Zugmaschine stößt eine graue Wolke aus. Von ihr lassen wir uns verhüllen … ich sehe nichts mehr und meine, den Boden unter den Füßen zu verlieren … der Zaun ist weg, die ganze Welt verschwunden – und mit ihr alle Bilder, die ich von ihr besitze, meine Schwester, die Zeit, die Schwerkraft, meine Arme und Beine. Diese beiden Empfindungen vermischen sich: Ich fliege und – es gibt mich nicht mehr.

… und Jutta? Sie erinnert sich so an die Ära der unverbrüchlichen Doppelexistenz:

Unser Haus ist schön und geheimnisvoll. Vor der Aufgangstreppe stehen Palmen: zerrupft, aber nobel. Ein großer Garten gehört zum Haus. Er endet an einem Schienenstrang. Sein alter Obstbestand lässt an das Gedicht des Herrn von Ribbeck denken, der seine Birnen verteilt. Blumen soweit das Auge reicht. Das Gemüserevier liegt für sich. Hier gedeihen Radieschen, Schnittlauch, Erbsen und Salat. Die Beete gehören zum Hoheitsgebiet unseres Großvaters. Von ihm die Erlaubnis zu erhalten, diesen Teil des Gartens ohne ihn aufsuchen zu dürfen, gleicht der Erhebung in den Adelsstand.

Unter einem Weidenvorhang steht das Gartenhäuschen. Es beherbergt einen Zwerghuhnstaat. Über sein scharrendes Volk herrscht ein gefährlicher Hahn. Das böse Vieh hat den Charakter eines Höllenhunds, der wie jeder Zerberus keinen Lebenden in seinem Reich zulässt. Er fasziniert uns gleichwohl, mit seinem flammenroten Kopf, der ständige Erregung signalisiert, den glänzenden Federn und einer absoluten Furchtlosigkeit auch gegenüber Wesen, die an Körpermasse das Hundertfache seines Gewichts aufbringen. Wir fürchten und bewundern ihn.

Er hackt in mein Bein, als ich eines Tages seinen Hennen zu nahe komme.

Der Hahn gehört Onkel Helmuth. Und Onkel Helmuth ist genauso schrecklich, nur eben überhaupt nicht schön. Ich zweifle daran nicht, dass Onkel Helmuth hinter dem Attentat des Hahns steckt.

Hören wir einen Zug, rennen wir durch den Garten, überqueren auch ein Stück verbotenes Niemandsland und gelangen endlich zu den Gleisen. Dort setzen wir uns lustvollem Erschrecken aus, im Dampf der Lokomotive. Die dichte graue Wolke erleben wir wie ein Nirwana. Wir verschwinden im Rauch, baden im Nichts, wie körperlos – tatsächlich ohne Orientierung und Halt. Wir schreien ekstatisch. In der wieder geklärten Luft ist vom Zug nicht mehr viel zu sehen. In unserer Vorstellung liegt vor ihm ein weiter Weg. Irgendwann werden wir mit ihm in weiter Ferne ankommen.

Wir wollen nach Amerika. Das steht früh fest. Mutti erzählt, dass sie ihre schönste Zeit im Krieg als Krankenschwester in einem amerikanischen Hospital verbracht hat, mit netten, Eis spendierenden Ärzten. Eis, die Kugel zu zehn Pfennig, ist fast unerschwinglich, und Pfennige zu sparen setzt Geduld voraus – die wir nicht haben.

Gisela und ich planen schon unseren Umzug nach Amerika.

Der Schauplatz dieser Zwillingskindheit liegt im hellsten Viertel von Kassel. Man entdeckt ihn am besten Ende der Stadt. Eine Mauer säumt die Villa der Großeltern. Ihre erhabenste Stelle ist zum Absprung ideal. Die Kinder springen von der Mauer, immer wieder, immer schneller. Erst vorwärts, dann auch mit dem Rücken zur Straße. Jutta vernimmt Giselas Schmerz im Geschrei der Schwester. Sie blutet … Sie müssen zu Mutti.

Jutta: Mutti am Herd, herumfahrend, die Lage mit einem Blick erfassend. Fachfraulich stellt sie fest, dass die Wunde ernsthaft behandelt werden muss. Sogleich hat sie alles organisiert, den Mantel übergeworfen, das verletzte Kind an den Leib gehoben. Schon befindet sie sich mit Gisela auf dem Weg zum Arzt. Ich bleibe traurig zurück. Keiner zum Spielen da. Keiner da, der sich um mich kümmert.

Mutti und Gisela kommen zurück, die Stirn meiner Schwester wurde geklammert. Mit silbrig glänzenden Metallklammern. Ich möchte so was auch haben. Ich möchte unbedingt auch eine Klammer. Ich möchte auch auf den Arm genommen werden. Alle schauen Giselas Klammern an, sprechen mit ihr. Mit mir beschäftigt sich kein Mensch. Ich überlege, ob ich noch einmal auf die Mauer steigen soll.

Gisela: Das Haus in der Bremelbachstraße stellt sich uns als ein labyrinthischer, mehr noch als ein mysteriöser Ort dar. Wir verlieren uns in seinen dunklen Ecken und sonnen uns wie Eidechsen auf von Lichteinfällen gefluteten Stellen. Manche Wände sind mit Teppichen bespannt. Es gibt einen Wintergarten, in dem Orchideen gedeihen.

Jutta: Wir rutschen bäuchlings über die Treppe. Die Sonne wirft Schatten auf das braune Treppenholz und spiegelt sich auf den polierten Bohlen. Es macht Spaß, durch Hell und Dunkel zu rutschen, wir werden immer ausgelassener. Tante Gisela kommt und sagt, das dürfen wir nicht, Rutschen sei gefährlich und verboten, weil man sich das Genick brechen kann – oder das Bein oder sterben.

Gisela: Unterm Dach wohnt der Bruder unserer Mutter, Onkel Helmuth, mit seiner Frau, meiner Patentante Gisela. Sie hat ein Grübchengesicht, ihre Augen sind himmelblau. Wolfgang heißt ihr Sohn. Seine Gemeinheiten sind ein Klacks im Vergleich zu den finsteren Anwandlungen unseres Bruders Jürgen. Er beeindruckt uns als Gigant beim Zielpinkeln.
Wir vermeiden Begegnungen mit Onkel Helmuth. Oft verstecken Jutta und ich uns unter der Treppe, wenn wir ihn kommen hören.

Einmal nehme ich mir seine Wohnung im Alleingang vor. Ich folge meiner Neugier zu einem Aquarium. Die Fische sind schwarz. Eine Steckdose erscheint mir so anziehend, dass ich daran lecke. Der Stromschlag haut mich um.

Onkel Helmuth entdeckt die Nichte am Boden, hebt mich auf und trägt mich zu Mutti. Sie bläut mir einen ungenauen Begriff von Elektrizität ein. So erfahre ich, dass aus den kleinen Löchern in den Wänden etwas Unsichtbares kommt. Das

Unsichtbare bringt Licht und Gefahr. Nie wieder soll ich die Löcher anfassen, schon gar nicht mit nassen Fingern. Mutti meint, ein Schutzengel habe auf mich Acht gegeben. Andernfalls wäre ich jetzt tot. Ich denke darüber nach, wie es wäre, mit nassen Fingern die Löcher noch einmal zu berühren, und darüber, was „Totsein" bedeutet.

Vor unserem Haus erhebt sich eine Mauer: eine Sprunggelegenheit von großer Anziehungskraft. Ich stehe rücklings auf der Kante … hebe ab und knalle mit dem Kopf auf den Asphalt. Rasender Schmerz sucht mich heim. Ich sehe Explosionszeichen wie in einem Comic, Sterne und Blitze. Und werde ohnmächtig. Auf jemandes Armen komme ich blutüberströmt zu mir. Erwachsene formieren sich vor meinem Bett, in der Tür steht mein Vater. Das Licht ist gedämpft, ein Arzt anwesend. Alles fühlt sich weich an. Ich bemerke Engel am Fenster. Ein Engel schaut mich lange an, das ist bestimmt mein Schutzengel, von dem Mutti gesprochen hat, nach meinem Steckdosenabenteuer.

Nach ihren eigenen Begriffen sind die Zwillinge vollendet auf die Welt gekommen … ungemein heil … als illuminierte Wesen, die wie Kinder bloß aussehen. Die menschlichen Sterntaler brauchen allein sich, nur sich. Ihr Glück liegt in der Symbiose, in surrealer Abgeschlossenheit. Die verordnete Mittagsruhe ist dagegen eine Allerweltsqual hinter geblähten Gardinen. Viel interessanter sind Inspektionen der Waschküche. Die Bügelfrau wird angestaunt, die Heißmangel auch. Die Zwillinge laufen Soldaten nach und spielen mit Kaninchen. Sie beobachten Vögel, die Kirschen picken. Sie betrachten Reben an einer Hauswand. Man erzählt ihnen, dass der Biss einer Ratte tödlich sein kann. Das merken sie sich.

Ein Flugzeug über der vom Krieg schwer mitgenommenen Stadt lässt Panik bei Erwachsenen aufkommen. Die Wände erzählen von Leuten, „die ganz zum Schluss noch erschossen wurden". Ein Rätsel mehr. Zuzeiten stehen die Eltern mit den Großeltern zusammen und wispern. Kreuzen die Jungen auf, brechen die alten Verschwörer ab.

In der Abgeschiedenheit ihrer Kammer hören die Mädchen zur Schlafenszeit, wie im Wohnzimmer Bierflaschen geöffnet werden. Sofort nehmen sie Abstand zu ihren Bettchen, um vorstellig zu werden im Kreis der Großen.

Jutta: Die vielen Erwachsenen lassen den Raum festlich erscheinen. Wie zur Ergründung von Geheimnissen erscheinen wir (uns) da. Wir dürfen Bierschaum lecken und uns für eine kurze Weile an der Versammlung beteiligen. Bevor damit Schluss ist, küssen wir Opas Glatze.

Versteckt hinter phosphoreszierenden Gardinen wartet das Sandmännchen im Schlafzimmer auf uns, und wir gleiten in das unantastbare Reich der Träume (nicht ohne zuvor exzessiv gebetet zu haben), in dem ich leicht über leuchtende Wolken gleite, ein Kind des Himmels. Hier bin ich zuhause, und meine langen Nachtgebete sind der Fahrstuhl zu Gott. Morgen ist wieder ein geheimnisvoller Tag.

Gisela: Manchmal weinen wir nachts. Ich höre meine und Juttas in Geschrei eskalierende Klage, und die macht mir noch mehr Angst. Unser Alarm klingt nach Einsamkeit. Alles Licht ist ausgesperrt. Lange kommt niemand, dann geht aber doch die Tür auf und Helligkeit breitet sich freundlich bis zu uns aus. Unsere Oma erscheint in ihrem langen, am Hals zugebundenen Nachthemd. Wir fragen nach Mutti und Pappi. Noch wissen wir nicht, dass unsere Eltern in der Nähe zwei Zimmer in einem wilhelminischen Backsteinhaus gemietet haben, wo sie mit unseren älteren Geschwistern übernachten.

Unsere Oma nimmt uns mit in ihr Schlafzimmer. Es birgt dunkle Möbel, ein hohes Bett mit dicken Kissen, in dem Opa liegt.

„Hedwig, lass sie bei uns schlafen", sagt er.

Hinter dem Großelternbett hängt ein Perserteppich. Am liebsten bin ich hier. Mit Jutta krieche ich unter den Federberg und schmiege mich an sie.

Mutti, Pappi, Hela und Jürgen schlafen nicht im Haus der Großeltern, obwohl sie ihre Tage darin zubringen. Mutti nimmt uns endlich mit in „ihre" Wohnung. Sie liegt in einem feudalen Bürgerhaus am Bahnhof Wilhelmshöhe. Das Treppenhaus ist dunkel, wir steigen auf bis unter das Dach.

Die Wohnzimmerdecke hängt hoch wie ein Himmel über einer gewaltigen Grundfläche. Der Raum ist ein Nachkriegsrefugium für alle Möbel und Besitz der Eltern. Pappis Heiligstes, sein Schreibtisch, steht im Schlafzimmer am Fußende eines lackierten Eichenholzdoppelbettes und darf von uns nicht eingenommen werden. Der Tisch ist schwer beladen und das Interessanteste, was wir je gesehen haben. Er bleibt ein Ort der Imagination und der Sehnsucht.

Wir untersuchen die Wohnung. In einem Lichtstrahl wirbeln Staubpartikel wie lebende Wesen. Jutta und ich sind davon überzeugt, dass an diesem Ort Heinzelmännchen wohnen. Nachts kommen sie zum Vorschein und verrichten die unverrichtete Arbeit guter Menschen. Dass unsere Eltern und Großeltern gut sind, steht außer Zweifel.

Unsere Familie ist mit den Falks befreundet. Sie sind unsere Idealfamilie. Wir schaffen es nicht, so zu sein wie sie sind. Wir sind zu chaotisch. Die Falks wohnen auch in Wilhelmshöhe, aber dichter am Park als wir. Ihr Haus stellt mit seiner Pracht alle anderen Häuser in den Schatten. Herr Falk ist Arzt, und seine sanftmütig ergraute Frau ist Tante Isolde. Die Kinder tragen Namen aus der Nibelungensage. Gernot, der Älteste, studiert Medizin, Giselher macht als Turnierreiter eine gute Figur. Unsere große Schwester schwärmt für ihn. Meine Eltern sähen Hela gern mit ihm verheiratet. Sieglinde, Rüdiger und Siegfried heißen die übrigen Falksprösslinge. Sieglinde ist meine andere Patentante, deswegen heiße ich auch Gisela Sieglinde. Wir spielen mit Siegfried, dem Jüngsten, wenn wir zur Falkfamilie gehen. Meine Mutter beschwert sich, dass Pappi alle Falkkinder mit seiner Bildung voranbringt, aber kein Interesse an unserer Ausbildung zeigt.

Pappi spricht perfekt Griechisch und Latein. Er erteilt den nachkommenden Falken Nachhilfeunterricht. Natürlich umsonst, obwohl wir ständig klamm sind.

Wir haben auch eine Tante Ursel, sie ist die Tochter der Gräfin von Pappenheim. Ihr Mann, Spatz von Herff, füllt die Rolle unseres Lieblingsonkels aus. Mit seinem Dackel kommt er bei uns famos an. Pappi und er erscheinen uns wie allzeit zu Streichen aufgelegte Brüder. Passionierte Jäger sind sie und dazu rossnärrisch. Gemeinsam ziehen sie die nordhessische Turnierszene aus der Nachkriegsdepression. Uns nimmt man mit zu den Turnieren, lässt uns ganze Tage mit Pferden spielen. Keiner kümmert sich indessen, wir haben alle Freiheiten. Abends trinken die Reiter und erzählen Geschichten. Von der Dunkelheit bedrängte Lichtinseln bilden sich vor den Zelten, in denen die Pferde Wärme verbreiten.

Manchmal suchen wir unsere Eltern, nur um uns kurz zu vergewissern, dass sie noch da sind. Sie freuen sich und versprechen uns Reitunterricht in naher Zukunft. An einem Geburtstag unseres Vaters tritt eine Reiterkapelle, Märsche intonierend, vor unserem Haus auf. Wir stehen auf dem Balkon und sind begeistert. Pappi hält Muttis Hand. Dann kommen die Musiker ins Haus, es wird getrunken. Jutta und ich sausen zwischen den Leuten rum, schließlich ganz aufgedreht.

Nur unser Bruder ist manchmal böse zu uns. Zusammen mit Götz, dem Sohn von Tante Ursel, und Onkel Spatz, nimmt er unseren Puppenwagen und verbrennt den Holzgriff. Wir amüsieren die Jungen mit unserem Gezeter. Sie halten uns brennende Zündhölzer unter die Nase. Unversehens sind wir ganz eingenommen vom Zündelspiel. Wir wollen daran teilnehmen. Opa findet darin einen Anlass, sich Jürgen vorzunehmen. Sogar Pappi regt sich auf, obwohl erzieherische Härte ihm nicht liegt.

Zu uns ist Pappi immer lieb. Nie versäumt er es, uns eine gute Nacht zu wünschen. Auch wenn er spät von der Jagd kommt, zeigt er sich uns an unseren Bettchen immer noch einmal. Oft bringt er ein Hasenbrot mit. Hasenbrote sind etwas ganz Besonderes. Ein kolossaler Hase, der sprechen kann, überlässt ihm das Brot für uns. Wir dürfen es im Bett verzehren, andächtig kauend, während Pappi uns erzählt, dass er einmal und nur dieses einzige Mal auf einer Lichtung einem weißen Hirsch begegnet sei. Das Tier stand mit seinem goldenen Geweih in einer Aureole. Pappi kennt es mit Namen: Sankt Hubertus. Herr Göttle schickt den Überhirsch zu den Menschen.

Pappi führt ein Doppelleben. Meistens ist er bei uns, aber gelegentlich ruft ihn die Prinzessin. Dann muss er gleich zu ihr. Er spielt mit ihr in ihrem Garten, der noch schöner und größer als unser Garten sein soll. So schön wie der Park Wilhelmshöhe. Und ihr Schloss sei noch größer als das Schloss im Park. Manchmal trifft Pappi die Prinzessin auf der Straße, in der Regel gibt sie ihm Sauerlutschbonbons für uns mit.

Vom Garten aus sehen wir Pappi kommen. Wir laufen ihm entgegen: „Hast du die Prinzessin getroffen?“

Leider scheint sie sehr beschäftigt zu sein. Wenn wir lange keine Bonbons bekommen haben, fürchten wir, von ihr vergessen worden zu sein.

Im grünen Waldweg

Plötzlich ist es soweit. Wir ziehen um. Ein großer Wagen fährt vor, Männer holen Möbel ab. Das ist aufregend. Morgen ist unser Geburtstag, wir werden fünf, und das soll schon in der neuen Wohnung gefeiert werden. Wir laufen zwischen der aufgegebenen elterlichen Wohnung und dem Möbelauto hin und her, alle sind wir beschäftigt, packen und schleppen.

Jutta: Wir begleiten Pappi zum neuen Haus. Auf dem Weg lese ich Dreisso an einer Tankstelle. „Es heißt Esso", sagt Pappi und erklärt, dass das „E" keine umgedrehte Drei sei, sondern ein Buchstabe. Der neue Garten ist sehr groß. Im Vorgarten steht eine Tanne, Jürgen spielt darunter mit seinen Panzern und Soldaten Krieg. Wir möchten mitmachen. Das lässt Jürgen nicht zu.

Ein Traum: Eine Kanone ist auf unser neues Haus gerichtet. Ich habe furchtbare Angst. Ich weiß, dass die Kanone gleich losgehen wird. Ich eile in den Garten, Blumen wachsen darin, deren Blüten Pralinen sind. Ich esse davon. Ein Mann kommt und sagt, ich soll einige für meine Schwester aufheben. Ich esse aber alle auf, mit zunehmend schlechtem Gewissen. Die Kanone müsste nun losgehen. Wache entsetzt auf.

Wir wollen in unser altes Haus zurück. Wir laufen weg, finden unterwegs einen alten Kinderwagen ohne Räder, den wir mitschleppen. Wir beschließen, jetzt schon nach Amerika abzuhauen, falls wir nicht mehr zurückfinden sollten. Man greift uns auf, die Bestrafung fällt drakonisch aus.

Nichts ist mehr so wie früher. Wir kriegen vom Garten ein unerhebliches Stück, direkt an der Hauswand. Ab und zu dürfen wir auf der Bleiche vor dem Garten spielen. Im Garten dürfen wir sonst nichts. Frau Peterson, die Hauseigentümerin, kultiviert Erdbeeren und Baumobst im Plantagenstil. Ihr Bereich bleibt uns so verschlossen wie der Garten Eden. Sehnsüchtig verharren wir vor dem Paradies. Nachts schleichen wir uns manchmal die Balkontreppe runter und rasen in unseren Nachthemden durch die Obstzone. Wir fühlen uns frei, wissend, dass das verboten ist. Frau Peterson bewacht ihr Anwesen mit tausend Ohren und Augen. Sie belauert uns, führt sich gemein auf. Wir fürchten sie und gehen ihr aus dem Weg.

Wir amüsieren uns im Garten auf einer Decke. Ein Ohrwurm krabbelt auf uns zu. Wir schneiden ihm ein Stück vom Leib, er krabbelt weiter. Wir setzen unser Amputationswerk fleißig fort, das hält den Ohrwurm nicht auf. Wir sind begeistert. Wir setzen Mutti von unserem Experiment in Kenntnis, sie überrascht uns mit einer Tirade. Wir erfahren, dass Herr Göttle dergleichen als Tierquälerei, mithin als etwas Böses auffasst. Schon wähnen wir uns auf dem Weg zur Hölle. Wir brechen in Tränen aus. In diesem Augenblick verlangt Frau Peterson nach uns. Sie hat Gäste, wir sollen Guten Tag sagen. Eine Ausrede für die Tränen muss her. Also sind wir mit den Köpfen zusammengerannt. Welche Blamage, welche Lüge. In unserer Vorhölle gibt es Erdbeerkuchen. Immerhin.

Die ersten Nacktfotos, die ich sehe, werden mir aus den Händen gerissen. Ich erkenne gerade noch Leichenberge. Grässlich ausgemergelte Körper, zusammengekarrt und auf einen Haufen geschmissen. Die Toten auf den Schwarzweißfotos gleichen Menschen kaum noch. Ich möchte mehr sehen, Mutti erlaubt es nicht.

Gisela und ich begeben uns auf Abenteuertour. Wir entdecken die Kohlenstraße. Sie liegt in verbotenem Gebiet. In einem Haus scheint was los zu sein. Wir betreten eine fremde Wohnung und geraten in einen Kindergeburtstag. Wir sind die willkommene Überraschung und werden verwöhnt. Wir kriegen Kuchen und stehen im Mittelpunkt. Mutti sucht und findet uns nicht. Wieder zuhause erleben wir sie als Bedrohung. „Wo wart ihr?"

Den Satz werden wir noch oft hören. Mutti packt Gisela und legt sie übers Knie. Gisela schreit furchtbar, mir dreht sich der Magen um, gleich bin ich dran. Ich mache vor Angst in die Hose. Später nimmt Mutti uns in ihre Arme und berichtet von ihrer Angst. Das verstehen wir nicht. Soll sie sich doch freuen, dass wir wieder heil nach Hause gekommen sind.

Uns wird die Welt gehören: Die Zwillinge wissen das schon, bevor man Schultüten in ihre Arme legt. Noch bestimmt die Nachkriegsmisere ihren Alltag. Die Eltern streiten sich. Ein wiederkehrendes Thema: Wer putzt die Öfen und wer heizt sie an? Wer holt Kohlen aus dem Keller?

Zum Abendbrot gibt's heißes Wasser, schwach aromatisiert von Teebeuteln. Pappi erzählt seine Soldatengeschichten. Die Zwillinge interessieren sich sehr dafür, im Gegensatz zu Mutti, die ihre Gereiztheit nicht ständig überspielen kann. Gern berichtet Pappi von seinem Freund, dem Rollmopsstäbchenanspitzer. Er achtet auf Tischmanieren. Sein Spruch: „Wo Tischmanieren nicht eingehalten werden, fängt der Nihilismus an."

Jutta will wissen, was Nihilismus ist. Pappi erklärt: „Nihilismus ist eine schlimme Verneinung des Richtigen und Guten."

Er sagt auch: „Die Schwarzen werden unsere Kultur zerstören."

Mutti wehrt sich mit Krankheiten gegen ihr ergrautes Unglück. Sie leidet unter Allergien, Wund- und Gürtelrosen und schlechter Laune. Die Familienpest heißt Geldnot. Pappi verdient nichts. Er kramt in seinem alten Portemonnaie, entdeckt zwei Mark. Mit dem kläglichen Betrag soll Mutti tagelang über die Runden kommen. Sie schickt die entzückende Brut zum Krämer, der anschreibt.

Gisela: Das neue Haus ist kleiner. Das Erdgeschoss gehört uns, über uns wohnen die Eigentümer: ein älteres Paar. Bestimmt älter als unsere Eltern. In der anliegenden Straße stehen wenig Häuser, die Straße ist ungepflastert: eine Gaslaternengasse. Jeden Abend zieht ein Mann mit einer langen Stange einen Ring aus jeder Lampe. Vier Punkte glühen dann auf. Jutta und ich laufen zu der Laterne vor unserem Haus. Unsere Schatten sind mal vor und mal hinter uns, und immer bleiben sie an unseren Schuhen kleben. Wir wollen unsere Schatten mit Tempo überlisten und staunen über die Vergeblichkeit des Unterfangens.

„Was ist ein Schatten?" fragen wir Hela. Sie erwidert: „Jeder Mensch hat einen, man kann ihn nicht loswerden. Wo Licht ist, gibt es auch Schatten."

Jutta und ich reden lange darüber und machen uns Gedanken, warum das so ist und ob es nicht doch irgendwie möglich sein könnte, unsere Schatten los zu werden. Wir sind davon überzeugt, dass jeder Schatten ein eigenes Leben hat und sich gern lösen würde, um nach Hause zu gehen. Erwachsene verstehen das nicht.

Die Hausbesitzerin erregt unsere Furcht. Sie hat böse Augen. Ihr Mann ist freundlicher, hat aber nichts zu melden und hält sich im Hintergrund.

Hunde dürfen wir nicht haben, überhaupt keine Tiere.

Uns gefällt die neue Umgebung nicht. An unserem fünften Geburtstag sitzen Jutta und ich in unserem Zimmer und sind untröstlich. Während allgemein ausgepackt wird, beschließen wir wegzulaufen. Zurück zu den Großeltern. Zwar kennen wir den Weg zu ihnen nicht, aber die Zuversicht ist auf unserer Seite. Zum ersten Mal sind wir allein in einem uns unbekannten Teil der Stadt. Noch nie haben wir eine so große Straße überquert wie gerade eben. Wir halten uns an den Händen und lachen über hupende Fahrer. Wir kommen zu einem Gebäude mit mächtigen Säulen und einer breiten Treppe und zwei grimmigen Steinlöwen. So sieht das Generalkommando aus, wie man uns später erläutern wird. Dort spielen wir lange, verstecken uns hinter den Säulen, laufen herum und vergessen dabei, dass wir zu Oma und Opa wollen. Es wird dunkel, in der Dämmerung wird uns der Bau unheimlich. Wir ziehen weiter, auf die Wilhelmshöher Allee.

„Ein komischer Mann" stoppt die Zwillinge. Ihr Ziel will er in Erfahrung bringen. Sie fliehen, schon erschöpft, aber immer noch guter Dinge. Ihr Welteroberungsdrang ist stark. Auf keinen Fall wollen die Schwestern zurück ins neue Haus. Sie finden einen ruinierten Kinderwagen, Jutta nimmt darin Platz, und Gisela spannt sich davor. Plötzlich steht da Onkel Helmuth, warum ist er so erregt? Von ihm erfahren die Ausreißer, wie sehr sie vermisst werden.

Onkel Helmuth befördert das Fundstück der Schwestern mit Schmackes über einen hohen Zaun in eine Zone vermeintlicher Unerreichbarkeit. Er befiehlt seinen Nichten, auf der

Stelle stehen zu bleiben: „Ich laufe nur schnell zur Telefonzelle und rufe eure Mutter an. Und rührt euch bloß nicht."

Kaum ist er verschwunden, klettern wir über den Zaun und holen uns den Kinderwagen wieder. Den wegzuwerfen war fies von Onkel Helmuth, wir lassen uns das nicht gefallen. Es ist Schwerstarbeit, den Wagen über den Zaun zu hieven. Aber wir schaffen es. Und jetzt schnell weg, noch mal wollen wir nicht in die Onkelhände fallen.

Zum Glück hat sich die Nacht Kassel gegriffen. Im Schutz der Dunkelheit halten sich die Schwestern für unauffindbar. Falls sie es zu Oma und Opa nicht mehr schaffen sollten, wollen sie den Kinderwagen in ein Gebüsch ziehen und darin schlafen. Riesig erscheinen ihnen die Kastanienbäume, die ihre Flucht flankieren. Blüten auf dem Pflaster glänzen wie Schnee im Schein der Laternen. Das alles ist schön und gut und allemal geeignet als Kulisse für ein Zwillingsabenteuer.

Das endet jäh. „Bleibt stehen, ihr Wänste."

Die Wänste vernehmen die Stimme ihres Bruders. Hela ist bei ihm … und lieb zu ihren kleinen Schwestern. Auch Jürgen zeigt sich merkwürdig freundlich. Er warnt: „Mutti wird euch zur Schnecke machen, sie ist rasend vor Angst. Onkel Helmuth hat angerufen und gesagt, dass er euch gefunden hat, und dann wart ihr wieder spurlos verschwunden. Mutti ist davon überzeugt, dass ihr mitgenommen wurdet. Macht euch auf was gefasst."

Mutti regt sich furchtbar auf und sagt komische Sachen. Ihren Verstand habe sie beinahe verloren, außerdem sei sie fast gestorben. Ein Auto hätte uns überfahren, gefährliche Männer uns zu ihrer Beute machen können. Doch bald küsst sie uns, nimmt uns auf den Schoß. Pappi hat auch noch ein Wörtchen mit uns zu reden, er malt das Unglück seiner Gattin aus. Er spricht von Krankenhausreife, was auch immer das bedeuten mag. Unter uns gilt der Tag als gelungen. Im Bett nehmen wir uns fest vor, bald wieder wegzulaufen. Wir sind einer Meinung, ich und mein anderes Ich. Wir flüstern noch lange unter der Bettdecke, affiziert von unseren Entdeckungen und kosmisch indifferent gegenüber allen erwachsenen Ansagen.

Die Schulpflicht bezieht sich nun auch auf uns. Wir sollen ihr in neuen Kleidern nachkommen, geschneidert von unserer Hausschneiderin. Frau Zacher ist eine traurig alleinstehende Brillenschlange mit rabenschwarz gefärbtem Haar. Sie zählt zu den Weihnachtsstollenempfängerinnen der Familie. Sie kommt jedes Jahr zweimal ins Haus. Im Frühling näht sie zwei identische Sommerkleider. Für Sonntags und für Gut, sagt unsere Mutter. Für wenn wir fein gemacht werden. Ansonsten tragen wir Lederhosen. Die für Jungs. Die für Mädchen gefallen uns nicht, mit ihren roten Herzlederapplikationen, wir wollen die gleichen Hosen haben wie Jürgen und Götz von Herff, also solche mit grünen Eichblattlederapplikationen. Jedes neue Paar wird umgehend mit Dreck imprägniert, es soll getragen wirken.

Wir üben, wie Jungens im Stehen zu pinkeln. Inzwischen haben wir einen Freund. Er wohnt im Nachbarhaus und heißt Frank Gerland. Er ist älter als wir und kann vortrefflich im Stehen pinkeln. Er unterweist uns in dieser Kleinkunst, für die wir aber nicht begabt sind. Jutta übt mehr als ich.

Franks Eltern halten sich was auf strenge Erziehung zugute. Immer muss Frank erst seine Hausaufgaben erledigt haben, bevor er mit uns spielen darf, und nach dem Abendbrot wird er in der Wohnung festgehalten. Wir hingegen dürfen fast alles.

„Das sind kleine Leute", meint Pappi, uns tröstend, wenn Frank in seinen vier Wänden eingesperrt ist. „Kleine Leute sind streng mit ihren Kindern."

Pappi ist nie böse auf uns. Manchmal verlangt Mutti von ihrem Julius ein Machtwort, das uns zur Räson bringen soll. Dann schaut er uns an und sagt: „Schimpfe, Schimpfe".

Jutta und ich sind uns noch nicht einig, wer von uns Pappi später einmal heiraten wird. Wir wollen beide. Vielleicht geht das irgendwie. Wir sind Pappis Sterntaler. Wir lassen im freundlichen Gegenzug Spielzeugautos über seine Glatze rollen.

Sonntags veröffentlicht Mutti ihre schlechte Laune. Man soll ihr Frühstück ans Bett bringen. Dazu Beethovens Fünfte. Mutti in ihrer Sonntagsstimmung ist eine zu meidende Person.

Jutta: „Du brummst wie Pappi", behaupten Mutti und Hela und Jürgen. Sie lachen sich halb tot, angesichts der singenden Kleinen.

„Komm, sing noch mal."

Die Bagage kriegt sich nicht mehr ein. Ich weiß noch nicht, was das bedeutet. Ist das gut? Was bedeutet Brummen? Ich singe doch schön.

„Nein", heißt es unisono, „wer brummt, der kann nicht singen." So wie Pappi, seine Intonationsversuche sind nicht zum Aushalten. „Jutta kommt auf Pappi raus."

Mir ist die Heiterkeit, für die ich sorge, überhaupt nicht recht. Ich möchte nicht ausgelacht werden. Klar singt Gisela besser als ich. Ich beschließe, nie wieder zu singen.

Gisela: Mit der Schule ist es von Anfang an schwierig. Nicht dass ich nicht lernen will, aber das lange Stillsitzen auf den Schulbänken ist unerträglich langweilig. Halte ich das nicht mehr aus, gehe ich zu Jutta (die Schweine haben uns auseinander gesetzt) und sage: „Komm, wir spielen." Dann verziehen wir uns zusammen in eine Ecke und vergessen die anderen. Diese Exklusivität ist uns nie lang gestattet. Man befördert uns auf unsere Plätze.

In unserer Familie sind Bücher Lebensmittel. Jutta und ich schauen uns stundenlang Bilderbücher an, vor allem deutsche Heldensagen. Darin sind Zeichnungen von Wikingern mit langen, wehenden Haaren und Königinnen mit noch längeren und noch mehr wehenden Haaren. Wir möchten so aussehen und in diesen wilden Welten mit Rittern und Zauberinnen leben. Darauf laufen unsere Berufswünsche hinaus: Prinzessin oder Zauberin, am besten in Personalunion.

Hela liest uns Märchen vor, von einem sind wir besonders eingenommen. Es ist extrem unheimlich. In diesem Märchen kommt ein Pferdekopf vor, der über ein Tor in einer finsteren Gasse genagelt wurde und zur Gänsemagd, die von Haus aus eine fies vertauschte Prinzessin ist, mit unsäglich trauriger Stimme spricht. Die Prinzessin läuft jeden Morgen mit ihren Gänsen durch das Tor, schaut zum Pferdekopf auf und sagt: „O du Falada, da du hangest." Und der sprechende Kadaver sagt: „O du Jungfer Königin, da du gangest, wenn das deine Mutter wüsste, ihr Herz tät' ihr zerspringen."

Als die Königsbraut nun wieder auf ihr Pferd steigen wollte, das da hieß Falada, sagte die Kammerfrau „auf Falada gehör ich, und auf meinen Gaul gehörst du", und das musste sich die Königsbraut gefallen lassen. Dann befahl ihr die Kammerfrau mit harten Worten, die königlichen Kleider auszuziehen und ihre schlechten anzulegen …

Jutta und ich halten uns selbst für vertauschte Königskinder. Wir können es manchmal kaum erwarten, von unseren richtigen Eltern, somit dem König und seiner Königin, abgeholt zu werden. Passieren kann das jeden Tag.

Nicht, dass wir Mutti und Pappi nicht lieb haben. Aber wir wissen, es gibt noch eine andere Wirklichkeit, in der mehr Wahrheit steckt als in diesem Kasseler Nachkriegsalltagsmuff.

Jutta: Pappi hat ein Buch voller Zeichnungen. Sie zeigen deutsche Soldaten, die in Sibirien gefangen gehalten werden. Ihre Wärter beschränken sich auf die Aufforderung: „Rabotni, Rabotni". Die Deutschen sind total im Elend. Viele müssen sich eine Brotrinde teilen und die meisten sterben vor Hunger oder Kälte oder Erschöpfung. Wie zerfetzte kleine Haufen liegen sie, halb verweht, im Schnee. Aus der weißen Hölle gibt es kein Entrinnen.

Pappi beim Abendessen. Er gibt Kriegsgeschichten wie Burlesken zum Besten. Gekonnt, das muss man ihm lassen. Er und sein Freund von Planitz verdanken dem Krieg viele lustige Erlebnisse. Einmal spürten die passionierten Waidmänner in einem ausgehungerten russischen Dorf den wohl weit und breit letzten Hasen auf. Und im Lande der Franzosen fanden sie Champagner, um sich damit zu betrinken. Mutti bittet den Schwadroneur zu schweigen, ihr hat der Krieg nicht so gut gefallen wie ihrem Gatten. Der vergleicht die Kameradschaft an der Front mit einem Priesterorden. Das wirkliche und wahrhaftige Leben sei zu haben nur im Stahlgewitter. Der Frieden hingegen könne nur Laumänner zufriedenstellen, zumal in diesem Scheißstaat, für den Pappi keinen Finger krümmen will. Noch immer trauert er um von Planitz, der sein Leben über die Schwelle des Zusammenbruchs nicht zu retten vermochte … und dazu vielleicht auch gar nicht bereit war. Vermutlich fiel er als Letzter … ein verwanzter Löwe, dem das elende Hundedasein der Verlierer schon deutlich vor Augen stand.

Das Wort „gefallen“ löst in mir Gefühle aus, die ich nicht verstehe. Vielleicht liegt der Grund für diese Emotion im Ton meines Vaters. Seine ganz besondere Stimmlage macht mich traurig und neugierig zugleich. Glauben wir nicht alle, dass eines Tages von Planitz hier durch die Esszimmertür tritt, als triumphierender Widergänger und so auch als Bote ewig deutscher Größe?

Pappis Glatze gleicht einer Weltkugel und, mehr noch, dem Mond in „unserer Vorstellung“. Die Zwillinge besteigen ihren Erzeuger und halten sich mit seiner kahlen Oberfläche auf. Sie erforschen Krater und Aderflüsse, während Pappi Zeitung liest. „Ach, Kindchen“, sagt er, zur Strenge nicht bereit.

Woher die Narbe am Kinn kommt, wollen die in seinem Haushalt wie aus dem Weltall angekommenen kleinen Wesen wissen. „Das ist ein Schmiss“, erklärt Pappi, der als Student einer schlagenden Verbindung angehörte.

„Schlagende Verbindung“ fällt als neuer Begriff im Kinderland auf fruchtbaren Boden. „Wir wollen mehr wissen.“

Gisela: Pappi zeigt uns ein Album mit festen Pappseiten. Es birgt braun vergilbte Fotos. Sie zeigen einen kostümierten Mann. Auf dem Kopf trägt er eine Kappe. Er blutet. Das ist Pappi. Er trägt einen fatalen Stolz zur Schau … und veröffentlicht eine Empfänglichkeit für jede Dolchstoßlegende. Deutschland erwache in mir, der ich noch lange nicht Pappi bin und gebunden an eine erschöpfte Frau.

Jutta: Pappi spricht im Radio für eine neue Partei, die Deutschland retten soll. Abends, nach der Ansprache, begeben wir uns in die Aue. Am Mahnmal für den deutschen Soldaten brennen Fackeln, viele Menschen finden sich vor dem Monument ein.

Pappi hält uns an den Händen, er ist stolz auf uns. Männer treten hervor und sprechen beschwörend und eindringlich. Ich verstehe nicht viel, es geht aber darum, dass die Deutschen im Krieg tapfer gekämpft haben und dass das deutsche Volk eines Tages wieder auferstehen wird und der Sieg unser ist.

Besuch aus der Zone. Man spricht heftig bis in die tiefe Nacht. Es geht um Deutschland. Wir lauschen an der Tür. Wir stellen eine Kerze ins Fenster, der armen Deutschen gedenkend, die in der Ostzone gefangen gehalten und von den Russen unterjocht werden.

Die Eltern beim Abendbier. Die Fotomodelle in spe sind schon zu Bett gegangen, très très chic. Sie hören Pappi, der Schiller im Vortrag seine Reverenz erweist. Mutti dient als Auditorium und guter Kamerad.

Gisela: Ab und zu schneit sie herein, um uns mit der Frage zu unterhalten: „Schlaft ihr schon?"

Manchmal werden wir auch zu später Stunde noch vorgeführt, als Attraktion im Hause Schmidt. Wir treten dann auf als Inbegriff der Niedlichkeit. Das lieben wir natürlich, lange aufzubleiben ist sowieso das Schönste.

Eine weitere Variante: „Pappi und ich lesen euch noch etwas vor."

In unseren Nachthemden verfügen wir uns umgehend auf Muttis Schoß. Der Schauplatz dieser Inszenierung ist schwach erleuchtet, die Hirschgeweihe an den Wänden werfen lange Schatten. Nun lautet die Ansage: „Eure Mutter und ich wollen euch ein Gedicht vorlesen. Wir haben es gerade gelesen und es ist sehr schön. Auch wenn ihr es vielleicht noch nicht richtig versteht, sollt ihr es hören."

So lieb sind unsere Eltern. Jutta und ich verschmelzen auf der weichen Fläche. Pappi kommt uns mit Conrad Ferdinand

Meyers lyrischer Story vom königlichen Reiter, der vor dem Sturm Schutz sucht in einer Burg: „Der Reiter tritt in einen dunkeln Ahnensaal." Schaurig ist ihm zumute, denn er hat sich als Täter am Tatort eingefunden. Zum Mörder wurde er an dieser Stelle, und zwar so: Einst wollte ihm die Burgherrin, „ein fein, halsstarrig Weib", nicht sagen, wo der Junker steckt. „Ich zerre das Geschöpf./ Die nackten Füße pack ich ihr und strecke sie/ Tief mitten in die Glut. ‚Gib ihn heraus!'" … „Die Flamme zischt. Zwei Füße zucken in der Glut."

Jutta und ich sind entsetzt. Der königliche Reiter wird erkannt … und doch nicht um die Ecke gebracht, weil der Mann, den er zum Witwer gemacht hat, dem König treu zu sein beliebt. Er stellt seine Loyalität über die Rache. Pappi mustert uns mit äußerstem Ernst, wir sitzen hier auf Muttis Schoß, um zu kapieren: dass Treue zum König schwerer wiegt als der Verlust eines braven Weibes.

Pappi findet unsere Zustimmung nicht. Trotzdem bin ich beeindruckt und sehe noch lange die Füße im Feuer vor meinem inneren Auge, als ich wieder im Bett liege und nicht schlafen kann.

Kassel ist zerschlagen. Allenthalben passiert man abgesoffene Trümmergrundstücke und vollgelaufene Bombentrichter. Das sind Heimstätten für Frösche und Kaulquappen – für Kinder gesetzlose Zonen und Spielparadiese zugleich. Von übertriebener Besorgnis sind Eltern noch nicht angekränkelt, „wir hatten alle Freiheiten". Zu festgelegten Zeiten hat man mit gewaschenen Händen am Abendbrottisch zu sitzen. Wer zu spät kommt, kriegt was hinter die Ohren. Damit hat sich das.

Jutta: Wir spielen in der „Wüste", einer Brache am Ende unserer Straße. Spielen bedeutet Abenteuer. Eines Tages werden wir einen toten Soldaten oder eine Bombe oder Gewehre finden. Abwegig ist das nicht. Bomben werden ständig gefunden. Zum Bergungsprocedere gehören Evakuierungen der aus ihren Verliererlumpen gestiegenen Wirtschaftswunderbürger.

Gisela: Die „Wüste“ ist auch ein Dschungel, in dem Jutta zum ersten Mal über sich hinauswächst und ihren ersten „Flow“ erlebt wie zum Beweis einer Außerordentlichkeit, für die es in der Banalität alltäglicher Verrichtungen kein Wort gibt.

Jutta: Wir stromern wieder einmal durch unsere „Wüste“ wie kleine Indianer; voll geschmiert oder kriegerisch bemalt, je nachdem wie man uns anschaut, mit dem Saft der Johannisbeere. Unversehens gerate ich ans „falsche Ende“ des Areals, wo ein bewaldeter Übergang in einen anderen Stadtteil sich tückisch zeigt. In diesem Quartier haben wir nichts zu suchen. Plebs, wie Pappi sagt, haust hier, der Nachwuchs organisiert sich bandenförmig rabiat. Die gefährlichen Knirpse sind darauf aus, kleine höhere Töchter zu quälen. Jetzt kommen welche auf mich zu, ich mache auf dem Absatz kehrt und fliehe. Nein, ich fliege, nein, es rennt und fliegt. Nicht ich bin das, sondern eine Kraft, die sich in mir ausbreitet, sich manifestiert in meiner Gestalt. Ich überflügele mich selbst und bin mir dessen auch bewusst – in freudigem Erstaunen.

Jedoch weiß ich bald schon nicht mehr, ob es nicht richtiger gewesen wäre, mich fangen zu lassen, um an einem Marterpfahl in das Zentrum einer Aufregung zu geraten. Das beschäftigt mich. Der Grenzerfahrung des Geflogenwerdens folgt ein Schatten. Vielleicht habe ich etwas Grandioses verpasst.

Ferien auf Schloss Pappenheim. Peter von Herff nennt uns Mistbienen. Die Familie übernimmt den Ausdruck. Im Schloss spielen wir mit Peter, der an sich eher unzugänglich ist. Wir krabbeln zu ihm ins Bett und nehmen uns seine großen Füße vor. Seine Küsse sind uns unangenehm. Das sagen wir ihm auch.

Reise an den Bodensee. Wir sind in einem alten Hotel untergebracht. Ein junger Mann interessiert sich mehr für Gisela als für mich. Er möchte sie in einen Schrank sperren, sie will nicht. Aber ich. Doch will dieser Verehrer meiner Schwester mich nicht einsperren. Ich fühle mich zurückgesetzt bis zur Verzweiflung. Warum nicht ich, ich bin doch genauso wie Gisela, nur dass ich in den dunklen Schrank will.

Alberjänchen

In der Weihnachtszeit backt Mutti viele Stollen. Jutta und ich bringen die Kuchen zu Freunden und zu Bekannten, denen sich unsere Eltern verpflichtet fühlen. Eine Greisin gehört dazu, die Mutter des sich wie ein Onkel gebenden Zeitungsverlegers, für den Pappi arbeitet. Wir gehen gern zu ihr, obwohl auch Angst diesen Gang begleitet. Die Ahne wohnt in einer unheimlich alten Villa, die in einem verwunschenen, wuchtig wuchernden Garten steht. Im Sommer kann man den Feudalbau von der Straße aus nicht sehen; wie ein Wald schirmen die Bäume im Garten ihn ab.

Jedes Jahr müssen wir der Hausherrin ausführlich erklären, wer wir sind. Ihr Erinnerungsvermögen nimmt im Verlauf unserer Erzählung zu. Schließlich erkennt sie in uns die Kindchen des ewigen Jägers Julius, eines aufrechten Deutschen mit Glatze und ohne Führerschein. Sie belohnt uns für unsere Herkunft mit einem unvorstellbar hohen Betrag. Fünf Mark rückt die Alte jedes Mal raus. Sie ist fast blind und führt jede Münze ihren Augen vor, zu ausdauernder Betrachtung, bevor die Abgabe erfolgt. Wir wünschen uns, dass dieser Vorgang sich bis in alle Ewigkeit wiederholt.

Der Ablauf in der Wiederholung, verlangsamt:

Das Portal wirkt mit seinem Prunk einschüchternd. Die torartige Haupttür wird von einem Gespenst aufgesperrt. Es ist kein Mensch, der uns da begrüßt, während unsichtbare Hände nach uns greifen. Palmen und Skulpturen bilden ein Spalier für den Auftritt der Sterntaler. Grausam dunkel sind die Ölschinken an den Wänden. Teppiche rauben unseren Schritten ihre Geräusche. Wir wispern nur noch, einen Clashtitel vorwegnehmend: „Should we stay or should we go?"

Endlich vernehmen wir den Ruf der Greisin. Sie taucht aus einer künstlichen Dämmerung auf, ein Gremlin im Morgenmantel.

„Wer seid ihr?" will sie wissen. (Wäre dies ein Film, läge Hall auf der Stimme. – Frage an die Bodenstation: Zeigen wir jetzt „Heart of Darkness" oder bringen wir das wie die „Gebrüder Grimm"?) Auf jeden Fall stehen die Kindchen in ihren Kleidchen, wie von Balthus gemalt, scheu und naseweis zugleich vor dieser steinreichen, aber nicht stocktauben Repräsentantin einer Kasseler Dynastie und führen Folgendes aus: „Unsere Eltern haben uns geschickt, wir sollen dir diese Stolle mit herzlichen Weihnachtsgrüßen übergeben."

„Wer sind eure Eltern?"

„Unsere Eltern sind Julius, der ewige Jäger, und seine Frau, die Mutti. Wir kommen doch jedes Jahr zu dir, das könntest du dir eigentlich mal merken."

Nach ein paar Umständlichkeiten geht der Dame ein Licht auf: „Ihr seid die schönen Töchter des Julius." Vielleicht sagt sie es aber auch so, also echt kasselänerisch: „Ihr sid dem Julius sine Zwillen, das Gisela un's Juttelchen. Was tut ihr denn am liebsten tun?"

„Am liebsten malen wir."

„Ihr interessiert euch für Kunst?"

„Ja."

Mit der Krücke weist unsere Inquisitorin auf ein Bild. Man sieht darauf die Löwenburgruine im Sturm.

„Das da hot'n berühm'der Maler fabriziert."

Nun dürfen wir in aller Ruhe alle Bilder in diesem verzauberten Haus anschauen, und die Hausherrin beantwortet uns alle unsere Fragen. Jutta und ich fühlen uns plötzlich bei ihr sehr wohl und als etwas ganz Besonderes.

Jutta: Nur Weihnachten ist noch schöner als eine Wanderung mit Mutti und Pappi, den Geschwistern und Freunden der Familie und deren Kindern in stadtnahen Wäldern. Pappi unterhält uns mit Sagen und Märchen. Er erklärt Flora und Fauna. Jedes Kraut kann er benennen. Er deutet Fährten, ermisst an geknickten Ästen, wann ein Hirsch hier seiner Wege ging. Er spürt Gott im Wald, den Atem seiner großartigen Schöpfung. Ewigkeit ist auch so ein Wort, das uns einleuchten soll. Der Wald sei Gottes wahre Kirche, behauptet Pappi. Trotzdem will ich in eine richtige Kirche. In mir ruft fortwährend eine Erinnerung an die alte dunkle Kirche mit ihren geheimnisvollen Seitenwegen und Nischen, dem erhöhten Altar und der von Weihrauch erfüllten, ewig mystischen Lampe, die ich in den Ferien gefunden und allein betreten habe: ein magischer Ort, der mich ganz gefangen nahm und in dem ich unbedingt das Geheimnis der Stille ergründen wollte.

Ich möchte den lieben Gott, vormals Herr Göttle, treffen.

Gisela und ich dürfen nicht mehr zueinander ins Bett kriechen. Mutti ist darauf gekommen, dass wir was machen, was wir nicht machen sollen. Ich rieche an Giselas Po. Er riecht sehr gut. Ich lecke daran, auch weiter unten, wofür es eigentlich keinen Ausdruck gibt. Unter Kindern sagen wir manchmal „der Puller“. Aber das dürfen wir auch nicht sagen. Gisela fragt mich, wie das schmeckt. Ich sage: „Wie Kuchen.“ Das stimmt, es riecht wunderbar. Wir kitzeln uns da und das ist auch schön. Aber Mutti und die größeren Geschwister behaupten, dass man jetzt unsere Betten auseinander stellen muss.

Zum ersten Mal im Kino. Dick und Doof wird gegeben. Wir sehen einen schrecklich brutalen Film. Wir sind entsetzt, dass das Publikum über die Missgeschicke der Protagonisten lauthals lacht. Ich verstehe die Welt nicht mehr. Gisela und ich weinen, während sich die Leute kaputt lachen. So ergeht es uns später auch mit Tom und Jerry – mit all diesen unerträglichen Gemeinheiten, die einer Belustigung dienen, die uns komplett verfehlt.

Ich freue mich jetzt auf Weihnachten. Habe Angst, dass ich vorher sterbe. Wir bekommen wunderschöne Adventskalender (die wir immer wieder benutzen). Giselas Kalender entspricht einem spitzgiebeligen Fachwerkhaus und meiner einer kleinen rosa Villa, die glitzert. Hinter den Fensterchen liegen kleine Geheimnisse. Gisela und ich denken uns Streiche aus. Wir verschmieren Gartentürschlösser mit Dreck. Wir spielen im Schnee, legen uns hinein und bewegen die Arme. Der Abdruck sieht wie ein Adler aus.

Wir malen und basteln viel. Wenn der Abwasch nach dem Mittagessen erledigt ist, dann wird die Küche wieder ihrer eigentlichen Bestimmung zugeführt: als künstlerisches Studio für Gisela und mich. Erwachsene sollen sich da raushalten. Das wird akzeptiert.

Wir bauen unsere Fantasiewelt aus. Darin sind wir Freundinnen, die sich Schwestern nennen. Außerdem spielen wir noch Alberjänchen, eine Art Till Eulenspiegel, nur alberner. Und dies in vielen langen Nächten. Im Bad sehe ich Pappi zum ersten Mal nackt. Er benutzt das Klo, obwohl ich in der Wanne bin. Pappi erwartet, dass ich wegschaue. Ich schaue aber heimlich schnell hin.

Pappi scheint zu Vielem berufen. Er malt, zeichnet und schreibt. Außerdem bildet er Männer zu Jägern aus. Der theoretische Unterricht findet bei uns im Haus statt. Wir rücken Stühle, improvisieren Sitzgelegenheiten und sind in unseren Augen eine große Gemeinschaft. Gisela und ich lieben das, wir bekommen von den Aspiranten mitunter etwas mitgebracht, dürfen manchmal dabei sein, in einem wunderbaren Trubel.

Später werden wir an der Schießausbildung teilnehmen. Die Jagd selbst, erklärt Pappi, ist nichts für Frauen.

Eines Tages hängt ein totes Reh an einem Haken auf dem Balkon. „Es muss ausbluten", erklärt Pappi.

Das Reh hängt tagelang am Haken. Gisela und ich verbringen viel Zeit mit dem Reh. Wir staunen über die Schönheit und Stille, die das tote Tier umgibt. Es hat einen kleinen Zweig im Maul.

„Der letzte Bruch", sagt Pappi. „Das Reh war krank", erklärt er, „deshalb musste es erlegt werden."

Pappi findet keine feste Stelle. Er müsste für eine Anstellung den Führerschein machen, das ist ihm zuwider, so wie alles Technische. Er kann noch nicht einmal einen Lichtschalter umlegen.

Er will nicht aus seinem schmerzhaften Traum vom verlorenen und in seiner Person trotzdem stolz gebliebenen Deutschlands gerissen werden. Der gewesene Offizier und Stabsjägermeister findet seinen Weg nicht in diesem Scheißstaat. Er malt Soldaten und schreibt für Onkel Henner, den Besitzer der Kasseler Zeitung, der späteren Hessischen Allgemeine. Seine Kolumne heißt „Der ewige Jäger".

Seine Kunst bringt Pappi kein Geld. Er scheut sich aber, nach Geld zu fragen, wird unwillig, wenn Mutti ihn darauf anspricht.

Uniformen malt er bis auf den Knopf genau, das interessiert nach dem Krieg keinen Menschen. Pappi aber nimmt seine Soldatenmalerei tödlich ernst. Er zelebriert sie, sie bietet ihm die Möglichkeit, gänzlich aus der Verantwortung für seine Familie zu scheiden und in sein eigenes Reich einzutreten. Malend versetzt er sich zurück in die Zeit des Alten Fritz. Pappi identifiziert sich mit dem Soldatenkönig, dem er tatsächlich ähnlich sieht.

An seinem Schreibtisch haben wir ohne Aufsicht nichts verloren. Wenn Pappi zeichnet, dürfen wir manchmal neben ihm stehen und zuschauen. Er zeigt uns seine Stifte, die in einer alten Blechschachtel verwahrt sind. Jeder Stift darf sich auf sorgfältige Behandlung freuen. Die Schachtel war im Krieg, vielleicht hat sie sogar mitgekämpft und ist deshalb sehr kostbar. Wir wollen eine Kriegsgeschichte hören. Pappi sagt, er habe mit der Saufeder, die hinter seinem Schreibtisch steht, sieben Russen erst erledigt und sie dann mit einem Fußstreich wieder abgestrichen. Unser Pappi.

„Julius." Mutti betritt unser Reich der Träume und Geschichten mit Zerstörungsabsichten. „Wie kannst du den Kindern nur solche Sachen erzählen?"

Der Schreibtisch ist ein Wunderwerk voller Verwahrgelegenheiten. In seinem Bücherfach steht auch ein in schwarzes Leinen geschlagener Band. Der Einband hat eine Aufprägung aus Silber. Sie stellt einen quer verlaufenden Stacheldrahtzaun dar. So sieht unser Lieblingsbuch aus. Es enthält Fotos von ausgemergelten Soldaten in verschlissenen Wehrmachtsuniformen. Das sind karg gehaltene Kriegsgefangene. Kaum, dass sie zu essen kriegen. In Kälte und Schnee verharren sie hungrig. Ihre russischen Wächter feiern in der Zwischenzeit Triumphe der Barbarei. Deren Gesichter offenbaren eine niedrige Gesinnung. Sie schikanieren die deutschen Soldaten, die tapfer durchhalten oder sterben. Wieder und wieder nehmen wir uns das Buch vor.

Ein Lexikon mit interessanten Zeichnungen findet außerdem unser Interesse. Es kommt der Tag, an dem wir darin nachschauen, was „Ficken" bedeutet.

Wir hören nachts ein Wildschwein in Muttis Schlafzimmer. Wir haben schreckliche Angst und liegen wie gelähmt vor Angst im Bett. Hela beruhigt uns. Am nächsten Tag lebt Mutti immer noch, ist auch nicht verletzt, und gar nichts ist passiert. Seltsam. Das kommt immer mal wieder vor, und keiner spricht weiter darüber.

Sonntags Beethoven und eine wütende Mutti, weil Pappi nicht aufsteht.

Opa ist gestorben. Wir besuchen Oma jetzt oft, schlafen bei ihr. Sie fürchtet sich in ihrer Einsamkeit. Stets geht der Nachtruhe eine Inspektion des Hauses vom Keller bis zum Dachboden voraus. Oma vermutet Einbrecher und Mörder in allen Winkeln. Drei Ketten sichern die Eingangstür.

Blitz und Donner machen aus Oma einen Angsthasen. Bei Gewitter werden die Gardinen zugezogen. Oma hält sich an der Bibel fest, gleich geht die Welt unter. Nur eine Handvoll Auserwählte werden überleben auf einer Erde öd und leer. Ich beschließe, mich von den Auserwählten nicht ausschließen zu lassen. Also klammere ich mich erst mal ans Bein meiner Oma und lasse nicht los.

Ich erörtere mit Oma letzte Fragen und ziehe im Weiteren Wilhelm Busch zu Rate. Die große Wohnzimmerschrankuhr tickt laut, wir aber müssen leise sein, wenn Oma ihren Mittagsschlaf hält. Diese Pausen währen eine Ewigkeit, die mit Ticktack gefüllt ist. Schon weiß ich, dass ich das schwingende Pendel nie vergessen werde. Nie dieses Warten auf Nichts.

Wir schlafen auf der von Opa aufgegebenen Seite. Um drei Uhr in der Früh ist er abgetreten. Jede Nacht fährt Oma pünktlich um drei aus ihrem Kissenberg und ruft ihren Theodor. Mit Baldrian und mit Klosterfrau Melissengeist beruhigt sie sich. Gisela und ich machen unter uns aus, wer direkt neben Oma schlafen muss. Mit unseren Zeigefingern schreiben wir uns Nachrichten auf die Rücken.

Ich spiegele mich heimlich im großen Schlafzimmerschrankspiegel, lasse mein Nachthemd über die Schulter rutschen … und fühle mich wie Gina Lollobrigida. Jedenfalls nehme ich mir vor, so zu werden.

Gisela: Ein finsterer, von Mördern gern genommener Weg liegt vor uns, wenn wir zu Oma gehen. Wir treten ihn mit dem Versprechen an, keine Bonbons anzunehmen. Zuerst müssen wir eine Arbeitersiedlung durchqueren. Auf diesem Teil der Strecke laufen wir ständig Gefahr, geschlagen zu werden. Ein großes Plebsmädchen findet daran besonderes Vergnügen. Hinter ihr steht ein Jungenheer. Auch auf dem Weg zur Schule gibt es einen sehr gefährlichen Jungen, der uns bei jeder Gelegenheit in die Mangel nimmt. Am liebsten würde er uns hinrichten, wir haben keine Ahnung, warum.

Unterwegs zu Oma, erzählen Jutta und ich uns Geschichten. Wir fantasieren uns in eine andere Welt. So vergessen wir unsere Angst.

Unsere Geschichten handeln immer von uns, davon, was wir in anderen Ländern und zu anderen Zeiten fertig bringen würden. Klar könnten wir fliegen, wir Königskinder, die wir in Wirklichkeit sind.

Aus Omas Alben lernen wir, wie Mutti als Kind ausgesehen hat. Mutti zu fotografieren, war Opas Hobby. Sie war sehr schön, mit ihrem dicken dunkelbraunen Haar. Auf einem Foto sieht sie aus wie eine kleine Japanerin im Kimono und mit einem zart bemalten Schirm. So etwas wünschen wir uns auch für uns. Überhaupt scheint sie alles gehabt zu haben, was ein Kind sich wünschen kann. Bilder zeigen sie inmitten anderer Kinder, immer trägt sie die schönsten Kleider und scheint auch immer im Mittelpunkt zu stehen. Sie hatte viele Porzellanpuppen mit echten Haaren. Schon lange wünschen wir uns eine Puppe mit Haaren.

Einmal spricht Oma in die dunkle Nacht. Sie gibt eine Überzeugung preis, mit der wir nicht gerechnet haben. Von Deutschen sei Schlimmes getan worden, sagt sie. Auch, dass Pappi ein Lügner sei, zumindest jedoch einer, der die Wahrheit nicht wahrhaben wolle. Wir lauschen erschrocken … und erfahren so, dass wir den Krieg angefangen und nie wieder gutzumachende Schuld und nie mehr auszulöschende Schmach auf uns geladen haben. In dieser Nacht kriegen wir zum ersten Mal mit, dass Oma von Pappi nichts hält.

Wie kann das sein? Das ist entsetzlich. Wir lieben Pappi, und Oma soll so etwas nicht sagen. Aber wir lieben auch Oma und glauben ihr, dass es da etwas gibt, das wir nicht kennen. Wir versprechen, ihr Kriegsschuldeingeständnis Pappi nicht zu melden. Nun wollen wir mehr wissen. Oma sagt, wir hätten ganz viele Menschen umgebracht, und das würde Gott nicht verzeihen, auch unserem Vater nicht. Sie erzählt von furchtbaren Sachen. Von unbeschreiblich üblen Sachen. Jutta und ich können dann nicht einschlafen. Die ganze Nacht schreiben wir uns Fragen und Vermutungen auf den Rücken.

Mutti entschleiert den Mädchen die Geheimnisse der Schrift. Eine Reitpeitsche hilft ihr dabei. Die Kindchen werden ihr dafür noch einmal sehr dankbar sein. So sagt das Mutti. Die Dressur erfolgt in Einzelvernehmungen. Eine Folge der harten Tour: Die Kindchen tragen vor lauter Schiss dann auch in der Schule schreiend vor.

Jahrelang ist Jutta eine Eins in Deutsch sicher. Sie verliert sich in Büchern, auch solchen, die Erwachsenen vorbehalten sind. In einer Schwarte heißt der Verräter Pablo. In einem Streit mit Gisela spielt Jutta ihr Wissen aus, bezeichnet ihr Andersich wie den Bösen im Buch. Pablo. Vor Wut geht Gisela zum krassen Angriff über.

Eine Schulstunde ist zu Ende. Hefte sollen abgegeben werden. Der einen ist schon gelungen, was die andere erst noch fertig bringen muss. Gisela verlangt die Unterstützung ihrer Schwester … die Bodentruppe fordert Verstärkung vom Himmel … aber Jutta, stolz darauf, hier für mustergültig gelten zu können, verweigert ihrem nächsten, von ihr kaum zu unterscheidenden Menschen den nötigen Zuspruch.

Wir dürfen nicht abschreiben, hat die Lehrerin gesagt. Dann zählt die Aufgabe nicht. Gisela zieht an meinem Arm, sie will mein Heft. Ich will es ihr nicht geben. Nein, das ist meine Lösung. Es entsteht ein verbissener, geflüsterter Streit. Die Lehrerin wird aufmerksam: „Was ist denn da hinten los?“ Keine sagt etwas. Wir schweigen einvernehmlich.

Die Lehrerin aber insistiert.

Ich darf nicht lügen. Lügen, das weiß ich von Mutti und Pappi, ist das Schlimmste überhaupt. Und die Sonne bringt es an den Tag. Jetzt muss ich also meine Schwester verpetzen. Was mache ich bloß? Und meine Rechenaufgaben? Ich wollte sie doch abgeben.

„Jutta." Die Lehrerin lässt nicht locker. Dann passiert das Undenkbare, das Verbotene, denn neben der Wahrheitsliebe, der unbedingten Ehrlichkeit, gibt es ein noch höheres Gebot, ein außerordentliches Gesetz: Niemals, wirklich niemals, etwas gegen die Zwillingsschwester oder die Familie zu sagen, geschweige denn zu unternehmen. Unverbrüchlich zusammenhalten, so heißt unser elftes Gebot.

„Meine Schwester wollte abgucken", sage ich schließlich. So tief saß ich noch nie in der Tinte. Gisela ist empört: „Petze, Petze, das sage ich Mutti!"

„Selbst 'ne Petze!"

Ich traue mich nicht nach Hause. Unsere Freundin Ursel sagt, ich könne mit zu ihr kommen. Ihr Vater macht Fotos von uns. Ich strecke die Zunge raus. Es sind dies die ersten Fotos von mir ohne Gisela.

Ich komme zwei Stunden zu spät nach Hause. Ängstlich schleiche ich über die Balkontreppe zur Küche. Jeder Schritt bringt mich meinem Verderben näher. Ich bleibe auf der Schwelle stehen. Mutti kehrt mir den Rücken zu. Gisela steht neben Mutti. Mutti fährt herum und kommt drohend auf mich zu. „Was hast du zu der Lehrerin gesagt? Gisela hat mir alles erzählt."

Sie lässt mich erst gar nicht antworten. „Gisela hat mir erzählt, wie du sie gemein verpetzt hast. Du weißt genau, dass du das nicht darfst. Und wo bist du gewesen?"

Mutti tobt und ich mache vor Angst etwas in die Hose. Ich darf nichts sagen. Nicht, dass ich doch die Wahrheit sagen muss, nicht lügen darf, dass ich nicht wollte, dass Gisela abguckt und abschreibt. Dass es meine Lösung war, die ich abgeben wollte. Und dass ich mich nicht nach Hause traute.

Mutti packt zu, krallt sich das Kindchen für eine Strafmaßnahme. Mit Prügel will sie der Brut das Petzen abgewöhnen. Die Familienehre ist verletzt, der familiäre Zusammenhalt in Zweifel gezogen worden. Bis auf weiteres soll mit diesem Juttelchen nicht mehr gesprochen werden. Kann schon sein, dass man mit der Verräterin nie wieder etwas zu tun haben möchte.

Das Mittagessen steht kalt auf dem Tisch. Jutta kann nichts essen. Gisela ist hoch zufrieden und zeigt sich von ihrer hämischen Seite. Die Delinquentin verbringt den Nachmittag in einem Zustand der Erstarrung auf dem Sessel am Fenster. Mit ihr spricht keiner. Auch Pappi nicht, dem Mutti und Gisela ihre Empörung gründlich nahegelegt haben …

Vor dem Abendessen kommt Mutti zu mir in meine Vorhölle und zieht mich an sich. Noch einmal führt sie mir die Dimension meines Verrats vor Augen. Ich habe etwas Widerliches getan und muss massiv Abbitte leisten. Ich leide an vielen Fronten, als eben noch Verstoßene bin ich jetzt verwirrt. Ich empfinde Trotz und Angst und Heimatlosigkeit. Und schreckliche Dankbarkeit, anscheinend doch wieder geliebt zu werden.

Ich bin schuldig und böse, dabei wollte ich doch die Wahrheit sagen. Gisela hat abgeschrieben. Ich wollte mein Heft abgeben. Ich hatte keinen Fehler.

Die Hölle erscheint mir nachts. Ich finde keinen Schlaf und vor der Tür schreit die Katze so grässlich wie ein abgemurkster Teufel. Gott liebt und hasst. Die er liebt, sind die Schönen. Doch ein Wesen hat seinen Hass zu tragen, von Anbeginn der Zeiten, und dieses Wesen hört auf den Namen Luzifer. Weil dieser Teufel, so wie alle Mit- und Nebenteufel, den Hass tragen muss, ohne wählen zu können oder geliebt zu werden, ist er so böse, selbst voller Hass – und rettet sich in Stolz. So wie ich.

Zu der Qual hat Gott den Teufeln die Fähigkeit gegeben, die Liebe zu erkennen, ohne sie je an ihr teilnehmen zu lassen. Er gibt ihnen Einblicke, Illusionen der Liebe, um sie immer tiefer stürzen zu lassen, bis in die schwarze Einsamkeit. Er hat ihnen die Fähigkeit zur Erkenntnis ihres Elends gegeben, jedoch nicht die Liebe. Gott steht über der Liebe und dem Hass, er verteilt sie willkürlich und sehr ungleich. Warum? Weil er eine böse Lust daraus zieht?

Weibliche Teufel sind am Schlimmsten. Es sind unscheinbare, verkrüppelte oder hässliche oder bloß ein bisschen hübsche, aber niemals richtig schöne Mädchen. Wenn man genau hinschaut, erkennt man die Verdammten. Sie tun nur so, als ob sie schön seien, oder sie sind einfach nur Mitleid erregend. Zu ihnen gehöre ich. Ich bin eine Teufelin. Das haben heute Mutti und Gisela gemeinsam festgestellt. Gott hasst mich. Davon habe ich auszugehen.

Gott hat das mit mir so geregelt, dass ich mir einen Mutterleib teilen musste und eine Zwillingsschwester habe, die viel schöner ist als ich und von Mutti viel mehr geliebt wird.

Gisela: Ja, es war wohl in der zweiten Klasse, wir mussten eine Klassenarbeit schreiben und ich wusste eine Antwort nicht. Jutta, die neben mir saß, schrieb eifrig, und da ich uns natürlich für *eins* hielt, war es selbstverständlich, dass ich bei ihr abschreiben konnte. Erst verdeckte sie mit ihrer Hand ihr Heft, und als ich mich noch weiter vorbeugte, hob sie ihre Hand und verpetzte mich bei der Lehrerin. Ich musste meine Arbeit abgeben und den Klassenraum verlassen. Beim Verlassen der

Klasse konnte ich meine Tränen kaum zurückhalten und erzählte Mutti alles.

Jutta wurde von ihr geschlagen und angeschrieen: „Blut ist dicker als Wasser." Ich musste zusehen. Meine anfängliche Genugtuung veränderte sich zu der grauenhaften Erkenntnis, dass ich Jutta wehgetan und eine nicht wieder gut zu machende Tat begangen hatte. Ich weinte haltlos. Dann verließ Mutti das Zimmer und sagte noch: „Ihr kommt hier nicht raus, bis ihr euch wieder vertragen habt." Jutta sprach nicht mit mir, vergab mir nicht und ich fand auch keine Worte. Stumm saßen wir nebeneinander. Ich wusste, dass Jutta mir nie vergeben würde.

Jutta: Nachts beten wir stundenlang. Ich muss mehr beten als Gisela, damit ich wieder lieb werde und kein Teufel mehr bin. Ich freue mich auf den Schlaf, wegen der Träume. Bevor ich einschlafe, kann ich unter den an meinen geschlossenen Augen vorbeiziehenden Bildern meine Träume auswählen. Die Bilder rappeln wie ein wild gewordener Kinofilm. Dann verlangsamen sie sich, wie die Zahlen und Zeichen eines Spielautomaten, einige Bildchen bleiben stehen, andere laufen weiter. Mein Wunsch wirkt wie die Stopptaste und schon fängt mein Lieblingstraum an.

Ich fliege in den blauen Himmel, ich sehe unter mir Kassel, lande sanft und spreche mit Frank, unserem Freund aus der Nachbarschaft. Er sagt, du kannst ja gar nicht fliegen. Ich sag, doch, ich zeige es dir. Ich nehme ihn an die Hand und dann fliegen wir ganz hoch. Ich kann immer fliegen, wenn ich will.

Später kann ich nicht mehr so hoch fliegen. Aber ich kann noch hoch springen. Ich kann über unser Haus springen. Noch später kann ich nur noch über die Laterne vor unserem Haus springen. Es ist eine alte Gaslaterne und ab elf wird sie etwas dunkler. Dann weiß ich, wie spät es ist und dass ich wach liege.

Hela macht eine landwirtschaftliche Lehre. Wir besuchen sie auf dem Hof. Ungeahnte Abenteuer. Toll. Der attraktive Bauernsohn und ein Knecht ziehen Gisela in eine Kammer, um irgendetwas Interessantes zu veranstalten. Ich darf nicht dabei sein. Ich will aber. Sie sperren mich aus. Bin lange neidisch, verletzt und beleidigt.

Max zieht in unsere Nachbarschaft. Wir dürfen mit ihm nicht spielen, weil er zum Plebs gehört. Er ist vorwitzig. Wir kriechen mit ihm in Betonröhren, ziehen unsere Hosen aus. Das ist aufregend. Wir spielen mit seinem Glied.

Jürgen bekommt Wind davon. Wir dürfen Max nicht mehr sehen.

Hela und Jürgen bringen uns Bluestanzen bei. Jürgen gibt eine Party. Er trägt mich auf den Schultern. Ich stoße mit dem Kopf an die Flügeltür und werde ohnmächtig. Jürgen ist besorgt und lieb und bringt mich ins Bett.

Bekomme im Zeugnis für Zeichnen und Malen eine Eins mit rotem Ausrufungszeichen. Die Lehrerin bittet Mutti in die Schule, um ihr zu sagen, dass ich außergewöhnlich begabt bin.

Wir holen morgens meistens einen behinderten Jungen ab. Mutti hält uns zu guten Taten an. Der Junge ist nicht sympathisch. Er tut uns aber leid.

Sammeln für Brot für die Welt. Ich bin auch so dünn wie die Kinder auf dem Bild.

Werden von der dritten in die zweite Klasse zurückgestellt. Sind zu zart. Auch hier ein behinderter Junge, den ich begleite, weil ich gut sein muss.

Verliebe mich in Christof Bunge. Nach dem ersten Kuss ist Schluss. Frank lauert uns auf. Er ist eifersüchtig, will uns zum Treueschwur zwingen.

Die neue Lehrerin kann uns nicht leiden. Sie findet meine Zeichnungen frühreif. Nichts kann man ihr recht machen.

Beim Schwimmunterricht geben wir damit an, wie weit wir unseren Bauch einziehen können. Unsere Nabel stehen weit vor. Pule gern den Dreck aus dem Nabel.

Wir sehen, wie ein Hund überfahren wird.

Möchte Nonne werden.

Gisela und ich schauen Kataloge an. Sehen wir eine schöne Frau, zeigen wir blitzschnell darauf und sagen, das bin ich – wer schneller ist, ist die Schönste.

Werden vom Gesundheitsamt zur Erholung nach Königsfeld in den Schwarzwald geschickt. Gisela und ich halten zusammen. Lerne Kopfstand. Kann ihn überall machen, selbst auf einer Sessellehne. Wir bauen Mooshäuschen und Pilzgärtchen in Baumwurzeln. Mystisch schön erscheint uns der Schwarzwald. Die stundenlange Mittagsruhe ist eine Tortur.

Auch das Essen ist unsagbar eklig. Wir müssen Vitamine schlucken und nehmen dennoch nur drei Pfund zu. Uns wird zum ersten Mal Blut abgezapft. Widerwärtig. Spiele im Abschluss-Stück meine erste große Rolle: Die Pechmarie in Frau Holle. Bekomme Applaus. Möchte Schauspielerin werden.

Schreibe zuhause mein erstes Gedicht. Es erscheint in der Zeitung. Schreibe am liebsten abends im Bett. Schreiben ist aufregend. Möchte Schriftstellerin werden.

Gisela macht „Brennnessel“ an meinem Arm. Es schmerzt. Gisela hält mir triumphal ihren Arm hin, ich schaffe es nicht, ihr die Haut zu verdrehen. Sie lacht mich aus.

Wir wollen Erfinder werden.

Malen uns aus, was und wen wir mit auf die Arche Noah nehmen würden. Schmieden weiter Abhaupläne.

Franks Tante lacht uns aus: Ihr müsst mal im Stehen essen, damit was in eure Beine rutscht.

Amerikanische Freundinnen bringen uns Hula-Hoop-Reifen aus Amerika mit, lange bevor sie bei uns in Mode kommen. Wir fallen mit den Reifen auf. Werden bald sehr gut damit. Sehe bei den Amerikanerinnen eine erste Barbiepuppe. Wünsche mir mit jeder Faser meines Seins auch solch ein Wunderwesen – kein Kind, sondern eine junge Frau. Ich begehre sie geradezu. Bekomme sie aber nicht.

Der schwarze Vogel des Verrats

Die Nachricht unserer Geburt wurde Pappi auf einem Reitturnier von einem Lautsprecher verkündet. Mutti behauptete ihr Leben lang, mich im Schlaf zur Welt gebracht zu haben. Nach unserer Geburtslegende bin ich die Erstgeborene. Gisela wurde dann mit der Zange geholt. Ich war leichter und kleiner als sie. Eigentlich spricht das gegen eine Erstgeburt: die Kleineren, Leichteren lassen auf sich warten. Meine Mutter wich aber nie von ihrer Darstellung ab.

„Du hast dich vorgedrängelt", warf mir Gisela später in einem Spaßstreit vor. Ich entgegnete: „Ich musste zuerst ins Ungewisse und den Weg frei machen."

Gisela war in der Kindheit und Jugend meist zwei Zentimeter größer als ich und ein, zwei Kilo schwerer. Entsprechend wurden die Güter verteilt. Gisela bekam alles, was etwas größer und in meinen Augen auch schöner war – mit dem Argument, dass die Größere eben das Größere bekommen muss, egal was. Auch ihr Kinderbett war größer, erwachsener, also schöner.

Im Alter von zwölf Jahren bekamen wir zu Weihnachten noch einmal Puppen mit richtigen Haaren, die man kämmen konnte. Bis dahin hatten wir nur jede eine identische Hummelpuppe, mit kleinen Zöpfchen – die Sache im Ganzen aus Gummi – und jede eine Schildkrötpuppe, eine so genannte Zelluloidpuppe mit festem Haar. Meine hatte braune, gedrehte Schnecken an den Seiten (Marke Bärbel), Giselas Puppe trug einen blonden Bubikopf (Marke Inge). Eine Käthe-Kruse-Puppe mit echtem Haar blieb unser Traum. Vor Weihnachten verschwanden unsere Puppen und standen dann generalüberholt wieder auf dem Gabentisch.

Heiligabend war der schönste Tag des Jahres, ab September zählten wir die Tage bis dahin. Am ersten Dezember hängten wir die jahrelang in Gebrauch genommenen Adventskalender auf. Giselas Kalender war einem spitzgiebeligen Fachwerkhaus nachgebildet, mein Kalender einer rosa Villa. Später kam noch ein weiterer Kalender hinzu.

Wie gesagt, an einem Heiligabend Anfang der 1960er Jahre, als die Plastikrevolution weite Bereiche des täglichen Lebens erobert hatte und so auch die Puppenwelt, wurde der lang gehegte Wunsch nach einer Puppe mit richtigen Haaren endlich wahr. Wir glaubten zu diesem Zeitpunkt nicht mehr an den Weihnachtsmann. Mutti war mit Oma und Hela auf dem Weihnachtsmarkt gewesen und hatte die Puppen günstig erworben. Das war vor der Bescherung durchgesickert; Mutti nahm es auch mit den Weihnachtsgeheimnissen inzwischen nicht mehr ganz so genau. Wir ahnten, wir wussten, was uns überraschen sollte. Auch, dass die Puppen verschieden waren. Zu unserem Verdruss sollte eine Puppe nur kurze Haare haben.

Wir hatten unsere Eltern davon überzeugt, dass Weihnachtsgeschenke eingepackt präsentiert werden mussten – und ausgestellt wurden sie auf dem Teewagen. Im Weiteren lief die Angelegenheit so ab: Erst wurde der Tannenbaum angestaunt, dann umarmte man sich, endlich durfte ausgepackt werden. Im allgemeinen Trubel nahm ich das für mich bestimmte Puppenpäckchen, sah an einer Stelle, wo das Geschenkpapier aufgerissen war, dass mir die Puppe mit den kurzen Haaren zugedacht war, sah, dass im Augenblick niemand auf mich achtete und tauschte schnell mein Päckchen gegen Giselas Päckchen aus. Ich wollte nicht mehr das familiäre Gesetz achten, demnach der größeren Gisela alles Größere – Bessere – automatisch zustand. Erstmals nahm ich dieses Gesetz selbst in meine Kinderhände, um es zu korrigieren.

Ich hatte nun die lang- und schwarzhaarige Puppe. Ich registrierte Muttis Erstaunen, als ich den Grund meiner Freude zeigte. Sie sagte nichts. Vermutlich blendete sie mein Entzücken. Trotzdem leuchteten die Kerzen nicht mehr so hell wie eben noch, war die reine Freude nicht mehr rein, konnte ich mich nicht so ganz erfreuen … aber ich konnte auch nicht mehr zurück.

Ich hatte ein furchtbar schlechtes Gewissen und fühlte mich Gisela gegenüber als schlechte Schwester. Nun trennte mich ein Geheimnis von ihr. Niemals würde ich es mit ihr teilen können. Niemals.

Ich hatte sie hintergangen. Wenn wir zusammen mit unseren Puppen spielten, umflatterte mich der schwarze Vogel des Verrats. Gisela ahnte nichts. Auch die Liebe zu meiner Puppe, obwohl ich sie um nichts in der Welt zurückgegeben hätte, litt unter meiner Niedertracht.

Die Kindchen zu Pferde

Die Töchter eines rossnärrischen Vaters zeigen sich nun der Welt vor allem zu Pferde. Sie verdienen ihre Reitstunden, im Stall striegelnd und mistend. Sie bewähren sich als Akrobatinnen, beweisen Geschicklichkeit beim Voltigieren – und werden bald in den Reiterverein aufgenommen. Man sieht in ihnen talentierten Nachwuchs, will sie fördern. Sie kriegen ihr Reiterabzeichen und belegen brav erste Plätze auf Turnieren.

Leonard Freiherr von Fulda-Wolfberg neigt dazu, sich von den Zwillingen in ihrer zartesten Mädchenblüte eingenommen zu fühlen. Er hat im Jahr nach Stalingrad in seinem Gestüt Wildsand bald schon Elitepferde gezüchtet. Auf diesen Pferden siegen deutsche Olympioniken. Leonard bittet den Weltklasse-Militaryreiter Fritz Ligges um eine Qualitätsprüfung der Eleven. Das kommt einem Ritterschlag gleich.

Jutta und Gisela verbringen jede freie Sekunde entweder auf Wildsand oder auf einem kleinen Landschloss in der Paderborner Gegend. Der Adelsmann lässt sich von den blutjungen Schönheiten mit Michi ansprechen. Dabei mutet er ihnen allerhand zu. Das Training ist sehr hart, sie kriegen Pferde, die die beiden auch pflegen – ab fünf Uhr morgens. Stürze gehören zum Programm.

Leonard selbst bringt ihnen das Handwerk des Kutschierens bei.

Jutta: Leonard ist auf Anhieb geradezu vernarrt in uns, und wir sind auch begeistert von dem neuen Onkel mit Schloss. Er verwöhnt uns, schätzt uns und führt uns in seine Welt ein. Schon am ersten Wochenende steht sein, wie könnte es anders sein, großer Wagen vor unserem Haus, um uns für sieben Tage zu seinem Schloss zu bringen. Wir sind noch nie mit so einem großen Wagen gefahren, und die Fahrt nach Wildsand erscheint uns endlos weit. Am Ende dieser Weltreise rollt der große Wagen durch eine gesäumte Parkallee (ganz alt der Baumbestand) und so auch durch ein großes altes Tor. Wildsand ist ein frühbarockes Wasserschloss und für uns die Erfüllung unseres festen Glaubens, dass Wünsche und Gebete der Wirklichkeit ein Ansporn sind. Wildsand ist definitiv der schönste Platz auf Erden. Hier sind sogar die Ställe exzellent, ausgestattet mit Delfter Kacheln und illuminiert von Kronleuchtern.

Leonard adoptiert uns förmlich. Wir werden sehr vertraut miteinander, er avanciert zu unserem Wahlvater, zumindest jedoch zum aller-allerbesten Onkel. Wir stellen ihn ein als Vertrauten und Mitwisser eines jeden Mädchengeheimnisses. Er geht mit uns einkaufen, macht wertvolle Geschenke und vermittelt uns das *savoir vivre* und *savoir être*.

Leonard sieht aus wie ein Frosch, Gisela und ich belustigt das auf unsere verspielte Weise. Wir sind nicht bösartig. Er sieht einfach nur ganz anders aus als wir, ein feister Faun. Unser Froschkönig ist ein schwerer Genießer, neugierig und großzügig. Er ist der wichtigste Mann in unserem Leben.

Alle freie Zeit verbringen wir gemeinsam, entweder on the road, dann steigen wir in Burg- und Schlosshotels ab, oder auf dem Schloss (Leonard hat davon zwei), wo unsere Reitausbildung forciert wird. Uns stehen die besten Pferde zu Verfügung, die besten Trainer, und es kommt hinzu die Aussicht, in die Liga der erstklassigen Turnierreiter aufzusteigen.

Mit vierzehn spielen wir zwar immer noch mit Puppen, aber eines Tages finde ich meine Unterhose beschmutzt vor. Ich weiß, dass ich nicht an Durchfall leide, und schiebe das unsägliche Objekt unter Giselas Kleiderhaufen. Sie muss es verwechselt oder ausgetauscht haben. Später kratzt die eingewechselte Hose so eigenartig. Ich schaue nach, was da los ist, um feststellen zu müssen, dass die neue Hose den gleichen Makel wie die alte aufweist. Ich unterstelle Gisela eine Gemeinheit und komme ihr dabei nur zuvor. Auch sie verdächtigt mich des unlauteren Hosentauschs. Wir zeigen uns unsere Unterhosen. Beide sind mit etwas Dunklem beschmiert – da stimmt was nicht. Wir untersuchen die Angelegenheit genauer. Kann es sein? Offenbar schon. Wir haben unsere Tage! Das ist eine Sensation. Und schon bald kriegen wir zu hören: „Ihr scheint erwachsen zu werden, ihr habt eure Tage. Ich besorge euch Binden."

Doch Bindenhalter sind teuer.

„Die kann man auch selber machen, aus Gummiband", sagt Mutti und zeigt uns, wie das geht. Einfach ein Gummiband um die Taille, dann hinten und vorn mit einem kürzeren Band die Binden verknüpfen, fertig. Die Bänder liegen zu stramm an, die Binden schneiden. Angetrocknetes Blut macht aus ihnen Sägeblätter und jeden Schritt zur Qual.

Gisela erzählt, dass Leonard sie seltsam geküsst hat: „Der kam da so komisch mit seiner Zunge." Jutta findet seinen Gutenachtkuss auch eigenartig. Leonard ist ein Grabscher; die knospenden Kindchen müssen sich das endlich eingestehen. Alarm im Paradies. Verabredet wird permanente Gemeinsamkeit, um Leonard' Übergriffschancen zu vermindern.

Jutta: In den Herbstferien dürfen wir zu Leonard ins Dornröschenschloss Sababurg, den 1334 gegründeten Märchenhorst der Brüder Grimm. Es beherbergt ein Hotel, Leonard gehört darin ein Turm. Angereist ist er mit Freunden, Pferden und Kutschen. Wie gesagt, Kutschieren bringt er uns eigenhändig bei. Wir debütieren auf einem Einspänner mit Bravour und bewähren uns bald auch auf einem Zweispänner.

Mein Lieblingspferd heißt Henner. Es steht für mich im Stall der Sababurg. Auf Henner begleite ich Leonard, der seinen Einspänner fährt. Wir trennen uns, um im wilden Galopp eine Weile ganz gelöst und ausgelassen zu sein. Wir treffen uns wieder, an einem geheimnisvollen Ort, und nehmen ein ausgiebiges Picknick ein, vom Freiherrn persönlich zusammengestellt.

Anderntags lässt Leonard einen Fotografen kommen. Er wünscht Aufnahmen von seinen Lolitas. Er verliert sich in Andeutungen, die schlankweg nicht verstanden werden. Am nächsten Tag gibt er die Reitordnung für einen gemeinsamen Ausflug aus: Gisela und die anderen Gäste zu Pferde, Jutta soll mit ihm in der Kutsche fahren.

Leonard zieht sich etwas mühsam in die Kutsche. Er setzt sich neben mich. Ich lenke die Equipage. Es geht im Trab in den alten Buchen- und Eichenwald. Die Baumschatten erinnern an verwunschene Riesen. Sie flüstern mir zu: „Kind, pass auf und sei achtsam.“ Auf einer Kreuzung befiehlt der Herr zu halten. Leonard schickt seine Reiter fort, er will sie erst wieder in Stunden treffen. Gisela galoppiert davon, am liebsten möchte ich ihr nachrufen: „Nein, geh nicht!“ Sie dreht sich noch einmal um. Sie hat einen stummen Ruf vernommen und ist sichtlich besorgt. Wir drehen eine scharfe Linkskurve, ich titsche das Pferd ein wenig mit meiner Peitsche an, die Kutsche springt nach vorn.

Die ungewisse Fahrt beginnt. Der Weg führt uns steil nach oben und tiefer in den sagenumwobenen Wald. Leonard erklärt, dass wir noch durch sehr schwieriges Gelände müssen, um zu einem wundersamen Gipfel zu gelangen.

Der Reinhardswald ist ein veritabler Urwald. Er ist ein Ort, der der Seele Flügel verleiht, aber im Moment sind meine Flügelchen gebunden. Ich fühle das Gewicht der Erde. Im Dickicht wendet sich Leonard mir zu: „Ich möchte dir einen Ring schenken.“ Seine Stimme ist belegt. „Ich wünsche sehr, dass du ihn annimmst.“

Edel und wertvoll soll der Ring sein. Leonard ist ja immer sehr großzügig. Ich zögere und kenne die Antwort nicht. Ich spüre, dass dieses Geschenk ein außerordentliches Gewicht hat. Ich kann den Ring nicht tragen.

Leonard gesteht mir jetzt seine Zuneigung. Er bebt vor Sehnsucht und Begehren. Er malt mir eine gemeinsame Zukunft aus. Ich erkenne ihn nicht mehr. Er ist nicht mehr der väterliche Freund. Ich konzentriere mich aufs Kutschieren, so als könne diese Beschäftigung wieder alles gerade rücken. Ich will die Zeit zurückdrehen und nicht gehört haben müssen, was ich gehört habe. Die Kameraden sollen jetzt im Galopp aufschließen und mich aus einer komplizierten und beängstigenden Lage mit ihrer schieren Anwesenheit befreien. Ich traue mir kein offenes Wort zu; fast bin ich schon eine Gefangene. Wir erreichen den Gipfel. Grandios ist die Aussicht. Ein paar Schritte waten wir durch Farne. Die Sonne schickt uns ihre besten Grüße und kann mich doch nicht erwärmen.

Mir ist furchtbar kalt. Plötzlich nimmt mich Leonard zur Brust. Sein roter Kopf kommt mir viel zu nah, die aufgeworfenen Lippen türmen sich wie Berge. Er versucht zu küssen, er stammelt. In wirrer Rede stehen seine Liebe, gemeinsame Reisen, edle Pferde und Schlösser.

Ich liege höchst unfreiwillig in einem Farnbett. Die Luft flimmert, die Zeit legt eine Mittagspause ein; wir starren uns ewig an. Dann bricht Leonard, zum Glück, neben mir zusammen: „Verzeih mir, bitte, verzeih mir, meine Liebe. Ich werde ganz behutsam sein. Bitte, bitte …“ Seine Stimme stockt. Seine wässrigblauen Augen füllen sich mit Tränen. Wir weinen beide.

Leonard beruhigt sich allmählich. Ich spüre die Macht seiner Gefühle und empfinde eine fast unüberwindbare Verlegenheit. Ich zittere am ganzen Leib, meine Glieder gehorchen mir nicht. Ich bin so aufgewühlt, ein Kind, das aus allen Wolken fällt. Ängstlich sage ich: „Sicher kommen die anderen gleich. Sollen wir nicht schon mal das Picknick aufbauen?“

Nun zeigt sich Leonard mit allem einverstanden. Er breitet Wolldecken aus, schenkt Tee aus einer silbernen Thermoskanne ein. Leonard gibt sich zuvorkommend und sehr weich.

Die Korona trifft ein. Ich melde Gisela das Desaster. Zum Abendmahl sind wir wieder im Hotel. Leonard kündigt mir einen nächtlichen Besuch an. Gisela und ich verabschieden uns von allen Gästen. Wir konferieren in Giselas Kammer. Sollen wir abhauen oder uns einschließen?

Ich überlasse mich der Einsamkeit in meiner verschlossenen Stube. Sie liegt zu hoch im Turm für einen Sprung in die Freiheit. Ich liege lauschend wach. Schließlich klopft es leise an meine Tür, ich sehe, wie die Klinke sich unter einem Händedruck neigt.

Ich habe außer dem Nachthemd auch noch meine Unterwäsche an. Mein BH ist winzig. Er wurde meinen Maßen angepasst; selbst der kleinste handelsübliche Büstenhalter ist mir noch zu groß. So habe ich eine Falte über die Mitte gelegt und diese festgenäht.

„Bitte mach auf."

„Nein, das kann ich nicht."

Leonard will aber unbedingt mit mir sprechen. Er verspricht, mir nichts zu tun. Ich lasse ihn eintreten, verziehe mich sofort wieder ins Bett. Leonard steht in einem hocharistokratischen Spitzennachthemd da, seine runden Waden sind nackt. Halb erscheint er lächerlich, halb wie einer, der alles darf. Behutsam nimmt er auf der Bettkante Platz. „Darf ich mich zu dir legen?"

Ich nicke und bin schon um den größtmöglichen Abstand bemüht. Ich rutsche an die Wand, mehr geht nicht.

Wir liegen beide auf dem Rücken und schauen uns eine hohe Decke an.

Leonard zieht mich vorsichtig an sich. „Du bist ja ganz nass", sagt er leise und streicht feuchte Haare aus meiner Stirn. Ich nicke und nehme mir fest vor, mich nicht entkleiden zu lassen. Schon wegen des grässlichen Büstenhalters nicht, an den ich krampfhaft denken muss. Leonard sagt: „Schau, ich bin auch brav, ich mache dir nichts."

Er nimmt meine Hand und legt sie auf sein Glied. Ich spüre eine weiche Masse und ziehe erschrocken die Hand weg. „Fühl doch, es ist weich, hab keine Angst. Ich werde mir alle von dir gewünschte Zeit für dich nehmen. Ich werde geduldig sein und auf dich warten, bis du soweit bist."

Leonard quillt in Sanftmut über. Er erzählt sein Leben, erzählt von seinen ersten Lieben und frühen Leiden ... von seiner unglücklichen Ehe und seiner starken Liebe zu seiner Tochter. Er breitet seine Pläne vor mir aus, in deren Mittelpunkt ich stehe. Mit mir will er glücklich sein.

Er offenbart sich ganz. Es ist sehr dunkel, ich nehme wenig von Leonard wahr, aber seine Stimme hört sich schön an, und ich lausche gebannt und schwitze immer noch. Mein Körper scheint ein Kraftwerk für Schweiß zu sein. In der Atmosphäre extrahiere ich Erregung, Angst, Intimität, Geheimnis und Nähe.

Wir bleiben die ganze Nacht wach. Ich möchte weg und fühle mich doch angezogen. Leonard soll gehen, er soll aber auch bleiben. Er soll weitererzählen und bei mir sein. Er soll mich alleine lassen und nie wieder gehen. Das alles darf nicht sein und ist doch wunderbar. Ich liege in Leonard' Armen, er schüttet sein Herz aus. Ich bin verzaubert und kann und darf das nicht sagen. Es hat noch kein Mann so viel mit mir gesprochen und von sich erzählt, nie zuvor bin ich so in das männliche Sein eingeweiht worden. Ich schweige mich aus. Ich bin noch ein Kind, das nicht schlafen kann und bald wieder in die Schule muss.

Leonard verdrückt sich im Morgengrauen. Ich bleibe ratlos zurück.

Leonard hat den Tag über viel zu tun. Ich sehe ihn erst beim Abendessen. Gisela und ich sind in der Zwischenzeit zu dem Entschluss gelangt, ihm einen Brief zu schreiben. Ich sage Leonard in diesem Brief, dass ich sein Angebot nicht annehmen kann, dass ich zu jung bin, dass ich noch zur Schule gehe –

und vor allem, dass ich ihn so nicht lieben kann wie er mich. Und dass ich nach Hause möchte. Der Brief erreicht seinen Adressaten. Ich ziehe mich zurück, vernehme Stimmen auf dem Gang und ertrinke schließlich in der nächtlichen Stille.

Am Morgen finde ich einen Brief von Leonard. Ich lese, wie traurig er wegen meiner Entscheidung ist, er will sie aber ohne Ach und Krach akzeptieren. Ich rufe Mutti an und sage, dass wir eher zurückkommen werden. Sie ist besorgt, die Ferien haben gerade erst angefangen.

Zuhause erzähle ich ihr, was passiert ist. Sie ist fassungslos. Und noch ratloser als ich. Bloß nichts Pappi sagen, sagt sie, der geht mit dem Gewehr auf Leonard los.

Die Ferien haben erst angefangen. Ich mag nichts unternehmen. Ich bin traurig und allein und fünfzehn und denke an Leonard und an das dunkle Turmzimmer.

Unseren siebzehnten Geburtstag feiern wir, fröhlich und turbulent, mit einigen adeligen Freunden auf Marienloh. Unsere Gastgeber spielen immer wieder Udo Jürgens' „Siebzehn Jahr …“ und brüllen – statt „blondes“ – „schwarzes Haar, so stand sie vor mir“. Wir hassen das Lied und werden ständig rot. Gisela und ich spüren, dass wir zum letzten Mal mit diesen juvenilen Herrenreitern feiern … und dass eine neue Zeit sich anschickt, ihre Fühler nach uns auszustrecken.

Eine Stimme aus einer anderen Welt

Gisela: Irgendetwas stimmt in meinem Leben nicht. Ich bin ruhelos, finde mich zu dünn, zu gebremst, bin immer aufgeregt und gleichzeitig gehemmt. Tanzstunde ist völlig daneben;

daneben ist, im Halbkreis der Mädchen darauf zu warten, dass der gegenüberliegende Jungenhalbkreis auf einen zukommt, um endlich, zu Paaren getrieben, die elenden Tanzschritte zu üben. Beim ersten Mal zerfällt der Jungenschwarm, die Herren der Schöpfung beeilen sich, vor ihren Favoritinnen in Stellung zu gehen. Ich werde von keinem auserkoren. Ein pickliger Junge steht noch ratlos herum, kommt dann unschlüssig auf mich zu. Ich hasse das, da zu stehen und zu warten und zu hoffen, dass ein beliebiger Junge mich auffordert. Jutta geht es wie mir, wir werfen uns gequälte Blicke zu. Auch bin ich gänzlich unfähig, die Schritte für Foxtrott und Tango zu lernen, dieses blöde zwei rechts, drei links. Ich werde das niemals brauchen.

In den Pausen separieren sich die Geschlechter. Die Mädchen machen sich über ein sehr dünnes englisches Model lustig. Sie reden abfällig über Twiggy, diesen völlig neuen Typ, ohne Brust und mit dünnen Beinen, der so aussieht wie wir. Nur wir ahnen, dass ein Paradigmenwechsel des weiblichen Schönheitsideals ansteht; dass der Busen von Sophia Loren passé ist.

Eines Tages erkennt der populärste Tanzstundenjunge in mir seine Partnerin. Mit ihm tanze ich gleich besser, vielleicht bilde ich mir das aber auch nur ein. Nach der Veranstaltung zeigt er mir seinen Partykeller. Er wohnt in einem neuen Wohnblock, der Partykeller ist auf der Höhe der Zeit eingerichtet, so eine Kerzenscheinangelegenheit mit Cocktailsesseln. Die Chiantiflaschen tragen Wachsmanschetten. Der Gastgeber gibt mit der Einrichtung an, mehr will er anscheinend nicht. Einer seiner Freunde gesellt sich zu uns, die beiden bringen mich schließlich nach Hause. Auf dem Weg nimmt mich der Tänzer in den Arm und beschäftigt sich auch mit meinen Haaren. Er sagt etwas auf Französisch, sein Kumpel lacht. Ich verstehe nichts, merke mir aber die Worte: Voulez vous coucher avec moi? Später frage ich Hela nach ihrem Sinn. Meine Schwester regt sich auf …

Bei der nächsten Tanzstunde bin ich wieder Luft für die halbstarke Starerscheinung. Ich fühle mich brüskiert. Mutti tröstet uns. Sie sagt, wir wären die Hübschesten, wir hätten glänzende Augen, die Jungens wären nur zu jung und zu dumm, um das zu sehen. Unsere hervorstehenden Hüftknochen seien ein Schönheitsmerkmal – und außerdem sei ein Licht in unseren Augen.

Und dann passiert etwas, das alles ändert.

Jutta und ich laufen einer Straßenbahn hinterher, kriegen sie aber nicht mehr. Jetzt müssen wir warten. Nahe der Haltestelle sind ein paar Läden. Ein Feinkostladen für die reichen Leute in Wilhelmshöhe und eine Drogerie. Aus der Drogerie hören wir ein Lied, eine Stimme, die anders klingt als alle Stimmen, die wir je gehört haben. Sie kommt aus einer anderen Welt. Einer Welt, aus der wir kommen. Zu der wir gehören, immer schon, wir haben es nur nicht gewusst, aber unsere Sehnsucht nach ihr hat uns genau zu diesem Zeitpunkt an diese Stelle von Kassel, also zur Baunsbergstraße, geführt. Schlagartig wird uns bewusst, dass wir nicht allein sind – während wir zum ersten Mal „Like a Rolling Stone“ hören. Die nächste Straßenbahn fährt vor, wir müssen einsteigen. In der Bahn drängeln sich laute Schüler, stoßen und rempeln, ein Gerangel wie immer, ganz egal, ich muss rauskriegen, wer das Lied gesungen hat.

Am nächsten Tag gehen wir zu einem Plattenladen in der Treppenstraße. In Kabinen kann man da mit Kopfhörern Platten anhören. Es dauert nicht lange und wir wissen, wer „Like a Rolling Stone“ singt. So entdecken wir Bob Dylan, einen engelsgleichen Amerikaner, der aus dem Nichts aufgetaucht zu sein scheint.

Mit „Highway 61 Revisited“ verlassen wir den Laden.

Fluxus in Kassel

Jutta: Nun ist es mit der Reiterei vorbei. Es liegt etwas Neues in der Luft, ein eigenartiges Gefühl von Freiheit. Ich bringe das noch Unfassbare mit Wild- und Schönheit in einen Zusammenhang. Es hat auch schon eine Stimme, die von Bob Dylan. „How does it feel to be on your own – like a rolling stone." Das ist mein Lied … meine Stimme … eine Verheißung. Für mich wird es ein ganz anderes Leben geben als das von Udo Jürgens besungene. „Like a Rolling Stone" ist die Hymne meiner Erweckung. Ich arbeite in den Sommerferien, um Geld für einen Plattenspieler und für einen Suhrkampsammelband zu verdienen.

Marienloh ist auch vorbei.

Ich bin entschlossen, von der Schule zu gehen, um Kunst zu studieren. Das kann ich schon jetzt. Die Eltern sind dagegen, aber doch nicht ganz und gar.

Gerd, ein Student, der bei Schaffts wohnt, Parka trägt, Pfeife raucht und einen alten Citroën fährt, zeigt mir Bilder von Toulouse-Lautrec. Er erklärt die Welt anders, als ich sie kenne. In seinem Universum gibt es nicht nur Goethe und Schiller, sondern auch François Villon … vor vollen Schüsseln muss ich hungers sterben … und sein, nein, mein wilder Erdbeermund, es gibt Gottfried Benn, Frischs „Biedermann und die Brandstifter", Beckett, Brecht. Ich bin in Gerd verliebt. Er ist links, ich erfahre gerade, was das bedeutet. Pappi ist entsetzt.

Ich gehe zum ersten Mal in einen Jazzclub. Das ist eine Hinterhausgruft, in der interessante Frauen und Männer verkehren. Kunststudenten. „Gammler", sagt Mutti. Sie lässt es zu, dass wir uns alte Parkas anschaffen. Zu weit gehen wir ihr erst, als wir Pfeife rauchend und mit feinen Löchern in den Turnschuhen in der Küche auftauchen.

Die Kunststudenten nehmen uns in ihren Kreis auf. Kleine Mädchen, die auch Kunst machen wollen, werden ins Wo und Wie sehr gern eingeführt. Es gibt, wir erkennen das sofort, herausragende Talente in der Szene, wie Erwin Fricke, Norman Jung, Jan und Michael Buthe. Das sind die Helden der Akademie … eine lose Gruppe, die sich im Münstermannhaus breit macht. Praktischerweise liegt der Jazzclub in Steinwurfweite.

Das Münstermannhaus stammt aus dem 18. Jahrhundert und steht nun schön und verkommen in der furchtbar geschmacklos wiederaufgebauten Innenstadt.

Kunststudentenpartys sind in etwa das Verruchteste, was ein Mädchen in Kassel um 1967 erleben kann. Man lagert auf Matratzen im Kerzenschein. In einer Ecke stehen Bierkästen. Die Musik ist so laut, dass man sich schreiend verständigen muss. In solchen Verhältnissen erweitere ich meinen erotischen Horizont. Zum ersten Mal küsse ich Gerd richtig. Es ist nicht das erste Mal, dass ich küsse. Aber vorher waren es Jungens. Jetzt ist es ein Mann. Seine Hand fährt über meine Schenkel, berührt den verbotenen Bereich und zieht sich wieder zurück. Gerd flüstert: „Du bist noch zu jung."

Ich bin enttäuscht, zumal ich mir für dieses Jahr vorgenommen habe, meine Jungfräulichkeit aufzugeben. Zum Glück hat das Jahr gerade erst angefangen.

Eine kurze Begegnung mit Jan Konietzki lässt mich an meiner Liebe zu Gerd zweifeln. Jan ist noch erwachsener als Gerd … ein slawischer Typ … groß, hager, unruhig. Ich kapiere nicht, dass ich auch für ihn zu jung bin.

Zu Gerds Freund Bernhard sage ich, dass ich zwei Liter Bier in einem Zug trinken kann. Ich wette darauf. Wir füllen eine Vase. Die Gefäßöffnung taucht vor mir auf wie ein Tunnel … wie ein langer kalter Gang. Doch leuchtet an seinem Ende die Liebe.

Wenn ich die zwei Liter auf Ex schaffe, mag mich Bernhard vielleicht. Ich möchte Bernhard lieben. Er und Gerd schauen gespannt zu.

Der letzte Schluck. Ich tauche aus der nassen Katakombe auf, die Decke dreht sich, das Licht wird weich und verschwindet plötzlich hinter dem Sofa.

Irgendwie kriege ich noch mit, dass mein Körper eine Treppe hochgeschleppt wird, jemand streicht mein feuchtes Haar aus der Stirn, ist es nun Gerd oder Bernhard? Dann schwinden meine Sinne.

Gerd sagt, als ich zu mir komme: „Du bist verrückt. Weißt du, dass der Alkohol dein Herz erdrücken kann, dass du jetzt tot sein könntest?“ Das ist mir egal, auch Gerd ist mir plötzlich egal. Und Bernhard, der seine Liebe zu mir bald entdecken wird, ist mir vorher schon völlig egal.

Noch sind sie Oberschülerinnen und dürfen doch schon am akademischen Aktzeichnen teilnehmen. Das hat Pappi für die Kindchen erreicht. Beim Oberweitenranking in der Schule belegen sie die letzten Plätze, die Kunststudenten sehen sie mit anderen Augen an.

Aktzeichnen bedeutet zur Schau gestellte Nacktheit, schreibt Jutta. Ein Mann wird sich vor uns entkleiden. Gisela und ich sind aufgeregt, wir wissen noch nicht, wie wir das verkraften werden. In der Schule halten uns nun einige für verdorben.

Der Zeichenraum in der Werkkunstschule ist gleißend hell. Kein Lehrer erscheint, keiner erklärt, was anliegt, keiner hilft den Zwillingen. Aus reiner Anschauung und die anderen nachahmend gelingt ihnen das Weitere. Jede besorgt sich eine Staffelei auf Rädern, um sie vor ein Podest ins Zentrum des Saals zu ziehen. Juttas Vorbild ist eine sehr souveräne Studentin: Gekonnt platziert sie das Papier auf der Staffelei. Ich komme ihr so nah wie möglich. Der Saal füllt sich und ich verliere Gisela aus den Augen. Ein jüngerer Mann eilt zum Podest, entledigt sich seines Schals und seiner Jacke und in wenigen Momenten steht er entkleidet vor uns. Keiner im Saal scheint dabei etwas zu finden. Gisela und ich entdecken uns wieder. Wir schauen uns kurz an. Es ist fantastisch hier unter den Studenten.

Ich sauge die konzentrierte Atmosphäre gierig auf. Das ist der Ort meiner Träume. Ich gehöre hierher. Die Studentin neben mir skizziert den Torso mit schnellen, arroganten Strichen. Unglaublich. Ich erkenne sofort, dass sie weiß, dass sie die Beste ist. Während neben mir die für mich staunenswertesten Aktzeichnungen blasiert aufs Papier gezaubert werden, schwöre ich mir, bald genauso gut zeichnen zu können oder aber zu sterben. Ich weiß, dass ich auch so gut sein kann wie diese Studentin. Sie wird, ohne es zu ahnen, meine erste Lehrerin.

Erwin, Pudel, Rainer und die anderen

Eines Abends bringt Jutta zwei Studenten mit nach Hause. Sie sind bestimmt zehn Jahre älter als die Zwillinge. Einer von ihnen war schon einmal in Marokko. Er heißt Erwin. Bald wird er Giselas Freund. Das hält ihn nicht davon ab, mit Jutta anzubändeln. Er gehört zu den Kommunarden im Münstermannhaus, Kunststudenten allesamt, die der gemeine Kasseler aber nicht von Gammlern unterscheiden kann.

Die Rasselbande fällt täglich bei den Schmidts ein, die Schwestern wähnen sich von Weltmännern beehrt. Man spielt ein bisschen den Rattenfänger von Hameln in großer Besetzung. Das reizende Publikum lässt die Malergesellen zur Hochform auflaufen.

Gisela: Unsere Eltern mögen sie, und für uns bedeuten sie dies alles, wonach wir uns gesehnt haben. Wenn sie nicht bei uns sind, gehen wir zu ihnen ins Münstermannhaus. Dort ist immer viel los, es herrscht das reine Chaos in allen Zimmern und auf den Gängen. Verrückte Skulpturen stehen herum, riesige Leinwände lehnen an den Wänden.

Wir sehen Michael Buthe zu, er malt mit großen Bürsten. Jutta und ich wären im Münstermannhaus gern die schönsten Bewohnerinnen, aber noch gehen wir zur Schule und sind für so ziemlich alles zu jung.

An Schuljungen haben wir vollständig das Interesse verloren. Ein Mädchen aus unserer Klasse erzählt komische Sachen. Sie behauptet, wir hätten es schon „gemacht" mit unseren älteren Freunden. Wir werden auch direkt gefragt: „Macht ihr es nun oder macht ihr es nicht?"

Ich weiß nicht, was sie meint, und sage wütend und herablassend: „Natürlich machen wir es, was denkt ihr denn?"

Einmal holt Erwin uns von der Schule ab, er findet unsere Mitschülerinnen unspannend. Und die beiden wegen ihrer Loren'schen Rümpfe populärsten Mädchen der Schule sogar hässlich.

Inzwischen sehen wir wie junge Künstlerinnen aus.

Jutta: Die Ereignisse überschlagen sich. Nach dem Willen unserer Eltern soll Gisela Mode studieren und ich Grafik. Wir bestehen beide die Aufnahmeprüfung. Ich habe eine kurze Affäre mit Jan, der es nach wie vor bekleidet bei verhaltenen Zärtlichkeiten belässt.

Gisela: Unser Vater hat beim lieben Gott und dem Direktor der soeben mit der Akademie zusammengelegten Werkkunstschule durchgesetzt, dass wir an der Kunstschulaufnahmeprüfung teilnehmen dürfen. Die Prüfung bestehen wir spielend. Ich gehe erst ein Jahr in die Modeklasse. Danach wechsle ich zu Jutta in die Grafikklasse. Bis dahin beneide ich sie.

Jutta: In der Kunstschule gelten wir als die hübschesten Mädchen. Wir werden oft von Studenten fotografiert. Wir sind Schülerinnen von Professor Neusüss – in der Klasse für experimentelle Fotografie. Er unterstützt uns in jeder Weise und wir können ausprobieren, was wir wollen.

Wir haben bald unsere erste gemeinsame Ausstellung, erst im Foyer der Akademie, dann gehen die Sachen nach Tokio.

Die neue Politik kommt in Kassel an. Studenten stehen diskutierend in den Gängen der Hochschule. Unsere Ausstellung interessiert nun keinen mehr. Die vormals geliebten Eltern und ihre Mördergeneration halten für ein neues Feindbild her. Wir sind Hitlers wütende Kinder.

Gisela: Ich habe mich besonders angezogen. Ich trage schwarze Strümpfe, einen schwarzen Pullover und einen kurzen Faltenrock, den eine Freundin mir geliehen hat. Meine Haare habe ich zu einem Pferdeschwanz zusammengebunden. Der Spiegel zeigt ein sehr, sehr junges Mädchen, das versucht, existenzialistisch-französisch-interessant, irgendwie Sartre-like auszusehen. Ich finde mich schön und bin etwas selbstverliebt. Und so liege ich neben Erwin auf seiner Matratze im Münstermannhaus. Erwin ist nicht schlank, aber sehr beweglich und schnell. Ich mag diesen meinem Körper entgegengesetzten Typus.

Erwin erzählt von Abenteuern. Er hatte in Marokko eine Freundin, die Familie wollte ihn mit ihr verheiraten ... und schließlich umlegen, weil ihm nach einer Ehe nicht der Sinn stand. Schwer bedroht von den Brüdern des Mädchens, machte sich Erwin bei Nacht und Nebel aus dem Staub. Er floh in die Berge. Nachts saß er mit Nomaden am Lagerfeuer.

Meine Fantasien führen mich an die Seite des Flüchtlings. Ich sehe mich in Männerkleidung im Atlasgebirge. Nichts wünsche ich mir mehr, als dem elenden und spießigen Kassel ins Morgenland zu entkommen. Ich beneide Männer ihrer Freiheit wegen.

Mich beunruhigt die Vorstellung, dass Erwin Jutta lieber haben könnte als mich. Sie ist gerade mit Jan zusammen, in einem unklaren Verhältnis. Jetzt will ich Erwin ganz und gar für mich einnehmen.

An diesem Tag zeichnet er mich. Ich erzähle Jutta davon nichts. Es fällt mir schwer, ihr gegenüber verschwiegen zu sein. Ich kann fast nichts vor ihr verheimlichen.

„I can't get no Satisfaction" ist der Hit im Augenblick. Mit Erwin und anderen sind Jutta und ich auf dem Faschingsfest der Kunstschule. Die Veranstaltung ist unter Studenten berühmt, wir haben uns gründlich vorbereitet. Das Dekor des Schauplatzes stellt sich als psychedelisch-abgedrehtes Gemeinschaftswerk vieler Künstler dar, die im Übrigen kaum zu identifizieren sind in ihren Verkleidungen …

Jutta und Erwin sind schon eine Weile verschwunden. Ich suche sie, gequält von allerlei Einfällen. Dazu „I can't get no Satisfaction" in einer Endlosschleife. Ich kriege es mit der Angst zu tun in der wogenden Irrsinnsmeute. Zum x-ten Mal mustere ich Streifen und Zacken an den Wänden, Zeichen einer Euphorie aus Schwerelosigkeit. Acid Art. Plötzlich tauchen Jutta und Erwin mit allen Anmutungen eines Paars auf, in bester Laune. „Wir haben dich überall gesucht. Wo warst du denn?"

Meine Schwester sieht bezaubernd aus, sie leuchtet.

Jutta: Beim Faschingsfest verziehe ich mich mit Erwin, der eher Giselas Freund ist, in den Keller, wo wir uns küssen. Gisela sucht und findet uns und ist entsetzt. Erwin nimmt es nicht so genau, wen er gerade liebt, er liebt uns beide. Gisela artikuliert ihren Unmut, Erwin markiert den Reuigen. Mehr weiß ich auch nicht mehr von der Begebenheit. Gisela wird sie mir immer wieder vorwerfen. Ich kann sie gut verstehen. Andererseits suche ich meine Reue vergeblich. Erwin entzieht sich jeder Auseinandersetzung und setzt sich mit Kumpels nach Persien ab. Man überführt Fahrzeuge dorthin; den Deal hat der Perser eingefädelt, der den legendären Jazzclub im Münstermannhof betreibt.

Gisela: Unseren Eltern wird es langsam zu viel mit uns. Um elf sollen wir zuhause sein. Doch schaffen wir das nie. Manchmal kreuzen wir erst morgens um drei auf. Mutti kaschiert ihre Sorge mit Wut. Wir bringen sie und Pappi mit Harmlosigkeiten um den Schlaf. Wir machen weiter nichts, als im Jazzclub unsere Zukunftsformate zu studieren. Der Club gehört einem Orientalen. Kraft und Eleganz paaren sich in seiner Person. Er bringt Jutta und mich in Verlegenheit mit seiner überlegenen Art. Wir halten Abstand zu ihm, er ist uns nicht geheuer.

Und wieder einmal sind wir viel zu spät, und diesmal ist Pappi fuchsteufelswild. Ich fühle mich von ihm an die Wand gedrückt und will es dem alten Mann in der langen Unterhose geben: „Von dir lasse ich mir nichts gefallen", schreie ich zurück, „ihr habt Millionen Juden vergast, ihr habt überhaupt kein Recht etwas zu sagen. Was ist schon spät nach Hause kommen im Vergleich zu euren Leichenbergen? Ihr Mörder!"

Pappi wird grün im Gesicht, zitternd steht er mit dünnen Beinen in seiner langen Unterhose vor mir. Er ringt nach Luft. Mutti schickt ihn zu Bett und vernichtet uns mit einem Blick.

Mir tut Pappi plötzlich schrecklich leid, wir lieben unseren Vater. Gleichzeitig frage ich mich, ob sich aus dieser Liebe nicht vielleicht eine Mitschuld ableiten lässt. Darf man solche Ungeheuer wie Pappi überhaupt lieben?

Neben Erwin habe ich noch einen Freund. Er heißt Michael und ist auch Kunststudent, groß, dünn, blass. Ein einsamer Wolf, der sich allenfalls schweigend irgendwo dazustellt. Ich kenne ihn kaum. Manchmal besuche ich ihn, er wohnt möbliert und weit weg von den Kasseler Zentren der Erregung. Er zieht mich immer gleich auf die Matratze. Wortlos liege ich bei ihm, abgestoßen und fasziniert zugleich. Er berührt und beobachtet mich. Ich bin furchtbar verklemmt, eigentlich quält er mich. Mir fehlt die Kraft, ihm das zu sagen. Er hantiert zwischen meinen Beinen, das tut weh. Ich will ihn abweisen und lasse es. Ich verstehe mich nicht. Ich möchte nichts von Michael und bin doch freiwillig zu ihm gekommen. Endlich bringe ich es fertig, ihn abzuweisen … und gehe sofort zu Erwin. Neben ihm kann ich gut liegen, er ist weich und hält mich leicht in seinen Armen.

Erwins Tage in Kassel sind gezählt. Er will nach Stuttgart, dort hat er eine Anstellung in Aussicht. Seinen vorläufig letzten Abend in der Stadt erlebt er schon halb auf gepackten Koffern. Das alte Bett in seinem Zimmer soll hier bleiben. Noch einmal macht er es sich darauf bequem, diesmal mit Jutta im Arm.

Jutta: Ich entkleide mich langsam. Ich liege auf ihm. Wir küssen uns. Es ist sehr hell im Raum und die weißen Wände ziehen sich diskret in eine Unendlichkeit zurück, die den Glauben an feste Materie Lügen straft. Natürlich bin ich eine persische Prinzessin, die ihre mädchenhaften Reize dem auserwählten Prinzen, der alle Prüfungen bestanden hat, in aller Unschuld und Neugier zum Geschenk machen möchte. Erwin ist berührt. Er sagt so etwas wie … dass er nicht weiter gehen darf. Ich liege immer noch auf ihm, meinen Schlüpfer habe ich noch an. Eine Brise kühlt unser Wüstenzelt. Sand knirscht zwischen den Zähnen. Es gibt doch noch so etwas wie Zeit. Wieder einmal ist es schon spät. Oh Gott, ich muss gehen. Ich ziehe mich schnell an, und obwohl ich das Nachhausekommen fürchte, fühle ich mich wie noch nie in meinem Leben So unendlich frisch. Ein Gefühl der Freiheit und der Frische, als hätte jede Zelle von mir Vivil gelutscht. Dafür nehme ich Muttis und Giselas Wut und Verachtung in Kauf und werde auch unserem Schwur, in zwei Wochen uns wieder zu treffen, folgen, egal wie. Erwin wird dann aus Stuttgart für ein Wochenende wiederkommen.

Ich bin immer noch Jungfrau.

Es ist Zeit, wir sind siebzehn. Zeit, endlich herauszufinden, was es heißt, mit einem Mann zu schlafen. Kurz nach unserem Geburtstag erklären Gisela und ich unsere Defloration für überfällig. Bei meiner Eile ist auch Trotz dabei. In meinen Selbstgesprächen hadere ich immer noch mit Erwin, dem es nun nicht vergönnt sein wird, mir die Grundzüge des alten Geschlechterspiels zu erläutern.

Ich bin immer noch traurig, zumal mir zugetragen wurde, dass Erwin wieder mit seiner alten Freundin zusammen ist Sie ist so alt wie er, also elf Jahre älter als ich. Nicht so verdammt jung wie ich.

Gisela: Erwin ist weg. Einer seiner zurückgebliebenen Freunde will ihn mit mir beerben. Er sieht ziemlich vergammelt aus, mir gefällt sein lebensmüder Touch. Er heißt Peter von der Heydt und wird Pudel genannt.

Jutta: Pudel ist ein kompletter Mädchenschwarm. Er interessiert sich für Gisela und bringt Rainer Kleinschmidt mit. Für mich. Vorerst klappt das. Rainer steht vor seinem Examen, war schon einmal verheiratet, sieht ein bisschen aus wie Paul McCartney, ist aber etwas hübscher. Er hat enorm lange Wimpern und einen hinreißenden Humor. Mutti verliebt sich in ihn. Als ich laut eine Titelzeile aus der Hessischen Allgemeinen vorlese, „Student liebt Mutter und Tochter“, wird Mutti bitterböse und droht mir eine Ohrfeige an.

Gisela nimmt also Pudel und ich nehme Rainer.

Gisela: „Wenn deine Eltern mal verreisen, bleibe ich eine ganze Nacht bei dir“, erklärt Pudel. Das wäre schön, finde ich. Aber leider fahren Mutti und Pappi so gut wie nie weg. Höchstens mal nach Wildsand … so wie zum Glück dann doch mal wieder. Pudel wird zu mir kommen; Jutta wird bei ihrem Freund Rainer schlafen.

Jutta: Rainers Dachbutze hat spitzwegsche Dimensionen. Ihm ist die Kläglichkeit seiner Verhältnisse unangenehm. Im Weiteren erfüllt er seine Aufgabe behutsam und wohl auch mit einiger Erfahrung. Er enttäuscht mich trotzdem. Ich erlebe kein Feuerwerk, die Welt hält nicht den Atem an. Da ist weiter nichts als ein bisschen Blut auf dem Laken und die Sehnsucht nach Erwin.

Gisela: Pudel kommt pünktlich zu mir in unser winziges Mädchenzimmer, auf unser Klappbett. Ich nehme seinen muffigen Geruch wahr. Was Hartes ist in seiner Hose. Ich bin aufgeregt, zum ersten Mal bleibt ein Mann nachts bei mir. Wir ziehen uns aus. Pudel legt sich auf mich. Sein Ding liegt steif und fremd an meinem Bein. Ich habe Angst, am meisten davor, dass Mutti und Pappi vorzeitig zurückkommen könnten. Was erwartet Pudel jetzt von mir? Es ist so dunkel, ich sehe sein Gesicht kaum. Außer Schmerz empfinde ich nicht viel. Da ist Blut. Ich fühle es. Doch, davon habe ich schon gehört.

Das ist normal, gehört dazu. Ich beruhige mich. Wenn jetzt die Tür aufgeht.

In der nächsten Nacht liegen Jutta und ich in unserem Zimmer. „Ich habe gestern Nacht mit Pudel geschlafen", berichte ich. „Ich mit Rainer", sagt sie. „Ich fand's nicht gerade schön. Ich kam mir vor wie ein aufgespießter Apfel."

„Ich fand es auch nicht schön", gestehe ich.

Mutti kommt anderntags mit der Pille an. „Ihr werdet langsam erwachsen, viel kann ich nicht dazu sagen, aber irgendwann wird es wohl passieren. Passt bloß auf, dass ihr nicht schwanger werdet. Also, hier, das habe ich euch besorgt."

Mutti verschwindet gleich wieder in die Küche. Uns ist das lieb so, wir können auch nicht mit ihr darüber reden.

Jutta: Ich warte insgeheim auf Erwin. In einem Monat will er zurück sein. Gisela ist in Pudel richtig verliebt und hat womöglich deshalb nichts dagegen, wenn ich doch noch was mit Erwin anfange.

Ich weiß, dass er nach seiner Reise als erstes im Lohmanns auftauchen wird. Das Lohmanns wird von uns als sagenhafte Stätte wahrgenommen. Eigentlich ist das Lohmanns eine Studentenkneipe, untergebracht in einem verratzten Haus und umgeben von Kriegstrümmern. Der städtische Beseitigungseifer wurde an dieser Stelle gebremst, warum auch immer. Man muss, um zum Schankraum zu gelangen, sich durch gerümpelhaltiges Dickicht schlagen. Der Lohmann'sche inner circle ist durch initiationsartige Prozesse gegangen; man muss hier, also in einem Raum voller Ideen, Begeisterung und Talenten, zugelassen sein.

Vom alten Lohmann mit seinem Vornamen angeredet zu werden, kommt einer Auszeichnung gleich. Er versorgt eine

Geheimgesellschaft mit Bier und Cola und erscheint dabei präsidial in diesem Wohnzimmer einer Elite, das indes wie eine Räuberhöhle aussieht. Ältere Herrschaften würde das Lohmann'sche Publikum gern als Nachzügler ins Gas schicken. Auch „nach drüben“ dürften sie sich nach allgemeiner Auffassung jederzeit verdrücken.

Es läuft dann auch tatsächlich so: Ich bin bei Lohmanns und Gisela bei Pudel. Die Tür geht auf und Erwin kommt mit seinen Freunden direkt aus Persien. Nein, das ist jetzt nicht ausgedacht. Und so verwunderlich auch nicht. Denn in Kassel gibt es für heimkehrende Kunststudenten keinen anderen Ort der Heimkehr. Erwin und seine Freunde werden in einen Kreis geschlossen. Persien ist immer noch das Morgenland, mit allen fantastischen Zusätzen, gefahrvoll zu bereisen und fast außerhalb der Welt. Ich zeige Erwin meine Liebe. Er nimmt sie ohne weiteres an. Nach vielen Küssen viel zu spät, trete ich einen bangen Heimweg an.

Das Lohmanns liegt am Königstor. So lautet inzwischen auch unsere Anschrift, ein paar Häuser weiter. Mutti und Gisela kommen mir entgegen, das heißt, Gisela hat Verstärkung angefordert; wie stets, wenn sie nicht sicher ist, als siegreicher Zwilling aus einer Situation hervorzugehen. Mutti kann ihre Wut nicht zurückhalten. Sie ist ganz und gar auf Giselas Seite und total mobilisiert von der Befürchtung, meine Verlobung mit Rainer sei geplatzt. Sie gibt ihrer Enttäuschung einen vulgären Ausdruck. Ich bin ein Flittchen und das Allerletzte. Gisela will erstmal bei Pudel bleiben. Trotzdem soll Jutta laut Familienbeschluss zu Erwin Abstand halten. Rainer liebt Jutta so sehr, dass er konspirativen Verabredungen zustimmt, die es der Stigmatisierten gestatten, ihren Geliebten zu sehen.

Das geht nicht lange gut. Gisela riecht den Braten und setzt Mutti von der Sauerei in Kenntnis. Furios wird „die Dreckshure aus der Gosse“ zur Schnecke gemacht.

Gisela: Am Anfang unserer Straße steht, hinter einer zerschossenen Mauer und in einem verwahrlosten Garten, eine bewirtschaftete Ruine. Ein altes Ehepaar führt die Kneipe, der es seinen Familiennamen gegeben hat. Lohmann, also das Lohmanns. Vor allem Studenten verkehren hier. Ich treffe Pudel. Er schlägt vor, dass ich mit zu ihm kommen soll. Er ist verliebt und ich bin es auch. Ich werde wieder mit ihm schlafen. Vielleicht wird es diesmal schön. Pudel hat einen Bruder, er betreibt eine Hinterhofwerkstatt … ein kaltes Loch voller Zeug und Gestank. Pudel wohnt darin, schläft in ölverschmierter Bettwäsche. Seine Zeichnungen fliegen herum.

Ich liege neben Pudel, vor Kälte zitternd und vom Mief halb betäubt. Es klappt nicht, es tut nur weh, und Pudel erzählt von einer großen unerfüllten Liebe.

Erwin ruft an. Er will die Zwillinge sehen und versetzt sie dann doch wieder. So jedenfalls stellt sich Gisela die Lage dar. Sie sucht Erwin auf allen Plätzen, die sie mit ihm in Verbindung bringt. Stundenlang läuft sie herum. Spätabends offenbart ihr dann Jutta, das entzückende Andersich, mit Erwin nachmittags zusammen gewesen zu sein, heimlich, so wie schon bei früheren Gelegenheiten, so wie schon beim Faschingsfest in der Hochschule – „als Erwin und ich uns zum ersten Mal geküsst haben. Du weißt schon, als er und ich so lange verschwunden waren.“

Gisela gerät außer sich. Dies ist ein Augenblick schieren Geschwisterhasses. Es wird Öl ins Feuer gegossen. Gisela betrachtet Pudel nach wie vor als ihren Freund. Als einen ihrer Freunde.

Gisela: Warum soll man eigentlich nicht zwei Männer gern haben? Wir wollen frei leben.

Raimund heißt der Nebenmann. Er gilt als hochbegabt, ist empfindsam und nicht besonders gut beieinander … Er hält nichts davon, dass ich mit dem kaputten Pudel abhänge, diesem Trinker und Nachtläufer. Raimund ist mir aber zu lieb. Er hat noch eine Freundin, auch einen Zwilling. Jutta und ich haben diese Zwillinge ein paar Mal gesehen. Wir finden sie langweilig und reden nicht mit ihnen.

Jutta: Es gibt noch keine verkaufsoffenen Samstage und noch lang keine mobilen Telefone. An diesem heißen Samstag ist die Innenstadt entvölkert wie nach einem Atomschlag. Auch im Münstermannhaus ist keiner mehr. Die vormalige Studentenherberge soll aufgemöbelt werden. Im Wirtschaftswunderland will man dem ursprünglichen Palais seinen alten Glanz zurückgeben. Noch gähnen die leeren Fensterhöhlen, wie dösend in der Warteschleife zum geplanten Baubeginn.

Ich sitze ab zwei auf der Treppe, warte auf Erwin. Ab zwei hat er sich angekündigt – und Rainer hat Mutti geschworen, den Nachmittag mit mir zu verbringen. Vorhin sind wir zusammen ins Auto gestiegen und vor Muttis Augen abgefahren. Ihrer Aufsicht entzogen, gehorchte Rainer mir als treu liebender Freund, der seiner Freundin ein Alibi verschafft fürs Rendezvous mit dem Nebenbuhler. Aber Erwin kommt nicht.

Das sagt mir mein Gefühl um drei, mein Verstand will diese Treulosigkeit nicht wahrhaben. Und der Verstand hat Argumente: Stuttgart ist weit weg (in meiner Vorstellung so weit weg wie Persien; jedenfalls liegt Stuttgart in einem Teil Deutschlands, der an sich unerreichbar ist), Erwin kann sich verfahren haben. Er kann spät losgefahren sein. Eine Panne gehabt haben. Er hat gesagt, er kommt.

Die Sonne hat kein Mitleid und Schatten ist rar. Minuten vergehen zäh wie Schulstunden. Ich harre aus und verlege mich aufs magische Denken. Ich muss seinen Namen nur sagen – und er wird vor mir stehen. Erst am Abend räumt mein Verstand dem Gefühl die Möglichkeit ein, Recht zu behalten. Kurz vor acht fährt ein Auto vor. Doch es ist nicht Erwin, der aussteigt, sondern der Perser, dem der Jazzclub gehört. Hoffnungsfroh frage ich ihn, wann Erwin kommt. Er legt dann in kürzester Zeit meine Illusionen auf Eis.

Meine Enttäuschung und meine Trauer bilden ein unaufschnürbares Bündel, das ich lange herumtrage. Erwin sehe ich nie wieder, während Rainer Kleinschmidt mir erhalten bleibt. Ich bin sechzehn und immer noch zu jung für die Liebe – aber nicht mehr lang.

Gisela: Oma umarmt mich und sagt: „Ich wünschte, ich müsste es nicht tun, ich würde gerne noch bei euch bleiben." Das ist nicht die erste Bemerkung dieser Art. Ich wische sie beiseite. Dann aber: Oma meldet sich nicht am Telefon. Ich wollte mich bei ihr nur verabschieden, vor meiner ersten Fahrt nach Berlin. Mutti und Pappi sind an der Nordsee, wir sollen uns um Oma kümmern. Sie meldet sich nicht am Telefon und öffnet auch nicht ihre Tür. Wir rufen einen Onkel an, der sich Zutritt zu Omas Wohnung verschaffen kann. Er findet sie; sie hat sich in ihrem Bad erhängt. „Sie muss den Knoten geübt haben", sagt er.

Robustere Verwandte kriegen die Details zu hören, wie dann auch wir auf den Umwegen des Klatsches. Oma sei blau im Gesicht gewesen, die Zunge aus dem Mund gequollen.

Die unfassbare Einsamkeit ihrer Tat raubt mir wochenlang den Schlaf. Wir erfahren noch, dass Oma nachts auf der Gasse unterwegs war, um zu sehen, ob sie noch etwas sieht. Groß war ihre Angst zu erblinden. Ich sehe sie im fahlen Schein der Bogenlampen, sehe sie herumgeistern.

Ich hatte ihre Bemerkungen als kleine hypochondrische Erpressungen abgehakt.

Jutta und ich nähen uns Minikleider. Graue Kleidchen mit weißen Paspeln, so wie wir sie in einer Zeitschrift gesehen haben; so wie sie André Courrèges präsentiert. Seine Modelle tragen dazu weiße Stiefel, wie wir dann auch. Pappi entdeckt mich darin und glaubt zuerst, dass ich bloß ohne Hose vor ihm stehe. „Das ist ein Kleid, ich gehe so aus", sage ich.

Pappi wird ärgerlich: „So unanständig läufst du nicht rum. Wo ist deine Schwester? Läuft die auch so rum?" Und plötzlich schreit er: „Du ziehst dich sofort anständig an."

Er versteht uns nicht, wir sorgen nur noch für Enttäuschungen. Aber eines weiß ich bestimmt: So wie unsere Eltern will ich nicht werden. Da muss es noch etwas ganz anderes geben. Und wir spüren es ja auch, es liegt schon in der Luft.

In Berlin gibt es eine politische Gruppe, die frech ist und ganz besondere Bedeutung für uns hat. Die Kommune 1. Ein Kommunarde sieht süß aus. Er hat lange wilde Locken und ein zärtliches Gesicht. Jutta und ich sind in ihn verliebt. Er heißt Rainer Langhans. Für uns steht er auf einer Stufe mit Bob Dylan. Sie sehen sich auch ähnlich, sie sind Engel aus unserer eigentlichen Welt. Einer Welt, die demnächst die alte, traurige, mörderische und lieblose Welt vollständig ablösen wird. Der schöne Rainer, Teufel, Kunzelmann: sie sind die Allertollsten. Jede Nachricht von ihnen nehmen wir leidenschaftlich auf. Die Springerpresse veranstaltet eine Hexenjagd, mit jedem Hassartikel lieben wir die Kommunarden mehr. Für uns sind sie politische Popstars oder so etwas Ähnliches. Manchmal überlege ich, ob ich nicht einfach nach Berlin gehen soll, um mitzumachen. Aber dann habe ich doch wieder zuviel Angst davor.

Die Zeitschrift „Brigitte“ veranstaltet einen Fotomodellwettbewerb. Mädchen sollen Fotos an die Redaktion schicken. Wir schicken auch welche und denken natürlich, wir gewinnen. Wir kommen auch ziemlich weit und hören durch Kanäle, dass die Redaktion an uns interessiert ist. So oder so.

Aber wir triumphieren nicht als Siegerinnen, noch ist die Zeit nicht reif für unseren androgynen Typ. Noch beherrschen Mädchen mit big tits die Titelseiten. Die Gewinnerin sieht langweilig aus. Enttäuscht bin ich schon, aber ich denke, der Brigittegeschmack ist spießig, wir sind in diesem Raster zu modern, zu neu. Fotomodell zu sein, ist an sich auch blöd. Nichts für uns.

Nachts hören wir Bob Dylan: „There must be some way out of here, said the joker to the thief, there's too much confusion, I can't get no relief.“

Ich habe Fieber, breche auf der Straße fast zusammen, gehöre ins Bett – und lese da „Verbrechen und Strafe“, die Geschichte des armen, mit Dünkel geschlagenen Studenten Rodion Raskolnikow. Das Fieber steigt, die Wirklichkeit zieht sich vor mir zurück; ich lese wie besessen. Kaum unterscheiden kann ich zwischen mir und Rodion. Ich habe seine Gedanken und Gefühle und durchlebe den Konflikt, der in der Frage kulminiert, soll die Alte nun kalt gemacht werden oder nicht. Sehr anziehend finde ich die Theorie vom „außergewöhnlichen Menschen“, bei dem gesellschaftliche Gesetze nicht gelten und der nach eigenen Regeln lebt. Ich bin halb verrückt, wähne mich in Sankt Petersburg. Unter meinen Füßen ächzen Dielen. Ich, das ist ein Mann in Lumpen. Mein kleines Mädchenzimmer erscheint mir als Raskolnikows Kammer, seine Verwirrung, Anmaßung und Schuld erlebe ich als meine Verwirrung …

Viele Tage bleibt mein Fieber erschreckend hoch, selbst für einen Transport ins Krankenhaus bin ich zu schwach. Unser Arzt zeigt sich ratlos. Meine Mund ist vereitert. Meine Haare fallen aus. Jutta versucht mich zu füttern, ich erkenne ihre Angst um mich in ihren Augen. Ich fühle mich weit weg, auch von ihr.

Raimund und Pudel besuchen mich. Raimund legt nasse Tücher auf meine Stirn. Pudel hält es nicht lange neben meinem Bett aus, verschwindet schnell wieder.

Nach Wochen fällt das Fieber, mein Mund heilt. Ich kann aufstehen. Ich fühle mich so fremd und unvertraut in meiner Umgebung, als sei ich jahrelang fort gewesen.

Eine Einlassung des dritten Autors

Die Haustür steht offen, die Wohnungstür auch. Jugendstil, soweit das Auge reicht. Unangefochten gelange ich in einen Korridor voller Spiegel, die mit Tüchern halb verhängt sind. Ein psychedelisches Fluidum auf einem Duftpolster aus Ambra und Moschus fängt mich ein. Dreißig Leute in vier Räumen … und kein Mensch braucht eine Auskunft. Man lagert in Wolken. Ich könnte mich irgendwo dazusetzen. Ich setze mich ins Treppenhaus.

Ich spüre eine Bewegung in meinem Rücken, ahne einen holprigen Paarlauf … von Leuten, die sich gegenseitig stützen, nachdem sie zu lange im Schneidersitz ausgeharrt haben. Ihr Zustand belustigt sie. Vielleicht lachen sie auch über den finsteren Jungen auf der Treppe, der sich ihnen abrupt zuwendet. Der Underdog in ihm fasst zuerst den Mann ins Auge, einen Gammler nach Art der Kunststudenten. Er klammert sich an ein Fotomodell. Jetzt entzieht es sich dem haltlosen Zugriff. „Ich kenne dich", höre ich das Mädchen sagen, „du bist mir schon einmal in einem Traum begegnet."

So ging das los – mit einer Sekundenbegegnung in einem gediegenen Treppenhaus. Ein paar Tage später identifizierte ich die unbekannte Schönheit auf dem Umweg einer Verwechslung. Ich sprach Jutta im Lohmanns auf unsere Begegnung an. „Das war aber meine Schwester", sagte sie gänzlich unerstaunt und ohne Neugier – und ohne Abwehr.

Die Kneipe am Kasseler Königstor ist in den 1960er Jahren das Wohnzimmer der lokalen Avantgarde, ein Ausflugsziel für Durchreisende mit Ideen. Dort sehe ich die schönen Zwillinge immer wieder. In ihrer Gegenwart herrscht ein Trubel, der mich so erschreckt, dass ich sämtliche Gesprächschancen, die mir von den Schwestern eingeräumt werden, schroff quittiere. Tatsächlich verstört mich ihre Unvoreingenommenheit. Ich weiß schon, dass sie Kunst studieren und Filme machen. Ihr kommunistisches Engagement entgeht mir. Keinen Schimmer habe ich von der geschwisterlichen Klammer, in die jede alles zieht.

Ein Leben später verstehe ich ihre Verstörung.

Wie bereits gesagt: Nach ihren eigenen Begriffen kamen sie vollendet auf die Welt. Ihr Glück lag in der Symbiose. Als sie sich das nicht mehr garantieren konnten, verkapselten die Schwestern ihr doppeltes Ich, um es wie einen Schatz in der Verweigerung (erwachsener Haltungen) zu versenken. Zunehmend weniger heil gehen sie nun ihrer Wege, die Symbiose als Fama und ihre Kindheit als mythische Schlacke beschwörend …

wie Motten angezogen von männlichen Lichtgestalten, die ihren Verlust ausgleichen sollen und das doch nie fertig bringen.

Sie hören Dylan: „There must be some way out of here."

Von Bazon Brock lernen sie, „dass man sich selbst erfinden kann".

Sie nehmen an der ersten Demonstration teil, die in Kassel seit Kriegsende stattfindet. Einer ihrer Organisatoren heißt Bernd Lunkewitz. „Er war in uns beide verliebt."

Gisela heiratet den Dozenten Gerhard Büttenbender. „Aber eins war völlig klar, dass es kein Bund fürs Leben war." Jutta heiratet den Studenten Adolf Winkelmann. Dabei halten die Schwestern „die Familie für eine Brutstätte des Faschismus".

Im VW-Werk Baunatal drehen sie „einen Film über Arbeiter", der beim Kurzfilmfestival in Oberhausen ausgezeichnet wird. Dann treten sie in die KPD/ML ein.

Bei einem Filmfest in Mannheim sehen sie zum ersten Mal Rainer Werner Fassbinder: „Wie ein Bierbayer saß er auf seinem Stuhl."

„Sie waren Engel einer hellen Zukunft", behauptet W. in Anspielung auf Walter Benjamin noch zu D-Markzeiten in der „Neuen Welt", einem Kasseler Altstadtlokal. Er hat mit den Zwillingen Flugblätter vor Henschel verteilt. Er erinnert sich an das Münstermannhaus am Königsplatz, das als Künstlerbruchbude den Stadtvätern ein Dorn im Auge war. Es wurde zur artistischen Initiationsstätte der Schwestern. Die ersten Kasseler Marokkofahrer lebten in diesem Haus; Beattypen, die wie Existenzialisten aussahen. Die dünnen Zwillinge ließen sich zeichnen und malen, während überall die Üppigkeit abgehängt wurde. Die Eltern wähnten ihre Töchter auf dem Weg in die Gosse.

Die Zwillinge verliebten sich in ein Bild von Rainer Langhans. In ihrer Weltordnung war er Bob Dylan ebenbürtig.

Erste Ehemänner.
Das Kasseler Filmkollektiv

Jutta: Ich erwäge eine Verlobung mit Rainer K., aber eigentlich wünscht sie Mutti sich. Wir fahren nach Essen zu seinen Eltern. Pappi würde sie als kleine Leute bezeichnen. Sie sind herzlich und zuvorkommend und behandeln mich wie eine Prinzessin. Ich bin so schüchtern, dass es peinlich ist. Rainers Eltern entschuldigen sich für fast alles. Sie führen einen Krieg gegen Umweltgifte, legen Obst in Lauge und sprechen über die Wasseradern unter ihren Betten, die der Vater als Hobbywünschelrutengänger erzittert. Sie begleiten sich gegenseitig auf einem dogmatischen Gesundheitstrip in Birkenstocksandalen. Ich ekle mich vor ihren lebensrettenden Vorsichtsmaßnahmen, die jede Überraschung aus der grauen Wohnung treiben.

Die Sonntagsrouladen werden mit viel mütterlichem Aufwand und Milch aus dem Reformhaus zubereitet. Der Salat hat ein Biosanbad, die Kartoffeln haben eine väterliche Ansprache hinter sich. Vor uns liegt das perfekte Vorverlobungsmittagessen, aber mir ist extrem flau zumute in dieser paranoiden Kleinbürgerlichkeit.

Zu meinem Entsetzen entdecke ich ein graues Haar auf meinem Teller. Herausziehen kann ich es aus Höflichkeit nicht. Ich schiebe es unauffällig in die Soße und zerschneide es. Mir fällt nichts Besseres ein, als das Haar portioniert und diskret mitzuessen. Ich würge am ersten Bissen, kriege eine rote Birne und ertrage irgendwie sämtliche besorgten Bemerkungen. Dabei geht meine Liebe zu Rainer gänzlich flöten. Mit diesem sojafaden Sprössling werde ich mein Leben nicht verbringen.

Rainer verschwindet plötzlich schnell und spurlos aus meinem Leben, nicht ohne mich vorher mit Gerhard Büttenbender bekannt gemacht zu haben. Der geschiedene Enddreißiger leitet eine Bildungsstätte des Landes Hessen auf dem Hohen Dörnberg. Gerd ist intellektuell, eloquent – ein Avantgardetyp. Mir bringt er Fluxus nah, das brandneue Kunstding. Fluxus, das ist Action und situationistische Performance. Die Helden heißen hier George Maciunas, Nam June Paik, Charlotte Moorman, John Cage, Joseph Beuys, Emmett Williams und Wolf Vostell. Die Devise lautet: „Es geht um in das Leben einwirkende Produktionsprozesse und nicht um die Abschottung der Kunst vor dem Leben." Ein Satz bleibt wie für ewig hängen: „Das Leben ist ein Kunstwerk, und das Kunstwerk ist Leben."

„Fluxus", sagt Gerd, Dick Higgins zitierend, ist „eine andere Formel, eine Kombination von Internationalismus, Experimentalismus, Ikonoklasmus, Intermedia, es ist die die Auflösung der Kunst & Leben-Dichotomie, ist Spiel und Witz, Vergänglichkeit und Einzigartigkeit."

Das ist das, was ich will. Und Gisela will das auch. Wir wollen es gemeinsam – tatsächlich als Gemeinschaftswerk.

Was Gerd erzählt, ist unglaublich. Wolf Vostell betoniert Autos ein und lädt Publikum zu Busfahrten ins Ungewisse. Als erster Künstler hat er einen Fernseher in ein Werk integriert – und das schon 1958. Neunzehnhundertachtundfünfzig! Damals habe ich meine unsterbliche Seele entdeckt, unter einem blühenden Kirschbaum im Garten von Frau Peterson, aber jetzt muss ich auf der Stelle alles über Fluxus erfahren. Gerd ist Feuer und Flamme, entzündet von meiner Begeisterung … meiner totalen Auf- und Annahmebereitschaft.

Seine Vorträge sind Offenbarungen. Er präsentiert eigene Arbeiten wie einen toten Vogel unter Plexiglas; der Verwesungsprozess als künstlerischer Ablauf. Ich finde das genial. Gerd lässt auch eine Orange in einem Glaskasten verkommen. Das Alltägliche dieses Vorgangs wird in meinen Augen nicht nur zu Kunst, vielmehr zu etwas Heiligem und Mystischem.

Die zarten Sporen des Schimmels auf der Apfelsine erscheinen mir als Aspekt eines Werks, dem von Rechts wegen ein Platz neben Rembrandt gebührt.

Eines Tages trifft Gerd Gisela in einem Café, verwechselt sie erst mit mir und freut sich dann darüber, dass es noch eine gibt – und heiratet sie alsbald.

Jutta war auf einem Seminar – in der Bildungsstätte auf dem Hohen Dörnberg. Nun erzählt sie begeistert von einem Dozenten, der exzentrisch und interessant und außergewöhnlich klug sei und Objekte mit toten Vögeln fabriziere. Er färbt sein Haupt- und Barthaar, weiß das eine, schwarz das andere. Er trägt Anzüge, Samtkrawattenschals und Anstecknadeln und erscheint als eine Mischung aus Sigmund Freud, Oscar Wilde und König Blaubart. Bald nach dieser Erzählung lerne ich ihn kennen, er ist auf den allerersten Blick in mich verliebt und ein paar Wochen später ziehe ich zu ihm auf den Dörnberg. Für Jutta ist das ein paar Tage lang schwierig, sie hat ihn „entdeckt", also meint sie ältere Rechte an ihm zu haben. Jutta findet, dass ich ihn ihr „weggenommen" habe.

Vor dem Rathaus ziehe ich meine Hose aus und einen Rock an. Ich murre, lieber wäre ich behost (ein im „Ulysses" gefundenes Wort) aufs Standesamt gegangen. Gerhard besänftigt mich und sagt: „Es ist nur eine kleine Formalität. Danach kannst du dich wieder umziehen." Ich bereue die Hochzeit gleich nach der Trauung. Für mich ist da eben kein Bund fürs Leben geschlossen worden. So etwas ist ohnehin unsinnig, unmöglich, sogar unmenschlich. Ein entsetzliches Gefängnis.

Jutta: Als Gisela (zum ersten Mal) heiratet, bleibe ich in dem kleinen Zimmer am Kasseler Königstor zurück. Die Aussicht auf eine Großgarage ist deprimierend. Ich entwickle ein geheimes Leben. Ich kaufe mir Bücher über Psychologie und Dylans neue LP. Immer wieder höre ich „Blonde on Blonde".

Gerhard Büttenbender installiert sich als Kunstfigur im Kulturbetrieb. Er gibt den intellektuellen Salonlöwen und Mäzen. Im Übrigen hat er drei kleine Kinder, die bei seiner Ex-Frau weit genug weg leben.

Er ist beschlagen, gerissen, gewieft, tatsächlich mit allen Wassern gewaschen – und er hat einen ausgeprägten Instinkt für kulturelle Veränderungen. Bazon Brock kommt oft auf den Hohen Dörnberg. Die Zwillinge nehmen ihn als Lehrer für sich in Anspruch.

Gisela: In Bazon Brocks Gegenwart verstehe ich, dass man sich selbst erfinden kann. Er beobachtet Jutta und mich, sieht etwas in uns, reagiert, spinnt einen Gedanken, und plötzlich beschreibt er uns als „fast genialistische Mädchen", die mit kindlicher Gestik Männer täuschen, um von ihnen viel lernen können.

Ich fahre mit Gerhard zum ersten „American Underground Filmfestival" nach Hamburg. Wir sehen wilde, provozierende und politische Filme. Wir wohnen bei Werner Nekes und Dore O. in einer chaotischen Wohnung. Beide machen Filme, es gibt sie, die neuen Filmemacher, auch hier in Deutschland. Hellmuth Costard in Hamburg, aus Berlin kommen Kathrin Seybold, eine überirdisch schöne Filmemacherin, mit langen blonden Locken, die auf ihre Lederjacke fallen, Gerd Konrad, Holger Meins. Es gibt das Kurzfilmfestival in Oberhausen. Nun wissen Jutta und ich, was wir wollen. Provokative Undergroundfilme machen. Gerhard glaubt an uns, an unser Talent. Er unterstützt jede Idee. Auf dem Hohen Dörnberg können wir experimentieren und Gerhard stellt uns Förderungsgeld des Instituts zur Verfügung.

Wir entwickeln uns schnell. Jutta ist inzwischen mit einem Kunststudenten zusammen, Adolf Winkelmann, der ein bisschen wie John Lennon aussieht. Gerhard findet ihn großartig und wird sein Produzent, das heißt, er lässt Adolf einen Film mit Institutsgeld drehen.

Jutta: Er ist in jeder Hinsicht überragend. Seine Erscheinung und seine Arbeiten stechen hervor. Er hat die längsten Haare und könnte der fünfte Beatle sein. Sogar mit seinem Namen fällt er auf. Er heißt Adolf. Wie kann man nur? Nun, sein Vater und sein Großvater hießen schon so. Die Familientradition besteht darauf – und der ist es egal, wer Deutschland gerade regiert.

Adolf Winkelmanns Fotos sind dunkel, surreal und provokativ. Ich will wissen, wer der Mann ist, dem sich die Welt so darstellt. Seine Eigenwilligkeit zieht mich an. Aber er dreht sich nicht nach mir um. Er wirkt unerreichbar.

Ich finde Näheres über ihn heraus. Das Wichtigste, er hat eine feste Freundin, Christine, mit der er von Kindesbeinen an zusammen ist, und er interessiert sich für kein anderes Mädchen. Ich sehe Christine auf Fotos, sie ist wunderschön, interessant und nicht zu ersetzen. Denke ich.

Wir finden dann aber doch zueinander.

„Hör auf zu lachen", flüstere ich Gisela wütend und verzweifelt zu. Ich schreite mit gepressten Lippen, um nicht auch in wildes Lachen auszubrechen, auf den steinernen Traualtar in der kargen katholischen Kirche zu, wild entschlossen, Ja zu sagen. Ja, ich nehme Adolf zum Mann, in guten und in schlechten Tagen. Ich will. Gisela folgt mir und versucht ihr Lachen zurückzuhalten. Ich kneife mich diskret, in der Hoffnung, dass das hilft, die Fassung zu bewahren. Wenn ich anfange zu lachen, bin ich verloren.

Später flüchten Adolf und ich vor der feiernden Familie und besuchen Freunde. Jemand erzählt von Erwin und Jan und ich kriege große Zweifel an meiner Ehe. Immerhin muss ich jetzt nicht mehr Mutti anlügen, wenn ich Adolf treffen will.

Bald gründen wir das Kasseler Filmkollektiv. Es kommen noch zwei Leute hinzu, die Grüns, aber der Kern sind wir – Adolf, Gerd, Gisela und ich. Wir bekommen Preise für Kurzfilme und kurbeln das Andere Kino in Deutschland mit an.

Gerd betet Gisela an. Der viel ältere Ehemann trägt seine Frau auf Händen und legt ihr sein ganzes Hab und Sein zu Füßen.

Adolf, nur zwei Jahre älter als ich, verfolgt ein anderes Konzept. Wir sollen Rücken an Rücken kämpfen: für die Kunst. Adolf verschenkt keine Blumen, er bringt seiner Frau bei, wie man eine Steckdose zusammenbaut, schwungvoll rückwärts einparkt und Maschinen aller Art bedient. Galanterie geht ihm gänzlich ab.

Ich wünsche mir Adolf charmanter und mehr auf weibliche Wünsche eingestellt. Bazon Brock hält ihn und Gerd im Grunde für schwul. Das fällt ihm ein, weil Adolf mich behandelt wie einen Jungen und Gerd Gisela vergöttert. Bazon gibt als Gast am Dörnberg Seminare, die Gerd im Wesentlichen für uns und für sich veranstaltet. Er fördert uns im großen Stil.

In gemeinsamen Gesprächen finden wir heraus, wer oder was uns am meisten interessiert, und dann kümmert sich Gerd darum. Er lädt auch Gudrun Ensslin und Andreas Baader mit ihren Jüngern ein, Reimut Reiche (seine Seminare finde ich wahnsinnig langweilig), die Berliner Filmemacher Harun Farocki und Hartmut Bitomsky sowie Vertreter der Frankfurter Schule, deren Namen ich mir nicht merken kann. Gerd produziert die ersten Filme von Werner Nekes und seiner Frau Dore Oberloskamp und er produziert auch unsere ersten Filme.

In der Hochschule werden Undergroundfilme gezeigt, so „Lucifer Rising“ von Kenneth Anger und Streifen des amerikanischen Regisseurs Jonas Mekas, der diese berühmten Sätze gesagt hat: „I am standing in the middle of the information highway and laughing, because a butterfly on a little flower somewhere in China just fluttered its wings, and I know that the entire history, culture will drastically change because of that fluttering. A super-8 millimeter camera just made a little soft buzz somewhere, somewhere on the lower east side of New York, and the world will never be the same.“

Wir sehen fantastische Pekingoper-Filme, in denen schöne und überaus intensive Kämpferinnen mit glänzenden schwarzen Zöpfen unter blauen Mao-Mützen aufmarschieren. Sie schultern Maschinengewehre. Stolz und aufrichtig zielen sie auf einen unsichtbaren Feind. Sie formieren sich zu Chören, die zu Ehren des Großen Vorsitzenden Mao Tse-tung Heldenlieder anstimmen.

Nach einer Vorführung bleibt ein Junge mit langen Haaren sitzen. Er fiel uns schon auf mit seinen das Kunststudentenwesen herabsetzenden Bemerkungen. Jetzt sagt er: „Ist doch alles bürgerlicher Quatsch, was hier gemacht wird. Wir organisieren eine Anti-Vietnam-Demonstration, wollt ihr nicht mitmachen?“ Wir sind sofort Feuer und Flamme. Wir verabreden uns mit ihm.

Gisela: Adolf und Gerhard reagieren reserviert auf unseren ersten Agitationsversuch. Sie glauben, dass das für sie erstmal nichts sei. Ist mir egal, ist was für mich. Und für Jutta.

Unser langhaariger Agitator heißt Klaus Bernd. Ihm zur Seite steht Bernd Lunkewitz. Mit diesen beiden Schülern und noch ein paar anderen organisieren wir die Demonstration. Eine Truppe trifft sich im Hermann-Schafft-Haus, wo die

Strategie besprochen wird und wie wir uns verhalten, falls die Polizei einschreitet. Wir laufen dann natürlich in der ersten Reihe mit. Die Demonstration ist die erste Massenkundgebung in Kassel seit 1945. Adolf und Gerhard sind nicht dabei, für uns wird das Ereignis zum Anfang eines neuen Kapitels in unserem Leben. Gleichzeitig wird nämlich in Berlin und anderen Städten demonstriert – und das gibt uns ein unglaubliches Gefühl der Verbundenheit und Stärke. Abends ist davon in den Nachrichten die Rede. Man sieht uns deutlich mit roten Halstüchern und langen wilden Locken. Ho Ho Ho Chi Minh … Die Verwandtschaft entrüstet sich, schlimm hätten wir ausgesehen, wie die Hottentotten. Die Polizei trägt Mutti zu, dass wir Umgang haben mit dem bekannten Anarchisten Lunkewitz. Die Kindchen als blutjunge Ehefrauen erscheinen den Kasseler Behörden aufgelegt zu illegalen Aktivitäten, angeleitet von einem Immobilientycoon in spe namens Bernd Lunkewitz.

Jutta und ich wollen einen politischen Film machen. Einen Arbeiterfilm. Einen, der zum Erlebnis werden lässt, was es heißt Arbeiter zu sein. Was es heißt, entfremdet zu arbeiten, am Fließband zu stehen. Man müsste eine Stunde, in einer Einstellung, durchgängig, ohne Schnitt, einen Arbeiter am Fliessband zeigen. Das wäre bestimmt für den Zuschauer kaum auszuhalten und würde gut nerven. Aber Arbeiter verbringen ihr ganzes Leben so, nicht nur eine Stunde …

Wir begeistern uns für diese Idee. So etwas hat es noch nicht gegeben. Wir sprechen mit Gerhard und Adolf darüber. Ihnen gefällt, was uns gefällt. Sie wollen mitmachen. (Später wird Adolf den Film ganz alleine als sein Werk deklarieren.) Gerhard treibt Geld auf. Wir rufen VW an und täuschen die Geschäftsleitung. Sie muss uns für Dokumentaristen des technischen Fortschritts halten. Als linke Studenten können wir denen nicht kommen.

Wir dürfen uns einen Arbeiter aussuchen. Weil man mit einer herkömmlichen 16-mm-Kamera unser Vorhaben nicht realisieren kann, verhandeln Jutta und Adolf mit der Kameraherstellungsfirma Arri. Sie bauen für uns ein Spezialteil, das eine Stunde Film abspulen kann. Der Film heißt „Heinrich Viel", so wie der Arbeiter, für den wir uns entschieden haben. Er beginnt mit Schwarzfilm, man sieht also kein Bild, sondern hört nur die Stimme des Arbeiters. Er beschreibt sein Leben und seine Vorstellungen vom Glück. Dann sieht man ihn eine Stunde lang am Fließband Motorteile montieren.

In Oberhausen kommt der Film sensationell an. Obwohl viele Leute aus dem Vorführsaal laufen, gewinnt „Heinrich Viel" den Großen Preis. Ich sehe Jutta im Fernsehen. Umringt von Fotografen steht sie mit ernstem Gesicht auf der Bühne und nimmt die Trophäe entgegen … während ich mit drei gebrochenen Schulterwirbeln im Krankenhaus liege; eingegipst von den Knien bis zum Hals. Die Folge eines Autounfalls, Jutta saß am Steuer, es war ihre erste Autobahnfahrt nach der Führerscheinprüfung.

Rückblende, ein Unfall

Jutta: „Rechts, du musst rechts fahren", schreit Adolf. „Da ist die Ausfahrt." Ich reiße das Steuer rum, der Volvo fliegt durch den frühen Morgen. Mein Kopf schlägt gegen das Seitenfenster, es kracht fürchterlich, ich bin kurz bewusstlos. Das Auto prallt an eine Leitplanke, dreht sich, schlägt wieder gegen die Planke, schießt über die Abgrenzung, kollidiert noch einmal mit irgendwas auf einem Acker und kommt zum Stehen. Ich schaue nach meiner Schwester. Gisela sitzt blutüberströmt im Heck. Sie ist schneeweiß, grellrotes Blut läuft in einer leuchtenden Spur über ihr gekalktes Gesicht. Weiß und rot, Schneeweiß und Rosenrot. Ihr Mann ist weg.

Gisela: Das Auto dreht sich rasend schnell, ich sehe, wie Gerhard ins Freie geschleudert wird, und empfinde einen stechenden Schmerz in der Wirbelsäule. Jutta scheint wenig passiert zu sein. Ich bemerke ihr Entsetzen.

„Du blutest", flüstert sie. Meine Stirn ist am Haaransatz aufgeschnitten, das Blut fließt ungehemmt über weiße Haut. Ich kann mich nicht rühren. Später schweißen Feuerwehrmänner die Tür auf, hinter der ich zu sterben fürchte, und ziehen mich aus dem Wagen.

Nichts ist los an diesem frühen Morgen auf der Autobahn zwischen Hannover und Kassel. In einem Melvillefilm könnte die in grobkörniges Grau getauchte, gespenstische Leere als Umgebung für eine Gangstertat herhalten; für einen Fememord zum Beispiel. Einer von Langeweile müden, ganz und gar bourgeoisen Schönheit soll es gefallen, mit aufgeschlagenem Kragen an einen Citroën gelehnt, auf Alain Delon zu warten, der gerade seinen vormals besten, zum Verräter nun gewordenen Freund umgelegt hat. Nicolás Gómez Dávila zitierend, sagt sie: „Die flüchtige Schönheit des Augenblicks ist das einzige, was im Universum mit dem Bestreben unserer Seelen übereinstimmt."

Es sind lauter Regisseure unter Schock, die auf eine filmreife Szene reagieren. Adolf hat kaum was abgekriegt, auch seine Frau ist mit wenigen Blessuren davongekommen. Das Paar sucht den Schwager und findet einen Toten auf der Bahn. Er liegt auf dem Rücken, der Kopf scheint zuletzt noch die Leitplanke als eisernes Kissen gewählt zu haben.

Jutta: Er ist tot. Er liegt da. Auf dem Rücken, der Kopf neben der Leitplanke, auf die Straße geschmissen. Es ist der schlimmste Gang meines jungen Lebens. Meine Angst erdrückt mich. Die Sonne zerreißt den Grauschleier auf der Bahn und verleiht Gerds Körper eine unwirkliche Plastizität.

Plötzlich bewegt sich die Leiche. Gerd rappelt sich als Widergänger seiner selbst auf, prüft erstmal die Frisur und beeilt sich mit allem Weiteren. Gemeinsam kehrt man zum Wrack zurück, das für die halb skalpierte Gisela zum Gefängnis geworden ist. Sie sieht so aus, als seien Absichten eines indianischen Trophäensammlers durchkreuzt worden. Man müsste sie in ihrem dekorierten Elend fotografieren, das rosenrote Kindchen im Ehestand. Jutta steht unter Schock. Sie sucht ihre Uhr, die durch den Aufprall vom Handgelenk gerissen wurde. Endlich tauchen Reiter am Horizont auf. Das ist dann aber doch nur eine Fata Morgana. In Wirklichkeit verspricht ein versprengter Autofahrer Hilfe.

Im Krankenhaus wird Gisela geröntgt. Der behandelnde Arzt hat nur Erschreckendes mitzuteilen. Ich bin noch betäubt und alles erscheint unwirklich. Wir warten ewig auf quietschenden Gängen, bis wir meine inzwischen in Gips verschlossene Schwester sehen dürfen. Sie beruhigt uns, sie ist tapfer und erstaunlich gefasst. Gerd bleibt bei ihr, Adolf und ich treten eine schlimme Heimreise an. Mutti wird mir gleich den Kopf abreißen.

Mutti ist aber unerwartet gefasst. Sie versteht auch meine Not; wie sollte ich weiterleben ohne mein Andersich. Ich vergehe vor Schuldgefühlen.

Gisela sieht im Krankenhaus, wie unser Film in Oberhausen den Großen Preis gewinnt, als avantgardistisches Erstlingswerk gerade mal neunzehnjähriger Filmemacherinnen. Sie sieht mich und unseren Triumph in der Tagesschau.

Gisela im Krankenhaus: Ich liege auf einem Bett, in einem Krankenhauskorridor. Es ist kalt und ich kann mich nicht rühren. Man hat meine Stirn genäht, ich warte auf die nächste Behandlung. Bloß findet kein Arzt zu mir. Hat man mich vergessen?

Ich verliere das Bewusstsein. Dann komme ich wieder zu mir und weiß erstmal nicht, wo ich bin. Meine Augen tasten Wände ab, die Sicht ist begrenzt; ich kann den Kopf nicht heben. Die Wände sind dunkelgrün, unter der Decke verlaufen Röhren, so wie in von Schriftstellern erfundenen Raumschiffen … in zum Mond geschickten Segelschiffen.

Alle Schritte auf dem Korridor verhallen. Vielleicht soll ich in diesem toten Trakt sterben. Endlich taucht ein Mensch auf, ich frage nach meinem Mann, meiner Schwester; stoße aber nur auf komplette Ahnungslosigkeit.

Die Unendlichkeit erklärt sich mir. Vielleicht bin ich schon tot. Dann wäre ich eine Leiche mit schier unerträglichen Schmerzen. Das verschorfte Blut juckt. Ich will kratzen, kann aber kaum den Arm heben, so weh tut das.

Ich rieche mein Blut.

Man packt die ausgeblutete Braut schließlich auf einen Tisch. Sie ist nicht mehr bei sich. In ihrem Schattenreich ahnt sie mehr, als sie sieht … Die Ärzte fürchten, an einer für vielleicht immer Gelähmten mit ihrem Latein nicht mehr weiter zu wissen. Gisela wird auf die Intensivstation geschafft. Ein Arzt zieht sich einen Stuhl an ihr Bett, nimmt eine Hand des Mädchens. „Sie haben eine gefährliche Verletzung, drei Wirbel Ihres Rückgrats sind gebrochen, zwischen den Schulterblättern. Das heißt, dass bei einer möglichen Querschnittslähmung auch Ihre Arme gelähmt wären. Wir wissen es noch nicht, aber Sie müssen mit dem Schlimmsten rechnen. Wir werden jede Stunde in den nächsten vierundzwanzig Stunden testen, ob Sie Ihre Beine und Arme bewegen können."

Ich darf mich nicht bewegen. Jede Bewegung kann das Rückenmark verletzen und eine Lähmung herbeiführen. Flach und unbeweglich werde ich die nächsten sechs Monate verbringen. Ich muss erstmal gefüttert werden. Nach einigen Wochen stellt man mir einen Teller auf die Brust, und mit einem Spiegel in der linken und einer Gabel in der rechten Hand kann ich meinen Mund finden und selbst essen.

Ich bin in einem überbelegten Zimmer untergebracht. Terrorisiert werde ich von den Gewohnheiten und Eigenarten alter Frauen. Eine verwirrte Greisin wähnt sich im Krieg und so auch in einem Konzentrationslager. Sie schreit mich an: „Ihr Mädchen heute seid doch alle Schweine, nur Ficken im Kopf. Na, wie oft machst du es? Und du lässt doch sicher den Samen drin? Solche Schweinereien haben wir früher nicht gemacht. Ihr treibt es doch mit jedem, ihr nehmt das Ding sogar in den Mund, pfui Teufel."

Manchmal redet sie noch irrer, dann wieder weint sie und will nur noch heim. Niemand besucht sie.

Mein Bett darf nicht bewegt werden, die Putzfrau macht einen großen Bogen um mich. Alle sind vorsichtig. Eines Nachts wache ich von Erschütterungen auf, ich fürchte unwillkürlich, dass meine Wirbelsäule verrutscht. Es ist stockdunkel, ich erkenne immerhin die Umrisse der Greisin, ihre Augen leuchten wie Katzenaugen. Sie beschimpft mich, nennt mich Schlampe. Ich bin sprachlos vor Entsetzen. Die Alte tut mir leid, gleichzeitig bin ich wie gelähmt vor Angst. In meiner Panik wähle ich einen beschwichtigenden Ton: „Sie dürfen das nicht, das kann mir wehtun, das ist gefährlich, Sie müssen aufhören."

Meine Peinigerin enthält sich weiterer Torturen; könnte ich sie in ihrem Wahn erreicht haben? Sie schweigt sich aus, findet dann auch wieder den Weg zu ihrem Bett. Ich verliere niemanden gegenüber ein Wort in dieser Angelegenheit, auch wenn die Alte mich nachts oft wach hält.

Gerhard stinkt nach Rauch. Ich kann meinen Ehemann als Besucher kaum ertragen, bin empfindlich geworden in meinem Bett. Er ist liebevoll und geduldig; gleichviel, ich bin immer froh, wenn er wieder geht.

Jutta wird von Schuldgefühlen gequält. Sie erträgt es kaum, mich zu sehen. Zum ersten Mal in unserem Leben kommt unser Zwiegespräch ins Stocken.

Mutti lebt in großer Angst um mich. Sie gibt sich alle Mühe, nicht beunruhigend zu wirken. Ich sehne mich nach einem Einzelzimmer. Eine Privatpatientin, die nicht allein sein möchte, nimmt mich schließlich auf. Ich bin sehr gern in ihrem hellen Raum – in einer privilegierten Sphäre. Längst ist das Krankenhaus meine Welt geworden. Die von „draußen" verstehen mich nicht; ich habe mich ihnen im Schmerz und in der erzwungenen Reglosigkeit entfremdet. Ich lebe mit feineren Sinnen als sie. Ein Sonnenstrahl erscheint mir lebendig, wie er da an der Wand spielt und Muster bildet, die sich gleich wieder auflösen. In meiner Fantasie kämpfe ich mit Che Guevara für die Revolution. Wir sind ein heftiges Liebespaar im Dschungel und in der Sierra. Jedenfalls liebt er *mich*. Ich lese alles über ihn. Gerhard und Jutta bringen jede Woche neue Bücher.

Dann muss ich wieder in die Kassenpatientenbude; meine Gönnerin ist genesen. Die wahnsinnige Alte hat das Zeitliche gesegnet. Neue alte Frauen vertreiben sich die Zeit mit ödem

Tratsch. Ich flüchte in Lektüre, lese sogar Lore-Romane und alles andere, was mir in die Hände fällt.

Nach einigen weiteren Wochen sitze ich zum ersten Mal wieder aufrecht. Mein Haar fällt auf die Schultern. Ein Arzt stellt fest: „Sie sind ja ein schönes junges Mädchen." Offenbar war das ein halbes Jahr lang nicht zu sehen gewesen. Man fertigt für mich ein Korsett aus Leder und Stahl an. Es soll noch ein Jahr lang meinen Rumpf stützen. Von Gerhard lasse ich mir eine blonde Perücke mitbringen, mit der ich das Krankenhaus verlasse. Ich möchte erstmal als eine „Andere" in die Welt zurück.

Ein Fest in der Kunstschule, ich im Korsett, am Stock gehend. Ein Luftballon schwebt vorbei, Jutta schlägt nach ihm, spielt und läuft ihm nach. Plötzlich hasse ich sie, brenne vor Eifersucht, unbeweglich stehe ich da und habe Angst, dass mich jemand umrennen könnte. So weit ist es mit mir gekommen! Meine dunklen Gedanken quälen mich, vielleicht wollte Jutta mich doch umbringen? Oder will ich sie umbringen, und es sind meine Mordfantasien, die ich ihr anhänge? Fortan verzichte ich auf das Korsett und auf den Stock; mein Rücken brennt, aber ich will nicht, dass jemand Mitleid mit mir hat, am allerwenigsten ich selbst.

Politik und Filmarbeit

Bernd Lunkewitz, Lunke, ist unser Genosse. Mit ihm und Klaus Bernd verteilen wir Flugblätter der KPD/ML vor Fabriken. Wir stehen vor Henschel, vor dem Volkswagenwerk in Baunatal und den Druckereibetrieben der Hessischen Allgemeinen.

Ich besorge das „Kapital“ und anderes von Marx und Engels und Jutta und ich lesen uns gegenseitig daraus vor. Wir verstehen beide nicht viel, nur dass es im Kapitalismus entfremdete Arbeit gibt und ihre Abschaffung ansteht. Das finde ich korrekt, aber Diktatur des Proletariats hört sich beschissen an. Ich sage Klaus nichts über meine Zweifel, er ist im Zentralkomitee, und wir drei sind die einzigen KPD/ML-Kämpfer weit und breit. Lunke ist nicht so dogmatisch wie Klaus Bernd, ich kann mit ihm ganz offen reden.

Alles in allem geht es darum, die Welt zu verändern. Ich will nicht nur Kunst machen, Künstlerin sein. Selbst Filmemacherin reicht nicht mehr, auch wenn das als politische Beschäftigung gilt. Aber das gehört alles noch zum „System“. Ich will direkt sein, abenteuerlich leben, vielleicht sogar in einen Krieg ziehen. Als schöne ernsthafte Widerstandskämpferin mit schönen ernsthaften Genossen, à la „Wem die Stunde schlägt“ unter Spaniens Sternen. Für eine Soziale Utopie und einen utopischen Sozialismus kämpfen.

Ich habe ziemlich romantische und aufregende Vorstellungen von meiner revolutionären Zukunft. Hauptsache intensiv. So wie Teufel und Langhans intensiv sind … und mutig. Die Kommunarden drehen mit links eine Gerichtsverhandlung um. Sie klagen die Ankläger an, setzen die alten Nazirichter mit hintersinnigen Bemerkungen ins Unrecht und so auch das ganze verlogene, mörderische System.

Jutta und ich gehen kaum noch in die Kunstschule, wir arbeiten Tag und Nacht für das Zentralkomitee der KPD/ML. Wir sind für den Arbeiterkampf in Kassel verantwortlich. Das heißt, morgens um fünf vor dem Fabriktor zu stehen, um Flugblätter zu verteilen, die wir nachts geschrieben und gedruckt haben. Die Arbeiter freuen sich gar nicht, wollen von uns nicht befreit werden, im Gegenteil. Im Wirtschaftswunderland haben sie den Wohlstand mit Fernseher und Kühlschrank kennen gelernt und wollen sich das alles von den Scheißkommunisten, die in Wahrheit faule Studenten sind, nicht wieder wegnehmen lassen. Keiner ist freundlich zu uns. Manchmal kriegen wir unsere Flugblätter aus den Händen geschlagen. Vor allem Frauen zeigen offene Feindseligkeit: „Rote Fahne? Hahaha, steckt sie euch in die Fotze“ und so weiter. Ein paar Lehrlinge markieren Interesse, Lunke sagt dann immer: „Weil sie euch hübsch finden, politisch hat das gar nichts zu sagen, aber es könnte ja ein Ansatz sein.“

Ich glaube, Lunke ist in uns verliebt. Jutta und ich sind aber beide in Klaus Bernd verliebt. Eine Weile bilde ich mir ein, er sei in mich verliebt, bis mir Jutta erzählt, dass er sie extra ohne mich zu einer Fabrik geschickt hat, um sie dort allein zu treffen ... und um sie zu küssen. Das ist ein Schock für mich. Aber mit Lunke geht trotzdem nichts, er ist mehr wie ein Bruder.

Manchmal fühle ich mich auf dem Hohen Dörnberg wie in einem Gefängnis und bleibe bis nachmittags um fünf im Bett. Ich rufe Jutta an: „Kannst du nicht kommen? Ich bin lebendig begraben.“ Aber der Weg ist zu weit, und sie bleibt meistens in Kassel. Mutti meint nur mitleidig: „Kind, du wolltest doch unbedingt.“

Ich suche mir ein Ausweichquartier bei Freunden, die in unmittelbarer Nachbarschaft von Jutta und Adolf wohnen. Für mich ist das ein erster Schritt in die Freiheit. Jutta und ich haben uns ein Mofa gekauft, mit dem wir nun von Fabrik zu Fabrik sausen können.

Noch sind Gerhard, Jutta, Adolf und ich das Kasseler Filmkollektiv – und sogar ziemlich erfolgreich. Adolf und Jutta drehen einen Film über Mutti: „Es spricht Ruth Schmidt.“ Mutti genießt die Aufmerksamkeit, mir und Jutta ist die Sache eher peinlich. Der Film gewinnt in Mannheim den Josef von Sternberg-Preis.

Adolf hat eine Idee, die uns sofort begeistert. Wir wollen einen Film über Hermann Höcherl machen, den ehemaligen Innen- und Ernährungsminister der CSU, der von 1931/32 und dann wieder von 1935 bis 1945 Mitglied der NSDAP war. Ein deutsches Familienalbum in bewegten Bildern. Uns interessiert sein Privatleben, mit Frau, Schäferhund und dem netten Einfamilienhaus.

Wir können es kaum glauben, aber das Bundesministerium für Ernährung, Landwirtschaft und Forsten erklärt sich mit unserem Vorhaben einverstanden. Uns scheint ein irrer Coup zu gelingen. Wir fahren zu Höcherl, er wohnt in der Nähe von Regensburg, und das Ganze läuft ab wie ein Besuch bei Onkel und Tante. Das Haus ist blitzblank, die Möbel aus Eiche, Spitzendecken auf polierten Tischen, Beistelltischchen und Vitrinen … und dazu der röhrende Hirsch an der Wand. Höcherl gibt sich gemütlich, denkt man jedenfalls zuerst, aber er ist nicht frei von Misstrauen. Er sieht Adolfs lange Haare, den exzentrischen Gerhard und zwei Girls in Stiefeln: „These boots are made for walking." Aber er kann mit heiklen Situationen umgehen, man darf ihn nicht unterschätzen. Tatsächlich werden wir zu Apfelkuchen eingeladen. Höcherls Frau ist freundlich zu uns, eine Harmlose mit Schürze. Sie holt Familienfotos.

Wir wollen mit dem Film zeigen, dass der Nazihorror nicht irgendwo „da draußen" seinen Ursprung hat, bei einem wahnsinnigen Teufel in Menschengestalt, der das Volk verführt, sondern dass die Familie, die kleine nette Familie des Horrors Kern ist. Dort entsteht er, dort brütet er und nimmt seine Formen an; wir haben alle damit zu tun.

Der Film läuft in Hof beim Festival, unsere Broschüre löst unseren Skandal aus. Wir haben ein Familienalbum gebastelt und fotokopiert: Bilder von uns, wir mit den Höcherls auf der Treppe, Fotos unserer Eltern, Männer in Uniform, winkende Nazifrauen – und ein Bild zeigt einen Berg toter Juden.

In Mannheim sehen wir zum ersten Mal Fassbinder. Keiner weiß was von ihm. Baader und Ensslin sind auch da, mit einer Gruppe. In der Diskussion nach Fassbinders Film „Katzelmacher" verbreiten die Guerilleros viel Spott und Häme. Gudrun Ensslin macht ironische und scharfe Witze, die meisten lachen. Fassbinder gilt als nicht politisch, das wird ihm von allen zur Last gelegt. Es ist heiß im Plenarsaal und eine eigenartige Spannung geht von Fassbinder aus. Er bleibt ruhig und fast schon erschreckend selbstbewusst. Wie ein Bierbayer sitzt er da, aber jeder sieht: Er ist ein ganz Besonderer und nicht angreifbar mit der Rhetorik des politischen Augenblicks. Er spricht unmittelbar über seine Arbeit und nimmt zu keiner Parole Zuflucht.

Fassbinder wirkt auf uns abstoßend und anziehend zugleich und unbedingt gefährlich. Wir sind fasziniert, auch von seiner animalischen Hässlichkeit. An ihm kann man sich verbrennen, wir spüren das sofort.

„Macht kaputt, was euch kaputt macht." Das Lied fährt mir in die Knochen. Ich sitze vor dem Fernseher, Tagesschau, Demonstrationen in Berlin, Polizei, Straßenkämpfe, „Ton Steine Scherben". Gerhard kommt aus dem Bad, er fragt: „Was ist das für ein Lärm, was siehst du?" Er hat dieses feine Lächeln, etwas ironisch, aber immer interessiert.

„Ich gehe nach Berlin, ich will mich scheiden lassen", höre ich mich sagen. Habe ich das gerade gesagt? Das war nicht geplant, ich bin selbst überrascht und fast erschrocken. Der

Satz war einfach aus meinem Mund gekommen, aber es hörte sich definitiv an, und ich weiß: so soll es sein.

Es ist an der Zeit weiterzugehen. Gerhard versteht das, und auf einer Fahrt durch das nächtliche Kassel sagt er: „Eigentlich bin ich stolz auf dich, auch wenn ich traurig bin, du hast viel gelernt und hast dich emanzipiert."

Emanzipiert: das Wort hat Kraft (viel später erst wird es verbraucht klingen …). Gerhard unterstützt mich weiter, er weiß, es gibt kein Halten mehr. Eine neue Welt war er für mich gewesen, in den ersten Wochen unserer Begegnung hatte er mir William Burroughs, Jean Genet, Beckett und Sartre zu lesen gegeben. Er hatte uns bei allen Projekten unterstützt, als Kasseler Filmkollektiv hatten wir viel erlebt und erreicht. Aber ich war noch zu unbewusst und zu unschuldig, um zu verstehen, dass mein Leben mit Jutta verbunden ist. Dass ihr meine Liebe gehört und die geheimen Plätze in mir nur von ihr bewohnt werden dürfen.

Ich rufe Jutta an: „Ich gehe weg und lasse mich scheiden." Jutta entgegnet: „Ich lasse mich auch scheiden." Jutta und ich werden am selben Tag geschieden. Mit Adolf und Gerhard gehen wir in ein Restaurant in Kassel, um das Doppelereignis zu feiern. Adolf und Jutta wirken traurig, Gerhard auch. Ich bin es nicht.

Kleiner Rückblick – noch sind die Filmemacher auch Paare.

Jutta:Wir sitzen auf dem großen Trampolin, in der Sport- und Theaterhalle auf dem Hohen Dörnberg.

Ich kann Salto vorwärts und rückwärts und erlebe das als emanzipatorischen Akt. Ich wirbele sehr gern allein durch die Luft. Aber jetzt sitze ich zwischen Bazon Brock und Gisela. Wir schauen Adolf zu, der oben auf der Bühne singt. Adolf ist eigentlich der fünfte Beatle, so sieht er sich, und außerdem der Patensohn von Elvis Presley, was er gerade beweist. Bazon schaut mich von der Seite an. Ich spüre seine sinnliche Präsenz, sie verwirrt mich. Er sagt unvermittelt interessiert: „Du hast eigentlich sehr hübsche Ohren, das ist mir noch gar nicht aufgefallen."

Ich habe noch nie über meine Ohren nachgedacht. Ich weiß nicht einmal, wie sie aussehen. Ich nehme mir vor, sie bei nächster Gelegenheit gründlich in Augenschein zu nehmen. Ich werde rot, Bazon lacht amüsiert und rückt auf. Er kommt mir beängstigend nah. Mir wird heiß. Er zieht mich an sich, leckt an meinem Ohr, ich traue mich nicht, mich zu bewegen. Mit plötzlicher Heftigkeit drückt er seine Zunge tief in mein Ohr, durchdringt mich, seine harte Zunge durchfährt saugend meinen ganzen Leib, etwas in meinem Kopf explodiert, mein ganzer Körper explodiert und schießt mich in einen Kosmos neuer Gefühle, die alles um mich herum auflösen. Ich erlebe diesen Moment der lustvollen Auflösung als ganz neue Erfahrung.

Adolf singt „In the Ghettooohh". Seine weiche Stimme dringt wie aus weiter Ferne an mein Ohr. Langsam finde ich wieder zu mir, Bazon macht eine ironische Bemerkung. Ich zittere und frage mich, ob dies schon der Anfang vom Ende meiner Ehe ist.

3

Von Kassel nach Berlin

Jutta: Ich weiß nicht mehr, wie wir zur KPD/ML bzw. zum KJVD, dem Jugendverband, kamen. Jedenfalls gründeten wir in Kassel eine Betriebsgruppe. Gisela und ich trafen uns mit Lehrlingen. Politisches war eher Pflichtprogramm, wir wurstelten uns durch ein Dickicht aus Theorien, Parolen, Programmentwürfen und Grabenkämpfen, die ich im Nachhinein fast noch schwerer verstehe als damals schon. Unsere Gruppe vermied den Theoriekrampf, die Lehrlinge freuten sich, zwei so hübsche und nette Genossinnen zu haben, die nach den Treffen auch gern mit baden gingen.

Unsere Zusammenkünfte fanden bei schönem Wetter in der Aue statt. Die Utopie einer schönen Welt, einer Welt der Liebe und Helligkeit, war in diesem Park in Vorformen schon zu finden. Ich hatte die Kommune 1 im Kopf, also Freiheit und Freude. Meine Helden hießen Rainer Langhans, Fritz Teufel und Dieter Kunzelmann – und Uschi Obermaier. Deren Erscheinung glich unserer so sehr, dass wir uns in vorderster Front einer absolut politisch verstandenen Ablösung des überkommenen Frauenbildes sahen.

Die schlanke neue Frau trat selbstbewusst auf der Weltbühne an und reckte ihren kleinen Busen in die Kamera, nicht zur Erbauung der Männer, sondern aus Freude am eigenen Körper. Unser Ideal war die Frau, die Spaß an ihrer Physis hat und sich dabei nicht auf einen Mann bezieht. Das war unser Bereich: wir hatten uns, waren damit in einem tiefen Sinn von Männern unabhängig und nicht als Vereinzelte auf den Mann dressiert und angepasst. Das machte unsere Autarkie aus – und jetzt standen wir für den neuen Frauentyp. Unser Gefühl war „Time is on my side". Und plötzlich galten wir nicht mehr als zu dünn, sondern als hip. Wir wurden nicht mehr ausgelacht, sondern angemacht.

Unsere Gruppe gilt in den Schwerpunktstädten Bochum und Berlin als sehr erfolgreich, denn es kommen zu uns mehr Lehrlinge als zu anderen ML-Zirkeln. Gisela und ich wollen aber aus Kassel weg – ab nach Berlin. Dort genießen wir als KJVD-Leiterinnen einen guten Ruf. Die erste Begegnung mit der Landesleitung in der geteilten Stadt lässt in mir jedoch das Gefühl aufkommen, in ein Haifischbecken gefallen zu sein. Wir sind Kleinstadtmädchen im Vergleich mit den Berliner Frauen. Uns fehlt politisches Machtbewusstsein. Die Genossinnen nehmen das mit finsteren Mienen zur Kenntnis. Sie zanken wie Hyänen und sehen ihren Hauptfeind in uns, die wir doch für eine neue, gute und gerechte Welt unsere Ehen, das Studium und die Eltern gerade aufgegeben haben – und nun ganz und gar zum Kampf bereit sind.

Gisela: Bei Harun Farocki und seiner Frau können wir erstmal wohnen. Wir kennen das Paar von Seminaren auf dem Hohen Dörnberg. Sie sind die Eltern winziger Zwillingsmädchen, Berliner Kindchen sozusagen. In Charlottenburg leben wir mit ihnen in einer prächtigen Altbauwohnung. Haruns Frau ist schön und rothaarig und mit dem Nachwuchs ausgelastet. Nie Kinder, nehme ich mir vor, die nageln einen bloß fest und nehmen einem die Freiheit.

Jutta und ich fühlen uns fremd in Berlin, aber wir haben immerhin – von Richard Klaus – eine Aktivistenliste. Außerdem sind wir die Vorsitzenden des KJVD Kassel, und das will was heißen … denken wir. Die Berliner Genossen sehen in uns aber nur kleine Mädchen aus dem Hinterland. Die Partei gibt mir den Decknamen Martine, meine Schwester heißt jetzt Maria.

Wir treffen Kathrin Seybold und Gerd Konrad wieder – Filmfestivalbekanntschaften. Sie leben in der ehemaligen Kommune 2 und wirken auch für die KPD/ML, wie ferner der Ex-Kommunarde Eberhard Schulz. Bei ihnen lebt noch ein anderes Paar, zudem ein echter Arbeiter. Sie bieten uns eine Unterkunft an; ein kleines Zimmer, das wir uns teilen könnten. Erstmal bleiben wir bei Harun. Inzwischen sind wir pleite; wir Königskinder hatten uns beinah barfuß auf den Weg nach Berlin gemacht. Unserer fürstlichen Mittellosigkeit muss umgehend abgeholfen werden.

Harun dreht einen neuen Film mit Hartmut Bitomsky. Die beiden Regisseure beauftragen uns, ein Filmset zu bauen. Und zwar einen Raum, der perspektivisch so erscheinen muss, dass eine Person in der Tiefe optisch größer wirkt als eine Person am Eingang. Wir haben alle keinen Schimmer, wie wir dieses Phänomen erzeugen können. „Euch beiden wird schon was einfallen", meint Harun und verzieht sich, mit steifer Schulter und starrem Blick.

Wir machen uns gegenseitig Mut, wir sind jung und brauchen das Geld … sagenhafte dreihundert Mark winken uns.

Und tatsächlich: Wir kriegen es hin. Am Ende finden wir sogar den Punkt, auf den die Kamera gestellt werden muss, um den Effekt zu erzielen – und dann spielen wir auch noch die Rollen, für die wir alles vorbereitet haben … in mittelalterlich anmutenden Kostümen.

Es ist schon spät, ich liege auf meiner Matratze in Haruns Wohnung. Jutta liest neben mir. Ich höre die Wohnungsklingel, Haruns Schritte auf dem Flur … gedämpfte Stimmen. Der Hausherr bittet einen Gast in die Küche, das Zentrum dieser Wohnung.

„Wer kann das sein?“ frage ich Jutta. Sie teilt meine Neugier. Wir sind immer noch Kindchen und wollen immer wissen, was gerade los ist.

Den Besucher erkenne ich auf Anhieb. Es ist Holger Meins. Eben verkündet er seinen Entschluss, in den Untergrund zu gehen. Natürlich sympathisieren wir mit der RAF. Baaders Befreiung war in unseren Augen eine fantastische Aktion. Ich bewundere die Mädchen, die ihn mit Knarre und Verstand aus dem Lesesaal des Instituts für soziale Fragen gehauen haben, wo er mit Ulrike Meinhof saß, bewacht von zwei Beamten. Wir wissen alle, dass Baader und seine Frauen gerade in einem Wüstencamp von El-Fatah-Kämpfern guerillatechnisch ausgebildet werden. Ich beneide die deutschen Revolutionäre, wäre nur zu gern dabei. Zugleich finde ich ihren Rigorismus beängstigend. Immer wieder prüfe ich meinen Kampfgeist und frage mich, wie weit ich gehen könnte. Eine innere Stimme befiehlt die Teilnahme am Kampf mit allen Konsequenzen, eine andere rät zu mehr Zurückhaltung. Letztlich bin ich ein Kommune-Fan und fühle mich vom spielerischen und situationistischen Gestus eines Fritz Teufel viel stärker angezogen als von der offensiven Gewaltbereitschaft der RAF.

Rainer Langhans und Uschi Obermaier sind für mich die schönsten Revolutionäre, ein Typus, mit dem ich mich identifiziere. Sie sind Protagonisten einer neuen Welt, die wir alle wollen und in der Liebe an erster Stelle steht.

Uschi ist ein Coverstar, und Jutta wie mich interessiert sehr, was sie macht. Auch wir sehen androgyn aus und wollen ein freies Leben führen. Trotzdem sind Baader, Meinhof, Ensslin, Thorwald und Astrid Proll und Holger Meins Helden für mich, deren Mut ich bewundere. Keiner ahnt die sich anbahnenden Tragödien … während Holger am Küchentisch leise den bewaffneten Widerstand propagiert. Noch ist alles spielerisch, auch wenn schon von Waffen die Rede ist. Nach unserem Verständnis hat bisher nur der Staat gemordet. Er verantwortet den Tod des sanften Benno Ohnesorg, das Attentat auf Rudi Dutschke. Für uns hat sich der Faschismus in der Bundesrepublik bloß eine demokratische Maske gegeben.

Die Kindchen als kommunistische Aktivistinnen ziehen in die von KPD/ML-Leuten übernommene K 2. Sie werden mit Flugblättern auf die Straße geschickt, erst mit ortskundiger Begleitung, dann ohne. Der Genosse an sich steht morgens um fünf Uhr auf. Vorbei sind die Zeiten, als die Revolution erst nach dem Frühstück am Nachmittag begann. Nun kommt Eberhard zur festgesetzten Stunde in die Mädchenkammer und ordnet die allgemeine Erhebung (von der Matratze) an. Eberhard hat haarige Beine und eine dozierende Art. Den Zwillingen nimmt er uneingestanden übel, dass sie nicht mit ihm ins Bett gehen wollen. Seine Frustration teilt er mit vielen, die Kasseler Schönheiten sind eine Augenweide. Gerade geht ihr Stern auf.

Aber noch lassen sie sich von einem Muffkopp Vorschriften machen; er muss nur in der Partei sein.

Gisela: Schrecklich ist das frühe Aufstehen, ich bin immer müde, immer ist mir kalt. Schier endlose Busfahrten durch das dämmerige Berlin stehen uns jeden Morgen bevor. Unser wichtigstes Ziel liegt im Wedding und heißt Osram. Alles ist ziemlich trostlos. Ich habe Heimweh. Zurück will ich aber nicht. Auch Jutta hat Heimweh.

Ein riesiger Gründerzeitbau aus gelben Backsteinen, unheimlich in seiner Monumentalität, zumal im melierten Halbdunkel eines heraufziehenden Tages: so erscheint den Agitatorinnen die Glühbirnenfabrik Osram. Die Arbeiter freuen sich über die wehrlosen Mädchen, denen die allerschönste Naivität ins Gesicht geschrieben steht, willfährige Adressaten ihrer Aggressionen am Werktor. Die Arbeiterinnen spucken gern ihre bürgerlichen, sprich blöden Geschlechtsgenossinnen an, schlagen ihnen die Roten Fahnen exemplarisch aus der Hand und veranstalten obszöne Überbietungswettbewerbe. Ihre Eloquenz ist erstaunlich. Die Geschmähten kämpfen mit Zweifeln am Wert ihrer Angelegenheiten. Zuzeiten kommen ihnen Inhalt und der Ansatz der Aktion hoffnungslos anachronistisch vor. Eine Arbeiterbewegung in Gang setzen zu wollen, hat viel mit der Beschwörung des Revolutionsimpetus im frühen zwanzigsten Jahrhundert zu tun.

Gisela: Trotzdem fehlt es mir nicht an Begeisterung und Leidenschaft. Ich habe Mann und Studium aufgegeben, um vollen Einsatz „an der Front“ zu bringen.

Vor einer kleinen Fabrik reißt ein leitender Angestellter Gisela ihre Zeitungen aus den Händen und zieht ihr das Bündel mit voller Wucht über den Schädel. Er greift zu äußerst markigen Worten und offenbart dabei eine solche Wut, dass sich die Agitatorin beinah ins Hemd macht. Zitternd zieht sie mit ihrer Schwester ab, die beiden sitzen bald schocksteif im Bus.

Ich blicke aus dem Fenster, ohne etwas zu sehen, schrecklich diese Angst vor Autoritäten, die tief in meinen Knochen steckt. Ein Mann schreit mich an und ich kippe aus den Schuhen. Ich schäme mich, ich hätte zurückschlagen sollen oder wenigstens schreien, irgendetwas, aber ich habe nur stumm da gestanden und war unfähig, mich zu rühren. So ein Schwein, so eine Sau, jetzt kommt meine Wut hoch. Am liebsten würde ich das Arschloch bei Gelegenheit abknallen.

Ich versuche an der Filmakademie weiter zu studieren, gehe ein paar Mal hin. Aber es gibt eigentlich keinen Studienbetrieb mehr, wir sitzen nur in den Klassenräumen herum und diskutieren. Und Jutta geht erst einmal von Berlin weg, wir sind getrennt.

Manchmal formuliere ich bis zum Morgengrauen Flugblätter, die Lehrlinge erreichen sollen, die offensichtlich so nicht zu erreichen sind. Wir würden uns jedenfalls über einen agitierten Lehrling mit echt proletarischem Background freuen. Bei Jugendverbandstreffen werden neue Strategien erwogen. Einige Genossen arbeiten bereits in Fabriken – zur Politisierung der Werkbänke. Jemand meint, ich solle bei Osram anfangen.

Gisela – allein in Berlin. Arbeit bei Osram

Inzwischen habe ich eine eigene Wohnung: zwei Zimmer, kein Bad und das Klo im Treppenhaus eines heruntergekommenen Hinterhauses. Die Bleibe ist billig und ich habe meine Freiheit. Nur die schwer verhärmte Hauswartsfrau macht mir zu schaffen. Immer wieder stellt sie sich mir in den Weg: „Du hast keine Ahnung, was es heißt, eine Frau zu sein, was weißt du denn schon. Als der Russe nach Berlin kam, da hammses uns jezeigt, fünfmal am Tag haben die mich verjewaltigt. Eine ganze Horde. Deine Kommunisten, schlimmer als Tiere sind die. Hör mir uff mit Sozialismus."

Manchmal greift sie mich regelrecht an. Ihr Mann begegnet mir nicht weniger seltsam. Nach den Attacken seiner Frau klingelt er bei mir. Sein aufdringlicher Erklärungseifer macht mich ratlos. Er meint, seine Frau sei nicht ganz dicht, und begründet ihren Wahn mit den Notzüchtigungen im Sommer der totalen Niederlage.

Die Kommune bleibt insofern mein Lebensmittelpunkt, als ich da esse und oft auch übernachte. Immer noch habe ich hier meinen allwöchentlichen Kochtag – in einer chaotischen Küche.

Jutta lebt jetzt in Bochum. Sie kommt zu Besuch nach Berlin und hilft mir, den alten Holzfußboden in meiner neuen Wohnung weiß und schwarz zu streichen. Über meinem Bett hängen die Porträts von Mao, Lenin und Stalin, handgewoben aus einer Kunstfaser. Das Schmuckstück ist ein Geschenk der Chinesischen Botschaft in Ostberlin und ein sehr begehrtes Objekt.

Der Osram-Personalchef meint, ich sei für die Fließbandarbeit überqualifiziert. Ich lüge, sage, dass mein Mann mich verlassen hat, ich gerade geschieden werde und deshalb dringend einen Job brauche. Dem guten Mann fehlt die Fantasie, um sich Klassenkampf am Fließband vorstellen zu können. Er fürchtet keine Unterwanderung seiner Fabrik, sondern nur eine rasche Verbesserung meiner angeblichen Lage, die ihm absehbar erscheint: „Sie müssen uns schon irgendwie glaubhaft versichern, dass Sie auch vorhaben, eine Weile bei uns zu bleiben", verlangt er so freundlich wie ahnungslos. Ich entspreche seinem Begehren mit einem Appell an seine Beschützerinstinkte; ich führe ihn vor, bis ich ein Beschäftigungsverhältnis mit Schichtarbeit und allem Drum und Dran unterschrieben habe.

Der neuen Kollegin zeigt man erst die Kantine und dann die Werkhallen. Ihr wird hinterhergepfiffen, die Malocher scheinen so unglücklich nicht zu sein. Gisela staunt gigantische Apparate an, die Fließbandhighways. Sie staunt über das Selbstbewusstsein der Unterdrückten. Wie soll die der Halbwüchsigkeit soeben entwachsene, ungemein zierliche Agitatorin diese gestandenen Frauen und Männer eines gleichwie Besseren belehren?

Meine Arbeit findet im Keller statt. Es riecht streng. Hier kommen die Birnen auf Paletten aus einem Ofen. In dem Ofen werden die noch leeren Glaswandungen mit Säure ausgespült. Mein Platz ist direkt daneben. Ich muss schadhafte Birnen selektieren, sie blitzschnell gegen tadellose Teile austauschen. Die Paletten folgen einander rasch. Ich kriege den Ablauf meiner Arbeit nicht auf die Reihe. Bald kommen tausend Birnen zurück, ihre winzigen Fehler sind markiert, und schon kommt die erste Beschwerde: „Was ist bei euch los? Fast keine Birne ist brauchbar, pennt ihr?"

Ich werde von der Vorarbeiterin gemaßregelt, ich soll mir mehr Mühe geben. Ich kapiere, dass man mir, zur Bewährung vermutlich, den miesesten Job gegeben hat; Säuredämpfe beißen in den Augen, es ist heiß und laut am Ofen.

Um sechs Uhr habe ich angefangen, um neun bin ich erschöpft und möchte gehen. Aber die erste Pause ist um elf. Wie kann ich das aushalten, wie halten das Menschen jeden Tag aus? Eine Arbeiterin wird mir zur Seite gestellt, sie soll helfen. Sie ist neugierig: „Wieso ist so ein Mädchen gerade hier, hast du keinen Typen … Du könntest doch was anderes machen, mit deinem Aussehen. Wieso bist du nicht verheiratet?"

„Ich bin gerade geschieden worden."

„Wieso? Hat's im Bett nicht gepasst?"

Sie kommt gleich zur Sache, will mehr wissen, was das für ein Mann war: „Muss wohl ein Idiot sein, so eine wie dich gehen zu lassen."

Nach einer hektischen und trotzdem öden Ewigkeit findet die erste Pause statt. In der Kantine fühle ich mich von meiner Umgebung eingeschüchtert. Da sitzen Tausende an langen Tischen. Leute kommen und gehen. Man kennt sich, während ich mich so ausgeschlossen fühle, dass ich kaum weiß, wohin ich mich mit meinem Tablett setzen soll.

Wo sind überhaupt die Lehrlinge? In meiner Abteilung arbeiten vor allem Jugoslawen. Sie sprechen kein Deutsch. Unter den paar Deutschen sind die meisten ältere Frauen mit neugierigen und gleichzeitig abweisenden Gesichtern. Ich bin einundzwanzig, sehe aus wie sechzehn, bin schmal und komme natürlich ganz anders daher als diese Arbeiterinnen. Unter der indischen Bluse trage ich keinen BH. Ich habe enge Hosen und Stiefel an. Ich glaube, noch der Dümmste sieht, dass ich vor Ort keine Erwerbsabsichten verfolge. Ich separiere mich und sofort stehen zwei Jungens an und fragen, ob sie sich zu mir setzen dürfen. Lehrlinge! Und sie sehen toll aus, mit ihren langen Haaren und ihrem schüchternen Grinsen. Soll ich sie gleich auf meine Sache ansprechen? „Gefällt es euch hier? Ihr müsst doch ziemlich schuften."

Sie heben die Schultern. Ich unternehme einen Vorstoß: „Werdet ihr schikaniert?"

Sie entgegnen: „Ist schon beschissen in der Fabrik, aber am Wochenende machen wir Party."

Ich verabrede mich mit meiner Zielgruppe.

Bis drei Uhr muss ich durchhalten, dann endlich verlasse ich das Gebäude. Ich stehe an der Bushaltestelle und denke: Die Fabrik ist ein Biest, sie hat mich verschlungen, verdaut und wieder ausgespuckt. Und das soll so weitergehen?

Zu meiner Überraschung lebe ich mich sehr schnell ein, am Ofen bin ich bald fit und sogar stolz darauf, dass mir kaum mehr eine beschädigte Birne entgeht. Immerhin hat das Fabrikleben auch seine kleinen Freuden. Mit den beiden Jungens treffe ich mich jeden Tag. Einmal wage ich mich weit vor: „Ihr wisst doch, dass manchmal vor dem Eingang ein paar Leute stehen, die Flugblätter verteilen, zu denen gehöre ich. Wir wollen Missstände aufdecken und veröffentlichen und euch helfen. Ihr solltet mal zu unseren Treffen kommen", flüstere ich ihnen zu.

„Du gehörst zu diesen Idioten?" Die Jungens können es kaum glauben, „die sind doch von Vorgestern. Hast du schon mal Jimmy Hendrix gehört? Und Haschisch geraucht? Das ist abgefahren. Du musst mal zu uns kommen, am Wochenende machen wir eine Party. Aber am schönsten ist es, sich mit einem Kopfhörer hinzulegen, einen Joint zu rauchen und Jimmy zu hören."

Ich gebe zu, dass ich noch nie Haschisch geraucht habe. Sie lachen und sehen sich an: „Dann besuch uns mal."

Einmal sehe ich Uschi Obermaier mit Keith Richards früh am Morgen vor einem Obstladen, ich will gerade zu Osram, und sie sehen so aus, als hätten sie die Nacht durchgemacht. Einen Moment lang beneide ich sie, dann aber denke ich, was wir machen, ist wichtiger.

Katrin ist schön und intelligent, sie nimmt die KPD/ML sehr ernst und mit ihr gibt es oft Grundsatzdiskussionen, bei denen sie sehr genau ist, aber immer ist sie liebevoll zu mir. Ich bin, wenn ich da bin, die Jüngste in der Kommune, komme aus der Provinz, die Genossen wissen, dass ich noch nicht berlingestählt bin. Wenn ich Heimweh habe, setze ich mich zu Katrin aufs Bett und schaue sie an. Ihr blondes Haar fällt in einer mächtigen Kaskade auf den Rücken und rahmt ihr schmales Gesicht. Wenn sie lacht, kommen große Zähne zum Vorschein. Ich erkenne, dass sie frech und frei ist. Sie blickt mich an: „Na komm schon, dir gefällt es doch bei uns."

Weihnachten fahre ich zu meinen Eltern, Jutta kommt nicht. Ich fühle mich fremd zuhause, vermisse meine Genossen. Ich rufe in Berlin an, Gerd ist am Apparat: „Komm doch zurück." Er und Eumel holen mich am Bahnhof ab. Als wir dann alle zusammen in der Küche sitzen, ist mir fast feierlich zumute. Es ist so schön, mit meinen Kampfgenossen den Heiligen Abend zu begehen. Mich erinnert das alles an die Verfilmung von „Wem die Stunde schlägt".

Vor Demonstrationen gibt es endlose Platzierungsdebatten. Hinter wem laufen wir her, wer soll vor uns marschieren? Auf keinen Fall vor den 883-Leuten, aber auch nicht vor oder hinter der KPD/AO. Das nervt mich und ich mache mich darüber lustig. Eberhard versucht mir die Feinheiten des Revisionismusstreits beizubiegen. Er erklärt, warum wir Abstand halten müssen zu den Anarchisten. Ich erscheine in meiner Theorieferne undogmatisch und ecke bei meinen Genossen an.

Mit zwei Schülern leite ich eine Gruppe im KJVD. Wir machen unsere Sachen, soweit es geht, unabhängig von der Partei. Gustav ist ein kluger Kopf, er will Lehrer werden, aber mein Lieblingsgenosse heißt Jean. Ihm gefällt der ganze Dogmatismus auch nicht, eigentlich passt er nicht in den Verband. Er ist viel zu hübsch und hat eine wilde anarchistische Seite. Eng umschlungen tanzen wir auf unseren Partys und küssen uns manchmal. Sein langes Haar fällt auf mein Gesicht, in solchen Momenten bin ich in ihn verliebt. Es ist eine gänzlich unschuldige Liebe, genährt von unserer Begeisterung für eine neue Welt. Mit seinem Freund versucht er, mich zu überreden, doch endlich auch Haschisch zu rauchen. Er hält das für wichtig. Irgendwie läuft da eine kleine Konspiration und schließlich rauche ich meinen ersten Joint. Alles bleibt wie immer. Aber ich bin glücklich mit meinen Freunden. Schnee tanzt im Licht der Straßenlaternen. Berlin ist plötzlich hell und weich.

Eine Weile sehe ich einen bestimmten jungen Mann immer nur kurz in Kneipen. Ich spüre, wie sehr ich ihm gefalle. Er gefällt mir auch. Ich erkundige mich nach ihm: Ralf wohnt in einer WG und hat eine Freundin. Er erkundigt sich auch, lässt sich meine Adresse geben und steht eines Abends vor meiner Tür.

Ralf sieht aus wie ein blonder Indianer. Er malt seine Augenlider golden und seine Fingernägel schwarz an. Er ist nun mein Freund. Meine Genossen missbilligen, dass ich mit einem Anarchisten von 883 zusammen bin. Er soll eigentlich nicht zu uns kommen. Sie trauen Ralf alles zu.

Wir liegen zusammen auf meinem Bett, Ralf bietet mir Acid an. Mir fallen Fernsehbilder ein von Drogenzombies, ruiniert an Geist und Körper; die Seele sowieso im Eimer. Ihre Zukunft spielt im Irrenhaus. Ohne weiter zu überlegen, schlucke ich eine kleine Fahrkarte in den Irrsinn. Anstatt auf der Stelle verrückt zu werden, kehrt vollkommene Ruhe bei mir ein. Spektakulär ist das zwar nicht, aber irgendwas Neues vollzieht sich doch. Ich fühle mich leicht und sehr klar. Ralf psychedelisiert die Situation zusätzlich mit Pink Floyd; ich werde eins mit der Musik ... werde zur Schwingung.

Am Tag danach rufe ich Jutta an: „Ich habe LSD genommen, du musst das auch sofort nehmen, dann wirst du erstmal sehen, was du noch nie wirklich gesehen oder gehört hast."

Jutta findet die Bochumer Umgebung für eine Triperfahrung ungeeignet. Sie will zum Drogentest nach Berlin kommen. Sie klingt besorgt.

Ich habe bei Osram immer noch keinen Lehrling agitiert. Auch bin ich meinen Mitkämpfern zu hedonistisch geworden. Die Partei stellt mir einen Genossen zur Seite; er soll mal nachsehen, wie es in der Fabrik läuft. Oliver kommt aus Bochum, direkt vom ZK. Jutta avisiert ihn mir als undogmatisch, schwarz gelockt und grünäugig. Wir sind gleich unzertrennlich. Er meldet der Gruppe nur Gutes über mich. Er übertreibt die Lobhudelei und mobilisiert so genossenschaftliche Skepsis. Oft fahren wir auf seinem Motorrad durch das nächtliche Berlin, ich halte mich an ihm fest. Er ist erst achtzehn, stark und ruhig. Ich kann auf ihn bauen.

Ein jugoslawisches Gastarbeiterpärchen gibt seine Verlobung bekannt. Unsere Vorarbeiterin gestattet den Ausschank von Kirschschnaps. Es entsteht ein babylonisches Sprachgewirr, wir verstehen uns alle prima. Nach kurzer Zeit bin ich blau und aufgekratzt. So, jetzt spielen wir mal Aufstand. Ich nehme eine Glühbirne und haue sie an die Wand. Die Aktion findet zum Gaudi der Belegschaft statt. Ermutigt von der allgemeinen Begeisterung, schnappe ich mir noch ein paar Birnen und richte damit Splittersalat an. Dessen animierende Wirkung ist gewaltig. Grölend werden Birnen palettenweise zerlegt. Freude schöner Götterfunken, wir sind tatsächlich alle Brüder. So verbunden habe ich mich noch nie mit der Arbeiterklasse gefühlt. Auch die Vorarbeiterin macht mit. Macht kaputt, was euch kaputt macht. In dieser Nacht lebe ich diese zum Hit gewordene Parole, erleben wir sie all together.

Im Umkleideraum finde ich dann meinen Schrank nicht mehr, meine Kollegen sind schon alle gegangen. Ich muss kotzen.

Wie ich es zur Bushaltestelle geschafft habe, weiß ich nicht mehr. Mir ist kalt und ich bin froh, dass der Busfahrer anhält und mich nach oben hievt. Er fragt nach meinem Ziel. Mir ist schlecht, zugleich erkenne ich zu meiner Beruhigung, dass Menschen grundsätzlich gut sind. Mit dieser Erkenntnis lege ich mich quer über die Sitze.

Über die verlassene Wilmersdorfer Straße krieche ich auf allen Vieren nach Hause. Das geht ganz ordentlich – besser als aufrecht. Ich gratuliere mir zu meiner exzellenten Idee der Fortbewegung. Wenn mir nur nicht so schlecht wäre. Treppe hoch, Tür irgendwie auf, ich lege mich im Mantel aufs Bett. Ich muss mich festhalten, das Bett dreht sich. Irgendwann torkele ich zu einem Wasserhahn. Gut, dass ich nicht um vier aufstehen muss. Es ist außerdem schon vier. Als ich wieder aufwache, ist es dunkel. Ich taste nach meinem Wecker, es ist nach Mitternacht. Ich habe den Tag verschlafen, die Arbeit auch. Die Kündigung versteht sich am nächsten Tag von selbst. Auch die Vorarbeiterin ist ihren Job los. Man will noch wissen, wer die Umkleide vollgereihert hat. Mir traut man das offenbar nicht zu.

Ralf und ich haben inzwischen unsere eigene Kommune gegründet. Nach dem Vorbild der Kommune 1 wollen wir keine privaten Verhältnisse. Wir hängen überall die Türen aus. Jeder gibt sein Geld in eine gemeinsame Kasse. Ralf unternimmt Klautouren. Nicht für sich oder für uns oder gar für mich; ich soll selber klauen gehen. Ralf verteilt die Beute an Hausbesetzer, herumschweifende Haschrebellen, Penner, arme Arbeiter und an Türken in Kreuzberg. Für ihn ist das ein politischer Akt, er hasst Konsumterror. Es gehört ohnehin alles dem Volk.

Ich traue mich nicht zu klauen. Immer wieder gehe ich in einen Laden, in dem ich eine Lederhose gesehen habe, die mir sehr gefällt, aber immer wieder komme ich mit leeren Händen wieder heraus. Kaufen kommt nicht in Frage. Ralf schüttelt nur den Kopf. So viel Ängstlichkeit kann er kaum fassen.

Eines Tages finde ich meinen Geliebten mit einem Mädchen in der Wanne. Ralf hat die vergangene Nacht außer Haus verbracht, ich weiß jetzt, warum und mit wem. Der Badegast sieht aus wie Winnetous Schwester und zeigt sich spöttisch. Auch Ralf grinst mich an, ich kann sehen, dass er neugierig ist, wie ich reagieren werde. Dies ist die Probe auf das Exempel. Reden wir nur über Offenheit und dass wir gegen Besitz sind, nicht nur bei Sachen, sondern gerade auch in Verhältnissen – oder meinen wir das in Wahrheit gar nicht so? Ich setze mich erstmal auf die Klobrille, bloß nicht gleich wütend werden. Zeit gewinnen. Ralf und das Mädchen erzählen von ihrer gemeinsamen Nacht. Ihr Text evoziert böse Vorstellungen in meiner Gedankenwelt.

Mutti kommt zu Besuch. Nun sieht sie, dass Gisela auf einer Matratze schläft, in einer Bude, die mal einem Krämer als Verkaufsstelle gedient hat und die sie an ein Behelfswohnheim erinnert. Ein unsäglicher Penner ohne Manieren darf Muttis zartes Pflänzchen seine Freundin nennen. Als weitere Zumutung erlebt sie die Hennatönung des töchterlichen Haares. „Deine schönen Locken", sagt sie und meint deren Naturfarbe. Auf dem Kurfürstendamm bricht Mutti in Tränen aus und kriegt sich nicht mehr ein. Nachts macht sie kein Auge zu, in ihrer unmittelbaren Nachbarschaft kommt es zu amourösen Aktivitäten. Dabei gibt sich Gisela die allergrößte Mühe, leise zu sein.

Ich verstehe mich nicht mit zwei unserer Mitbewohner, sie regen sich ständig über mich auf. Da beide arbeiten, sogar Angestellte sind, passt unser Lebenswandel nicht zusammen. Ich halte das Paar für spießig. Meine Musik stört die Frühaufsteher. Leise sein soll ich ab zehn. Das Ganze geht so nicht weiter, wir haben nichts Gemeinsames und ich will weg.

Oliver und ich beschließen zusammenzuziehen. Zwei, drei Tage danach ruft er mich an, um mitzuteilen, dass er eine Wohnung gefunden hat. Er will mich zu einer Besichtigung mitnehmen. Mit seinem Motorrad wird er in zehn Minuten bei mir sein.

Er taucht nicht auf. Nachts ruft mich ein Freund an. Oliver hatte einen Unfall, er ist zwar noch bewusstlos, hat aber nur ein Bein gebrochen. Ich rufe im Krankenhaus an. Keiner kann mir Auskunft geben. Am frühen Morgen laufe ich zum Krankenhaus, Nebel liegt in den Straßen, es wird bestimmt ein beklemmender Tag. Olivers Eltern sind aus Düsseldorf angereist, der Vater begrüßt mich herzlich. Olivers jüngerer Bruder ist bei einem Autounfall ums Leben gekommen, die Mutter tut mir leid.

Der Krankenhauskorridor liegt verlassen da. Lange sitzen Olivers Eltern und ich beieinander … bis ein Arzt auftaucht. Oliver ist noch immer bewusstlos, ein winziges Fettpartikel hat sich aus dem Knochenmark des gebrochenen Beins gelöst und wandert durch seine Blutbahn. Wenn er die nächsten Tage überlebt, wird er wieder ganz gesund. Drei Tage harre ich mit Olivers Eltern in unserem Flur aus. Endlich zeigt sich der Arzt verhalten optimistisch. Er empfiehlt uns, zu gehen und ein Glas Wein zusammen zu trinken, morgen früh können wir mit Oliver sprechen. Wir trinken das Glas Wein nicht, die Anspannung ist zu groß. Die Eltern gehen in ihre Richtung und ich in meine.

Am nächsten Morgen sehe ich die Eltern nicht. Der Flur ist noch verlassener als sonst. Sind sie schon ohne mich in Olivers Zimmer gegangen? Ich warte benommen und voll dunkler Ahnungen auf eine Krankenschwester. Sie kommt und ich sehe ihr an, was passiert ist. Sie nimmt mich schweigend in den Arm und gibt mir einen kleinen Zettel. Er ist von Olivers Eltern. Oliver ist gestern Nacht gestorben. Ruf uns an, steht auf dem Zettel.

Olivers Mutter und ich betrachten gemeinsam den aufgebahrten Oliver im Krankenhauskeller. Sein weißes Gesicht ist wie aus Marmor geschnitten, seine dunklen Locken glänzen noch immer. Zum ersten Mal sehe ich einen Toten. Seine Mutter streichelt sein Gesicht. Leise spricht sie mit ihm, sie wirkt gefasst und unendlich zärtlich. Ihre Zärtlichkeit und Liebe erschüttern mich und ich drehe mich zur Wand, ich möchte nur noch weinen. Fassen kann ich das alles nicht.

Olivers Beerdigung kommt mir gänzlich unwirklich vor. Alle Genossen sind erschienen, rote Fahnen wehen, die Eltern trösten sich mit dem Gedanken, dass ihr Sohn von allen so sehr geliebt wurde.

Ich fürchte, verrückt zu werden. Nachts träume ich von Oliver. Er sitzt dann neben mir auf einer Treppe und redet mir, um mich zu trösten, gut zu. Diese Träume sind wirklicher als sein Tod. Fast ein halbes Jahr träume ich jede Nacht von ihm.

Ich kriege eine schwere Nierenentzündung, muss ins Krankenhaus. Die Ärzte sind sehr besorgt. Ich tauche in mir ab und nehme kaum noch etwas wahr. Jean besucht mich jeden Tag. Stundenlang sitzt er an meinem Bett. Jutta erreicht Berlin als Anhalterin. Ihren Kummer über meinen Zustand verstehe ich am besten. Endlich, nach vielen Tagen, bin ich wieder auf dem Damm, Jutta bringt mich nach Hause, begleitet mich … zurück in die Welt.

Jutta bleibt noch in Berlin. Georg von Rauch ist kürzlich von der Polizei erschossen worden. In Deutschland herrscht RAF-Hysterie. Die Uniformierten verhaften nicht mehr, sondern schießen gleich. Jedenfalls ist das unser Eindruck.

Ralf sagt uns Bescheid, dass das Bethanien in Kreuzberg besetzt werden soll. Jutta und ich gehen los, als es dunkel wird. Einige Leute sind wohl schon ins ehemalige Schwesternwohnheim eingedrungen trotz massiven Polizeiaufgebots. Der Mariannenplatz flackert im Blaulicht. Jugendliche laufen durcheinander. Es ist aufregend, alle sind wütend und entschlossen, das Krankenhaus zu besetzen. Wasserwerfer stehen bereit, Hunde reißen an ihren Leinen. Rauchbomben vernebeln den Platz. Endlich ein echter Kampf, etwas ganz anderes als die wohlgeordneten Demonstrationen mit alten Arbeiterliedern.

Jutta und ich halten uns an den Händen, wollen uns nicht verlieren, laufen über aufgebrochenes Pflaster. Die Steine sind unsere Wurfgeschosse. Polizei bedrängt uns. Wir weichen in eine nicht umkämpfte Zone aus, kehren dann aber wieder auf den Mariannenplatz zurück. Vom Jagdfieber erfasste Beamte schnappen sich, wen immer sie kriegen können. Wir flüchten in Seitenstraßen ... und verlieren uns aus den Augen.

Wir werden uns schon wieder treffen. Ein Polizist folgt mir. Ich versuche, in ein Haus zu entkommen, laufe die Treppe hoch, die Haustür ist verschlossen. Der Polizist packt mich, zerrt an mir. Ich schreie ihn an, er sieht mir in die Augen, hält inne und dreht dann ab. Ich bin verdattert. So kurz diese Begegnung war, ich habe gesehen, dass der Polizist innegehalten – und sein Blick sich im Spiegel meiner Augen verändert hat. Vielleicht wäre er lieber auf unserer Seite gewesen.

Jutta treffe ich an einer U-Bahn-Station wieder, irgendwo weit weg vom Mariannenplatz. Wir nehmen das als telepathisches Ereignis und sind noch sehr erregt. Begeistert fallen wir uns in die Arme.

Ralf kommt in dieser Nacht nicht zurück. Am nächsten Tag erfahre ich von der Besetzung des Schwesternwohnheims. Herumschweifende Haschrebellen erzählen, dass Ralf unter den Besetzern ist.

Vier Monate lang wird das Gebäude gehalten.

Robert van Ackeren dreht einen neuen Film, „Harlis“ mit Mascha Rabben, Ulli Lommel und Rolf Zacher. Ich habe einen Job als Scriptgirl. Da die Regieassistentin oft nicht erscheint, mache ich ihren Job manchmal mit. Rolf Zacher spielt den bösen Bruder von Ulli Lommel, der ihm die Geliebte rauben will und zu unerfreulichen Methoden greift. Oft drehen wir bis spät in die Nacht, Mascha ist ein wunderschöner Schmetterling, ich kann kaum meinen Blick von ihr wenden. Sie ist offen, undogmatisch und hat einen sprühenden und witzigen Geist. Immer fallen ihr komische Sachen ein. Sie kleidet sich fantasievoll, wie ein Wesen von einem anderen Stern. Ein kluges Sternenkind. Ich bin in sie verliebt, wenigstens glaube ich das. Mascha ist mir vertraut, manchmal habe ich das Gefühl, ich sehe mich, einen Teil von mir, der sich noch verborgen hält.

Jutta in Bochum

Jutta: Ich bin jetzt mit Richard zusammen. Er gehört zum Zentralbüro, also zur Führungsspitze der KPD/ML in der Bochumer Goldhammerstraße, nahe dem großen Hammerwerk von Henschel. Er ist lieber mit mir im Bett als bei genossenschaftlichen Ideologiekonferenzen. Immer häufiger pilgere ich ins Zentralbüro, um Richard krank zu melden.

Das Zentralbüro richtet Ressorts ein, mir wird die Leitung der grafischen Abteilung übertragen. So übernehme ich die Gestaltung der Roten Fahne. Mein Entwurf des Zeitungskopfes, der in Garamond gesetzte Bogen „Rote Fahne", hat die Genossen überzeugt. Richard leitet die Agitprop-Sektion. Wir schlafen nicht nur zusammen, wir geben der Revolution auch gemeinsam ihr ästhetisches Gesicht. Richard und ich wohnen über dem Zentralbüro, das Klo liegt auf dem Gang. Es gibt nur Kaltwasser und keine Heizung.

„Als Agentin der Bourgeoisie wirst du als erste an die Wand gestellt, wenn wir gewonnen haben." Gerd Genger, Politleiter des Zentralbüros, macht mir drastisch klar, dass rote Fingernägel konterrevolutionär sind und einer Parteiarbeiterin schlecht anstehen. Straff organisiert soll die neue Partei sein und vom Zentralkomitee gleichsam überkuppelt. Die bolschewistischen Kader haben sich mit revolutionärer Theorie zu wappnen und in der revolutionären Praxis zu stählen. Rote Fingernägel gehen da gar nicht.

Ich sehe Gerd als bösen, ehrgeizigen und fleißigen Zwerg, der einen Rudi-Dutschke-Komplex hat, aber ganz bestimmt nicht dessen Charisma. Rudi Dutschkes gefüllte Aktentasche, die ihn überall hin begleitet, ist ein pralles Symbol des Wissensdurstes und der Neugier einer aufbrechenden Generation. Gerds mit Lenins „Was tun?“, „Brief an einen Genossen über unsere organisatorischen Aufgaben“, „Ein Schritt vorwärts, zwei Schritte zurück“ und der „Peking Rundschau“ vollgestopfte Aktentasche ist hingegen bloß Ballast eines Machtstrebens, das ohne Führerfantasien nicht auskommt.

Chinas Rote Garden und die Große Proletarische Kulturrevolution der KP Chinas unter ihrem großen Steuermann Mao Tse-tung sind dennoch unsere leuchtenden Vorbilder. In meiner Bude hängen Maoposter und Plakate, auf denen juvenile Strahlemannchinesen die Bibel ihres Führers hochhalten … in einem Fahnenmeer. Rot ist unsere Farbe, auch auf den Nägeln. Ich kratze nicht an meiner revisionistischen Sünde und beschließe stattdessen: „Baise moi, der Lack bleibt drauf.“

Nach der Spaltung der alten KPD/ML eröffnet die Landesdelegierten-Konferenz der KPD/ML-NRW Ende August 1970 ein neues Landessekretariat. Geleitet wird es von Peter Weinfurth, Oliver Thomkins, Richard Claus und Gerd Genger. Sie sehen sich alle als Gralshüter der wahren ML-Linie. Und alle sind blutjung und dem gehobenen Mittelstand abhandengekommen.

Oliver Thomkins, Sohn eines bekannten Düsseldorfer Künstlers, wird nach Berlin geschickt, um aufmüpfige Genossen, zu denen auch Gisela gehört, auf die neue Linie des Zentralbüros einzuschwören. Die Durchsetzung des Kaderkadavergehorsams scheitert regelmäßig; am Ende hat man immer irgendwie Spaßguerilla. Oliver entbindet sich selbst von seinem Disziplinierungsauftrag und entfesselt den Anarchisten in sich. Schnell freundet er sich an mit den potenziellen Abweichlern im Allgemeinen und im Besonderen mit Gisela. Sie liebt ihn genauso heftig wie ich. Bochums Schatten werden länger, während er in der Frontstadt weilt. Für ihn, Richard und mich ist der kommunistische Impetus eher eine ästhetische Angelegenheit – was uns zu einem argwöhnisch beäugten, ausgelassenen Trio verbindet.

Die Revolution kann ohne mich nicht stattfinden. Als Herstellerin der Roten Fahne, des Zentralorgans der KPD/ML – der einzigwahren Zeitung der Massen in Deutschland –, fühle ich mich sicher. Ich sage Herstellerin, weil Designerin sowohl unter- als auch übertrieben wäre. Noch gibt es keine Rechner. Überschriften werden mit Letraset gerubbelt, Texte tausendmal auf einer alten Maschine geschrieben, mit Tipp-Ex verbessert, montiert, geklebt und wieder auseinandergeschnitten, neu geschrieben und wieder zusammengeklebt, all das in unzähligen Durchgängen. Durch das Revier streifen und Fotos machen, entwickeln und vergrößern, gehört zum Job. Arbeitszeitbegrenzungen gibt es nicht. Ich verliere jegliche zeitliche Orientierung, mein Leben zum Wohl einer neuen Gesellschaft findet wie unter einer Glocke und mehr und mehr im Zustand der Erschöpfung statt. Bloß nicht wie unsere Eltern sein. Wir dienen dem Guten, dem Volk, übrigens mit konspirativen Namen. Meiner lautet Maria. Gisela heißt in Revolutionskreisen Martina, später Martine.

Der revolutionäre Alltag zersetzt das Private, greift nach allem und überall ein. Er frisst die frisch geschiedenen Zwillinge mit Haut und Haaren. Das erleben die Kombattantinnen als

Rausch und Betäubung. Sie stehen auf einer Bühne, gegeben wird der letzte Akt einer Jugendrevolte.

Für theoretische Updates bleibt wenig Zeit und so verstehe ich meist nicht genau, welche Trotzkisten, Sektierer, Revisionisten oder kleinbürgerliche Karrieristen gerade bekämpft werden müssen. Morgens um fünf stehe ich vor dem Werkstor einer Bochumer Zeche und verkaufe die Rote Fahne. Ich verteile Betriebszeitungen und Flugblätter unserer Ortsgruppe, ohne je das Dickicht des theoretischen Dschungels und der gegenseitigen Vorwürfe innerhalb der ML zu durchdringen. Mit argloser Inbrunst und Che Guevaras Forderung im Kopf, den Menschen des 21. Jahrhunderts zu erschaffen, gebe ich mich der Sache hin, das heißt, ich stehe mir die Beine in den Bauch. Ich bin hocherfreut, wenn jemand die Rote Fahne kauft und werte das als großen Erfolg bei der Massenmobilisierung. Grundsätzlich wollen die Arbeiter vom Klassenkampf aber nichts wissen. Ich werde angeschnauzt und ausgelacht. So wie ich die Welt sehe, müssen meine Verächter erst noch lernen, dass sie unterdrückt und von SPD und DKP angeschissen werden. Dazu sind wir da, die richtigen Kommunisten. Noch halte ich alles für möglich. „Erst die Gesellschaft befreien, dann den inneren Menschen", verspreche ich mir, aber schon nagt der Zweifel an mir, ob das revolutionäre Potenzial tatsächlich in der Arbeiterklasse liegt.

Gisela ruft an: „Oliver ist mit dem Motorrad auf dem Weg zu mir verunglückt. Heute Morgen kam ich ins Krankenhaus, da war er schon tot. Tot! An einer Embolie gestorben."

In den folgenden Nächten fressen Entsetzen und Trauer den Schlaf. Immer wieder erscheint mir Oliver in zig Erinnerungen und raubt mir jede Ruhe. Auch Richard trauert. Wir können es einfach nicht glauben: Auch Titanenkinder sind sterblich.

Marcuse an Horkheimer und Pollock: „Die Idee, dass der Tod zum Leben gehört, ist falsch, und wir sollten Horkheimers Gedanken, dass nur mit der Abschaffung des Todes die Menschen wirklich frei und glücklich werden können, noch viel ernster nehmen."

Ich höre nur Parolen und bekomme keine schlüssigen Antworten auf die Frage, warum Stalin der Lichtbringer sein soll. Nachts schleichen wir auf das Opelwerksgelände und tapezieren Hallenwände mit Plakaten. Kommt uns einer zu nah, sieht er knutschende Pärchen. Ich habe mich als Junge verkleidet und meine schöne Genossin küsse ich gerne. Eine Maidemonstration endet in desolatem Umherirren. Im Weiteren endlose Diskussionen und Autofahrten zu Druckereien und Besäufnisse mit Arbeitern bis zum Umfallen. Ich bin nicht in der Lage, Hass zu entwickeln gegen Revisionisten, Abweichler, opportunistische Kräfte oder Agenten der Bourgeoisie. Ab und zu kreuzen wir in der chinesischen Botschaft in Ostberlin auf und trinken hellen Jasmintee mit den Diplomaten. Richard und ich sollen laut Parteibeschluss nach China gehen, um die neue Gesellschaft vor Ort zu studieren, er in irgendeiner politischen Funktion, ich vielleicht als Deutschlehrerin.

Mutti ruft aus Kassel an: „Gisela ist schwer krank, sie liegt im Krankenhaus. Ich wäre sehr froh, wenn du hinfahren könntest. Ich glaube, sie braucht dich." Mit gepresster Stimme, offenbar Tränen verdrückend, fügt sie hinzu: „Ich weiß nicht, ob sie es schafft."

Ich packe sofort. Richard hilft mir, Kohle zusammenzukriegen für einen Flug nach Berlin.

Wie Milch aus einem umgekippten Eimer. Und China ist kein Thema mehr

Jutta: Am 6.6.1971 erscheint der „Stern" mit Fotos von achtundzwanzig prominenten Frauen auf dem Titel. Zu sehen sind unter anderen Senta Berger, Romy Schneider, Veruschka von Lehndorff und Vera Tschechowa – als Aufreißer für 374 Bekenntnisse gleichen Inhalts: „Wir haben abgetrieben." Diese unerschrockene Selbstbezichtigungskampagne löst in der Bundesrepublik einen medialen Sturm aus. Nun sagen Frauen öffentlich: „Mein Bauch gehört mir." Gefordert wird die Abschaffung des Paragrafen 218, der Schwangerschaftsabbrüche unter Strafe stellt und Frauen in ihrer Not in die Hände von gefährlichen Kurpfuschern treibt. Die Debatte beherrscht den Sommer, alarmiert den trödeligen Feminismus in Deutschland und eröffnet Raum für die Frauenfrage im Klassenkampf. „Aggressivität, Ironie und Herausforderung der öffentlichen Meinung sind als Kampfmittel (der Frauen) unbekannt", behauptet Sina Walden ausgerechnet in der „Brigitte". Das ändert sich jetzt schlagartig. Ja, das Private ist politisch … denn in der Kleinfamilie fängt der Faschismus an.

Irgendetwas stimmt nicht mit mir. Ich sitze nachts am Layout der Roten Fahne und in mir steigt eine unbestimmte Angst auf. Ich habe meine Tage nicht gekriegt. Ich muss unbedingt zum Arzt. Dann vergesse ich das, bis die Angst sich wieder meldet. Ich frage eine Freundin nach einem Gynäkologen, kriege eine Adresse. Das Wartezimmer ist voll, ich sitze zwischen stumm anklagenden Muttis und bösartigen Kampfrentnerinnen, die mir ihr Misstrauen und ihren Unmut nicht verhehlen. Nach Stunden bin ich an der Reihe. Der Arzt meldet: „Sie sind nicht schwanger."

Richard ist erleichtert. Ein Kind wäre unmöglich. Richard ist zwanzig, ich bin ein Jahr älter und noch mehr Kind als er. Meine Unruhe glimmt aber weiter. Einige Wochen später und nach dem zweiten Arztbesuch weiß ich, dass ich in anderen Umständen bin.

Wir überlegen nicht, ob wir das Kind wollen. Wir wollen es nicht, das ist ganz klar. Ein Kind kommt in der jetzigen Situation nicht in Frage. Wir überlegen, woher wir Geld für den Abbruch kriegen könnten und wo ich den Eingriff vornehmen lasse. Mühsam kratzen wir fünfhundert Mark zusammen. Ich fahre nach Berlin mit sechs Adressen von Ärzten in der Tasche. Eine Unterkunft finde ich in der Giesebrechtstraße, in der ehemaligen Kommune 2.

Die Genossinnen trösten mich. Gisela ist nicht da. Sie ist mit Ralf auf ihrer Italienreise und nicht zu erreichen. Ich rufe einen Arzt an, die Sprechstundenhilfe will wissen, was mit mir los ist. Meine Auskunft macht sie schroff. Noch ist ein Abbruch illegal, die Stern-Kampagne veranlasst viele approbierte Fachmänner sich extrem bedeckt zu halten. Zwei Wochen lang suche ich nach einem Arzt, der mir hilft. Die Götter in Weiß sind verreist, verzogen, nicht erreichbar oder schlicht unbezahlbar. Der Sommer hat die Stadt vor die Tore getrieben und ich gehe in sengender Hitze durch verödete Straßen.

Jemand gibt mir eine Praxisanschrift in Kreuzberg, direkt an der Mauer. Ein alter Militärarzt macht „so was" angeblich ab und zu und nimmt dafür nur fünfhundert Mark. Anrufen kann man ihn nicht, man muss das Glück haben, ihn anzutreffen.

Sein Habitat ist das Elend. Berlin atmet an dieser Stelle nicht. Die vollkommene Armut und die Hoffnungslosigkeit teilen sich das Revier mit Anwohnern heruntergekommener Reihenhäuser.

Endstation Sehnsucht. Irgendwo schreit ein Kind. Ein Fenster wird zugeknallt, ansonsten herrscht Stille – das Schweigen der Ausweglosigkeit. Ich finde die angezeigte Hausnummer. Die Haustür hängt in den Angeln, das Treppenhaus erinnert an Beirut … Einschusskerben in den Wänden, geplatzter Putz, ruinierte Briefkästen. Die verrosteten Klingeln sind namenlos, verwaist sozusagen. Ich steige über Müll. Im vierten Stock entdecke ich das erste Türschild. Der Name ist verwittert, aber ein verblichener Titel davor lässt auf einen Arzt schließen. Ich nehme allen Mut zusammen und mache mich bemerkbar.

Eine Minute vertropft träge, immerhin sind Geräusche in der Wohnung zu vernehmen. Schlurfende Schritte. Die Tür geht auf, vor mir steht ein verkommener Fettsack. Ein schwitzender Glatzkopf, der mich nervös herein bittet … in ein verwahrlostes Zimmer. Seine Bruchbude erinnert an Schauplätze des Film noir. Unordnung und Dreck mischen sich grandios-pittoresk. Das alles sieht aus, als hätte ein Set-Designer sein Meisterstück abgeliefert. Ein Haufen Bücher und dreckiges Geschirr müssen friedlich miteinander auskommen. Der Arzt lässt sich auf einem altersschwachen Drehstuhl nieder.

Ich habe ihm nicht viel zu erklären. Er bestellt mich für den nächsten Tag und weist mich schon mal darauf hin, dass er ohne Narkose vorgeht; ich darf nicht benommen aus dem Haus wanken. Er stellt mich auf die Gegenwart eines Gehilfen aus der Nachbarschaft ein und beschwört mich, die Operation streng geheim zu halten. Mitbringen soll ich Geld und Binden. Wieder auf der Straße fühle ich wie mich aus einem Alptraum raus gespuckt. Gerade geht die Sonne unter und beschämt mit ihrem letzten Glanz das Elend des Berliner Ghettos.

Der neue Tag zeigt mir einen sehr alten, mit angeschweißten Teilen aufgerüsteten Gynäkologenstuhl aus Eisen, ein Monstrum, das an antiquierte Foltermaschinen denken lässt. Vor dem Stuhl stehen Metallschalen.

Ich habe Angst. Der Arzt stellt den Nachbarn vor, eine hagere Trinkerfigur, wie ausgebleicht vom Leben. Paul, so heißt er, ist freundlich, der Arzt gibt kurze Anweisungen, sein Honorar hat er schon kassiert.

Lauf weg, denke ich. Mir kommt die helle Praxis eines Arztes in den Sinn, der für achthundert Mark zu einem Eingriff bereit gewesen wäre. Ich hatte aber nur fünfhundert Mark, mehr nicht.

„Zieh dich aus und leg dich auf den Stuhl", sagt der Arzt. Er stellt seine Gutmütigkeit aus. Ich bin ein unglückliches Kind, dem geholfen werden muss. Du musst Vertrauen haben, rate ich mir verzweifelt, sonst überlebst du das nicht. Die Rückenlehne ist heruntergeklappt und wird irgendwie in der Waagrechten gehalten. Aus der Polsterung quillt die Füllung. Paul bindet mich fest. Der Arzt greift in mich hinein, zieht seine Hand zurück: „Wie vermutet, fest und geschlossen. Wir müssen mit den kleinen Stäben anfangen."

Das sagt er zu Paul. Nun wendet er sich mir zu: „Ich muss deinen Muttermund weiten. Du bist jung, das wird eine Weile dauern, wie gesagt. Und sehr schmerzen. Ich kann dir keine Narkose geben. Wenn du willst, gebe ich dir ein Tuch, da kannst du draufbeißen, wenn es schlimm wird."

Paul sieht meine Panik. Er bemüht sich um Beruhigung der Patientin: „Der Doktor ist erfahren, er wird sich Mühe geben." Er verblendet meinen Unterleib mit einem großen Lappen; als wollte er mich in zwei Teile zerlegen. Sofort fühle ich mich der unsichtbaren Hälfte entfremdet. Ich bin bloß noch mein Rumpf ...

Wie in einem okkultistischen Kabinett verrichten die alten Männer ihr blutiges Handwerk hinter Paravents. „Besser, du siehst nichts“, meint Paul, der sich wie bei einer stümperhaften Varieténummer noch einmal zum Vorschein bringt. Ich kriege meinen Beißlappen, höre die versoffenen Stinker einen Wispertext aufsagen. Schmerz reißt ein dunkles Tal in mein Bewusstsein und läuft wie flüssiges Eisen in das klaffende Dunkel.

Ich will mich losreißen, aber die Riemen fixieren mich unnachgiebig. Ich verschlucke Schreie und starre auf den Vorhang, als könnte ich ihn teilen wie Moses das Meer. Ich gerate in eine Schmerzstarre, gebe jeden Widerstand auf und versinke in einer Pein, die alle Unterscheidungskraft ohne Weiteres erschöpft. Ich falle immer tiefer in einen bodenlosen Abgrund.

Die Engelmacher gehen konzentriert vor. Sie haben meinen Unterleib übernommen. Jetzt gehört mir auch der Rumpf nicht mehr, gefesselt, wie er ist. Ich sehe meinen mädchenhaften Körper wie aus einer Überflugperspektive, spüre mein Blut, das ausläuft wie Milch aus einem umgekippten Eimer, die gedämpften Stimmen, Geklapper von Instrumenten, mein Stöhnen, aber all das ist weit entfernt und hat mit mir zunehmend weniger zu tun. Ein Gefühl vollkommener Ausweglosigkeit beschleicht mich.

Paul nimmt den Vorhang ab. Dann löst er die Riemen. Hinter den Jalousien vor dem Fenster ist es dunkel geworden. Auf dem Medizinerschreibtisch brennt eine Funzel. Paul wäscht meine Schenkel und sagt: „Einen Augenblick kannst du hier noch liegen bleiben, aber dann musst du gehen.“

Der Arzt sortiert seine Instrumente, vor ihm auf der Platte liegen blutige Lappen. Ich schließe die Augen.

„Pack deine Binden in den Schlüpfer, bevor du gehst. Du musst so gehen, dass niemand etwas merkt. Hol dir eine Droschke, aber erst am Ende der Straße.“

Der Arzt zündet sich eine Zigarette an. Er hat Stalingrad überlebt und Schlimmeres gesehen als ein blutendes Mädchen. Er reicht seinem Gehilfen ein Schnapsglas und wischt sich mit der freien Hand den Schweiß von der Stirn. Die Männer erheben die Gläser zu einer Zeremonie armseligen Gemeinsinns. Sie trinken in einem Zug aus.

Irgendwie schaffe ich es, aus der Wohnung, dem Haus, der Gegend zu kommen und ein Taxi anzuhalten. Erst im Wagen spüre ich wieder Krampfschmerzen. Sie ziehen meinen Körper zu einem Fragezeichen zusammen.

Die Freunde in der Giesebrechtstraße haben mir das Bett von Kathrin gerichtet, Kathrin kommt erst morgen wieder. Ich falle in die Kissen und gelange in ein unruhiges Niemandsland zwischen Schlaf, erschrecktem Erwachen und bösem Schmerz. Nachts torkle ich ins Bad und stopfe meine Unterhose mit neuen Binden voll. Im Morgengrauen verzeiht mir Gott und lässt mich schlafen.

Pralle Sonne weckt mich. So hell wie das Licht steht Kathrin an meinem Bett. Energisch, liebevoll und pragmatisch fragt sie, ob ich schon gefrühstückt habe. „Nein? Hat sich niemand um dich gekümmert? Das ist doch unmöglich!"

Ihre Art ist herzlich und tröstend. Sie setzt sich zu mir ans Bett und streichelt meinen Kopf. „Das schaffst du schon! Ich kümmere mich jetzt um dich und hole erstmal Brötchen."

Ich lächle Kathrin unsicher an. Sie nimmt meine Hand: „Du musst nichts sagen, ich weiß, wie es dir geht. Du kannst in meinem Bett bleiben, ich schlafe heute Nacht in Gerds Zimmer." Sie streicht noch einmal zart über meine Hand, bevor sie tatkräftig aus dem Zimmer entschwindet.

Kräftiger Kaffeegeruch holt mich in die Realität zurück. Kathrin steht mit einem beladenen Tablett vor mir. Ich sehe eine

Kanne Kaffee, Frühstückseier und einen kompletten Schinken. „Der Schinken ist nur für dich", sagt sie, „den schenk ich dir, davon darf kein anderer essen."

Ich bin wieder in Bochum, arbeite an der Roten Fahne in einem Separee aus schwarzen Moltontüchern. Ich versuche zu vergessen. Eines Abends betrinke ich mich bis zur Bewusstlosigkeit. Ich ziehe noch eine Freundin, einen Genossen und die zwei Meter hohe Bücherwand mit ins Bett. Das weite Meer, das in meinem Kopf schwappt, trägt uns alle mit sich; wir sitzen auf dem Holzregal und paddeln mit den Büchern zu einer Südseeinsel.

Das Zentralbüro steht vor der Notwendigkeit personeller Veränderungen. Peter Weinfurth, der alte Renegat, hat sich aus dem Staub gemacht und zieht plötzlich die KPD/AO aus dem Zylinder. Michael Braun kommt aus Berlin. Der bundesweit attraktivste Genosse bringt Glanz in den revolutionären Alltag und einigen hübschen Genossinnen Freude. Als er mir eines Nachts an meinem Schreibtisch Avancen macht, gebe ich gerne nach.

Es bleibt bei einem Seitensprung, von dem Richard einige Nächte später in Kenntnis gesetzt wird.

Sein Schmerz geht in den Vorbereitungen unserer Abreise nach China unter. Wir kaufen proletarisch ein, das heißt, Richard klaut unsere Kameraausrüstung zusammen. Eine 6×6-Mamiya, einen dicken Brocken, holt er unentdeckt aus dem Laden; wie er das geschafft hat, bleibt mir ein Rätsel, sichert ihm aber meine unverhohlene Bewunderung und Liebe. Ich bin zum Klauen einfach zu feige und fürchte, dass mein Blick laut sagt: „Schaut her, ich klaue gerade." Für die Wechselobjektive stehe ich wenigstens Schmiere. Schließlich ist noch eine Pentax-Kleinbildkamera drin, und Gisela kriegt ein Weitwinkelobjektiv für ihre Kamera.

Unsere Bude in der Goldhammerstraße wird vom Zentralbüro benötigt. Wir finden ein paar Blöcke weiter, am Walzwerk, eine Dachwohnung, die für uns ein Provisorium bleiben wird. Wir sind ja auf dem Sprung nach China. Vorher fahre ich noch einmal nach Berlin. Soeben ist Georg von Rauch erschossen worden, und jetzt wollen wir Bethanien besetzen. Der Vorschlag dazu kommt von den Anarchisten, der Bewegung 2. Juni, den umherschweifenden Haschrebellen; die KPD/ML hält sich in dieser Sache bedeckt. Ich will aber bei den Freaks in Berlin mitmachen und nicht bloß in Bochum die Rote Fahne verkaufen.

Da die Chinesen ein kommunistisches Ehepaar begrüßen wollen, müssen Richard und ich heiraten: im Namen der Revolution und des glorreichen Volkes der glorreichen Volksrepublik China und seines großen glorreichen Steuermanns und Vorsitzenden Mao Tse-tung. Also reisen wir nach Kassel. Richards Eltern sind skeptisch, der Sohn ist doch noch so jung. Es kommt jedoch zum Stimmungsumschwung, plötzlich bin ich der Familie als Schwiegertochter willkommen. Meine Eltern haben auch nichts gegen die zentralistisch gesteuerte Eheschließung. Unsere Familien passen gut zusammen.

Gisela kreuzt mit Rolf Zacher in Bochum auf, halb schon auf dem Weg nach Rom. Wir nehmen Abschied voneinander, so unglücklich wie unternehmungslustig. Gisela und ich lagern auf dem Flokati, mein Kopf liegt auf ihrem Schoß und wir versprechen uns ein Wiedersehen in allerspätestens zwei Jahren.

Unversehens ist China kein Thema mehr für Richard. Seine Vorbereitungshandlungen werden immer lahmer. Das macht mich misstrauisch. Ich hake nach, er gesteht mürrisch: „Aus China wird nichts."

Ich daraufhin: „Dann heirate ich auch nicht."

Mein Chinatraum platzt in einem trostlosen Augenblick. „Juttelchen", sagt Gisela am Telefon, „dann gehen wir eben zusammen nach Rom."

Ich packe umgehend meine Sachen, die Genossen vermuten einen Aufbruch nach München, wo der KJVD eine Führungspersönlichkeit angefordert hat. Ich verlasse Richard und die Bochumer Insel fast über Nacht endgültig, wenn auch nicht unter Aufgabe meines utopischen Ideals. So fülle ich noch einen Koffer mit der ersten deutschsprachigen Leninausgabe in dreizehn kostbaren Bänden. Richard hat die sehr gut erhaltenen, 1918 in Moskau gedruckten Bände liebevoll zusammengetragen. Sie sind mir unendlich viel wert.

Die Zacherstory

Jemand will mich am Telefon sprechen. Es ist Jutta, sie ruft aus Bochum an. „Ich will mich von dir verabschieden, Richard und ich gehen nach China." Ich frage, für wie lange. Juttas Antwort treibt mir Tränen in die Augen. Sie beruhigt mich, sagt, dass sie mich noch einmal sehen will und deshalb bald nach Berlin kommen wird. Ich möchte nicht, dass irgendjemand meine Tränen sieht und verstecke mich. Da berührt mich einer: „Was ist los mit dir", fragt mich Rolf Zacher. Bisher hat er kaum mit mir geredet. Ich habe etwas Angst vor ihm, er hat eine große Klappe und kann alle peinlich genau imitieren. Mascha lacht darüber, aber mich verunsichert seine Pointensicherheit zutiefst. Deswegen gehe ich Rolf aus dem Weg und halte mich lieber an den Kameramann.

Jetzt aber erkläre ich Rolf meinen Kummer. Er lacht und nimmt mich in den Arm, durchaus zärtlich, und da ist auch noch etwas anderes. Ich verweile in der Umarmung. Auch ihn hat es erwischt, ruckzuck liegen wir in meinem Bett.

Ralf habe ich vergessen. Der steht plötzlich blass und aufgeregt in der Tür, ich sehe sein Entsetzen. Er rennt aus dem Zimmer, aus der Wohnung … und auf der Straße tut es einen furchtbaren Schlag.

Ralf rammt mit unserem gelben VW-Bus immer wieder Rolfs Vintage Mercedes Cabriolet. Endlich macht er sich aus dem Staub. Ich zittere vor Schreck und Mitleid, aber Wut ist auch dabei. Von wegen freier Liebe. Was war noch mal mit dem Mädchen in der Badewanne?

Rolf und ich ziehen für eine Weile ins Dahlemer Literaturhaus. Wir bleiben fast immer bis in den späten Nachmittag im Bett, hören Bob Dylan, „Lay lady lay, lay across my big brass bed". Haschisch zum Frühstück. Rolf will ständig mit mir schlafen. Essen Müsli mit Kirschen im Bett. Die Produktion verzweifelt in erster Linie an Rolf, aber ein bisschen auch an mir. Meistens lässt Rolf sich am Telefon verleugnen. Irgendwann tauchen wir aber doch wieder am Set auf.

Nach „Harlis" dreht Rolf in Sankt Moritz einen Fernsehfilm mit Petra Schürmann. Zum ersten Mal bin ich in der „großen Welt". Dinner mit der Schürmann und mit Gunter Sachs. In meiner bestickten Jeans und den Schlangenlederstiefeln, die mir Ralf geklaut hat (der einzige materielle Liebesbeweis seinerseits), bin ich reif für missbilligende Blicke livrierter Kellner. Bei Tisch scheint mir Schweigen geboten. Sachs und Schürmann leben in einer Welt, in der ich Blumenkind nichts verloren habe. Es sind Erwachsene. Ich verstehe nicht, was Gunter Sachs an der Schürmann findet, sie sieht aus wie eine Frau. Furchtbar, wie beide angezogen sind. Ich habe das Gefühl, sie sehen mich nicht, ich bin hier unsichtbar und völlig uninteressant.

Nachts im Hotelzimmer ist Rolf von meiner Wirkung begeistert: „Hast du gesehen, wie der Gunter dich angeschaut hat?"

Eines Morgens muss ich mich übergeben. Mein Appetit auf Erbsen überrascht mich. Ich bin schwanger.

Ich wollte nie Kinder haben. Jetzt trage ich eine Frucht im Leib. Ein Kind zu haben, bedeutet das Ende aller Freiheit. Ich sehe das bei meiner älteren Schwester. Nur ein einziges Mal mussten Jutta und ich auf ihren Sohn aufpassen. Das schon erschien mir wie das Ende allen Lebens.

Ich bin erst zweiundzwanzig und weiß: Das richtige Leben wartet noch auf mich – da draußen. Jutta könnte es in China erhaschen. Im Zentrum der Revolution. Sie wird demnächst jeden Tag mit schönen, mutigen, jungen und leidenschaftlichen Revolutionären zusammen sein, die mit ihr eine großartige Welt aufbauen wollen.

Etwas Eigenartiges, Unerklärbares ist in den letzten Tagen mit mir vorgegangen; ich will das Kind nun haben. Bin ich wahnsinnig geworden, dass ich mich so freue? Dabei haben wir kein Geld und wenig Platz, nachdem wir in meine Kommune zurückgekehrt sind. Ralf hält Rolf nur ein paar Tage in der Wohnung aus. Er zieht aus, bis zum Abwinken verletzt. Seine anarchistischen Ideale halten der Wirklichkeit seiner Gefühle nicht stand.

Meine Eltern freuen sich mit mir. Rolf ist immerhin schon ein bekannter Schauspieler – so gibt es Hoffnung auf eine bessere Zukunft für ihre Tochter. Mutti ist lieb: „Ich werde dir helfen."

Ein Enkelkind ist ihr recht. Sie versucht meine Sorgen zu zerstreuen. Es wird schon alles gut gehen. Auch Rolf ist begeistert, sieht sich schon mit einem kleinen Sohn: „Er wird bestimmt wie ich."

In Berlin allerdings läuft für Rolf nichts mehr. Mehr großmäulig als ernsthaft selbstbewusst behauptet er, in Cinecittà würde man geradezu auf ihn warten. Er hat schon mal in Rom gedreht und wurde in der Ewigen Stadt als Typ des Augenblicks gefeiert. Er will mir voranreisen – und ich soll später nachkommen, wenn er ein Nest gebaut hat.

Ein Leben lang Italien, das heißt nonstop Sonnenschein … in meiner Vorstellung. Auf das kalte, graue Berlin kann ich gut verzichten. Ich brauche den Winter nicht, zumal der aktuelle sich sibirisch anfühlt und auch im März noch nicht zu Ende ist.

Rolf lässt von Rom aus wenig von sich hören. Zwar stellt sich die Wohnungssuche schwierig dar, aber die Filmwelt steht vor Begeisterung stramm.

Ich sehne mich nach Jutta. Wäre sie nur bei mir und könnte sie nur mitkommen nach Rom!

Ein Wunder geschieht. Juttas Umzug nach China wird nicht stattfinden. Mir egal warum, jetzt kommt sie mit nach Italien.

Wir wollen uns erstmal in Kassel treffen. Sie wird Leonard fragen, ob er uns Geld geben kann. Das Leben hat plötzlich eine gute Wendung genommen, schön. Die Schwangerschaft, ach, es wird schon klappen, auch Nomaden haben Kinder. Ich will nicht viel darüber nachdenken, man sieht mir auch nichts an. Noch hat meine Schwangerschaft kaum Realität für mich.

Ich breche mit Berlin, löse meine Wohnung auf, verschenke den Kram darin. Mit einem Koffer voller Bücher fahre ich nach Kassel. Die Bücher sollen mich nach Rom begleiten. Da endlich ist Frühling, Jutta will in den nächsten Tagen kommen.

Rolf fühlt keinerlei Meldepflicht. Mutti beunruhigt das, ich mache mir deshalb keine Gedanken. Ich warte sehnsuchtsvoll auf Jutta. Mit ihrem alten Käfer werden wir gen Süden fahren.

Meine Schwangerschaft geht mich nichts an; ich vergesse sie beinahe. Man sieht immer noch nichts und mir ist kaum je übel. Nur Mutti spricht das Thema immer wieder an. Sie ermahnt mich zur Umsicht, sie will mich verheiratet sehen, das Kind soll nicht unehelich zur Welt gebracht werden. Aber sie weiß auch, dass von mir keine Vernunft zu erwarten ist ... und irgendwie leben wir ja auch so, wie sie als junge Frau gern gelebt hätte. Verantwortung und Pflicht: das sind muffige Begriffe aus der Erwachsenenwelt, diesem seltsam fantasielosen Raum, den ich mit Depression und Resignation verbinde, mit Lügen und Heimlichkeiten sowie mit ignoranter Selbstzufriedenheit.

Ich gestehe mir meine Angst vor der Mutterrolle nicht ein. Ich bin selbst noch Kind und auf der Suche nach meinem Leben. Wie kann man ungebunden entbinden? frage ich mich.

Jutta kommt in Kassel an, mit ein paar Kröten von Leonard; er hat ihr einen kleinen Kredit gegeben. Das Geld war für China bestimmt. Wir könnten gleich losfahren, wissen aber nicht, wo Rolf in Rom steckt. Er meldet sich weiterhin nicht. Hat er sich abgesetzt? Vielleicht werde ich nie wieder von ihm hören, so etwas gibt es ja. Aber mein Vertrauen ist nicht ernstlich erschüttert, und endlich ruft Rolf auch an. Er hat immer noch keine Wohnung. Wir sollen Geld mitbringen, seins ist ihm ausgegangen. Allerdings dürfen wir nicht damit rechnen, von ihm in Rom empfangen zu werden, da ihm zurzeit der Sinn nach Landleben steht. Jutta und ich sollen uns erstmal bei Bekannten unterbringen. Nachdem er lang genug um den heißen Brei herum geredet hat, rät er uns, vorerst in Deutschland zu bleiben. Besser wäre, wir kämen in ein paar Monaten. Ich kriege einen Schreck, Berlin ist total passé, und in Kassel zu nisten, kommt nicht in Frage. Kassel erscheint uns wie eine Grube voller Gespenster, die uns gern bei sich begraben würden.

Sind wir nicht wie zwei abgeschossene Pfeile: mit hoher Geschwindigkeit in der Luft? Wir fliegen ohne Landeerlaubnis und, anders als Bumerangs, können wir auch keinen Kreis beschreiben. Wir haben uns alle Rückwege verbaut. Die einzige Alternative zu Rom ist ein Tod aus Langeweile und Überdruss. Ich insistiere, Rolf rückt die Adresse seiner Bekannten raus: „Ja, Baby, ich vermisse dich auch."

Mutti winkt, Pappi hat den Abschied abgekürzt: „Versprecht mir, dass ihr eurer Mutter regelmäßig schreibt."

Ihm missfällt unsere Entwicklung auf der ganzen Linie. Berlin, Bochum, China, Italien, Kommunismus, Scheidungen, Schwangerschaft (unehelich!)… was ist bloß aus seinen Augäpfeln und Sterntalern geworden? Bis gerade eben waren wir noch begabte und vielversprechende Reiterinnen. Reif für die Olympiade. Jetzt sind wir Vagantinnen, die sich für alle möglichen Politclowns und Künstlerspinner nicht zu schade sind. Pappi bleibt bloß Verbitterung und die innere Emigration – und eine verhohlene Sorge, die seinen abgerutschten Kindchen gilt.

4

Ankunft in Rom

Jutta: Bereits die Reise erscheint uns wie ein Heldenstück. Kurz vor München, unserer ersten Etappe, werden wir Zeuginnen eines Unfalls: an einem fahl leuchtenden Bahnübergang in einer gottverlassenen Ortschaft. Mit dramatischem Begleitlärm prallt ein Fahrzeug gegen das Schrankenwärterhaus. Eine Frau wird aus dem Wagen geschleudert und landet wie nach einem missglückten Kunststück auf ihren vier Buchstaben. Sie gefriert im Schock, jedenfalls sieht das so aus. Ich fahre erstmal weiter, halte dann aber doch an. Ein Fenster geht geräuschvoll auf, ein Mann kommt im Schlafanzug auf die Straße. Aus dem Unfallwagen steigt der Fahrer, offenbar unverletzt. Die Szene ist so unwirklich, dass wir uns zu keiner Intervention entschließen können. Ich fühle mich, als sei ich am Steuer eingeschlafen und würde nun träumen.

Vor uns liegt die Zukunft … und ein weiter Weg. Brennero, Modena, in Verona übernachten wir. Bologna, Firenze, Roma.

Und Rom nimmt uns sofort ein, obwohl wir gar nicht wissen, wo wir gelandet sind. Wir taumeln vor Glück. In der ersten Nacht schlafen wir bei Paola. Paola ist Psychologin, nicht mehr jung, eine reife, berufstätige Frau. Nachdem ihr die Reaktion ihres Mannes auf die Zwillinge nicht sehr gefallen hat, meint sie, dass wir vielleicht doch zu viele im Haus sind. Sie bittet uns, eine andere Bleibe zu suchen.

Die findet sich schnell. Enzo Ungari, ein italienischer Kritiker und Drehbuchautor, ein Mann von überschwänglicher Gastfreundschaft, tritt uns freudig ein Zimmer ab, mal sehen, was alles geschehen mag. Es ist der Sommer der Liebe.

An der Piazza Venezia rammt ein nervöser Italiener Rolf Zachers Wagen, die Polizei nimmt sehr umständlich einen Bericht auf. Das zieht sich furchtbar hin, obwohl nicht viel passiert ist. Die Carabinieri vernehmen Gisela und ihren Mann im Dienstfahrzeug. Aus Langeweile übt Jutta mit Rolfs Zigaretten den Lungenzug. Nach zwei Stunden wankt sie benommen und vergiftet aus dem Polizeiauto. Jetzt kann sie rauchen wie ein Weltmeister, also mithalten und so wie alle anderen schön schnell breit werden.

Jutta: Amandos Apartment wird zum Schauplatz meiner Initiation in das große Rauchritual. Amando, ein schöner Junge, dem wir begegnet sind, bewohnt eine Kammer in einer Ruine. Wunderbar sind die bemalten hölzernen Renaissancedecken. Ansonsten beherrscht Bauschutt das Bild. In Amandos Bude wähne ich mich wie an einem Lagerfeuer in der marokkanischen Wüste. Wir hocken im Duftnebel der Räucherkerzen auf dem Teppich.

Amando ist explosiv und sieht Dylan frappierend ähnlich. Wenn er geraucht hat, kann er wie Dylan singen – und auch wie Joe Cocker und Neil Young. Seine heisere Stimme wird für mich zum Erlebnis. Ich vernehme männlichen Trotz und Virilität pur. Seine Freunde grölen ausgelassen mit. Nur Franco schweigt sich aus. Amando übertrifft sich. Ich beschließe, die Nacht mit ihm zu verbringen.

Franco ist Amandos Bruder. Er verbirgt sein grünäugiges Interesse an mir. Er geht mit den anderen, ohne ein Wort des Abschieds, und hinterlässt mir eine Ahnung seines Kummers.

Ich kann mich damit jetzt nicht aufhalten, Amandos Aufregung zieht mich an mit Haut und Haaren. Er liegt auf der Matratze, mit dem Rücken zu mir. Ich soll die Initiative ergreifen … aus Achtung vor dem seltsamen Mädchen, sagt er, das unerwartet vom Himmel gefallen und in seiner Ruine gelandet ist. Ich klebe mich wortlos an seinen Rücken. Meine Hand kriecht auf Amandos Brust, ich fühle den raschen Herzschlag. Ich kann kein Wort Italienisch und Amando vielleicht sechs englische Sätze.

„You, kiss?“ fragt er, sich mir zuwendend. Er wartet meine Antwort nicht ab. Mit hastigen Bewegungen entgehen wir unserer Angst voreinander. Wir haben beide keine Zeit für Zweifel …

An Schlaf ist nicht zu denken. Amando schweigt neben mir. Wir verschweigen uns unsere Verwirrung. Ich denke an Gisela, die mit Rolf in Enzos Wohnung zurückgekehrt ist, während ich die erwachende Stadt belausche.

Auf dem Hügel über Trastevere überblicke ich die rosagold schimmernde Stadt und glaube, meinen Ort der Seligkeit gefunden zu haben. Es fällt schwer, sich etwas noch Schöneres vorzustellen. Hier möchte ich LSD nehmen, um endlich richtig sehen zu können, so wie Gisela es mir versprochen hat. Ich werde mir LSD besorgen. Aber zuerst muss ich Italienisch lernen.

Das geht fix. Ich besorge mir eine Grammatik und lerne das Buch auswendig. Ich kriege eine richtig große Klappe. Zum ersten Mal im Leben fluche ich. Porca miseria. In der Fremdsprache kommen mir Schmähreden leicht über die Lippen. Gisela, Rolf und ich fallen auf. Zwei ungezähmte Mädchen und ein großspuriger Schauspielerschlaks, der wie ein Italiener aussieht und doch kein Wort Italienisch spricht.

Enzo stellt uns seinen Freunden vor: Schriftsteller, Filmemacher, Künstler aus dem linken Movimento oder aus der italienischen Avantgarde. Enzo legt mir nah, meine Kontakte zu den Straßenjungs um Amando abzubrechen. Er denunziert sie als Angehörige der Malavita. Malavita hört sich aufregend nach Brigantentum an, nach Revolution und Abenteuer.

Enzo will sich scheiden lassen und sich dann nur noch um mich kümmern. Mir ist diese Eröffnung maßlos peinlich. Ich finde Enzo als Mann reizlos und die Vorstellung nicht gerade erfreulich, zum Scheitern seiner Ehe beigetragen zu haben. Im Übrigen brauche ich keinen Aufpasser. Frei und Francos ungebundene Freundin sein: das möchte ich. Mit Amando ist schon Schluss.

Gisela: Rolf findet keine Arbeit und wir vagabundieren durch Rom. Sperlonga wird unser Fluchtpunkt, wenn es zu heiß wird in den Straßen und unter dem Dach. Auf dem staubigen Dachboden mit den gurrenden Tauben und den Stimmen und dem Lärm der Ewigen Stadt und meinen schlaflosen Nächten mit dem ungeborenen Kind in mir.

In Sperlonga lernen wir einen argentinischen Comic-Zeichner kennen. Er lebt hier im Exil, für sein Land ist er politisch zu links. Er hat ein Haus in Umbrien, es steht leer. Er möchte es uns verkaufen, nicht ahnend, dass wir nicht einmal unser tägliches Essen bezahlen können.

Der Argentinier besteht darauf, uns sein Haus zu zeigen. Umbrien sei nicht weit weg, irgendwie hofft er, dass wir es ihm abkaufen. Der Preis ist lächerlich niedrig. Obwohl wir ihm ganz deutlich machen, dass wir kein Interesse haben, fahren wir doch eines Abends mit ihm los.

Jutta und ich sitzen mit dem Argentinier in einem kleinen Bus, beide hocken wir mit ihm auf der Vorderbank. Ich starre aus dem Seitenfenster in die Nacht hinaus. Rolf und Franco folgen in dem alten Mercedes. Im Scheinwerferlicht glitzern Olivenbäume im Vorbeifliegen, dann wieder nur die Lichter auf der Landstraße.

Die Stimmung ist eigenartig befangen. Irgendein Geheimnis umgibt das Haus, der Argentinier macht uns nur dunkle Andeutungen, dass seine Frau oder Freundin in dem Haus Selbstmord begangen habe. Deswegen ertrage er es nicht mehr, deswegen wolle er es los werden. Ich bin mir nicht ganz sicher, ob er noch gesagt hat, dass sie auch schwanger war, vielleicht habe ich ihn nur nicht richtig verstanden. Mir geht es sowieso nicht gut, meine Lippen sind geschwollen mit Herpes, diese merkwürdige Fahrt in die Nacht gefällt mir nicht. Ich bin mitten in einem dieser eigenartigen Momente, in denen man das Gefühl hat, sie schon einmal erlebt zu haben, irgendwann vor langer Zeit, in einer vollkommen anderen Welt. Auch damals hat sich ein Rätsel nicht gelöst, und irgendwie fühle ich eine unbestimmte Traurigkeit, weil ich auch diesmal die Zeichen nicht entziffern werde.

Umbrien soll noch ganz ursprünglich und wild sein, und wir können in dem Haus bleiben, solange wir wollen. Irgendwann, nach einigen Stunden Fahrt, es ist schon spät, kommen wir an. Es ist zu dunkel, um viel zu sehen, aber ich erkenne ein einfaches raues Steinhaus. Ein ehemaliges Bauernhaus, die Holzläden sind geschlossen. Es muss einsam liegen, kein Licht ist weit und breit zu sehen, nur dichte Schwärze, aber über uns wölbt sich der Himmel mit seinen leuchtenden Sternen. Die Milchstraße ist so klar und nah, als könnten wir sie mit unseren Fingerspitzen berühren.

Der Argentinier schließt die Tür auf, gibt uns den Schlüssel. Nur ganz schnell zeigt er uns das Nötigste, Lichtschalter, Zimmer. Dann will er unbedingt wieder zurück nach Sperlonga.

Und schon verschwindet er und wir stehen in dem fremden unheimlichen Haus, das mit ein paar Glühbirnen spärlich beleuchtet ist. Es ist fast leer, ein paar dunkle Schränke, ein Bett mit Eisengestell. Mit meinem inneren Auge sehe ich an einem Fenster eine blonde junge Frau hängen. Sie ist schwanger, ihr Gesicht bläulich. Franco und Jutta sind gerade dabei, die Holzläden aufzustoßen, um frische Luft rein zu lassen. Zögernd suche ich so etwas Ähnliches wie Bettwäsche.

Als wir endlich im Bett liegen, Licht aus, und schweigend die fremde Umgebung aufnehmen, ist es so still, dass es fast laut ist. Das Schweigen ist so massiv, so ungewohnt und unbekannt, hat ein eigenes Leben, das jetzt durch die offenen Fenster unaufhaltsam und überwältigend zu uns dringt. Es legt sich auf mich, umhüllt mich und löscht alle Bilder.

Am nächsten Morgen stellen wir erst einmal fest, dass wir nichts, aber auch gar nichts zu essen haben. Rolf will alleine nach Rom fahren, einkaufen gehen, telefonieren und abends zurück sein.

Mit Franco bleiben wir zurück, tief in den umbrischen Wäldern, ohne Nahrung, ohne Fahrzeug. Im Garten finden wir aber einen Haselnussbaum mit ein paar Nüssen, die wir mit Steinen aufschlagen. Der Garten ist schön, ziemlich verwunschen. Olivenbäume, ein alter Brunnen und hohe wilde Blumen. Es ist heiß und wir laufen, ohne uns irgendetwas zu denken, durch den Garten ohne Oberteil, nur unsere Tücher haben wir um die Hüften gebunden. Hier in der Einsamkeit gibt es keinen Nachbarn, der neugierig über den Zaun blicken kann.

Jutta und ich tanzen im Garten, lachen über meinen dicken Bauch. Franco lehnt in der Tür, die Augen zusammengekniffen, er beobachtet uns. Er hat Hunger und auf dem Land gefällt es ihm überhaupt nicht. Wahrscheinlich flucht er im Stillen, dass er mitgekommen ist.

Rolf taucht nicht auf. Ständig rechne ich im Kopf die Fahrtzeiten durch und weiß, dass er noch gar nicht kommen kann. Als es endlich Abend wird und die Sonne hinter dem grünen Horizont verschwunden ist, kann seine Rückkehr nur mehr eine Frage von Minuten sein. Aber Rolf kommt nicht, bis tief in die Nacht warten wir mit knurrenden Mägen, und eine schleichende Angst ergreift mich. Was, wenn er einen Unfall hatte? In Rom etwas passiert ist? Wir sitzen hier fest, können nicht telefonieren, kommen nicht weg. Gut, wenn wir lange genug den Weg entlang laufen, werden wir schon irgendwo ankommen. Aber wir haben kein Geld, um nach Rom zu fahren – und wo würde dann Rolf sein? Ich bin mir ganz sicher, er ist mit Haschisch erwischt worden und sitzt in der Questura. Ich kriege richtig Wut auf ihn.

Durch das Fenster fällt schon die erste Blässe der Morgendämmerung. Ich muss eingeschlafen sein, aber kurze Zeit später werde ich von einem ohrenbetäubenden Lärm so richtig aufgeweckt. Ich verstehe erst nicht was los ist, schepperndes Getrommel, aufeinanderknallendes Metall, Schreie, Rufe: „Streghe, Streghe, Streghe!“ Auf deutsch heißt das „Hexen“.

Vorsichtig schleiche ich zum Fenster, in einem Halbkreis vor unserem Haus lagern Menschen. Menschen mit Kochtöpfen, auf die sie trommeln, Kochtopfdeckel werden gegeneinander geschlagen, laute Sprechchöre schallen mir entgegen: „Hexen"…

Es scheint ein ganzes Dorf zu sein, das uns besucht. Über die Hügel strömen und rennen noch immer welche, auch sie mit Töpfen und Eimern ausgestattet. Was wollen sie? Jutta und Franco kommen in mein Zimmer gerannt: „Hörst du den Lärm?" Franco tritt zum Fenster, zieht die Holzläden zu und verriegelt sie, schweigend geht er zu den anderen Fenstern und macht dasselbe. Dann dreht er sich um und sagt zu uns: „Sie halten euch für Hexen und wollen euch vertreiben. Ihr sollt verschwinden, sonst holen sie euch raus." Wir hören einen Stein gegen das Fenster krachen, dann wird es ganz ruhig. Einige Sekunden später prasselt ein Steinregen gegen die Holzläden. Wir stehen ängstlich im verdunkelten Zimmer, Franco dreht das Licht an. Er sagt nicht viel, er weiß, dass gegen diese abergläubische Dorfgemeinschaft nichts auszurichten ist. In Sprechchören beschimpfen sie uns als Hexen, singen gemeine Lieder. Ich habe Angst, dass sie das Haus stürmen könnten, uns schlagen oder noch Schlimmeres – und Rolf kommt immer noch nicht.

Vielleicht werden sie das Haus anzünden, ich habe Angst. In einer Zeitmaschine sind wir im tiefsten Mittelalter angekommen. Warum machen die Leute das? Was haben wir ihnen getan? Franco zuckt mit den Schultern: „Vielleicht hat euch irgendjemand gesehen, wie ihr gestern nackt im Garten getanzt habt, eine von euch ist auch noch schwanger. Das ist hier ein sehr katholisches Land." Ich hatte, nachdem wir angekommen waren, keinen Menschen gesehen, nicht einmal geahnt, dass irgendjemand in der Nähe sein könnte.

Die Hexenverfolgung geht über den ganzen Tag. Wir sind zermürbt vom Hunger, Lärm, dem trostlosen Licht der einzigen Glühbirne und der Angst vor der nicht versiegenden Aggression unserer Verfolger, die wohl noch nicht mitbekommen haben, dass wir im zwanzigsten Jahrhundert leben. Dass Hexen nicht mehr verfolgt werden, schon seit einigen hundert Jahren nicht mehr. Hartnäckig lärmen und schreien sie den ganzen Tag, wahrscheinlich wechseln sie sich ab, denn es gibt keine Pause, kein Einhalten. Niemand kann uns hier helfen. Im hintersten Zimmer haben wir uns eingeschlossen, vor die Haustüre eine schwere Truhe gezerrt. Rolf bleibt verschwunden, er erscheint nicht zu unserer Rettung, wir sind dem dörflichen Mob völlig ausgeliefert. Es hört nicht auf, es ist die Hölle. Jutta und ich sind bleich, einen Moment habe ich Angst, dass ich mein Kind verlieren könnte.

Einmal gegen Abend wird es etwas ruhiger, sie *essen*. Durch einen kleinen Spalt im Fensterladen sehe ich, wie ein Junge Essen verteilt. Unseren Hunger haben wir vergessen, doch jetzt überlege ich, ob ich nicht einfach rausgehen und um etwas Essen bitten soll. Einem schwangeren Mädchen werden sie wohl nichts antun, Jutta nickt. Franco fragt nur, ob wir verrückt geworden seien. Und schon geht es weiter.

Nein, es ist kein Alptraum, aus dem ich wenigstens erwachen könnte – die ganze Nacht wird durchgelärmt. Sie schreien immer lauter, vielleicht sind sie besoffen und verlieren jetzt jede Hemmung.

Gerade als wir alle Hoffnung aufgeben und die zweite Morgendämmerung ihr bleiches Licht durch die Ritzen dieses gottverfluchten Hauses schickt, wird es leiser. Wir schleichen uns zum Fensterspalt, sie ziehen ab. Einige liegen noch im Gras und schlafen, doch über die Hügel, über die sie erschienen sind, ziehen sie nun müde ab. Einige drehen sich ein letztes Mal um, rufen noch einmal „ihr Hexen“, aber sie schleichen sich fort. Rosa färbt sich der Himmel, bald kommt die Sonne. Ein neuer schöner Tag bricht an.

Den ganzen Tag schlafen wir einen unruhigen Erschöpfungsschlaf. Ich habe mich zu Jutta und Franco gelegt, werde aber immer wieder wach, lausche ängstlich, ob sie zurückkommen. Dann wieder erscheint mir alles unwirklich, als sei ich in einem merkwürdigen Kabarett der Illusionen gefangen.

Nachts beschließen wir, dass wir am nächsten Morgen weggehen, abhauen, irgendwie Rom finden. Per Anhalter zurück. Wir wollen früh los, unseren Peinigern keine zweite Chance geben. Rolf ist bestimmt im Gefängnis oder tot. Sonst wäre er längst da.

Ich habe jedes Zeitgefühl verloren, wir sind morgens nicht weggegangen, warten noch. Es bleibt ruhig, aus dem Haus trauen wir uns aber trotzdem nicht. Dann höre ich Rolfs Auto vorfahren.

Folgendes war passiert: In Rom war er in eine Polizeisperre geraten. Irgendwie gab es ein Gerücht, dass sich Mitglieder der RAF in Rom aufhalten, und es wurde nach ihnen gefahndet. Rolf wurde gefilzt, das Auto gründlich untersucht. Im Kofferraum fand man sein langes Jagdmesser, das er immer dabei hatte, und ein paar kommunistische Bücher von mir. Bücher, die er nicht kannte, nie gelesen hatte und von denen er nicht einmal wusste, dass ich sie in den Kofferraum gelegt hatte. Er war natürlich sofort verdächtig und man nahm ihn mit in die Questura, um seine Personalien festzustellen und ihn gegebenenfalls verhören zu können. Dort behielt man ihn zwei Nächte, in denen er sich, sagte er, Sorgen um uns gemacht hatte. Aber ich glaube, es war auch ein interessantes Abenteuer für ihn. Knast, Baader-Meinhof, Verhöre, das war doch etwas!

Rolf bekommt nicht die erwünschten Rollen. Die Regisseure interessieren sich mehr für die Zwillinge als für ihn. Sie nehmen ihre Angebote an und spielen fröhlich als Kleindarsteller mit.

Gisela und Rolf beschließen, nach Berlin zurückzukehren. Ihr Kind soll in Deutschland zur Welt kommen. Gisela erscheinen die italienischen Verhältnisse für eine Familiengründung zu fragwürdig.

Jutta: Ich beschließe, alleine in Rom zu bleiben. Ohne die Schwester. Ich bin jetzt auf mich gestellt. Zumindest beinah. Mit Franco besuche ich einen Freund von ihm, der in romantisch-ländlicher Abgeschiedenheit eine kleine Autowerkstatt betreibt. An einem brüllend heißen Nachmittag sehe ich außer ihm nur noch vier alte Männer, die schweigend auf der Dorfstraße Karten spielen, und einen zerbissenen Kater. Die flimmernde Lehmspur endet als Sackgasse vor der Werkstatt. Alles scheint hier aufzuhören.

Ich schleife den Lack ab von meinem Käfer. Das ist Männerarbeit und ich bin stolz, sie zu verrichten. Franco und sein Freund wollen mir eine neue Lackierung spendieren. Doch kommt es nicht zu dieser Verbesserung, Franco drängt abrupt zum Aufbruch. Seine Eile hat einen kriminellen Hintergrund – er verschont mich aber mit den Einzelheiten. Auch reicht mein Italienisch noch nicht sonderlich weit. Richtig verstehe ich nur, dass der Lack ab ist … und bleibt.

Meine soeben verrichtete Arbeit zähle ich noch zu den proletarischen Taten im Geist der KPD/ML.

Franco traut sich zurzeit nachts nicht von zuhause weg, seine Mutter, eine schöne Medusa, so attraktiv wie gefährlich, will ihren Sohn für sich. Auch ein Scippatore gehorcht seiner

Mutter – dann und wann zumindest und auf jeden Fall immer dann, wenn er blank ist.

So fahre ich denn des Nachts, wenn die Lichter auf der Piazza Santa Maria ausgegangen sind, ins römische Abseits, bange Regungen tapfer bekämpfend. (Ich rede mir immer wieder gut zu, wie vor einem Zahnarztbesuch.) An einer stillen Stelle verblende ich die Fenster des Volkswagens mit Zeitungspapier. Das Auto ist mein Schlafzimmer. Es sieht so traurig aus wie ein gehäuteter Hase.

Eine junge deutsche Schauspielerin mit auffallend rotem Haar bietet mir an, bei ihr zu wohnen. Ihre Ähnlichkeit mit Giulietta Masina, Fellinis Star und Ehefrau, ist frappierend. Fellini hat sie auch schon besetzt und ihr so zu einem gewissen Nimbus verholfen. Im Apartment der Aktrice leben ferner ihre noch rothaarigere, mir nicht unbedingt wohlgesinnte Schwester und bald auch Michael Graf S. aus München. Der junge Mann erinnert in seiner schwärmerischen Art an Italienreisende des 19. Jahrhunderts. Er kennt sich mit LSD aus. Nachts liegen wir auf dem Wohnzimmerteppich und der Graf erzählt vom weißen Licht. „Hast du es schon gesehen?"

„Nein."

Ich habe allerdings auch etwas zu berichten – von einem Dachbodentrip mit Franco und seinen Freunden … bei dem der Mond das Gesicht von Mascha annahm und zu mir sprach. Bei dem Musik in einem hell leuchtenden, ganz logischen und lebendigen mathematischen Muster sich in meinem Kopf wie eine Formel auflöste. Bei dem sich Wesen verwandelten und ich mich als Schöpferin meiner Träume erkannte.

„Das ist nur die erste Stufe", sagt der Graf, „man kann so unendlich viel mehr erfahren auf LSD, wenn man weiß, wie man damit umzugehen hat. Du musst dich konzentrieren. Geh vor einen Spiegel, schau dir unverwandt in die Augen. Oder schau, wenn du mit jemandem zusammen bist, dem du vertraust, in seine Augen. Schau so lange, bis alles außer den Augen verschwindet, und dann schau weiter. Solltest du vor deinen vielen Gesichtern keine Angst kriegen, kannst du das weiße Licht sehen."

Der Graf möchte der Aciddebütantin schon bald das weiße Licht persönlich zeigen. Doch steht seine Abberufung nach München unmittelbar bevor, und Jutta will ihm dahin nicht folgen. Sie lebt nun in Erwartung einer Drogensensation ohne Beispiel in ihrer singulären Wirklichkeit: Die blaue Blume, Siddharta und der Steppenwolf stiften ein Umgebungsbild.

Die Misswahl

Ein abgewetzter Schmuddeljunge markiert vor Jutta den Agenten; doch immerhin bringt er sie mit einem bekannten Fotografen zusammen und vermittelt die Teilnahme an einer obskuren Misswahl: „Das ist ein wichtiger Termin, verpass ihn bitte nicht, er kann ganz viel für dich bedeuten." Ja, Jutta, dabei ganz Blumenkind, vergisst und verpasst allerhand – in ihrer vom Zeitgeist beflügelten Augenblicksversessenheit. Eine bloße Stimmung, so wie der Tag sich im Tiber spiegelt, kann sich einer Verabredung bezwingend entgegenstellen, und Pünktlichkeit ist nun mal eine deutsche, mithin eine fragwürdige Tugend.

Jutta: Einen ganzen Tag will Olivieri Fotos von mir machen, einige will er veröffentlichen, dafür bekomme ich die Abzüge für meine Mappe umsonst. Ich frage ein paar Freunde, der Fotograf hat tatsächlich einen guten Namen. Mich wundert das. Wie kommt mein Agent, der gerade erst seine Agentur eröffnet hat und nur über zwei kleine Räume und einen schäbigen Schreibtisch verfügt, zu einer Bekanntschaft mit einem angesehenen Mann?

Allerdings liegt sein Büro in einer guten Gegend. Wenigstens das. Das Büro liegt im fünften Stock eines gelben Hauses. Dort soll ich am Dienstag um sieben Uhr erscheinen. Bevor die Hitze zuschlägt.

Die deutsche Schauspielerin – nennen wir sie Monika – leiht mir ihr bestes Kleid für den Fototermin. Es ist ein Traum aus weißem, blumig bedrucktem Chiffon. Rita Hayworth und das Hollywood der Vierzigerjahre lassen grüßen. Das Kleid reicht mir bis zu den Füßen, umspielt anmutig die schlanken braunen Beine, liegt eng an der Taille und kräuselt sich dezent an einem weiten Ausschnitt. Dieses fließend-elegante Nichts zeigt mehr als es verhüllt und überzieht mich wie mit einer duftigen zweiten Haut. Ich sehe mich im Spiegel und bin sprachlos.

Olivieri zeigt sich hingerissen. In der Villa Borghese macht er im warmen Gegenlicht des frühen Vormittags die ersten Fotos. Ich trage das Kleid unter blühenden Bäumen. Zur Mittagsstunde stehe ich in hartem Licht auf einer Treppe in Parioli.

Wir legen eine Pause ein. Mein Agent, ich nenne ihn seiner Widersprüchlichkeit wegen heimlich Paradosso, ist zugegen. Er veröffentlicht seine Begeisterung und gibt sich dabei den Anschein, mich nicht nur entdeckt, sondern eigenhändig erschaffen zu haben. Ich bleibe misstrauisch. Eine Eröffnung bei Spaghetti, Weißwein und Mineralwasser bestärkt mich in meiner Reserve. Ich vereise.

„Nein, nichts Anrüchiges.“

Bilder meines Leibes, wie Gott ihn schuf, sollen jetzt noch entstehen. Paradosso schmiert mich ein mit seinem Schleim. Olivieri schweigt. Ich entdecke, dass mich hier etwas reizt. Ich habe nichts gegen Nacktheit. Ich bin ein Götterkind, dem auf Erden nichts Arges geschehen kann. Zumindest denke ich das gerade. Schließlich willige ich ein.

Olivieri möchte die Sauna im Palazzo eines Freundes als Schauplatz meiner Nacktheit nutzen. Wieder läuten bei mir die Alarmglocken. Das kann doch nichts Gutes werden. In einer Sauna ist die Geschmacklosigkeit zuhause. Dennoch fahren wir zum Aufnahmeort.

Die Sauna liegt im Garten eines Anwesens an der Via Appia. Rosig erscheint hier alles im Abendlicht. Olivieri geht es tatsächlich nur um die warme Oberfläche des Holzes; er macht wunderschöne Fotos von mir. Das sehe ich, als ich zwei Tage später die Abzüge in Händen halte. Ich kann kaum glauben, dass ich das Wesen auf den Bildern bin.

Paradosso platzt vor Stolz. Er hat tausend Pläne, vor meinem Durchbruch muss bloß noch die Misswahl gewonnen werden. Paradosso spürt, dass ich mich an so einer Veranstaltung in einem römischen Nachtclub lieber nicht beteiligen möchte. Und wenn, dann nur in Monikas Kleid. Gern rückt sie es nicht noch einmal heraus; sie fürchtet eine Beschädigung des empfindlichen Stücks. Ich überrede sie. Ihre Zustimmung kriege ich, kurz bevor sie nach Deutschland reist. Nicht gerechnet habe ich mit ihrer neidischen Schwester, die am Morgen vor der Wahl von Monikas Großmut nichts wissen will. Sie rückt den Schlüssel zu Monikas Zimmer nicht raus.

Kein Kleid. Was soll ich nur machen?

Es ist Samstag, und die Geschäfte haben schon geschlossen. Ich hetze zur Agentur. In Rom habe ich noch nie ein öffentliches Transportmittel genommen, ich gehe stets zu Fuß. Schweißnass treffe ich bei Paradosso ein.

„Ich hab kein Kleid. Was soll ich denn jetzt machen? So kann ich nicht teilnehmen." Ich bin verzweifelt.

Paradosso nimmt meine Maße. Anstelle eines Rocks trage ich ein Palästinensertuch um meine Hüften. Dazu eine knappe weiße Bluse, die allabendlich von Hand gewaschen wird. Nachts ziehe ich eine mokkafarbene Samtjacke über die Bluse.

Paradosso telefoniert. Er lächelt beruhigend in meine Richtung. Ich betrachte eine Ruine: sein Gebiss. Bald taucht ein Laufbursche mit Kleidern aus einer Boutique auf. Natürlich ist alles furchtbar. Vier der fünf Fummel sind zu groß. Übrig bleibt ein schrecklich braunes Ding mit Mörderausschnitt. Die Rückenpartie ist komplett ausgespart. Ich sehe Anita Ekberg in den Brunnen steigen, doch leider passt das Kleid ausgezeichnet. Nein, ich bin darin auf eine falsche Weise sexy. Ich könnte heulen.

Paradosso, der alte Schmeichler, verführt mich zur Annahme. Halb täusche ich sie nur vor. Nun will ich kämpfen.

„Um wieviel Uhr soll ich noch mal in diesem Club sein?"

„Spätestens um fünf."

Ich fliege den Weg zurück, entschlossen, Monikas Schwester doch noch umzustimmen, und sei es gewaltsam. Ich bin zu allem entschlossen, aber dieses braune Kleid trage ich nicht.

Ich klingle Sturm. Nichts, aber nichts rührt sich. Ich stehe vor dem Tor und habe keinen Schlüssel. Die Straße ist menschenleer, der Palazzo scheint entvölkert. Ich ahne, dass ich hier noch in Stunden einsam stehen werde und dass alle aus diesem Haus einen Tag am Meer verbringen. Ich erinnere mich, dass Monikas Kammer ein abgerundetes, stets geöffnetes Klappfenster hat. Das Fenster geht auf einen Hof, der von der Straße aus nicht zu erreichen ist.

Ich klingle überall, auch bei Bertolucci, einem Nachbarn von Monika. Unversehens öffnet sich das Tor, und eine winzige Alte, die ich noch nie gesehen habe, quengelt mich an. Ich lasse sie einfach stehen und renne in den Garten. Ich habe Glück, die Hoftür ist nicht verschlossen, und das Klappfenster steht auf. Ich ziehe einen verblühten Oleander in seinem Kübel unter das Fenster und klettere wie eine Schlange nach oben. Und lande in Monikas Zimmer … in einem erheblichen Durcheinander aus gestapelten Möbeln, Säcken, Taschen, Kleidern, alten Katzenklos und Koffern. Auf einem Haufen entdecke ich den sagenhaften Pappkoffer, die Heimstatt des begehrten Kleides, das ich zur Entfaltung meiner Individualität und für meinen Sieg so dringend benötige.

Ja, ich habe es geschafft. Triumph. Ich schnappe mir den Koffer, das Schloss schnappt auf, der Deckel klappt hoch. Nur ein Gürtel liegt auf dem Gepäckstückboden. Wie eine rasende Katze fahre ich in die Stapel. Meine Haare stehen zu Berge … es ist aussichtslos. Monikas Schwester hat das Kleid versteckt. Die Zimmertür ist abgeschlossen, und ich muss noch einmal durchs Fenster nach unten.

Viel zu spät erreiche ich den Club, von Paradosso wütend erwartet. Ich wasche mich auf dem Klo mit kaltem Wasser. Mit dem Mut der Verzweiflung packe ich mich in das braune Kleid. Ich stolpere in grelles Licht, sehe erstmal nichts. Ich höre Leute lachen, der Club ist brechend voll.

Fotografen legen am Bühnenrand auf mich an. Erschrocken weiche ich zurück, verliere meine Trittsicherheit und suche fallend Halt an einem Vorhang. So unmittelbar nach meiner Kleiderjagd und der Hetze durch die menschenleeren Straßen Trasteveres wirkt die Konfrontation mit dem Clubpublikum wie ein Schock auf mich. Der Conferencier reißt einen Witz auf meine Kosten, dem Mann am Piano fällt dazu auch noch was ein, und meine Konkurrentinnen entmutigen mich mit abwehrenden Gesten. Ich fühle mich gänzlich verloren und unbedingt deplatziert. Für ein Blumenmädchen ist hier kein

Platz. Der Conferencier leitet die Fleischbeschau mit einer Erläuterung des Wahlmodus ein. Dabei findet er noch eine Gelegenheit, mich herabzusetzen. Ich könnte ihn ermorden – während er die Kandidatinnen einzeln vorstellt. Daran knüpft sich eine Art Vorstellungsgespräch an, die Mädchen äußern sich bereitwillig und überraschend eloquent. Ich steige erstmal aus meinen schwindelerregend hohen Schuhen. Sie sind mit dem Kleid geliefert worden und zum Gehen nicht geeignet.

„Ja, was machen wir denn da?" fragt der Conferencier; er hat es auf mich abgesehen.

„Nichts", sage ich. „Niente."

Der blöde Typ tut so, als habe er ein köstliches Vergnügen an meinem Auftritt. Beim Publikum kommt die linke Tour als reine Freude an. „Wie heißt du denn?"

Ich verweigere die Antwort. Selbst wenn ich wollte, könnte ich nichts mehr sagen. Mein Mund scheint verriegelt zu sein. Und mir ist alles nur peinlich.

Dem Arschgesicht reißt der Geduldsfaden. Er macht einen auf verzweifelt und fragt Hilfe suchend ins Publikum: „Was soll ich bloß mit ihr machen?"

The show must go on. Der Pianist haut ein Crescendo hin, und ich gehe ab. Die Mädchen kreisen mich hinter der Bühne ein. Eine sehr schöne Blonde streichelt mich. Wir mögen uns sogleich. „Komm", sagt sie, „wir tanzen zusammen."

Auf der Tanzfläche sind wir ausgelassen und fast intim miteinander. Die Fotografen stürzen sich auf uns. Meine Partnerin wird Miss Sowieso, ich kriege einen Sonderpreis einer Filmfirma, die in mir den neuen Typ à la „Ultimo tango a Parigi" entdeckt haben will. Bertoluccis Film ist in dieser Saison stilbildend, vorbildlich im Wortsinn und sowieso in aller Munde.

Im Gedränge spricht mich ein Fotograf an: „Ich habe dich gewählt. Du hättest siegen müssen. Deinen Humor und deine Eigenständigkeit finde ich einfach umwerfend."

Ich schau mir meinen Verehrer genauer an ... zwei Hippies erkennen sich. Wir gehören beide nicht an diesen Ort, in diesen blöden Club. Die Erscheinung des Fotografen bringt Licht mit sich: für mich. „Ich möchte dich unbedingt wiedersehen und auch Fotos von dir machen", sagt er. „Kann ich dich anrufen?"

Ich habe kein Telefon. Das sage ich ihm. Er kritzelt seine Nummer auf einen Zettel und bittet mich, ihn bald anzurufen.

Es ist nicht Zampo, Monikas weißer Kater, der mich am Mittag weckt, sondern mein eigener. Die Kopfschmerzen sind höllisch und so ziemlich das Letzte, womit ich in meinem Traum gerechnet habe. Darin war die schöne Blonde mit dem Fotografen intim. Meine Mitbewohnerin kreuzt auf, mit verzogenen Lippen. Sie hält mir eine Zeitung so hin, dass ich mich, nach einer Schrecksekunde, auf einem Bild erkenne, in inniger Umarmung mit der Blonden. Dem Begleittext zufolge sind wir gemeinsam in einem Hotel verschwunden. Ich mache Hackfleisch aus der Zeitung, na gut, ich zerknittere ihre Seiten. Die letzte Nacht soll überhaupt nicht stattgefunden haben.

Ich muss an Gisela denken. Seit zwei Wochen habe ich nichts von ihr gehört. Sie müsste inzwischen niedergekommen sein. Doch irgendwie weiß ich plötzlich, dass sie noch nicht entbunden hat. Einem starken und dringlichen Impuls folgend, beeile ich mich, alles Italienische hinter mir zu lassen. Ich will noch heute nach Berlin fahren. Noch heute. Eine Zugkarte zweiter Klasse kostet kaum etwas. Ich sehe Paradosso in der

Pflicht, mich entsprechend auszustatten. Das schuldet er mir nach dem gestrigen Tag.

Noch einmal nehme ich den langen Weg nach Parioli zu Fuß auf mich. An der Ponte Garibaldi versuche ich Paradosso telefonisch zu erreichen. Vergeblich. Egal, vielleicht ist er da, wenn ich bei ihm angekommen bin. Die Zeit läuft, heute Abend will ich im Zug sitzen.

In seinem Büro treffe ich ihn nicht, doch eine halbe Stunde später erwische ich ihn dann doch am Telefon. Ich bestelle Paradosso in ein Café: „Du musst sofort kommen."

Er hat sich beeilt, keine Frage, aber Paradosso zückt, so wie Pappi es immer getan hat, mit ein paar Gesten der Resignation seinen Geldbeutel und zeigt mir, wie pleite er ist.

„Ich hätte dir gern geholfen", sagt er mit einem schiefen Lächeln. Er fummelt eine Zigarette aus einer zerdrückten Packung, und ich bemerke eine Zittrigkeit bei ihm, die ich nicht erwartet habe.

„Egal", entgegne ich standhaft, „du musst eine Lösung finden. Ich muss zu Gisela. Erst wenn ich bei ihr bin, kann das Kind kommen."

„Ein Flugticket ist nicht drin. Aber vielleicht kriegen wir das Geld für eine Zugfahrt zusammen. Komm heute Nachmittag noch mal hierher."

Am Nachmittag hat Paradosso das Geld, angeblich geliehen. Er fürchtet einen Karriereknick und hält den Zeitpunkt meiner Abreise für extrem ungünstig. Ich soll ihm versprechen, umgehend auf den römischen Catwalk zurückzukehren. Aber darüber kann ich mir jetzt keine Gedanken machen. Mein Herz ist schon unterwegs zu Gisela.

Kurz vor Mitternacht geht die Reise los. Ich versinke in einem Mittelsitz, neben mir und mir gegenüber sitzen Gastarbeiter. Ich verkrieche mich in mir, blende alles Äußere aus. Kaum, dass ich mich rühre. Wenn ich doch einmal aus dem Fenster blicke, fliegt aschgraues Deutschland vorbei.

Jutta holt Gisela

Bestimmte Bezirke in Berlin wirken wie vernarbt – wie von der Akne einer totalen Niederlage für immer gezeichnet. So sieht Neukölln an diesem Novembervormittag in Juttas Augen aus. Erschöpft nach langer Zugfahrt findet sie ihre Schwester im Hinterhausmuff der Sonnenallee. Gisela freut sich sehr und ist überrascht ... und dann sagt sie, wie um jeden Zweifel an der Sonderkommunikation der Zwillinge auszuräumen: „Jetzt kann das Kind kommen."

Inzwischen ist Gisela mit Rolf verheiratet, aber das heißt nicht, dass der Gatte sich auch kümmert. Zurzeit zeigt er sich der Hochschwangeren nicht, die ihre Tage mit Verschönerungsarbeiten in der Wohnung verbringt. Jutta hilft ihr – und fährt sie endlich auch ins Geburtshaus. Da ist Gisela schon eine verlassene Ehefrau. Sie bringt ein Mädchen zur Welt ... und ist selbst kaum erwachsen.

Sie wünscht sich Rolf zurück. Dann wünscht sie ihn wieder zum Teufel. Die Mutter im Kindbett ist sehnsüchtig, panisch und wütend. Ihrer Überforderung gibt sie immer neue Namen. Wie aber soll die Tochter heißen? Nur ausgefallene Namen wollen die Schwestern erwägen. Jutta steht unter dem Eindruck einer Lektüre, die in Berlin vor allem als Raubdruck Verbreitung findet und als spirituelle Anleitung verstanden wird. Wie wäre es, wenn ihre kleine Nichte wie eine Figur von Castaneda anzusprechen sei? Gisela sucht nach einem Wort, das in Verbindung mit Anna gut klingt, und Jutta entdeckt die ideale Ergänzung auf einem Cover: „Exuma". Aus der Dunkelheit ans Licht. Das ist es: Anna Exuma.

Anna Exuma wird bei Mutti und Pappi in Kassel abgegeben; die Zwillinge ziehen gleich weiter … vorläufig in die Schweizer Berge zu reichen Leuten, deren Sohn zurzeit gern fotografiert. Peters Eltern taxieren ihre Gäste wie aus dem Katalog in doppelter Ausführung bestellte potenzielle Schwiegertöchter. Doch sind die Schwestern zu verwirrt und zu verstimmt, um besonders reizend zu wirken. Ihre Gastgeber verbergen ihren Unmut gekonnt. Sie sind viel zu kultiviert, um ein offenes Wort an die Zwillinge zu richten. Gisela und Jutta schlafen in übereinandergebauten Betten; sie zweifeln daran, je aus Kassel herausgekommen zu sein.

Gisela: Ich fühle mich in einem Timewarp, die Schweiz und Kassel erscheinen mir wie ein einziger trostloser Ort. Wir stecken tief in der uns so verhassten Bürgerlichkeit. Beklommen sitzen wir am Abendbrottisch. Die Lichtverhältnisse laden zu Depressionen ein, und auf den Gipfeln liegt Schnee. Für Peter spielen wir in Tracht mit Ziegen, aber nicht lang. Mit seinen romantischen Vorstellungen hat Peter bei keiner von uns Erfolg. Jutta findet ihn total uninteressant, und ich hänge immer noch an Rolf und hoffe, dass er mich sucht … und plötzlich in dieser Postkartenwelt auftaucht, wie in einem Film mit Happy End.

Jutta: Unsere Gästekammer ist einer Schiffskajüte nachgebaut; ein maritimes Zitat mitten im Alpinen. Ich habe hier Todesängste. Vor den falschen Bullaugen fühle ich mich sterblich wie nie. Meine eigene Existenz erscheint mir nicht nur völlig ungewiss, sondern im höchsten Maße beunruhigend. Schaudernd male ich mir alles Mögliche aus. Ich kapiere den ollen Strumpffabrikanten nicht, der mit seinen

Leuten direkt vor einem Bergmassiv wie auf einem Boot lebt. Ganz undeutlich bleibt mir auch das Wesen seines stillen Sohns, der uns unentwegt fotografieren will. Mir kommt alles falsch vor – und das, was ich wiedererkenne, erinnert mich böse an Kassel – während Gisela von einem wie aus heiterem Himmel aus der Kuhmilchkulisse tretenden Rolf träumt, dem nach nichts mehr der Sinn steht, als seine Braut endgültig über die Schwelle ihrer verlassenen Wohnung in Neukölln zu tragen.

Römischer Winter

Gisela: Der Zug frisst sich durch die Nacht. Wir fühlen uns wie Gefangene heimkehrender Gastarbeiter. Sie keilen uns mit ihren groben Leibern, dem Gestank, irrsinnigem Gepäck. Bis vor kurzem haben wir für die Diktatur des Proletariats gekämpft, jetzt wünsche ich die Klopper bloß noch auf den Mond. Ich halte mir ein parfümgetränktes Taschentuch unter die Nase. An Schlaf ist nicht zu denken.

Vorfreude lässt die Männer lärmen. Wenn Rolf mich in ihrem Dunstkreis sehen könnte, heimatlos, einer ungewissen Zukunft entgegen fahrend, von meinem Kind getrennt. Ich versinke in Selbstmitleid. Jutta meint, ich lasse mich hängen.

Jutta: Es ist kalt, als wir in Rom ankommen. Wir haben Hunger und kein Geld und sind doch froh, der würgend engen, supersauberspießigen Schweiz entronnen zu sein. Trastevere ist unser Ziel, also wohin sonst? Pleite wie wir nun mal sind, hoffen wir auf die Findigkeit unserer schönen Scippatori.

Franco erscheint mir aber ferner als fern, als er aus dem Haus seiner Mutter auf uns zukommt. Ich erkenne sofort, wie verlegen wir ihn machen … wie sehr wir ihn überfordern mit unseren bescheidenen Wünschen. Für unsere Nahrung und Unterkunft soll er geradestehen und kann doch kaum für sich selbst sorgen.

Er beklaut seine Mutter, bringt Artischocken in Öl von ihrem Dachboden zu uns auf die Straße. Stumm erwarten wir Arturo. Man stellt uns die randständige Teilnahme an zwei Einbrüchen in Aussicht. Dazu müssen wir schließlich den Stadtteil wechseln, mit so halsbrecherischem Tempo, dass ich wütend Arturo einen versuchten Totschlag vorhalte, bevor wir unverrichteter Dinge zurückkehren. Wieder nur Artischocken in Öl für die nächsten Tage.

Gisela: Wie ziellos fahren wir durch Rom. Arturo sitzt am Steuer. Er ist an sich kein Freund von uns. Hässlich ist er, größer und brutaler als die anderen … ein Einzelgänger, ein düsterer, verachtungsvoller Dobermannhalter. Ihm fehlt die Leichtigkeit vieler seiner Komplizen. Sie begegnen ihm mit Ehrfurcht. Rolf drohte er Prügel an, Jutta und mich beachtete er bisher kaum. Ich hatte immer Angst um Rolf, wenn wir Arturo über den Weg liefen.

Unsere Freunde haben einen Einbruch geplant. Vor einem Haus, es ist dunkel, kann ich nicht erkennen, wo wir sind. Aber offenbar sind wir angekommen. Jutta und ich sollen im Wagen warten. Unheimlich ist das, aber auch aufregend. Irgendwann kommen die Jungens zurück, mit leeren Händen … doch gut gelaunt. Bei einem Zwischenstopp steigen wir aus, wanken in eine Bar und bestellen statt des obligatorischen Cappuccino Whisky auf Eis. Alles in allem scheint die Höllenfahrt durch Rom auch eine Art Prüfung zu sein.

Gisela: Amando berührt mich. Wir küssen uns. Tagsüber spricht er nicht mit mir. Ich weiß auch so, dass er auf uns aufpasst. Solange wir in Trastevere sind, wird uns niemand gegen unseren Willen anfassen.

Wir übernachten in Autos, bis Franco am Ende einer wie tollwütigen Stadtrundfahrt mir zuraunt, dass Arturo uns nun helfen will, eine Unterkunft zu finden. Franco führt uns zu einem verlassenen Keller in einer verschwiegenen Gasse. Die Tür hängt verrostet in den Angeln. Das zweigeschossige Verließ hat vor langer Zeit als Nachtclub Karriere gemacht, es soll jetzt unser Unterschlupf sein. Eine steile, kaum begehbare Treppe führt zur nächsten Ebene.

Auf einer Plattform errichten wir ein Lager, mit Sachen, die Franco auftreibt. Das Ganze ist hochgradig illegal. Wir halten uns verborgen wie die Ratten, aus Angst vor Nachbarn und vor der Polizei. Nur einzeln trauen wir uns auf die Straße.

Jutta: Franco hat einen verlassenen Nachtclub in Trastevere als Bleibe für uns aufgetan. Im Schutz der Dunkelheit beziehen wir konspirativ unser Domizil. Eine steile Treppe führt in den verrotteten Barraum. Es gibt kein elektrisches Licht, wir behelfen uns mit Kerzen.

An manchen Tagen sind die Zwillinge so klamm, dass sie sich ein Reisbällchen teilen müssen. Manchmal gehen sie zu einem Marokkaner, der Couscous in einer Garage zubereitet. Sie halten sich an die Scippos, fahren mit ihnen zu Einbrüchen, warten im Auto.

Zu ihrem Chefbeschützer hat sich ein Galgenvogel aufgeschwungen, die Nächte verbringen sie in Gesellschaft von Gangstern, die kaum älter sind als sie.

Jutta: Nahe der Hauptpost liegt eine Apotheke, in der vor allem Ausländer starke Medikamente rezeptfrei kaufen können. Dem Apotheker reichen lapidare Erklärungen: „Ich kann nicht gut schlafen“ oder „Ich bin mit meinen Nerven am Ende“. Hat man seinen Vers aufgesagt, darf man zwischen Valium und Mandrax wählen.

Jimi Hendrix’ Frage „Are you experienced?“ soll heute mit einer Erweiterung unseres Erfahrungsschatzes beantwortet werden. Unser Hunger nach neuen Erkenntnissen ist kaum zu stillen, die wichtigen Expeditionen führen in die Innenwelt. Wir fahren in meinem abgewrackten, nummernschildfreien und unversicherten Volkswagen zur Apotheke, einigermaßen unschlüssig, wer von uns den besten Eindruck macht. Der Pillenkauf geht indes so einfach vonstatten, dass ich schon fast wieder enttäuscht bin.

In unserem Keller bieten wir allen Mandrax an. Franco und seine Freunde winken ab. Sie wollen cool bleiben und auf uns aufpassen. Wir spekulieren über die optimale Menge und einigen uns auf fünf bis sechs Pillen pro Nase. Ich schaue den Jungens zu, sie spielen Karten. Plötzlich zündet Filipo Geldscheine an. Die Scheine brennen hell. In einem entlegenen Winkel meines Bewusstseins bedaure ich die Geldvernichtung. Egal. Die Wände werden weich und die Gesichter glänzend. Ich sehe sie von innen heraus leuchten. Mein Körper fühlt sich leicht und geschmeidig an. Er kann alles. Mir wird sehr warm. Ich ziehe meine grüne Samtjacke aus. Alles ist jetzt wie aus Samt.

Die Jungens lächeln uns an. Sie drücken sich grinsend in die Ecken und geben sich beschäftigt. Dann ziehen sie einen magischen Kreis um uns. Gisela fließt auf mich zu. Ihre Augen leuchten wie Signale.

„Du bist so süß", sagt sie. Ich staune. Bis eben saß ich hier noch allein. Jetzt ist sie da. Ihre Hand fährt langsam aus und streichelt mich. Das ist schön. „Ich möchte dich gerne küssen, wollen wir?"

Ich habe nichts dagegen. Langsam sinken wir in die Horizontale ... wir versinken, sickern durch Teppiche und Kissen, durch ein schwach glimmendes, sanftes Nichts. Mehr ist nicht mehr.

Als wir wieder auftauchen, sind die Jungens nur noch Schatten an den Wänden. Lächelnde, weghuschende Schatten. Ich ziehe Gisela hinter mir her.

„Schau mal."

Ich lasse mich die Treppe runterpurzeln und Gisela purzelt enthusiastisch hinter mir her, wir fallen aufeinander, kriechen die Treppe wieder hoch und fallen die Stiege wieder herunter. Viele Male. Dann weiß ich nichts mehr.

Gisela: Vor meinen Augen verändert sich alles, der Keller wird zum Labyrinth. Die Steinwände wölben sich, ich sehe sich rasch verändernde römische Fresken. Jutta ist so schön, mein Herz bleibt fast stehen. Ich starre sie an, kann keinen Gedanken fassen. Unsere Umgebung löst sich auf, ich vernehme nur noch entferntes Gewisper. Wir schweben in einem freien, dunklen, endlosen Raum. Die Fresken sind mit Feuer gemalt. Ich sehe Reiter in glänzenden Rüstungen. Ich sehe unsere verdrehten Körper am Fuß der Treppe liegen. Ich verliere mein Bewusstsein.

Juttas Augen sind Seen, ich blicke auf ihre zarten Handgelenke. Ich liebe sie, nur sie. Aber wer ist sie?

Ich krieche auf sie zu, um sie genauer sehen zu können. Ich will sie erforschen mit meinen Lippen, meinen Händen.

Und küssend fallen wir die Treppe hinab, ich fühle keinen Schmerz.

Jutta: Filipo hält mich über der Toilette, ich muss mich übergeben. Ich rutsche ihm unter den Fingern weg und schlage auf dem Boden auf. Ich will schlafen, das lässt Filipo nicht zu: „Bleib wach, sonst krepierst du! Das Zeug muss raus, sonst war's das!"

Ist mir egal. Ich übergebe mich erneut, nicht mehr wissend, wo ich bin. Wer ist der Mann, der mich hält? Gisela steht hinter ihm.

Jemand wäscht mein Gesicht … oder kriege ich Ohrfeigen?

Gisela: Wir sind in unserem Versteck nicht mehr sicher. Arturo wird vor einer Razzia gewarnt. Wir räumen das Lager.

Unsere Lage verschärft sich, wir leben mit Hunger in der Kälte. Weihnachten fahren Jutta und ich zur Spanischen Treppe. Mit einem weiten Blick über Rom vor Augen und mit knurrenden Mägen schreiben wir unseren Eltern einen Brief.

Liebes Muttchen, liebes Päppelchen,

uns geht es sehr gut. Wir sitzen gerade auf unserer Terrasse, hoch über Rom, mit einem wunderschönen Ausblick, und feiern Weihnachten in unserer neuen Wohnung. Ja, stellt Euch vor, wir haben eine Wohnung gefunden und sind schon eingezogen. Alles läuft prima. Ein Agent hat uns unter Vertrag genommen, und gestern hatten wir ein Treffen bei Carlo Ponti (der Produzent und Mann von Sophia Loren). Er ist total interessiert, mit Zwillingen zu arbeiten.

Ganz sicher haben wir bald genug Geld, so dass Ihr Anna bringen könnt. Es ist wirklich schön hier, es war schon eine gute Entscheidung, hierher zu kommen. Ihr braucht Euch also überhaupt keine Sorgen zu machen, es dauert nur noch eine kurze Zeit, dann sind wir hier erfolgreich. Hoffentlich geht es Euch gut. Wir vermissen Euch.

Alles Liebe,

Eure Zwiffelinge Jutta und Gisela

Wir verbringen die Nacht im Auto. Jutta kriegt Fieber. Am nächsten Morgen kommt Arturo mit einem Angebot, das wir nicht ausschlagen können. Er bietet uns sein Zimmer an. Tagsüber sollen wir unsere Ruhe haben. Er will nur bei uns schlafen. Er weiß, dass wir annehmen müssen, Jutta ist schon sehr schwach. Mit klappernden Zähnen willigt sie ein.

Ich finde Arturo nicht ganz reizlos, und zweifellos ist er besorgt. Seine Mansarde ist spärlich möbliert, mit einem breiten Eisenbett, einem Holztisch und einem Stuhl. Neben dem Bett steht ein einfacher Plattenspieler.

Arturo legt eine Platte auf … „Morning has broken“, bevor er sich verzieht. Jutta und ich legen uns hin und warten, bis es wieder dunkel wird. Meine Schwester ist kaum noch bei Bewusstsein. Ich nehme mir fest vor, für sie gesund und stark zu bleiben.

Arturo kehrt zurück. Ich ahne seine Konturen in der fast nachtschwarzen Kammer. Dann liegt er neben mir, zieht mich in seine Arme, küsst mich. Mein Geist schwebt unter der Decke, meine Empfindungen verschwimmen.

Ich sitze auf Arturo, der Gangster hält mich. Neben mir Jutta: frostgeschüttelt. Ich heule aus Angst um sie. Dazu „Morning has broken“. In dieser Nacht lerne ich den Text wie in Trance auswendig und wundere mich, als ich mich selbst im Morgengrauen vernehme: „Morning has broken.“

Jutta: Im Fieber weiß ich nichts mehr von den Unterschieden zwischen Tag und Nacht. Die Zeit erscheint mir wie ein Tier in seiner Höhle. Franco bringt Artischocken. Arturo kehrt heim wie König Blaubart in sein verwunschenes Schloss. Wir schlafen zu dritt, oft kriege ich das nicht mit. Dann spüre ich wieder meine Schwester neben mir, so heiß und schweißgebadet wie ich. Wir verschmelzen im Kranksein. Vielleicht werden wir diese Bude nicht mehr lebend verlassen. Im Delirium ist uns das aber egal. Eines Nachts höre ich meine Schwester singen. Ich höre Kristalle und sehe Silben aufleuchten.

Und doch: Wir werden gesund. Ich schaue aus einem kleinen Fenster wie von einem Burgturm auf die Gasse. Sie scheint weit weg, lächelt mich aber an: „Kommt jetzt. Es geht weiter." Ganz klar, wir müssen bald hier raus. Blaubart hat uns ein kleines Stück Fleisch überlassen. Wir wollen es zur Nacht braten und gemeinsam verzehren.

Sperlonga und danach. Eine zauberhafte Truppe

Wir fahren nach Sperlonga, um uns zu erholen. Das Kaff sitzt hoch auf Klippen über dem Meer. Es gibt in Sperlonga keine Straßen, nur verwinkelte Treppenpfade. Wir waren einmal mit Rolf hier, in einem anderen Leben, wie es jetzt scheint.

Der Ort ist unsere Zuflucht, wann immer wir uns ausruhen müssen. Wir schlafen am Strand, leben von Muscheln und Kumquats. Ein junger Mann, dessen Eltern ein großes Haus haben, bringt uns Tomaten. Wir dürfen in dem Haus baden, wenn die Eltern nicht da sind.

Wir sind völlig frei, besitzen nichts und wollen auch nichts besitzen. Louis Walden, ein Warhol-Schauspieler, den es nach Sperlonga verschlagen hat, lädt uns heimlich ein. Seine Frau führt im Ort ein Restaurant, Walden befürchtet ihre Eifersucht. Wir schlafen ohnehin lieber am Strand. Jede Beschränkung bedrückt uns.

Heute haben wir LSD dabei; Franco hat uns zwei Trips überlassen. Am Strand wollen wir auf die Reise gehen. Jutta kommt auf mich zu wie ein weiblicher Jesus. Sie streckt ihre Hände nach mir aus. Sie gibt mir mein Ticket. Jede legt ihre Pille ins Zungenbett …

Nun sind wir in Erwartung und sonst nichts mehr. Aus der Badetuchperspektive nehme ich den Himmel in Augenschein, während meine Schwester vom Wind abgetrieben wird. Jetzt steht Jutta bis zu den Knöcheln im Wasser. Als habe jemand die universelle Stopptaste gedrückt, erscheint alles, die Wellen inklusive, wie festgehalten auf einem Standbild. Nach kurzer Zeit weiß ich, dass Geburt und Tod illusionär sind – und dass Jutta und ich schon immer zusammen waren.

Unsere Blicke treffen sich, mich blendet Juttas Schönheit. Ich reise mit ihr durch Indien, durch zig Zeiten, ich bin eins mit ihr. Ich bin Liebe und mit allem verbunden. Und ich verstehe, dass wir aus einem bestimmten Grund hier sind. Wir wissen, dass wir Götterkinder sind, sogar Götterlieblingskinder. Wir müssen Verantwortung übernehmen und anderen zu erkennen helfen, wer sie in Wirklichkeit sind.

Jutta: Wir sind wieder in Rom, noch ganz erfüllt von unserer göttlichen Vision, die wir, Blumenkinder reinsten Wassers, auch als Mission verstehen. Jetzt wollen wir unbedingt unseren Film machen. Wir statten Peter Berling einen Besuch ab. Er ist unsere letzte Instanz in Überlebensfragen. Ihm erzählen wir fast alles. Uns erzählt er, dass Fellini für einen neuen Film Darsteller sucht. Er kennt den Regisseur gut und für uns stellt er den Kontakt her.

Wir fahren nach Cinecittà. In der Filmstadt herrscht immenser Trubel. Das Castingbüro bricht unter dem Ansturm film- und fellinifanatischer Italiener fast auseinander. Castingleute erspähen uns unter Hunderten: „Gemelle! Zwillinge!" „Questi due!!! Gemelle!" Sie holen uns aus der tobenden Menge und führen ihrem Meister das doppelte Lottchen vor. Fellini schenkt uns seine Aufmerksamkeit, seine Assistenten drehen fast durch. Sie tun so, als seien wir gerade von ihnen erfunden worden. Und Fellini fragt sie: „Wer sind diese beiden?"

„Deutsche Zwillinge. Sie sind gerade in Rom angekommen."

Wir stehen da wie exquisite Odalisken auf einem orientalischen Sklavenmarkt. Wir haben uns auch entsprechend schön gemacht: Unsere bestickten Samtjacken fallen über rosa, mit Pailletten verzierte Nachthemden, die so lang sind, dass die Säume uns wie Schleppen folgen. Unsere Haut glänzt sonnengold von den Tagen am Meer. Die Haare sind lang und lockig. Wir sind uns unserer Wirkung sicher.

Fellini hat noch kein Wort an uns gerichtet. Nun lehnt er sich zurück, entschuldigt sich, dass er kein Englisch spricht, und fragt uns, ob wir Italienisch können. Er wartet unsere Antwort nicht ab. Er will unverzüglich wissen, wie wir heißen. Er schreibt unsere Namen selbst auf und unterstreicht sie heftig. Einem Assistenten überträgt er die Aufgabe, unsere Adresse festzustellen.

Dann verabschiedet uns Fellini überaus herzlich. Dass er an sich mit Herzlichkeit geizt, erkenne ich an der Reaktion des Assistenten. Der Domestik organisiert eine Eskorte, die uns in einen privilegierten Raum geleitet. Er bittet uns höflich, Platz zu nehmen, und bietet Getränke an.

Umständlich erklärt er, dass wir ungemeines Schwein gehabt hätten. Fellini sei entschlossen, uns unter seine Fittiche zu nehmen. Folglich hätten wir die allergrößten Chancen, was wir letztlich ihm, dem Assistenten, verdankten; er habe uns schließlich direkt zu Fellini gebracht. Er bezweifelt, dass wir unser Glück kapieren. Er ahnt nicht, dass wir gerade in Sperlonga von Gott auserwählt worden sind. Warum dann nicht von Fellini? So wundersam finden wir die Begeisterung des Regisseurs nun auch wieder nicht. Wir schauen uns vielsagend an, aber auch ein bisschen bang: Wir sind zwar erwählt, aber ohne feste Anschrift und ohne Telefon.

Wir beraten uns schnell auf Deutsch. Wir geben dem Assistenten die Adresse von Francos Mutter und die Rufnummer der Bar am Ende des Vicolo della Scala, wo wir manchmal einen Cappuccino trinken. Etwas Besseres fällt uns partout nicht ein.

Zurück nach Rom lässt uns Fellini chauffieren.

Gisela: Leider sind wir aber nie zu erreichen. Wir haben viele Ideen und wollen unsere eigenen Ideen realisieren. Uns schwebt vor, ein Treatment über die Scippatore-Szene ans deutsche Fernsehen zu verkaufen. Wir vereinbaren, dass ich als unsere Agentin auftrete. Das Geld für eine Fahrkarte nach Deutschland verdienen wir mit Kleinstrollen in einem Adriano-Celentano-Film.

Ich fahre nach München, wo ich Alf Brustellin treffe, den wir noch von den Oberhausener Filmtagen kennen.

Jutta: Und ich verlasse Franco endgültig. Er nimmt es gelassen, aber ich merke doch, dass es in ihm brodelt. Eine Weile meide ich den Vicolo della Scala. Ich fürchte Francos Mutter, in deren Augen ich eine Putana bin.

Ich wohne wieder bei der Schwester von Monika, der rothaarigen Fellinischauspielerin. Eines Abends kommt sie zu mir ins Bad, wo ich mich gerade mit Kajal anmale. Ich betrachte mein Gegenüber im Spiegel – und bin erstaunt, mich zu sehen. Normalerweise sehe ich immer Gisela und bin überrascht, wenn ich mich, ein anderes Ich als Gisela, ansehe. Ich finde meine Schwester meistens hübscher, aber es gibt auch einsame, geheime Treffen mit mir. Ich bin das und ich bin es nicht.

Monikas Schwester gesteht mir ihren Neid mit ein paar Gesten. Und dann sagt sie: „Marcello hat angerufen. Er lässt dir ausrichten, dass Paul dich treffen möchte. Du bist ihm auf der Party von Rosanna aufgefallen."

Ich möchte den Blick noch nicht von mir abwenden. Wenn ich lange genug starre, dann verschwimmt mein Gesicht. Alles wird hell in dieser Auflösung und ich fühle mich wunderbar entrückt.

„Ja, was sagst du nun?"

Erstmal nichts. Ich kenne keinen Marcello und keinen Paul. Im Übrigen ist mir kein Partygast in Gedanken nachgegangen. Ich schmücke weiter meine Augen. Monikas Schwester streicht die Segel. Ich binde mein Palästinensertuch um die Hüften und streife ein kleines Unterhemd über. Die Haare können an der Luft trocknen, der Föhn hat eh eine Macke.

Dieser Paul aber zeigt sich hartnäckig. Er schickt seinen Späher namens Marcello mit Croissants vorbei, und der Laufbursche macht seine Sache gut. Ich kann's mir ja noch mal überlegen. Ich palavere mit Monikas Schwester. „Du weißt schon, dass er ein Getty ist", fragt sie.

Der Name sagt mir nichts. Ich nehme mir vor, gelegentlich Erkundigungen einzuziehen. Mein Gegenüber kann aber nicht an sich halten: „Er ist der Enkel des reichsten Mannes der Welt."

Sie schnaubt verächtlich, was bin ich bloß für ein unbedarftes Ding …

Ein Päckchen von Gisela ist angekommen. Ich weiß, was sie mir schickt: telefonisch avisierte Haschplätzchen.

Bloody sunday. Ich hocke auf dem Teppich und teile mit einer weißen Katze den ersten Keks. Das Tier ist vor mir stoned. Ich erschrecke es unabsichtlich, es fegt davon, wie von Furien gejagt. Nach einer kleinen Weile stellt auch mein Neokortex seine geradlinige Betriebsamkeit ein, und ich fühle mich auf eine wattige Art mit mir und der Welt verbunden, obschon gedanklich etwas verschachtelt und leicht irritiert wegen seltsamer Zeitverschiebungen. Dauert der Gang in die Küche tatsächlich eine Stunde und vierzehn Minuten und das Überziehen der Bluse fast dreißig Minuten?

Der Vicolo della Scala verwandelt Juttas Zustand in einen Rummelplatz. An allen Ecken und Enden scheppert was. Besser, man geht barfuß. Eine verschlossene Visage materialisiert sich vor Jutta. Sie fürchtet, soeben Franco begegnet zu sein. Bestimmt ist er noch wütend auf sie. Plötzlich bricht die Nacht herein. Dabei ist Jutta eben erst, das heißt am hellen Nachmittag, vor ihre Haustür getreten. Sie setzt sich auf die Stufen. Hinter ihr droht eine Ruine mit vernagelten Fensterhöhlen. Sie vernimmt fernes Gebimmel und deutlichen Glockenschlag. Die Sterne scheinen vergessen zu haben, wo sie hingehören. Einige liegen auf der Straße wie niedergestreckte Aristokraten. Auch der Mond steht schief.

Die Nacht gibt ein Kostümfest. Sich selbst gibt sie als persisches Prachtzelt aus. Darin kommt Jutta als Leila an.

Einige Tage danach rufe ich Gisela an, um ihr von Pauls Interesse zu erzählen … und von dieser fantastisch verrückten Schauspielertruppe, die ich kennen gelernt habe und die sich aus argentinischen, brasilianischen und italienischen Schwulen und Transvestiten zusammensetzt. Sie alle sind sehr daran interessiert, mit uns zu arbeiten und alles über uns zu erfahren. Wir fliegen aufeinander, wir sind voneinander begeistert. Wir sprechen über alles: unsere Schönheit, unser Temperament, unsere Musik, unsere Trips, unsere Ansichten, unsere Wünsche, die auf Flohmärkten gefundenen, exotischen Klamotten, die hohen Plateauschuhe, die besten Flohmärkte, die genialsten Menschen. Der Argentinier Roberto näht auf seine Hosen nicht nur Pailletten und Perlen, sondern auch richtige kleine Gegenstände, ein Plastikschwein zum Beispiel. Ich bewundere ihn für seinen Mut.

Rudolpho trägt nur Samtanzüge. Er ist so schön, dass es schmerzt, ihn anzusehen. Allerdings geht er so ironisch und großzügig mit seiner umwerfenden Attraktivität um, dass jeder Moment mit ihm eine Freude ist. Der italienische Transvestit Mona ist wie rasend in ihn verliebt, aber Rudolpho liebt Daniele und Daniele ist auch wunderschön. Auch Pedro liebt Rudolpho und manchmal liebt Rudolpho auch Pedro. Pedro hat einen kleinen netten Mund und ein Faible für gerüschte Spitze.

Luigi lässt seine langen dunklen Haare wie einen verführerischen Vorhang bis über die Schulter fallen. Er hat eine schneeweiße Haut und schminkt seine Augenpartie und den Mund. Reifer als die Übrigen der Kompanie wirkt Slavko, ein jugoslawischer Schauspieler, dessen sexuelle Präferenzen mir unklar sind. Aber eigentlich ist nichts festgelegt und alles von Stimmungen abhängig.

Wie gesagt, wir sind sofort miteinander vertraut und voneinander hingerissen. „Du musst mit uns Theater spielen! Wir brauchen noch Frauen."

Sie ziehen mich mit sich in das Café an der Piazza, das für Monate unsere feste Anlaufstelle wird, unsere Versammlungshalle, unsere Kommune. Am Tresen steht ein Mann, den ich als Erwachsenen bezeichnen würde. Erwachsene sind Menschen, die nicht so fantasievoll leben wie wir, die das Risiko des Daseins auf mehr oder weniger interessante Weise gemindert haben. Das heißt in der Regel, dass sie einen Beruf regelmäßig ausüben und keine Träume mehr haben.

Dieser Barchef gehört zu den Erwachsenen, die das Träumen noch nicht ganz verlernt haben. Er ist der Regisseur des Theaterstücks, in dem meine neuen Freunde mich unbedingt sehen wollen. Er ist entzückt, nun eine weibliche Darstellerin gefunden zu haben. Sehr erfreut ist er, dass es mich noch einmal gibt. Jetzt muss es mir gelingen, Gisela aus Deutschland loszueisen. Am Telefon schwärme ich von den neuen Freunden, dem Theater und sage zum Schluss noch: „Paul Getty möchte mich kennen lernen, du musst unbedingt sofort kommen."

Gisela: Alf Brustellin will mit mir am Treatment arbeiten. Rosa von Praunheim erweitert den Kreis, meine deutsche Filmemacherinnenvergangenheit kommt für einen Augenblick wieder hoch, freilich als eine bald zu verwerfende Option. Deutschland ist für mich kein Thema mehr. Ich möchte so schnell wie möglich zurück nach Rom, am liebsten mit einem Filmvertrag in der Tasche.

Alf behauptet: „Ihr habt keine Zukunft in Rom." Und außerdem verlangt er: „Du musst es noch mal mit Rolf versuchen. Des Kindes wegen."

Gut. Ich fahre nach Berlin, zu meiner alten Wohnung in Neukölln. Eine kaum volljährige Trebegängerin öffnet die Tür. Sie war mit Rolf schon zusammen, als ich hier noch gewohnt habe. Sie mustert mich missmutig: „Rolf ist nicht da, er kommt erst spät."

„Ich warte."

Von ein paar Matratzen abgesehen, ist die Wohnung leer. Ich lege mich hin, schlafe ein. Das Gespräch mit Alf hat mich die ganze letzte Nacht gekostet. Ich erwache mit dem Gefühl, nicht allein im Raum zu sein. Das Mädchen steht halbnackt vor mir: „Bitte sprich nicht mit Rolf, was bedeutet er dir schon? Bitte nimm ihn mir nicht weg."

Ich höre ihre Angst. Ihre Worte erreichen mich, sie tut mir leid. Und sie hat Recht. Ich könnte gar nicht mehr mit Rolf zusammen sein. Ich habe mich längst von ihm gelöst. Das wiederum realisiere ich nicht ohne Erstaunen.

Am nächsten Tag schleiche ich mich aus der Wohnung, Rolf und das Mädchen schlafen noch. Ich rufe Michael Geißler an: „Kannst du mich abholen? Es ist aus mit Rolf."

„Klar, ich komme sofort. Du kannst bei uns bleiben, der Professor ist auch da."

Ich weiß, dass ich Michael geweckt habe. Bei ihm fängt das Leben selbstverständlich erst am Nachmittag an. Michael führt eine Art Salon, einen Treffpunkt für Anarchisten, Blumenkinder, Psychedeliker und Bombenleger. Als erster experimentiert er in Deutschland mit Video. Nun schwebt ihm vor, unser römisches Leben aufzuzeichnen.

„Mann, Martine", sagt er lachend, „du und Mann und Kind, das geht nicht, das ist nichts für dich. Du musst zurück nach Rom."

Wir fahren am Landwehrkanal entlang, bleigrau ist das Wasser. „Das musst du hören." Er legt eine Kassette ein: „Take a walk on the wild side." Das ist es! Lou Reed ist ein Prophet in unserer Geschichte, die gerade von Neuem spannend zu werden beginnt.

Mit dem Professor schlafe ich auf einer großen ausklappbaren Couch im Wohnzimmer von Michael und Dörthe. Beletage in Charlottenburg. Palmen in Berlin. Der Professor kommt aus Wien, er trägt immer einen Anzug. Er setzt sich so vom bunten Volk ab, dem er als anarchistischer Philosoph aber wichtige Argumente liefert.

Nachts kommt Michael mit einem fein gebauten Joint auf einem Silbertablett und mit Orangensaft zu uns aufs Bett. Unsere Gespräche kreisen um einen komplett neuen Weltentwurf. Wir begeistern uns aneinander und schwelgen in Allmachtsfantasien. Wir sehen uns in einer Reihe mit Hermann Hesse, Che Guevara, Nietzsche, Bob Dylan, Mozart, kurz mit allen großen Geistern, Freidenkern und Revolutionären. Wir sind die geniale Generation, die alles Gute zusammenbringt. An uns liegt es, eine neue Welt schaffen. Und wir haben sie ja schon – im Hier und Jetzt.

Ich finde mich in Kassel ein. Meine Eltern eröffnen mir ihre Vorstellungen von meiner Zukunft. Ich soll bleiben, Pappi hat einen Bekannten, der ein Möbelgeschäft besitzt. Ihm soll ich meine Lage erklären und um einen Job bitten. Schließlich soll ich ein Zimmer mieten, in dem ich dann mit Anna wohnen werde. Während ich arbeite, wollen meine Eltern auf Anna aufpassen, und zwar so lange, bis ich einen Ehemann gefunden habe.

Während des trostlosen Vortrags meines Vaters meldet sich Jutta telefonisch: „Wo bleibst du? Alle warten auf dich."

Ich sage, wie jedes gefallene Mädchen: „Ich kann nicht, ich habe kein Geld, ich muss wegen Anna in Kassel bleiben."

Allein der Gedanke an so ein Leben ist eine Zumutung. Ich sehe mich in der kleinen hellhörigen Wohnung meiner Eltern um, in der man unbedingt leise zu sein hat. Die Hausbesitzerin droht ständig mit Kündigung. Schönes Deutschland …

Ich weiß, lange halte ich das nicht aus. Schon jetzt bin ich halbverrückt in dieser idiotischen Enge und Einöde. Halbherzig starte ich einen Versuch, Pappi zu gefallen, scheitere dann aber noch vor dem ersten Kontakt mit dem Möbelhausbesitzer. Ich mache mitten in seinem Laden auf der Stelle kehrt, Pappi ist dabei und sieht mich flennen.

Jutta ruft wieder an: „Du musst unbedingt kommen, wir können bei einer Theatergruppe mitmachen, die spielen ‚Marat' von Peter Weiss, ganz experimentell und wirklich abgefahren. Die ganze Truppe ist ungewöhnlich, so wie wir." Und zum ersten Mal erwähnt Jutta Paul Getty: „Diese Deutsche, bei der ich wohne, ist in ihn verliebt."

Mutti steht im Zimmer, ich habe den Hörer noch in der Hand. Sie sieht sich ihre unglückliche Tochter ganz genau an. Später reicht sie mir hundert Mark: „Kauf dir eine Fahrkarte, das wird in Kassel nichts mit dir. Ich kann's dir nicht verübeln. Aber für immer können wir Anna nicht behalten, wir sind zu alt dafür."

So lautet der offizielle Text, coram publico vorgetragen. Also für Pappi. Im Nachsatz vertraut sie mir an: „Ich würde dir gern mehr geben, Kind, aber das ist alles, was ich habe."

Ich umarme meine Mutter. Mein schlechtes Gewissen nagt ein bisschen an mir, aber ich packe sofort und schlafe noch einmal in einem Bett mit meinem Baby.

Nachts sind die Geister rege, ich habe Angst und bin voller Zweifel.

Endlich wieder in Rom – ich wohne nun auch mit Jutta bei Monikas Schwester. Jutta erzählt von ihren neuen Freunden, besonders oft ist von Slavko die Rede. Wir treffen die Truppe in einer alten Trattoria in Trastevere und sind die ganze

Nacht high. Ihre Inszenierung des „Marat“ ist eine römische Avantgardeangelegenheit, eine experimentelle Sensation. Die Schauspieler, eine exaltierte Laienschar, sind die richtigen Gefährten für uns. Wie wir, sind sie in sich und in das Leben verliebt und gewillt, über alle Grenzen zu gehen.

Slavko, ein eigensinniger und schöner Mann, kommt aus dem Norden Italiens. Seine Eltern haben ein großes Weingut, sie gehören zu den Reichen ihrer Gegend. Aber Slavko ist ein Spieler. Seinen Anteil am Familienvermögen hat er auf Rennplätzen durchgebracht. Seine Eltern wollen deshalb von ihm nichts mehr wissen. Ich bin auf Anhieb von ihm fasziniert, so wie er von mir. Wir begeben uns sofort in eine komplizierte Beziehung.

Slavko ist geheimnisvoll. Er verrät nicht, wo er wohnt oder wie er seine Wetten platziert. Nie verabredet er sich. Dem Zufall bleibt überlassen, ob wir uns treffen oder uns knapp verpassen. Manchmal taucht Slavko spät nachts in dem umgebauten Palazzo auf, das uns beherbergt. War das Glück zuvor auf seiner Seite, beschenkt er uns. Einmal kommt er mit einer Kiste Ananas an, mit Orchideen und einem Buch über den Boxeraufstand.

Ich habe noch einen Freund, einen Schweizer Musiker mit langen, blonden Haaren. Er ist etwas dröge und sehr eifersüchtig auf Slavko. Während er mit mir schlafen möchte, ich aber nicht mit ihm, bleibt Slavko im Bett bloß zärtlich, obwohl ich mir mit ihm alles vorstellen kann. Slavkos Zurückhaltung zieht mich an. Ihm muss ich nichts vorspielen. Aber ich denke natürlich auch, dass das andere dazugehört und dass, wenn es nicht stattfindet, etwas nicht stimmt mit mir. Viel Ahnung habe ich ja nicht. Aber eine enorme Sehnsucht nach Leben, nach Liebe und Schönheit und nach dem Zustand, den ich mit

Jutta am Meer erlebt habe, der uns dieses neue Selbstbewusstsein gebracht hat und diese Freiheit.

Wir wollen auch beide noch weitergehen als das Living Theatre, obschon Julian Beck uns begeistert und ein Vorbild für uns ist. Unser Credo lautet: Paradies jetzt, das Leben ist Kunst, wir selbst sind ein Kunstwerk. Alles andere gehört zum Thema Entfremdung.

Jutta: Giselas Einzug bei Monikas Schwester geht nicht ohne Gezeter über die Bühne. Wir machen ihr mit Verve die Erweiterung unserer Wohngemeinschaft schmackhaft. Ohne uns keine Turbulenzen, mithin kein gesteigertes Sein. Das leuchtet Monikas Schwester dann auch ein.

Ich arrangiere das erste Treffen mit meinen neuen Freunden, ungemein stolz darauf, mein schönes anderes Ich endlich der Gemeinde vorstellen zu können. Ich will aber auch Gisela mit meinen jüngsten Errungenschaften beeindrucken. Gisela reißt Slavko ad hoc hin, ich beiße die Zähne zusammen. Bis eben hat er mich umgarnt. Obwohl ich ihn für einen Angeber halte und ihm kein Wort glaube, verletzt mich sein plötzliches Desinteresse. Die Furie Eifersucht lädt zum Tanz ein – zu einem kurzen Missvergnügen.

Doch meine Wiedersehensfreude ist überwältigend. Gisela taucht in die brodelnde Liebeswelle ein. Sie nimmt alle Sympathie selbstverständlich, fast huldvoll entgegen: Man gibt ihr, was ihr zusteht. Ich muss an Salome denken, wie sie lächelnd den Kopf von Johannes fordert.

Luigi erregt meine Neugier. Ich beobachte ihn, wie er kokett mit der feurigen Mona spielt. Mona weiß mal wieder nicht, wen sie heute lieben soll, und reagiert auf ihre Unentschlossenheit mit komischer Panik: „Hach, so viele schöne Leiber hier.“ Ich sehe aber, dass ihr am Ende doch keiner lieber ist als

Luigi, der, wie von Botticelli gemalt, als bestrickender Vampir auftritt. Seine Züge sind klassisch, die Augen fiebrig und unnatürlich groß. Manchmal ist er erschreckend devot. In meiner Fantasie kniet er nackt in einer Kirche und geißelt sich vor einem Madonnenbild. Ich male mir aus, wie ich ihn zu einer kargen Bettstatt bringe und wie ich ihn wasche.

Jutta fährt auf Luigi ab, dessen Abgründe sie ausloten will. Gerade sitzt Rudolpho neben ihr. Er hat einen netten kleinen Schwips und ist bester Laune. Jutta fragt ihn, wie er ihre Chancen bei Luigi einschätzt. Rudolpho wirkt so derangiert und glücklich, dass Jutta sich eher nicht von ihm verstanden fühlt. Aber seine Entgegnung passt: „Egal, was auch immer, du kannst es."

Jutta: Und diese Nacht endet bei uns. Monikas Schwester liegt selten selbstzufrieden auf der Couch. Theaterchef Polimpo flüstert ihr Lügen ins Ohr. Sie fühlt sich geschmeichelt. Luigi gibt sich abwesend. Rudolpho, Slavko und Filipo sind noch in Hochform.

Ein paar Leute haben sich dem inner circle angeschlossen … so wie der kleine Schweizer Gitarrenspieler, in meinen Augen ein wichtigtuerischer Dummbeutel, der aber nur Augen für Gisela hat. Sie ist gerade dabei, Herzen einzusammeln – warum nicht auch seins?

Slavko macht seine Spielerkarriere zum Gegenstand unserer Gespräche. Ich meine ihn immer noch zu hören, als er schon längst verschwunden ist. Wir sind alle glücklich und ein bisschen müde und endlich auch schweigsam.

Luigi neben mir ist zu meinem Verdruss eingeschlafen. Ich fühle mich mit meinen Fantasien von ihm im Stich gelassen. Für heute schreibe ich ihn ab.

Gisela: Wieder mal haben wir Mandrax besorgt, eine Droge, die nicht ganz illegal ist und deren Besitz keine große Gefahr darstellt. Ich nehme ein paar Pillen, mit der Absicht, den Abend allein auf der Couch zu verbringen. Jutta ist mit Freunden ausgegangen. Plötzlich erscheint Ludovica, eine große Römerin, die sich vergeblich bemüht, in die Theatergruppe aufgenommen zu werden, mit ein paar Leuten. Der Manager, dafür hält er sich zumindest, ist mit von der Partie. Ich finde ihn verschlossen, er kommt mir traurig vor … vielleicht nur deshalb, weil er älter ist als wir.

Auf der Wendeltreppe vertraut mir Ludovica ein Geheimnis an. Sie ist verliebt, aber sie darf mir nicht sagen, in wen. Sie beschreibt seine Haut, die bunter ist als die eines Salamanders, Goldflitter mit grünen Smaragdflecken, das Haar ein kupferner Wasserfall. Er stammt aus einer bedeutenden Familie: „Wir haben uns geliebt, aber jetzt spricht er nicht mit mehr mit mir."

Ich höre nicht richtig hin, das Mandrax wirkt stark, doch sehe ich einen Salamander in Ludovicas Haaren. Er nimmt seinen Weg über ihren Hals und weist auf ihre große Brust hin, wie ein Verkehrszeichen. Ludovica besitzt ein Sophia-Loren-Dekolleté, ich frage mich, wie sich ihre Brüste wohl anfühlen.

Zum ersten Mal erkenne ich Ludovicas Schönheit. Bisher war sie für mich plump und aufdringlich … aber auch der armselige alte „Manager" ist unversehens liebenswert, zumindest liebenswert komisch mit seinem kleinen, grauen Bart. Dieses Volk soll bei mir bleiben, ich lade es ein. Ich trage ein durchsichtiges weißes Kleidchen und fühle mich wie ein Kind, etwas albern – und doch ist mir auch feierlich zumute.

Slavko kreuzt auf und trägt mich zur Couch. Ich will Pappi zu ihm sagen, der Einfall ergötzt mich. Er schiebt mein Kleid hoch und beschäftigt sich mit meinen Beinen, die wir beide verzückt betrachten. Sie sind schmal und zart.

Ich frage mich, wo Ludovica steckt ...komme unsicher auf meine Beinchen und stolziere als mein eigener Suchtrupp durch den Raum. Ludovica hockt wie eine Fellachin auf dem Teppich, sie trägt noch ihren dunklen Mantel. Ich versuche, ihn ihr auszuziehen, mühe mich ab. Das ist ziemlich viel Arbeit. Mein Volk erbaut sich an meinem Anblick. Ich höre Slavko lachen, eine kleine Liebeswelle schwappt im Gelächter; ich fühle mich geschmeichelt.

Ich verkünde meine Niederlage, diesen Triumph: „Ach, gegen so viel Mantelmaterie komme ich nicht an."

Und lasse mich fallen, neben Ludovica. Alle anderen verlieren ihre Konturen, sie verschwimmen in meiner Wahrnehmung. Ich habe noch nie eine Frau berührt (meine Schwester und ich sind Mädchen nach unseren Begriffen). Slavko scheint mich zu beobachten – und zu ermutigen?

Ich verliere den Verstand, vielleicht aber auch nur das Bewusstsein. Ich komme wieder zu mir, das Volk hat einen Kreis gebildet. Die um mich herum Sitzenden sehen zu, wie ich Ludovica streichle. Ich bin fast nackt und empfinde keine Scham.

Den Rest der Nacht verbringe ich mit Slavko. Er ist unfassbar zärtlich und er verrät mir, wie er mich am liebsten sieht: zusammen mit einem Mädchen.

„Wovon spricht er?" frage ich mich.

Jutta: Rudolpho will mich Marcos Madeiros vorstellen. Der in Brasilien zum Tode verurteilte Studentenführer im römischen Exil soll, so will es Rudolpho, mein neuer Freund werden. „Schlag dir Luigi aus dem Kopf, oh ja, er ist fantastisch, aber nichts für dich. Zu kindlich, troppo ragazzo. Du musst Marcos unbedingt kennen lernen. Er ist einfach unglaublich."

Offensichtlich ist Rudolpho in Marcos verliebt. Voller Hochachtung berichtet er von Marcos' Flucht, seinem politischen

Einfluss und den damit verbundenen Gefahren. Rudolpho weiß, dass Marcos mit Glauber Rocha die Geschichte Brasiliens aufwendig zu verfilmen beabsichtigt.

In Marcos' Wohnung treffen wir seine Freundin Anna und ihre kleine Tochter an, außerdem Filipo und eine völlig aufgelöste, ganz und gar untröstliche, dabei rabiate Mona: der glamouröse Transvestit als ein Häufchen um sich schlagendes Elend. Rudolpho und ich verziehen uns in die Küche, Anna folgt uns. Sie ist schmal und blass und sieht sehr angestrengt aus. Rudolpho spricht Spanisch mit ihr. Sie nimmt beiläufig meine Hand – mich berührt die Geste – und erklärt mir, dass Marcos heute von einer Reise zurückkommen wird, nur weiß sie nicht, zu welcher Stunde. Mona flippt im Wohnzimmer aus. Anna bittet uns, Mona aus dem Haus zu schaffen, wegen ihrer Tochter. Wir ziehen die hysterisch Verzweifelte ins Treppenhaus. Ein Handgemenge bahnt sich an. Ich bin von Monas gewittrigen Aufwallungen mehr als erschrocken. Rudolpho klärt mich zwischen Tür und Angel auf: „Das ist wieder mal so ein Anfall, weil sie nicht weiß, ob sie ein Mann oder eine Frau ist und weil sie mal wieder unglücklich verliebt ist. Diesmal in Filipo."

Während wir mit der Unglücklichen, nun immerhin vor der Haustür, unsere Last haben, kommt uns ein langer, schmaler Mann entgegen.

Der dürre Hüne ist ein lateinamerikanischer Revolutionär, also einer wie Che, also ein Idol. Er zeigt Verständnis und blickt spöttisch auf den Tanz vor seiner Tür. Schon sieht es so aus, als müsse ich wegen Mona eine hoch interessante Begegnung verschieben, aber dann kriegt sich Mona doch noch ein, so dass ich meine Hilfsbereitschaft einstellen kann. … Ich sage, das schafft ihr ohne mich, und drei Minuten später klingele ich wieder an der Tür, die wir gerade hinter uns zugeschlagen haben. Marcos öffnet und lächelt wieder sein leicht spöttisches Lächeln. Einen Brasilianer habe ich mir anders vorgestellt. Nicht so blond und so blauäugig. Marcos' schönes Gesicht trägt viele Narben, aber die machen es interessant. „Ich möchte gern hier bleiben", sage ich.

Das will ich nicht allein. Auch Rudolpho kreuzt wenige Minuten später wieder auf, einträchtig mit der getrösteten Mona. Filipo ist noch da. Mona baut einen Joint, schon hat sie ihre Grandezza wieder. Eleganz muss sein. Marcos schaut mich an: „Bleib heute Nacht hier."

Es wird spät, und die Schlafstätten werden brüderlich verteilt. Ich kriege eine weiche Matratze. Ich liege wach und denke an Marcos und an Monas Tränen. An die Schwierigkeiten, zu erkennen, wer man ist. Manchmal fühle ich mich auch mehr wie ein Junge und manchmal wie eine verführerische Geliebte.

Ich bin nicht überrascht, als Marcos erscheint. Er kniet sich neben meine Matratze und streichelt zärtlich mein Gesicht. Dann ergreift er meine Hand und zieht mich zu sich hoch. „Komm mit mir. Anna möchte auch, dass du kommst. Wir wollen sie nicht allein lassen." Ich nicke und folge ihm neugierig ins Schlafzimmer.

Wind bläht die Gardinen; für römische Sommerverhältnisse ist es kühl. Unser Übermut von vorhin ist ernster Aufmerksamkeit gewichen. Drei Menschen umkreisen sich, wir sind behutsam miteinander. Die helle Anna ist ein völlig unerforschtes Gebiet – sie ist die erste Frau, die ich liebe, und beide lieben wir Marcos, den schönen Vertriebenen ... just in der Nacht, in der Gisela ihr erstes lesbisches Erlebnis hat.

Ich arbeite weiter an den Treatments, inzwischen für unsere beiden – geplanten – Filme. Für den Scippatorefilm und für ein neues Projekt, „Waldsee". Letzteres soll ein Film über unsere Truppe werden, natürlich mit Gisela und mir in den Hauptrollen. Als Grundlage wollen wir die Schülergeschichte von Oscar Wilde nehmen. Bei uns dreht sich alles um Verliebtheit, Selbstverliebtheit, um Narzissmus – und kein Text spiegelt mein Verhältnis zu Gisela deutlicher als der von Wilde. Ich war elektrisiert, fast erschrocken, als ich ihn zum ersten Mal las.

Als Narziss starb, da wandelte sich der Teich seiner Freude aus einem Becher süßen Wassers in einen Becher salziger Tränen, und die Preaden kamen weinend durch den Wald daher, um dem Teich zu singen und ihn zu trösten. Und als sie sahen, dass sich der Teich aus einem Becher süßen Wassers in einen Becher salziger Tränen verwandelt hatte, da lösten sie sich die Flechten ihres Haares, klagten und weinten und riefen: „Wir sind nicht verwundert, dass du in solcher Weise um Narziss trauerst, so schön war er."

„War denn der Narziss schön?" fragte der Teich.

„Wer wüsste das besser als du", antworteten die Preaden. „An uns ging er immer vorüber, aber dich suchte er auf, um an deinem Ufer zu liegen, auf dich herabzuschauen und in dem Spiegel deines Wassers seine eigene Schönheit zu spiegeln."

Und der Teich antwortete: „Ich aber liebte den Narziss, wenn er an meinem Ufer lag und auf mich nieder schaute, denn in dem Spiegel seiner Augen sah ich immer meine eigene Schönheit."

Uns schwebt eine malerische Verfilmung vor, und alles, was wir dazu brauchen, ist da. Wir, unsere zauberhafte Truppe, fantastische Kostüme, pittoreske Sets (ganz Rom bietet sich an), unsere Begeisterung – nur etwas Wesentliches fehlt noch. Ohne Geld kann kein Millimeter Film belichtet werden. Um zum Wesentlichen zu kommen, muss das Treatment fertig werden … und Gisela sagt, das schaffst du schon, und geht zur Piazza.

Ich gebe mein Bestes. Monikas Schwester ist gut drauf. Sie trifft sich mit Polimpo und findet ihn süß. Ich finde ihn alt. Eine Stunde später steht Gisela wieder im Zimmer, diesmal mit dem lästigen Gitarrenspieler. Gisela ist großzügig, Hans darf mit uns rumziehen. Ihre Versuche, ihn dabei besonders interessant erscheinen zu lassen, scheitern kläglich. Heute schwebt ihm eine Landpartie vor. Gisela interveniert zu seinen Gunsten: „Da kannst du doch auch schreiben, und wir können da Fotos machen, und Luigi kommt auch mit und ein paar andere auch. Und die Fotos können wir dann zum Treatment legen."

Wohin wollen wir überhaupt?

Hans überschlägt sich. „Nicht weit", jubiliert er, auch deshalb, weil Slavko spurlos verschwunden ist, „ich hab einen Freund, seine Familie hat eine große Villa außerhalb, die steht jetzt leer, weil der Vater im letzten Jahr bei so einem schrecklichen Autounfall gestorben ist. Piero ist aber gerade in der Villa und er würde sich freuen, wenn wir alle kämen."

Mein Auto wird beladen mit Freunden, Taschen, Hüten und einer Gitarre. Rudolpho und Luigi wollen mit Haschisch nachkommen. Und Roberto vielleicht auch.

Wir fahren durch eine Zypressenallee und geraten in eine Gegend, die von altem Wohlstand geprägt ist. Man ahnt noch den aristokratischen Betrieb vergangener Tage. Der Eindruck kommuniziert mit einer Leuchtspur der Nouvelle Vague.

Piero erwartet uns mit einem imposanten Hund auf einer Freitreppe. Die Truppe schwärmt aus und macht ihre Entdeckungen wie Eroberungen. Pieros Ahnen hängen in vortrefflichen Formaten an den Wänden. Wir lassen Kristallgläser klingeln. Piero genießt unsere Freude, doch mir entgeht nicht seine Traurigkeit, die sich vor der Schloss- und Parkkulisse sehr poetisch ausnimmt. Doch wir reißen ihn mit. Unsere Lebenslust ist ansteckend. Hans spielt Donovan – bis zum frühen Abend, dann bricht die Gesellschaft auf ins Abendrot. Ich bleibe zurück, separiere mich an einen Schreibtisch … entschlossen, das „Waldsee"-Treatment zügig zu Ende zu bringen.

Piero gesellt sich zu mir: „Was wird das?" fragt er den schreibenden Gast. Das frage ich mich auch. Wir stehen nun beide im Raum. Wir gehen aufeinander zu, wie auf einem Hochseil. Alles vibriert vor Verlangen. Wir küssen uns.

Später erreichen uns Rudolpho, Luigi und Roberto. Die Truppe lässt sich geschlossen durch das Schloss führen. Bald brennt es im Kamin, und Rudolpho rollt den ersten Joint.

Luigi ist mir heute egal. Piero sitzt zu meinen Füßen und spielt mit meinen runden Zehen. Dieser Film ist schön, denke ich, er soll genauso weitergehen.

Nachts lieben wir uns. Piero erzählt vom Tod seines Vaters Giovanni Pirelli. Italien seufzte in kollektivem Verlustschmerz. Dem Sohn stehen die Unfallbilder noch vor Augen. Ich ergänze sie für mich mit Zeitungsfotos von ausgebrannten Fahrzeugen.

Wir sind glücklich. Piero gewinnt seine Unbefangenheit zurück. Ich verbringe mit ihm helle Tage und Nächte voll rückhaltloser Zuneigung.

Die gute Zeit endet. Piero muss zurück nach Mailand. Er will mir die Villa überlassen, bis zu seiner ungewissen Rückkehr. Für einen Moment empfinde ich mich wie auf einer Kreuzung. „Ich gehe zurück nach Rom", sage ich.

Schon bald sehe ich vor mir die Lichter der ewigen Stadt, den Tanz unserer Truppe, Giselas lachendes Gesicht, und ich weiß, dass ich Piero niemals wiedersehen werde.

Paul Drei

Alle wollen dabei sein – bei unserem ersten Rendezvous mit John Paul Getty. Keiner vernimmt unsere Einwände. Polimpo, in meinen Augen ein Greis, sieht sich als Regisseur eines Jahrhunderttreffens sowie als Akteur in einem schicksalsträchtigen Stück. Seine Schweinsäuglein glitzern, und der Schnurrbart nimmt Fahrt auf. Diskret verteilt sich die Truppe auf dem Schauplatz unserer ersten Begegnung, immer schön so, dass keinem was entgehen kann … in einer winzigen Osteria.

Noch stehe ich mit Antipasti am Wurmfortsatz eines Tresens. In Olivenöl eingelegte Kartoffeln sind ganz nach meinem Geschmack. Polimpo hat für uns den größten Tisch ausgesucht, an dem wir wie auf einem Präsentierteller sitzen werden.

Meine Schwester erwartet mich auf ihrem Platz. Ich geselle mich zu ihr, ein wenig zögerlich, verlegen wegen der bombastischen Geschwätzigkeit unserer Gefolgschaft.

Marcello tritt ein, gravitätisch wie ein Hofmarschall von intellektueller Art. Ein Widerspruch, der mich bei ihm immer wieder stutzig macht: Marcellos studentischer Habitus passt so gar nicht zu seinem mafiösen Gehabe. Hinter ihm verbirgt sich ein rothaariger Junge, der sich cooler gibt, als er ist. Die aufeinander gepressten Lippen verraten seine Nervosität und so etwas wie schüchterne Erregung. Ich sehe ein fantastisches Kind von sechzehn Jahren und zugleich einen Mann von Welt.

Paul setzt sich so, als wolle er hinter dem Tisch in Deckung gehen. Gisela geht direkt neben ihm in Stellung.

Marcello eröffnet ein Gespräch über Kunst und Film. Minuten später sind wir schon alle ganz vertraut miteinander. Paul erscheint mir wie ein jüngerer Bruder, so nah wie in dem Märchen von Brüderchen und Schwesterchen, bloß, dass es in unserem Märchen zwei Schwesterchen gibt. Mir ist, als hätten wir uns schon immer gekannt und wären nie getrennte Wege gegangen. Und Gisela wirkt seltsam ergriffen. In ihren Augen erkenne ich mehr als geschwisterliche Liebe. Ich bekomme einen leichten Schreck. In Pauls Lachen mischt sich Verwundung mit jugendlicher Arroganz und Rastlosigkeit. Wahrscheinlich höre nicht nur ich diesen seltsamen faszinierenden Dreiklang.

Wir haben uns gefunden. Das steht fest. Jetzt werden die Liebe und das Licht regieren und Shangrila.

Gisela: Treffpunkt ist die Trattoria unserer Truppe. Marcello taucht erstmal allein auf, er will schauen, ob wir auch wirklich da sind. Er sagt uns, dass Paul draußen wartet.

„Hol ihn doch“, schlagen wir vor. Natürlich bin ich neugierig. Inzwischen hat mir Ludovica erzählt, in wen sie so vergeblich verliebt ist. Es ist Paul, der Junge mit der schillernden Salamanderhaut.

Hinter Marcello kommt ein Schlaks mit Kupferlocken ins Lokal. Er trägt Jeanshemd und -hose und Schlangenlederstiefel. Er ist bemerkenswert hübsch und erscheint geradezu unwahrscheinlich jung. Marcello stellt ihn vor, in einem Akt grotesker Förmlichkeit. Gewöhnlich sagen wir in solchen Situationen einfach Hallo und setzen uns zusammen. Paul bleibt aber stehen. Schüchternheit und Draufgängertum mischen sich in seinem Lächeln. Als sei er einer, der es wissen will und doch um Abstand bemüht ist. Für Distanz sorgt Marcello, indem er für Paul redet.

Marcello ist ein bisschen Pauls Diener, aber gleichzeitig auch eine Vaterfigur. Sein Verhalten schwankt zwischen Servilität und Autorität. Er gibt den Vernünftigen mit Hornbrille, ist aber für jeden Mist zu haben, was ich zu der Zeit natürlich nicht weiß. Ich sage Paul, dass er sich zu uns setzen soll. Er setzt sich zwischen Jutta und mich. Unsere Freunde beobachten jede Bewegung an unserem Tisch.

Ich bin sofort verliebt. Jutta signalisiert, dass sie das mitgekriegt hat. Irgendwie hat es sogleich ein Erkennen zwischen Paul und mir gegeben, eine Wesenskoinzidenz, die sich unumwunden offenbart. Paul ist genauso ein Außenseiter, wie Jutta und ich Außenseiter sind. Wir kommen von einem anderen Stern. Paul sieht sogar ein bisschen so aus wie ich, ebenso lockig und dünn.

Marcello hinterlässt seine Adresse: Vicolo del Canale. Das ist am tiefen Ende von Trastevere, in der Nähe des Tibers. Wir sind da anderntags zum Lunch eingeladen.

Pünktlich um zwei klopfen wir an eine massive Holztür. Lange rührt sich nichts, uns überkommen schon Zweifel und wir wollen gehen, da öffnet ein verschlafener Marcello die Tür. „Wir wollten doch zusammen Mittag essen?" sage ich einfach.

Marcello ist sofort übereifrig. Er entschuldigt sich, bittet uns in eine Art Verließ, dunkel und muffig. An einer Wand stehen Metallbetten, mit verratzten Decken bespannt.

Hinter einer Tür vermute ich Pauls Schlafzimmer. Ich weiß nicht, was ich mir unter der Herberge eines Magnatensprosses vorgestellt habe, dieses düstere Gewölbe auf jeden Fall nicht. Aber es ist auch faszinierend. Ein Studio. Bilder lehnen an den Wänden, Marcello ist Maler, und Paul malt auch. Wir halten ihn sofort für viel begabter als Marcello mit seinen Segelbooten im Sonnenuntergang und seiner Spachteltechnik.

Marcello konfrontiert uns im römischen Untergrund mit Anmutungen einer Konspiration: „Wir malen zusammen, und Paul unterzeichnet alle Bilder mit seinem Namen. Ein Restaurantbesitzer verkauft sie als echte Gettys an Touristen, und wir können dafür immer bei ihm essen und manchmal gibt er uns auch Geld."

Klasse Idee, finden wir, vielleicht können wir mitmachen. Wir malen auf jeden Fall besser als diese beiden. Marcello aber verschweigt uns den Hauptdreh des Kunstdeals: Paul und er kriegen Kokain für ihre Machwerke.

Paul kommt an, noch mit voller Bettschwere. Ich sehe den zerzausten Knaben, und plötzlich habe ich eine Art Déjà vu … und ich weiß, da kommt mein Mann. Das ist er. Mein Schicksal.

Jetzt werden wir ausgeführt. Das Lokal ist noch dunkler als Marcellos Studio und mehr ein Nachtclub als ein Restaurant. Zur Mittagszeit findet hier nicht viel statt. Wir fühlen uns mächtig deplatziert … an diesem Ort für alte, zumindest in unserer Vorstellung schmierige Leute. Marcello klärt uns auf: Der Herr im Haus, ein gewisser Catellone, kauft die Bilder und beschützt Paul. Catellone verfügt über weitreichende Beziehungen als Mann der Malavita. Wir können uns auf die Zuschreibung keinen Reim machen. Malavita klingt gut, bedeutet aber das schlechte Leben und hat mit der Mafia zu tun. Drogenhandel und Prostitution sind ihre Domänen.

Mir ist das alles ganz egal, Hauptsache, ich bin mit Paul zusammen. Paul ist auch ganz aufgeregt. Wir beschließen, alle zusammen ans Meer zu fahren.

Wie Kinder tollen wir am Strand, spielen Fangen, und dabei berühren Paul und ich uns zum ersten Mal … unauffällig. Auf

der Rückfahrt setze ich mich neben Jutta. Später gesteht Paul, er sei verärgert gewesen, dass ich nicht neben ihm sitzen wollte. „We went to the beach one day. We played around. I was always trying to touch her. In the car she wouldn't sit in the back with me, she would sit in the front with her sister. In the beginning we didn't really like each other very much."
Jutta: Gisela erzählt mir, was ich schon weiß. Sie ist verliebt. Ich gebe unüberzeugt den Altersunterschied zu bedenken; lieber würde ich es bei Brüderlichkeit belassen. Oder bin ich nur eifersüchtig? Egal, spielt alles keine Rolle. Mir gefällt Giselas Verliebtheit – und ich bin es auch. Schon haben wir weitergehende Pläne. Die neue Welt soll Wirklichkeit werden. Und sei es nur in Form einer schönen Insel oder eines Schlosses in Marrakesch. Das Schloss könnte natürlich auch in Italien stehen, aber niemals in Deutschland, wo es uns ganz einfach zu kalt und grau ist.

Dumm nur, dass Gisela gerade jetzt noch einmal nach Deutschland muss, wegen irgendwelcher Scheidungspapiere. Wir besprechen noch, wie es mit Paul und uns weitergehen soll. Gisela fürchtet, dass ihre Abwesenheit der angelaufenen Geschichte nicht bekommt und bittet mich, Pauls Interesse an ihr wach zu halten, ihn zu treffen und von ihr zu erzählen. Dafür will sie mir später bei Bob Dylan helfen. Wir reden so konkret darüber, als läge das alles allein in unserem Ermessen. Zwei kleine Mädchen schmieden Pläne und fühlen sich allmächtig und halten die Liebe in ihren Händen. Dylan ist in unserer Fantasiewelt schon etabliert. Es ist nur eine Frage der Zeit, wann wir ihn treffen werden.

Auch wenn Dylan das noch nicht weiß und es uns noch unklar ist, wo und wann, wir werden ihn kennen lernen. So überlegen wir, wie wir die besten Männer am besten unter uns aufteilen, zum Besten der Männer und zu unserem eigenen

Besten – und eingedenk dessen, was wir am Strand von Sperlonga erlebt haben.

Gisela fährt entspannt ab, wir können uns aufeinander verlassen.

Schon am ersten Tag nach ihrer Abreise treffe ich Paul zum Mittagessen. Ich kultiviere sein Interesse an meiner Schwester mit Geschichten. Ich offenbare Paul unsere Ideen und Pläne. Wir wollen eine kreative und offene „Auserwähltenkommune" schaffen; so was wie Warhols Factory, nur viel ekstatischer und schöner. Paul ist neugierig und fragt mich aus. Als Gisela zurückkommt, scheint es jedem von uns so, als sei sie überhaupt nicht weg gewesen. Nun wollen wir drei zusammenbleiben und die Welt neu erfinden. Das war uns schon in der Osteria bei unserer ersten Zusammenkunft klar.

Bald ziehen wir alle um, Marcello und Paul, Gisela und ich, in den Dungeon: einen mittelalterlichen Turm auf einem Stadtmauerrudiment.

Gisela: Jutta, Paul und ich sind jetzt immer zusammen. Zu Monika und ihrer Schwester gehen wir kaum noch, und auch die anderen Freunde werden erstmal vernachlässigt. In unserem Turm gibt es zwei Studios und ein kleines Schlafzimmer mit einem großen Bett. Nur ein Regal passt noch hinein, darauf steht der Plattenspieler. Wir schlafen zu dritt. Ganz selbstverständlich. Paul liegt zwischen Jutta und mir. Manchmal tastet er nach meiner Hand, um sie zu halten. Wir haben eine Einschlafmusik. Von Tschaikowski. Immer dasselbe Stück.

Paul teilt seine Zuneigung zwischen mir und Jutta. Ich weiß, dass meiner Schwester an Paul nicht besonders viel liegt, während ich rasend verliebt bin. Alle getuschelten Absprachen und geschwisterlichen Handlungen folgen der Devise: „Lass ihn mir und unterstütz mich. Bei deinem nächsten Favoriten helfe ich dir."

Und dann kommt die Nacht, in der Paul sich ernsthaft in mich verliebt. Es geschieht in Catellones Club, für mich gewöhnlich eine unbehagliche Stätte, an der ich nicht sein will. Doch heute Nacht gehe ich im Dunstkreis der Malavita aus mir heraus … Ich sehe Paul an. Er erwidert den Blick anders als sonst. So hat er mich noch nie angeschaut, so süß und voller Verlangen. Er hat sich für mich entschieden.

La Malavita. Eine erste Begegnung

Catellone kreuzt im Turm auf, mit seiner Bande im Schlepptau. Das Fußvolk hält respektvoll Abstand. Wir sind perplex. Mafiamanieren sind uns noch unbekannt. Catellone wirkt nicht unattraktiv. Er entledigt sich seines Jacketts, gibt sich lässig und legt großzügig eine Tüte Koks auf den Tisch. Er ist eine Art „Guter Freund" von Marcello und Paul. Von den Zwillingen hat er schon viel gehört. Er bringt das freundlich zur Sprache.

Ich überwinde meine Scheu vor Kokain – ein bisschen kann nicht schaden, probieren sollte man alles. Rasch merke ich, dass Kokain nicht meine Droge ist, es passiert nichts, außer dass man sich stark fühlt und einen Laberflash kriegt. Ich halte nur mit, um mich nicht auszuschließen.

Catellone findet uns entzückend. Er will gleich ein großes Essen für die Zwillinge ausrichten. Paul ist stolz auf uns, das sehe ich ihm an. Die Good Fellas faszinieren ihn als Club der starken Männer. Für uns sind sie absolut artfremd, seltsame Typen in Anzügen. Es gibt keine Schnittmenge zwischen ihrer und unserer Welt.

Eigenartig, wie vertraut Paul mit ihnen ist, wie wohl er sich in ihrem Kreis fühlt. Zu unseren Freunden kommt Paul nie mit, manchmal macht er sich über uns lustig: „Ihr mit euren Schwulen."

Catellones Einladung vergessen wir sofort wieder. Aber als wir am nächsten Abend den Turm betreten, steht da ein langer, mit einer Damastdecke überzogener Tisch, voll eingedeckt. Catellone, Paul und ein paar Gangster erwarten uns. Mit ausladenden Gesten weist uns der Padrone unsere Plätze an dieser Tafel zu. Wir sind für ihn schillernde Schmetterlinge, ihm ganz und gar unvertraut, nicht zuletzt wegen unserer aufgeschlossenen Unschuld.

Zwei hübsche italienische Bordsteinschwalben suchen Catellone auf. Ich verstehe ihr Gespräch nicht. Er zeigt ihnen seinen Unmut sehr deutlich, bevor er sie aus dem Turm scheuchen lässt. Wir nehmen den Vorgang als peinlichen Auftritt wahr und vergessen ihn umgehend.

Am nächsten Tag meint Marcello mit uns sprechen zu müssen. Er hat herausgefunden, dass Catellones Mädchen uns mit Rasierklingen traktieren wollen, aus Eifersucht und um der unverdienten Hochachtung, mit der ihr charmanter Oberzuhälter uns unterhält, ein Ende zu machen. Marcello rät uns, die Gässchen von Trastevere zu meiden. „Die Mädchen haben Rasierklingen in ihre Taschentücher eingenäht. Sie werden euch im Vorübergehen die Tücher über die Gesichter ziehen. Das ist so üblich."

Auch das vergessen wir wieder. Wir sind immer noch mit unseren Hippiefreunden zusammen, abends im Turm aber erwartet uns die ehrenwerte Gesellschaft. Nun hat unser Alltag eine helle und eine krasse Seite. Der Turm wird nach Sonnenuntergang zum „Underbelly" von Rom. Hier kommt der Boss der Malavita mit Freunden aus Kalabrien und aus Mailand zusammen. Es sind schweigsame, dunkle Männer in teuren Anzügen; gezeichnet von lebenslangem Misstrauen. Alle wollen sie Paul und die Zwillinge anschauen.

Wir erzählen Catellone von unseren Filmideen. Immer wieder lässt er sich Einzelheiten erzählen. Er deutet an, als Produzent mit uns ins Geschäft kommen zu wollen – obwohl er offensichtlich von der ganzen Sache nichts versteht.

Inzwischen malen auch Jutta und ich Bilder, die Paul signiert. Wir bekommen nur einen kleinen Anteil am Gewinn. Den geben wir mit unseren Freunden aus. Es macht Spaß, eine Einladung auszusprechen. Doch sind wir meistens klamm.

Capri

„Besuch mich auf Capri", sagt Elton John zu John Paul in einem Club. Der goldene Hippie meint „why not" und schon geht's los. Die Rasselbande nimmt ein paar echte Gettys mit auf die Reise – und Luigi, auf dessen Mitfahrt Jutta besteht, zu Marcellos Abwehr. Luigi hat gerade mit Fellini gedreht. Er ist ein extrem blasser, auffallender und exzentrischer Junge. Einer der Lieblinge der Zwillinge. Seiner Homosexualität zum Trotz scheint er in Jutta verliebt. Er war schon in der Pirellivilla eifersüchtig. Zugeben würde er das aber nie.

So weit unten im Süden sind wir noch nie gewesen, Paul erzählt auf der Zugfahrt, wie gefährlich Neapel sei. Sein Opa habe da in der Nähe mal einen Palazzo erworben, den aber nie bewohnt.

In Neapel laufen wir durch schmutzige Gassen zum Hafen. Auf der Überfahrt sehen wir den Vesuv, fantasieren seinen Ausbruch und fabulieren über die Toten von Pompeji.

Auf Capri scheint Paul sich auszukennen, er läuft uns voran. Wir folgen ihm den Berg hinauf. In der Nähe soll die Villa von Axel Munthe sein. O. W. Fischer hat ihn gespielt, unsere Mutter für ihn geschwärmt. Aber noch mehr interessiert uns das Haus von Curzio Malaparte. Paul möchte es auch sehen, er zitiert Malaparte: „una casa come me: triste, dura, severe". Wir kennen die Villa aus Godards Film mit Brigitte Bardot, „Die Verachtung".

Wir kommen in einer kleinen Pension unter. Paul und ich nehmen zusammen ein Zimmer, und Jutta und Luigi beziehen eins. Ein frustrierter Marcello schleppt die echten Gettys in seine Besenkammer. Er hat sich diesen Trip ganz anders vorgestellt, noch immer macht er sich Hoffnungen auf Jutta.

Ich war noch nie allein mit Paul im Bett. Bisher haben wir uns noch nicht einmal geküsst, immer bloß Händchen gehalten.

Paul muss telefonieren und verschwindet erst einmal. Nach einer Weile kommt er zurück, er und Marcello wollen Elton John einen Antrittsbesuch ohne uns abstatten. Uns passt das überhaupt nicht.

Jutta und ich errichten auf der Piazza einen Stand, die Pension muss ja bezahlt werden. Na gut, meinetwegen. Unsere Beschäftigung ist aber eine einzige Demütigung. In unseren exotischen Sachen, die wir für Elton John angezogen haben, stehen wir nun auf dem blöden Platz. Paul und Marcello waren sich sicher, dass uns die Bilder aus den Händen gerissen würden. „Bei so schönen Mädchen", meinte Marcello, „ist der Erfolg garantiert."

Er, nicht ich, geht mit Paul zu Elton John … und wir verkaufen nicht ein Bild, müssen uns aber von dicken, hässlichen Touristen anstieren lassen. Wir fühlen uns lausig. So einen Mist werden wir nie wieder machen. Entschlossen packen wir die Bilder zusammen und schleppen sie in die Pension. Von Paul und Marcello keine Spur. Dann aber kommen sie, um uns abzuspeisen: „Ja, war ganz gut, morgen gehen wir alle hin."

Endlich bin ich allein mit Paul. Es wird keine wilde Liebesnacht, so wie ich mir das in meinen Träumen vorgestellt habe. Schüchtern liegen wir nebeneinander, es dauert, bis wir uns trauen, uns zu küssen. Ganz vorsichtig berühren wir uns, zu aufgeregt und zu verliebt und voller Angst, etwas falsch zu machen.

Ich höre Pauls Herz schlagen. Alles Weitere vollzieht sich dann schnell, aber schlafen können wir danach nicht. Bis zum Morgen liegen wir ineinander verschlungen. Paul erzählt von seiner Zeit in Marokko und von seinem Vater, der da lebte mit Talitha, der schönsten Stiefmutter der Welt. „Sie war ein bisschen wie du und Jutta. Ihr erinnert mich an sie."

Paul sagt, er wäre gern in Marrakesch geblieben. Dort war er zum ersten Mal wirklich glücklich und seine ganze Sehnsucht zieht ihn dorthin. Wir malen uns ein Leben im Orient aus, zu dritt mit Jutta, und alle unsere Freunde müssten zu Besuch kommen. Es ist nicht das erste Mal, dass wir so fantasieren, aber in dieser Stunde leben wir schon in Marrakesch, in unserem Palazzo, weit weg von allem Gegenwärtigen, vor allem jedoch weit entfernt von unserer Armut.

Am nächsten Tag will Paul sofort abreisen. Er hat Geld genug, um unsere Übernachtungen bezahlen zu können. Alles soll plötzlich rasend schnell gehen, Paul wirkt nervös.

„Wir wollten doch zu Elton John!“ Nein, geht nicht, Elton John ist schon abgereist oder so ähnlich.

Bei der Überfahrt kommt Sturm auf. Wellen schlagen über der Fähre zusammen. Mir ist schlecht, ich verkrieche mich unter Deck. Irgendwie, denke ich, ist da bei Elton John etwas Komisches passiert – und Paul und Marcello wollen uns nichts erzählen.

Jutta: Gisela und Paul möchten, dass ich mit nach Capri komme. Ich bin nicht begeistert, der unvermeidliche Marcello nervt. Ich nehme ihn als Wolf wahr, der ständig Kreide frisst und am liebsten Mädchen. Meine Teilnahme verbinde ich daher mit der Forderung, Luigi in unserer Reisegesellschaft aufzunehmen. Dabei ist es fast unmöglich, meinen schönen Freund zu erreichen. Am Vorabend unseres Aufbruchs erwischen wir Luigi auf der Piazza Navona. Gisela und ich bestürmen ihn: „Komm mit. Das wird bestimmt ganz toll. Elton John hat uns eingeladen und bei ihm ist seine ganze Entourage.“

Luigi reagiert verhalten. Er trägt mir die Pirelliaffäre nach; keine Ahnung, warum ausgerechnet diese Episode. Er sagt dann aber doch: „Na gut, ich komme mit dir.“

Die Tour wird zum Debakel. Im Golf von Neapel zeigt sich Neptun rabiat. Die Fähre schlingert durch Wasserschluchten. Uns ist, als habe der liebe Gott den großen Lichtschalter umgelegt. Abends sitzen wir mit Eltons Vasallen in einem teuren Restaurant. Elton wird zwar ständig angekündigt, kreuzt aber nicht auf. Er ist schon zu berühmt für alle Anwesenden. Uns fehlt Geld für die Zeche.

Paul verschwindet immer mal wieder; seine normale Unstetigkeit artet in offene Nervosität aus. Der Sex mit Luigi stellt sich endlich auch als Desaster dar, aller Bemühungen auf beiden Seiten zum Trotz. Sein Schwanz will mich nicht.

Luigi nötigt sich. Halbschlaff dringt er schließlich in mich ein. Meine Vagina kommt mir vor wie ein hungriger Vogelschnabel, der einen todesunwilligen Regenwurm mühsam aus der Erde zieht. Luigi fehlt im Weiteren der nötige Humor für so eine Lage.

Unsere Abreise gleicht einer Flucht. In einem frostigen Augenblick auf dem Meer kommt mir unser Capri-Ausflug unendlich missglückt vor.

Wild Horses

Jutta: Ein Malavitamann bringt Kokain vorbei. Wir laden ihn ein, mit uns auf einem Bett abzuhängen. Er revanchiert sich mit einem Joint für die Runde. Gisela und ich fangen an Quatsch zu machen und beziehen dabei den Gangster ein. Er staunt uns an. Dann bricht es regelrecht aus ihm heraus: „Ich kenne einen Künstler, der sucht gerade hübsche Frauen für eine Playboy-Fotostrecke."

Wir lachen ihn aus: „Künstler und Playboy, wie soll das zusammengehen?"

Aber der bewaffnete Bursche scheint eine Menge von dem Künstler zu halten: „Nein, nicht so wie ihr denkt. Der macht ganz tolle Sachen, für den Playboy wäre das mal was ganz anderes. Kunst! Ihr müsstet ihn eigentlich kennen. Mario Schifano."

Er betont diesen Namen, spricht von seinem Träger so respektvoll, als spräche er vom Papst. „Skifano, skifo, skifo, skifos, skifoso, Schifano."

Gisela und ich wollen uns ausschütten vor Lachen. Schifo heißt soviel wie „Pfui Teufel" oder „ziemlich eklig". Wir spotten und sind albern – sicher unerträglich. Nur Zwillinge, die stoned sind, können so sein. Allerdings hält der Gangster auf seine und auf Marios Ehre: „Ihr müsst ihn gleich morgen anrufen. Er ist wirklich einer der besten und bekanntesten Künstler Italiens. Ich habe auch ein Bild von ihm gekauft."

Ich habe ein paar Stunden später einen Assistenten des „italienischen Warhol" an der Strippe – und die üblichen Sprachschwierigkeiten. Aber am Ende der telefonischen Auseinandersetzung haben wir dann doch einen Termin.

Auf Plateausohlen stöckeln wir zu unserer ersten Verabredung mit Mario Schifano. Gisela trägt einen weißen Flohmarktfummel, und ich komme mit meinem Blümchennachthemd aus den dreißiger Jahren. Gekrönt werden wir von unseren Strohhüten. Die Begegnung führt uns ins antike Stadtzentrum, in ein Reservat der römischen Aristokratie.

Mario Schifano wohnt in einem Palazzo aus dem 15. Jahrhundert in der Via del Corso. Wir betreten eine schneeweiße Marmortreppe, am Portal der zweiten Etage empfängt uns eine Contessa in einer Streifenbluse. Sie wirkt sehr sophisticated. Wir folgen ihr in einen Saal. Der Raum vermittelt uns im ersten Anblick alle Vorstellungen von innenarchitektonischer Vollendung. Hier atmet immer noch die Renaissance.

Wir passen ins Bild. Unsere Empfangsdame bietet Erdbeermilch an. Der Hausherr lässt auf sich warten, das Personal verzieht sich. Gisela steht kurz vor einem Zusammenbruch, ihr ist schlecht von einer Mischung aus Koks und Erdbeermilch, die sie dann auch tatsächlich umhaut, ich tippe auf Kreislaufkollaps. Ich steige aus meinen Schuhen und suche das Bad. Es ist, wie alles im Hause Schifano, gigantisch. Auf dem Wannenrand steht bacchantisch ein Trinkbecher aus Silber. Ich spüle Rotwein aus dem Becher und fülle ihn mit Wasser. Gisela versucht zu trinken, aber meiner Schwester fällt selbst das Schlucken schwer, so hinüber ist das Blumenkind als Koksbraut.

Türflügel klappen auf und das Kontrastprogramm zur Einrichtung nimmt Gestalt an. Ich sehe ein Gesicht, brennende tief liegende Augen, den zynischen Mund eines Connaisseurs. Das Guccihemd falsch zugeknöpft, die elegante Hose zerknittert und barfuss: so tritt Mario Schifano in mein Leben. Ich genieße den Anblick einer aristokratischen Ausgabe von Keith Richards, vor mir steht ein poetischer Rabe, wild, nervös, eigensinnig, zerstört und zerstörerisch. Eine absolut gefährliche und zugleich anziehende Mischung, ich bin mit einem Schlag wie trunken.

Ich gehe mit Mario in sein Schlafzimmer. Hochglanzmagazine liegen auf seinem Bett, überall sehe ich Kokain. Wir machen es uns dazwischen bequem, die arme Gisela ist vergessen. Binnen einer halben Stunde haben wir uns unser Leben erzählt. Immer wieder zieht Mario etwas als Beleg heran, Zeitungsausschnitte, Bücher, Fotos, Reproduktionen seiner Bilder, die wie aus meiner Psyche gemalt sind.

Genauso würde ich auch malen. Mario erzählt von Anita Pallenberg, mit der er jahrelang zusammen war. Mit Mick Jagger kämpfte er um Marianne Faithfull. Mick schrieb ein Lied für ihn, „Wild Horses". Es existiert ein Foto mit der Legende: „Marianne Faithfull and her son Nicholas escape from Mick Jagger in Schifano's car." Mario erwähnt Nancy, die Ehefrau von Dado Ruspoli, nennt sie seine große Liebe, die er nun hasst.

„Sono un diavolo – Ich bin ein Teufel", sagt er, ohne Koketterie, mit einer Spur Verzweiflung.

Mario fotografiert Gisela und mich auf seinem Bett in langen Spitzengewändern. Nach ein paar Minuten bricht er die

Aufnahmen ab; er ist von unserer Unschuld so berührt, dass er keine weiteren Bilder von uns „rauben“ mag. Brutal und schmutzig fühle er sich. Mir gesteht er seine Liebe. Ein paar Tage später lässt er mich von seinem Diener „entführen“, der mich zu ihm bringt. Er stellt mich Kim (Franco Arcalli) vor, einem der großen Männer des italienischen Films. Es gibt keinen wichtigen Film in Italien, bei dem Kim nicht seine Finger im Spiel hat, als Cutter, Co-Writer und Co-Director.

Ich sitze Kim und Mario gegenüber und beide überlegen, wie sie meine Karriere als Schauspielerin vorantreiben können. Ich lehne ihre Unterstützung ab. Ich bin noch links und finde Protektionismus verwerflich.

In seinem „geheimen“ Zimmer weist mich Mario in die Kunst des Opiumrauchens ein. Er hat eine kostbare Pfeifensammlung, unter anderem eine von Cocteau entworfene und aus Elfenbein geschnittene Pfeife. Der Kopf besteht aus zwei stilisierten Händen, die eine Blüte tragen. Die Blüte trägt das Opium. Aber ich vertrage das Opiumrauchen nicht und muss, meist schon nach den ersten exquisiten Ritualen, rasch aufs Klo. Oft übergebe ich mich auf einem der seidenen Kissen, die uns den Übergang nach Shangrila erleichtern sollen, und liege wie eine Halbleiche in den schönen Polstern.

Regelmäßig kommt es zum Streit mit Mario. Ich vertrage das Zeug ganz einfach nicht. Ich gehöre dem psychedelischen Orden an. Opium rauchen oder den Drachen jagen, das heißt, Heroin oder Morphin auf Stanniolpapier verbrennen und inhalieren, liegt mir nicht. Ich bin kein Suchttyp. Meine Seele will fliegen.

Mario hasst LSD. Er hasst es, dass ich LSD liebe. Ich begleite ihn anfänglich bei seinen Rauchritualen und liege in meinem schwarzen Seidenanzug neben ihm. Entweder wird mir schon vom süßlichen Brutzelgeruch übel oder ich langweile mich, wenn Mario mit geschlossenen Augen seine Unterwelt bereist.

Wir fahren zu seinem Sommerhaus nach Sabaudia. Im Bentley, das Opium und die Pfeifen im Gepäck. Auf der Rückbank sitzt Madame Paranoia. Mario ist wie ein Henker unterwegs.

Wir besuchen Moravia in Sabaudia, tafeln und schwafeln stundenlang, mit Blick aufs Meer, in dem schließlich auch die rote Sonne versinkt. In Marios hauseigene Idylle zurückgekehrt, malen wir gemeinsam an Bildern ... bis zum nächsten Streit. Ich schließe mich die ganze Nacht ein. Mario zerschlägt kostbare Gläser, er ruft Gisela an. Mario will sie als Vermittlerin einsetzen.

Immer wieder kommt es zu Eifersuchtsszenen und zu heiligen Versöhnungen. Vor allem stört mich an Mario: Er ist ein Stubenhocker. Mich lockt die Welt vor seiner Tür. Abenteuer. Nachts laufe ich alleine über das alte Pflaster und verspreche mir, so zu leben, dass ich einmal ein Buch darüber schreiben kann.

Mario möchte mich am liebsten einsperren. Er ist ungesellig bis zur Menschenverachtung. Ich brauche meine Schwester, unsere Freunde, das ganze bunte Tamtam.

Gisela: Einer von Catellones Laufburschen erzählt uns von Mario Schifano. Er beschreibt ihn als prominenten Opiumraucher. Zusammen mit der Frau von Prinz Dado Ruspoli lebe er im dritten Stock des Palazzo Ruspoli in der Via del Corso. Dado, ein flamboyanter Prinz – seine Familie zählt zu den ältesten Italiens, mit Schlössern von Rom bis Florenz –, war schon mit Pauls Vater befreundet. Wir gehen ihm aus dem Weg, seit er uns für eine Ménage à trois gewinnen wollte. Er ist ein brillanter Kopf, von Orson Welles hat Dado Hypnosetechniken gelernt, Cocteau war ein Freund von ihm; dies zur Skizzierung seiner Kragenweite. Wir werden aber scheu wie die Rehe in seiner Gegenwart, wittern einen seelischen Abgrund, eine Verworfenheit, die auch uns zu weit gehen könnte. Nun erfahren wir von dem Gangster, dass Schifano Girls sucht, die sich auch nackt fotografieren lassen. Nein, das wollen wir nicht, aber Paul redet uns gut zu: „Don't be afraid, he has incredible taste. You must do it, if not it's a huge mistake."

Jutta und ich schätzen Paul als Künstler, er kennt sich aus und wir haben den gleichen Geschmack. Wir besorgen uns Marios Telefonnummer, es ist nicht leicht, ihn zu erreichen.

Nachdem wir endlich ein Treffen vereinbart haben, möchte ich dem großen Künstler in meinem weißen Nonnenkleid gegenüber treten. Doch es ist nicht mein Tag, mir geht es schlecht und ich kollabiere, bevor der Herr im Haus es angebracht findet, uns zu empfangen. Ich kriege von ihm dann erstmal nicht viel mit, habe aber doch einen Eindruck. Mario Schifano sieht wie ein linkischer Vogel aus, ein düster umflorter Typ ist er. Mir rät er, mich hinzulegen, was ich dankbar annehme. Mir ist übel und ich gerate in eine Art Zwischenzone, sehe mich im Palazzo und halluziniere Leute in Samt und Seide und die Frau vom Empfang, die durch eine verborgene Tür huldvoll in meine Welt eintritt.

Jutta und Mario bewegen sich außerhalb meiner von Übelkeit gallig getränkten Träume. In ihrer Sphäre blühen weiße Rosen und das Licht ist wie Gold.

Auf dem langen Heimweg erfahre ich, dass meine Schwester sich in einen römischen Granden verliebt hat.

Mario wird der dominante Mann in unserem Leben. Er ist alles andere als ein Hippie. Während ich mit Paul nur die schnellen Nummern eines egoistischen Knaben haben kann, spielt Jutta Hauptrollen in ausschweifenden Inszenierungen. Wir beide sind Marios neue Musen: Er dreht einen experimentellen Film mit uns, fotografiert und zeichnet uns.

Wir gehen bei ihm ein und aus. Und wieder einmal lädt er uns ein, Opium mit ihm zu rauchen. Gerade ist eine Sendung aus Vietnam eingetroffen. Wir liegen auf Kissen und rauchen, Jutta und ich haben nur semitransparente thailändische Tücher am Leib und sind, sagt Mario, Narziss und Goldmund. Wir kotzen dann auch synchron in die Kissen.

Immer wieder übernachten durchreisende Hippies, Künstler und von zuhause abgehauene Jugendliche im Turm – und so auch ein ganz stiller Junge aus Kassel. Jamal. Er könnte glatt als Süditaliener durchgehen, so dunkel ist er. Wir werden aus ihm nicht schlau, sein Mitteilungsbedürfnis tendiert gegen Null. Tagsüber kriegen wir ihn kaum je zu Gesicht, er geht seiner Wege wie ein verletztes Tier, das es auf Konfrontationen nicht ankommen lassen kann. Bertolucci hätte ihn gerne besetzt, der Junge habe, sagt der Regisseur, das seelische Inventar eines mürrischen Greises. Aber dann verschwindet der Junge aus unserem Kreis und keiner weiß, wohin es ihn getrieben hat.

The Dark Side of the Moon

Jutta: Es muss jetzt Dynamik in unsere Gemeinschaft der „Auserwählten“. Wir wollen endlich unsere Filme drehen und brauchen dafür Geld, viel Geld.

Unsere Kohle ist alle, und der Absatz echter Gettys stockt. In den Mafialokalen hängen unsere Bilder bereits. Mehr davon? Nein danke. Catellone möchte keine rosa Pferdeköpfe im Sonnenuntergang mehr. Er will jetzt Scheine sehen, wenn er uns Koks besorgt. Wir erwägen, nicht zum ersten Mal, einen Banküberfall. Raub ist zurzeit en vogue und gilt als revolutionäre Maßnahme. Die Genossen in Deutschland heben eine Bank nach der anderen aus. Seit unserer Erleuchtung am Strand sind wir zwar nicht mehr so richtig links, beziehen jedoch aus dieser Ecke immer noch wichtige Ausstattungselemente für unseren Kosmos. Wir lieben den Mut von Bommi Baumann, den der Bewegung 2. Juni und natürlich auch die Kühnheit der Baader-Meinhof-Gruppe. Banküberfälle finden wir korrekt, die Räuber müssen nur politisch auf der Höhe sein. Allein, es fehlt uns der Mut. Wir wollen partout nicht in den Knast.

In unserer Not bitten wir Leonard zur Kasse. Vergeblich. Der Onkel in Deutschland fasst sich kurz in seiner telegrafierten Antwort, man beachte den majestätischen Plural: „Non possumus."

Gisela: Wir müssen einsehen, dass wir leider nicht so spielend überleben können, wie es unserem Ideal entspräche. Da weiht uns Paul eines Tages ein: „Ich hab die wahnsinnigste Idee. Ihr dürft aber darüber mit niemandem sprechen."

Er schaut uns verschwörerisch an: „Ich hab die Lösung gefunden, ihr wisst doch, dass ich gewisse Beziehungen hab, also, ich hab schon mit jemandem gesprochen, das ist eine ganz sichere Sache, ich lass mich entführen. Ich bin der Lieblingsenkel meines Großvaters, der zahlt garantiert für mich."

Vom Geld soll ein Schloss in Marokko gekauft werden, so viel steht schon mal fest. Jutta und ich zeigen uns begeistert und verbergen unsere Angst vor diesem Spiel mit dem Feuer.

Aber dann, nach einigem Hin und Her, finden wir Pauls Idee doch genial. Der alte Mann hat schließlich so viel Geld, und was macht er schon damit? Wir wissen auf jeden Fall Besseres damit anzufangen. Wir werden ein kreatives Zentrum in Nordafrika aufbauen. Die besten unserer Generation sollen hier wirken und der Entfremdung entgehen. Wie oft haben wir uns ausgemalt, wie wir wirklich leben wollen – ein richtiges Leben in einer eigenen, weiblichen Welt.

Zum Glück sind Paul die mafiotischen Freunde zunehmend zu blöd. Er will sich nicht mehr lange mit ihnen abgeben. Wir überzeugen uns gegenseitig von Sinn und Zweck einer vorgetäuschten Entführung. Je mehr wir über unsere Zukunft fantasieren, umso wahrscheinlicher kommt uns vor, dass der Opa in Amerika unseren Mut und unsere Tatkraft sogar bewundern könnte. Er ist bestimmt auch über Leichen gegangen, und natürlich kennen wir den Satz von Balzac: „Hinter jedem großen Vermögen steht ein großes Verbrechen."

Wir gefallen uns in der Vorstellung, als Draufgänger den Respekt aller Tatmenschen wie einen gewaltigen Kredit schon mal in der Tasche zu haben. Wieder sind Andreas Baader und Ulrike Meinhof so etwas wie unsere Vorbilder … an euphorischen Tagen. Dann packt uns aber wieder der Pessimismus und wir überbieten uns gegenseitig im Formulieren von Bedenken. Doch selbst in solchen Augenblicken weht der warme Südwind in unseren Träumen. Wir sehen uns unter Palmen, spüren Sand unter unseren bloßen Füßen und hören den Silberschmuck an unseren sanft gebräunten Fesseln klimpern.

Jutta: Als wir Paul trafen, wussten wir sofort: Er ist der Schlüssel zu unserer großen Vision einer neuen Welt. Zumindest hält er ihn in Händen.

Wir wollten berühmt, reich und erleuchtet werden, ohne schwer – das hieß für uns immer noch „männlich" – arbeiten zu müssen. In irgendwelchen blöden Zusammenhängen, die nicht von uns bestimmt werden. Wir flogen hoch, der Sommer in Rom erschien uns „weiblich" und ekstatisch. Aber wir wussten, auf Dauer würde das Gute uns nicht begleiten. Die Entführung brachte dann den ersten Einbruch der alten, beschissenen „Männerwelt" in unsere Exklusivität. Sie markierte das Ende des „Sommers der Liebe". Da fragten wir uns: Was wird aus uns, wenn die Welt wieder grau und entzaubert sein würde? Wir mussten Vorsorge treffen. Paul, der uns bis dahin, neben vielen anderen, wichtig war, wurde nun unser Unterpfand für die Zukunft.

Wir beschlossen, dass Gisela ihn „bekommt". Meine Rolle blieb vorerst unsichtbar. Ich unterstützte Gisela. Im Zusammenhang mit dem Paulprojekt verteilten wir zum ersten Mal ausdrücklich unter uns Rollen. Gisela wurde der Außenminister, zuständig für die Beschaffung nötiger Mittel. Innenminister Jutta kümmerte sich um Motivation und Perspektiven.

Im nächsten Schritt musste Paul Gisela heiraten wollen. Die Entführung, die wir zwar „geplant" hatten, die unserer Kontrolle aber entglitten war, sah nur auf den ersten Blick wie ein Rückschlag aus. Aber irgendwie wussten wir, dass wir drei zusammenbleiben würden. Wir hatten schwer bezahlt, Paul noch mehr, doch wir waren alle traumatisiert aus unseren Erfahrungen mit den „harten Männern" herausgegangen. Daher unser absichtlich geheimnisvoll formuliertes Telegramm, das wir ihm am ersten Tag seiner Freiheit ins Krankenhaus schickten: „You won." Für uns bedeutete das schlicht und ergreifend: „Wir bringen es." Und es funktionierte: Der befreite Paul suchte genauso Schutz wie wir; er hatte furchtbare Angst, noch einmal unter die Räuber (Männer) zu fallen.

Die Hochzeit verstanden Gisela und Jutta auch als Nagelprobe auf die Stichhaltigkeit ihres Plans. Bald aber setzten sich Zweifel durch, dass Paul als Ehemann weiter helfen konnte. Gisela verlor den Überblick und brauchte Juttas Unterstützung … in einem langen, kalten Winter, der sich unbarmherzig ankündigte. Und Jutta brauchte eine eigene Umgebung. Mit Pauls Möglichkeiten wollten die Zwillinge, die immer schon ein Mini-Harem waren, einen größeren und sicheren Harem errichten. „Harem" nicht als schwüles Männerparadies, sondern als lustvoll eingelöste weibliche Utopie voller Geld, Geist und Erotik. Mit schönen Plätzen für interessante Menschen.

Gisela und Jutta: Wir wollten eine Insel errichten, die uns von der nüchternen, aggressiven, geheimnislosen und traurigen alten Männerwelt separieren sollte.

Doch erst einmal: zurück …

Unter Männern

Gisela: Die Entführungsidee wird erst einmal vergessen, jedenfalls von uns. Wir beschäftigen uns lieber mit unseren Filmprojekten. In einem Film soll ein kleiner Scippatore, namentlich Franco, seiner Verhältnisse überdrüssig, sein erstes großes Ding drehen. Er begeht einen Banküberfall und setzt sich dann mit seiner großen Liebe, Jutta, auf eine Insel ab. Zumindest schwebt ihm das vor. Er wird aber zum guten Schluss von der Polizei erschossen.

Wie gesagt, Catellone gefällt unsere Geschichte. Wir rechnen jeden Tag damit, dass er uns einen Koffer voller Scheine über den Tisch schiebt. Paul unterstützt unsere Erwartungen mit geheimnisvollen Andeutungen.

Jutta: Wir wollen außerdem einen Film über unsere Transvestitenfreunde drehen. Darin soll jeder seine Traumvorstellung von sich ausspielen. Das findet Catellone noch aufregender; wenigstens tut er so. Und eines schönen Tages klopft der alte Mann von nebenan an unsere Turmtür und meldet aufgestört einen Anruf von Paul. Wir rasen zu der Wohnung des Mannes und gehen ans Telefon. „Kommt sofort", sagt Paul, „ich bin hier mit Catellone, ihr könnt euren Film machen, er hat das Geld bei sich und will es euch persönlich geben."

Paul gibt aufgeregt eine Adresse in Trastevere durch: „Beeilt euch, nehmt ein Taxi."

Die Geldübergabe soll in einer Verbrecherabsteige in Trastevere stattfinden. Schwere Läden sichern Fenster, die so klein sind, dass sie an Schießscharten denken lassen. Die Zwillinge betreten einen Raum, dessen Wände die Farbe von geronnenem Blut haben. Ein furchtbares Rot.

Zwölf Männer erwarten die Mädchen. Catellone thront auf einem Himmelbett: eine riesige Putte. Noch einmal lässt er sich die Filmideen auseinandersetzen. Seine Verständnislosigkeit ist mit Händen zu greifen.

Jutta: Paul lehnt nervös am Fenster und Marcello drückt sich unschlüssig am Ausgang herum. Paul gibt Gisela einen flüchtigen Kuss: „It's your turn now. Wir müssen jetzt gehen."

Er entschuldigt sich für seine Eile mit einem Lächeln. Marcello grinst schief. Die beiden verschwinden verblüffend schnell. Uns fällt auf, dass die Wohnungstür schwer verriegelt ist, verrammelt geradezu. Catellone lädt uns auf sein Bett ein: „Setzt euch zu mir und erzählt mir noch einmal die ganze Geschichte von eurem Film." Auch seine Leute wirken unwahrscheinlich interessiert.

Wir setzen uns mit halbem Arsch auf die Kante, zuversichtlich und entschlossen, die Sache sehr schnell hinter uns zu bringen. Die Männer wollen nur, dass wir über Sex reden und dass wir über die entsprechenden „Stellen" in unserem Treatment sprechen. Sie haben keinen Schimmer von dem, was uns künstlerisch vorschwebt.

In diesem Moment schleppt Catellones Leibwächter einen Koffer voller Geld an. „Kommt ihr mit zweitausend Dollar aus?"

Wir nicken gleichzeitig. Für uns ist das eine astronomisch hohe Summe … ein unglaublich großer Batzen. Reichtum! Dafür können wir auch noch ein paar schöne Kleider kaufen. Für alle. Jetzt noch ein paar freundliche Worte, und ab geht die Post mit guten Nachrichten. Die Anstandsfrist bricht an, denken wir.

Catellone überreicht Gisela bündelweise Geld. Dann steuern einige der Männer großzügig noch Bündel aus eigenen Beständen bei. Gisela öffnet ihr altes Schlangenledertäschchen und stopft es voll mit dem Geld. Ich wundere mich, wie selbstverständlich und selbstbewusst sie das macht. Es steht ihr zu, egal ob Film oder Fernsehen und dies oder das. Mir wird flau.

Wo ist nur der Haken? Plötzlich haben wir massenhaft Knete. Gisela nimmt ihre Handtasche zur Brust. Niemand soll sie uns wegnehmen. (Auch später im Tumult wird Gisela immer wieder sagen: „Jutta, pass bloß mit auf die Tasche auf." Da ist mir der Zaster schon scheißegal.)

„Wiedersehen, danke schön. Wir fangen jetzt bald an zu drehen – und wenn der Film dann fertig ist, könnt ihr ihn ja auch mal sehen. Also, nochmals vielen herzlichen Dank. Ganz prima, toll von euch, den Film zu produzieren."

Wir gehen zur Tür, das Entscheidende ist geschehen, nichts wie raus jetzt. Aber wir sind schon Gefangene. Die Wohnungstür ist verschlossen. Catellone zuckt mit den Achseln: „Wir wollen euch noch nicht gehen lassen. Kommt, so schnell dürft ihr nicht weglaufen. Bleibt noch ein wenig. Wir wollen noch ein bisschen über den Film sprechen."

„Nein, ihr könnt noch nicht gehen, die Tür bleibt zu", fällt der Chor ein. Nur besteht der nicht aus Knaben. Wir sind richtigen Verbrechern auf den Leim gegangen. Es erstaunt mich dann aber doch, dass Catellone uns sozusagen in den Rücken fällt. Plötzlich fängt ein Filmprojektor an zu rattern.

Pornogeflimmer an einer Wand. Ein paar Männer ziehen sich aus, bis auf die weißen Unterhosen. Die Kokserei geht los. Das Filmgeschehen ist uns furchtbar peinlich. Wir haben zwar de Sade gelesen, aber noch nie einen Porno gesehen. Wir drehen demonstrativ die Köpfe weg.

Wir verständigen uns flüsternd. Kokain wollen wir nicht annehmen. Unseren Gastgebern passt der Verlauf dieses Nachmittags auch nicht. Sie sind schon nicht mehr zu Witzen aufgelegt. Ärger flackert auf, noch gedämpft. Aber klar ist, hier fliegt gleich der Deckel vom Kessel.

Der Projektor wird unwillig ausgeschaltet und weggepackt. Es wird wild diskutiert. Wir verstehen kaum ein Wort mehr. Catellone fällt ein: „Ihr habt sicher Hunger."

Er knurrt etwas und zwei Typen verstehen das sofort als Aufforderung, sich auf die Socken zu machen.

Kurz danach wird Essen herbeigetragen, auf Silbertabletts, Hummer und solche Sachen. Ein paar Männer setzen sich Spritzen, ein Horroranblick für die kosmischen Blumenkinder.

Gisela: Männer hantieren mit blitzenden Gegenständen. Wir erkennen Spritzen, einige binden sich die Oberarme ab. Sie fangen an, sich gegenseitig Koks in die Venen zu schießen. Heilige Scheiße, jetzt packt uns zum ersten Mal wirklich Angst. Angst, dass diese finstere Bande uns erst mit Drogen vollpumpt, dann vergewaltigt und schließlich als Sklavinnen nach Tanger verschifft.

Jutta: Wir sitzen sprungbereit auf der Kante. Catellone räkelt sich träge, bei jeder Bewegung verströmt er eine betörende Mischung aus Knoblauch, Schweiß und einem sehr scharfen Rasierwasser. So langmütig wie scheinheilig bietet er uns immer wieder Kokain an. Wir lassen uns auch überreden, eine line kann nicht schaden, und außerdem sitzen wir eh fest.

Die Männer gucken wieder erwartungsfroh, sie sind in allem so durchschaubar wie kleine Jungens. Nur nicht in ihrem Zorn. Wir bemühen uns, Catellone um unsere kleinen Finger zu wickeln, aber das haut nicht hin. Er gibt sich so, als habe er auf unsere Lage keinen Einfluss mehr. Doch nach wie vor betrachten wir Catellone als Garanten unserer Sicherheit, während die Übrigen in ihren Unterhosen und mit ihren goldenen Armbanduhren uns immer verdächtiger werden. Inzwischen gucken die Zugekoksten auch schon wieder gefährlich frustriert.

Gisela: Die Burschen fangen sich wegen uns zu streiten an. Wir sind wirklich in Gefahr. Ich drohe mit Paul, der sich bestimmt schon zum Kampf bereit hält, zumindest aber die Polizei alarmiert hat. Man lacht mich aus und behauptet, dass die Veranstaltung ja von Paul arrangiert worden sei. Paul sitze gerade in Catellones Lokal und lasse es sich gut schmecken. Catellone ruft dort an und verlangt Paul: „Ja, wir sind noch hier mit den Zwillingen, tutto sta bene."

Ich will den Hörer, kriege ihn aber nicht. Mir fällt ein hässlicher alter Zwerg auf. Er beobachtet mich unablässig aus schmalen Augen, sichtlich genervt. Ginge es nach ihm, lägen wir schon gefesselt am Boden. Ich halte ihn für einen Mörder von Beruf.

Jutta: Vorerst ist uns das alles nur extrem lästig. Man trampelt auf unseren Nerven herum. Leise sprechen wir uns ab: „Wir müssen klug sein, wir dürfen die nicht reizen und müssen selbst ruhig bleiben."

Plötzlich spaltet sich die Gruppe in zwei Parteien. Die Männer packen Messer aus, setzen sie aber nicht ein. Unversehens rückt eine Partei ab, unter schlimmsten Drohungen. Man wolle zurückkommen und dann Blut sehen. Vor dem Haus scheint ein Gemenge stattzufinden, aufgeregte Stimmen, unterdrücktes Fluchen. Dann wird es still. (Später sagt Paul, dass er mit Marcello zurückgekommen sei, um uns zu holen.)

Gisela: Endlich sagt man uns, warum wir festgehalten werden. Catellone hat sich in Jutta verliebt und will sie zu seiner Geliebten machen. Das soll sich für sie lohnen. Der Freier hat schon eine Wohnung für sie vorbereiten lassen, ein Liebesnest nach Mafiaart. Nur die Ehe kann er Jutta nicht versprechen, denn verheiratet ist er schon. Catellones Leibwächter erzählt mir das im Offenbarungstonfall. Jutta müsse nur noch Ja und Amen sagen und dann sei der Spuk vorbei.

Jutta: Catellone gibt unsere Freiheitsberaubung als das Werk böser Mächte aus und avisiert uns seine Hilfe in absehbarer Zukunft. Wir haben uns in eine Art innerer Emigration begeben und kehren nichts als stumme Verweigerung nach außen. Wir halten es für möglich, unser Desaster unnachgiebig auszusetzen. Wir vermuten bei uns eine Stärke, die wir keinem anderen zutrauen.

Catellone lässt zwei Schrankkoffer anschleppen und – offensichtlich erwartungsvoll – vor unseren Augen öffnen. Wir sind so gespannt wie er. Die Behälter bergen die Beute aus einem Boutiquenraub. Umgehend sortieren wir aus. Nichts dabei. Schreckliches Zeugs. Der ganze Krempel ist zu spießig, zu bourgeois. Es fällt uns angenehm leicht, komplette Ablehnung zu signalisieren.

Wieder mal sind die Jungens aufgelaufen, ihr Ärger wird uns zum Erlebnis.

Gisela: Der Bodyguard definiert sich als man in the middle. Mit seinem beruhigenden Bass gibt er Erklärungen ab. Uns ist schon klar, was er meint uns erläutern zu müssen: dass den Männern allmählich der Geduldsfaden reißt.

Angeblich liegt es an uns, Konzessionen zu machen. Wir sollen uns ausziehen. „Kommt nicht in Frage", sagen wir störrisch. Des Mittelsmanns Tonfall warnt uns. Er rät uns, auf ihn zu hören.

Wir halten zwillingsgeflügelte Rücksprache. Okay, wenn wir nackt sein müssen, dann bloß im Bademantel. Wir dürfen mit dem Bodyguard ins Bad; im Spiegel sehen unsere Gesichter blass aus. Er stellt noch eine neue Forderung: ein bisschen Bondage, aber nichts Dramatisches. Ich soll lediglich Juttas Hände fesseln, und dafür übernimmt er meine ... Fesselung. Ich finde das unglaublich. Wie kommt so ein Erfüllungsgehilfe überhaupt darauf, Hand anlegen zu dürfen?

Jutta: Der Bodyguard ist von allen der jüngste und auch der attraktivste. Außerdem wähne ich ihn auf unserer Seite. Unterstützt von Catellone, zieht er mich auf die Klobrille. Vor mir auf den Knien und unter Tränen eröffnet mir Catellone die Misere seiner Ehe. Er fühlt sich von seiner Alten missverstanden und schrecklich alleingelassen. Das Koks und grelle Lampen verleihen der Szene eine grauenhafte Überbelichtung. Ich sehe alles haargenau, auch Catellones erste graue Haare. Der Mann sieht gut aus. Er quatscht, als ginge es um Leben oder Tod. Sein Schläger nickt mir aufmunternd zu: Mädchen, da musst du doch handeln, das kannst du allemal. Ich stelle mich völlig blöd und kann auf einmal auch kaum noch Italienisch.

Gisela: Jetzt liege ich mit gefesselten Händen auf dem Bett. Der alte Killer hat sich zu mir gesellt, er steckt mir seine Zunge in den Mund. Ich bin total geschockt. Ich tue so, als müsste ich kotzen. Schon packt ihn der Zorn. Zur Aufrechterhaltung der Ordnung setzt er seine Hand ein. „Ihr Nutten, ihr seid bezahlt worden. Ich habe gesehen, wie du das Geld eingesackt hast."

So haben die Männer den Handel verstanden: Wir sind Playgirls in ihren Augen, und zwar welche aus der Escortliga ... und eben nicht zwei erleuchtete Filmemacherinnen, denen der gute Onkel von der Mafia etwas zusteckt, weil er auch ein kulturelles Gewissen hat.

An meinen Haaren zieht mich der Verbrecher wie ein Laken vom Bett und haut mich auf den Teppich. Mein Bademantel verrutscht. Ich werde gewürgt und wundere mich, dass kein anderer eingreift. Ich bin ganz furchtlos und alles erscheint mir klar. Die Zeit friert ein.

„Strega." Das kenne ich schon aus Umbrien, wo Jutta und ich von Dorfleuten einmal fast gesteinigt worden wären. Das Stück Scheiße von einem Mann lässt von mir ab, erhebt sich ... und hilft mir sogar auf die Beine und zurück ins Bett. Das alles vollzieht sich so rasch, dass es mir unwirklich vorkommt. Träume ich bloß schlecht? Wo ist meine Schwester?

Jutta: Auf dieser Welt gibt es nur einen Menschen, der Catellone versteht. Angeblich bin ich das. Er sieht in mir einen Stern, ein galaktisches Wunderwesen. Er trägt dick auf, ist immens theatralisch ... und rührt mich doch. Nun verstehe ich im Ernst immer weniger von seinen Ergüssen; vielleicht hält er, vor lauter Aufregung, seinen Vortrag in einer Mafia-Spezialsprache. Catellone klammert sich an meine Beine. Ich streichle ihn, vorsichtig wie einen Hund, bei dem man auch nicht weiß, ob er beißt oder nur spielen will. Catellone legt meine Hand auf sein Herz. Mir ist das alles so peinlich, ich fühle mich so verlegen vor ihm.

Mein Schweigen legt er als Härte aus. Was weiß ich, wie viele Leute Catellone auf dem Gewissen hat und was sonst noch: in diesem Stück bin ich sein böses Schicksal. Er nimmt höchst effektvoll eine Rasierklinge zwischen Daumen und Zeigefinger und reißt sich das Hemd vom Leib: „Möchtest du, dass ich mich töte? Vor deinen Augen mich umbringe? Sag ja, das möchtest du doch."

Mein Verehrer bringt sich einen Schmiss bei und noch einen, sein Atem geht stoßweise. Das Blut läuft. Ich bin genauso atemlos wie er … und fasziniert. Jemand sollte ihm die Klinge abnehmen, ich kann das nicht, gefesselt … auf meinem Klodeckel.

Der Bodyguard belauert mich. Ich halte ihm meine gebundenen Hände hin. Es ist aber Catellone, der die Fessel löst. Ich starre ihn an. Der Raum vibriert. Mir wird schwindlig von so viel Gewalt.

Catellone lässt seine Wut an einer Wand aus. Die Faustknöchel knacken: ein sehr ungemütliches Geräusch. Der Bodyguard gibt mir zu verstehen, dass ich diesen Hieb verdient hätte, während Catellone zusammenbricht. Das sieht nun eindeutig nicht mehr nach Show aus. Er kriecht zu mir, legt seinen Kopf in meinen Schoß. Mit Klopapier wische ich das Blut von seinen Wunden. Die Schnitte sind tief … und dann liegt er mir zu Füßen und liebkost meine lackierten Zehen.

Alle Männer wirken wie ausgeknockt. Einige strecken sich aus. Jeder findet ein Plätzchen, um sich hinzulegen. Wir dürfen hinter einem Paravent auf dem Bett schlafen. Ich muss mich aber neben Catellone legen. Doch es passiert jetzt nichts mehr. Catellone hat sich wohl gründlich verausgabt. Ich liege hellwach neben einem Klotz von Mann. Ärger nagt an mir – und Enttäuschung. Ja, ich bin enttäuscht, dass Catellone sofort eingeschlafen ist.

Der Bodyguard hat sich Gisela zugewandt. Sie ist noch immer gefesselt.

Gisela: Ein Mann stößt die Fensterläden auf. Es ist heller Tag, vielleicht schon früher Nachmittag. Die Gasse lärmt. Die Männer beeilen sich – sie bringen sich in eine passable Form. Uns scheinen sie kaum wahrzunehmen. Der Bodyguard nimmt meine Fesseln ab. Er treibt die Meute an, eine Landpartie ist angesagt.

Catellone bewaffnet sich. Er ist unfreundlich, vielleicht auch beunruhigt. Der Bodyguard schiebt uns ab ins Badezimmer: „Beeilt euch."

Wir sehen uns an und wissen, dass wir wieder einmal einen Gedanken teilen. Das ist unser Ende, es sei denn, wir können in der Stadt noch abhauen. Auf dem Land werden sie uns todsicher umbringen. Wir sehen uns schon, immerhin Hand in Hand, im Tiber treiben. Wir bedauern Mutti und Pappi, die von unserem Tod bestimmt erst nach Monaten erfahren werden. Zu allem Scheiß habe ich soeben noch meine Tage gekriegt. Das mit Klopapier verschmierte Blut färbt meine Beine rosa. Kein schöner Anblick. „Wir dürfen gar nicht erst ins Auto steigen, wir laufen vorher weg", flüstert Jutta.

Der Bodyguard reicht mir meine Tasche, sie ist leer. Saugemein, denke ich. Ein Wagen steht mit offenen Türen direkt vor dem Hauseingang. Wir werden auf der Rückbank platziert. Der Bodyguard fährt, Catellone sitzt neben ihm. Der Wagen rollt in einem Konvoi durch Trastevere. Auf einer schmalen Straße geraten wir in einen Stau. Ein Polizist geht von einem Fahrzeug zum nächsten, um die Autofahrer zu informieren. Ich bete, dass wir noch so lange stehen bleiben, bis er uns erreicht hat. Mit einem Blick verständige ich mich mit Jutta.

Der Polizist steht vor unserem Wagen, wir schlüpfen unauffällig aus den Plateauschuhen, öffnen mit einem Ruck die Türen. Barfuß und bemüht normal wanken wir auf unseren Retter zu, als sei rein gar nichts geschehen. Wir passieren ihn, gelangen bis zur nächsten Ecke, biegen ab und sprinten los.

Jutta: Paul und Marcello sind nicht aufzufinden. Ich will wieder auf die Gasse, unter Leute, Gisela will lieber im Turm auf Paul warten. Das finde ich extrem daneben. Meine gerade ausgestandene Angst verwandelt sich in laute Wut.

Gisela führt Paul entschuldigende Gründe an für das, was er uns eingebrockt hat. Sie lügt sich die Tasche voll, sie will die Wahrheit nicht sehen. Wir sind von Paul verraten und verhökert worden. Ich habe die Nase gestrichen voll und will auf alle Fälle auch umziehen. Ich habe im Turm ohnehin keine Rückzugsmöglichkeit. Barfuß und erschöpft mache ich mich auf den Weg zu Marcos.

Gisela: Ich warte auf Paul, aber er kommt nicht. Irgendwann lege ich mich hin und schlafe auch ein. Dann erwache ich von Geräuschen. Jemand ist im stockdunklen Raum … auf meinem Bett oder ihm zumindest nah. Wie eine Blinde taste ich herum, spüre ein Bein. „Sono Michelangelo."

Michelangelo ist einer der netten Typen der Malavita. Er hängt oft in Marcellos Studio ab. Michelangelo hat gehört, was passiert ist: „Ich bin hier, um dich zu beschützen." Und tatsächlich sitzt er schussbereit auf der Bettkante: „Wenn jemand reinkommt, knalle ich ihn ab."

Michelangelo bezahlt für seine Unterstützung mit dem Leben. Seine Ermordung teilt mir Marcello mit. Er will wissen, wie sich das anfühlt, wenn jemand für einen getötet wird. Ich habe keine Antwort – alles ist schrecklich. Und wir? Wir sind so gut als Verdrängungskünstlerinnen.

Jutta: Ich gehe allein in Catellones Lokal. Ich will ihm und seinen Leuten meine Furchtlosigkeit vor Augen führen. Die Gangster stecken die Köpfe zusammen und tuscheln wie kleine Mädchen. Ich mache sie scheu. Sie weichen meinen Blicken aus. Adriano, der Geschäftsführer, tut so, als sähe er mich zum ersten Mal. Fast teilnahmslos nimmt er meine Bestellung auf, das einfachste Gericht, Spaghetti in bianco: Nudeln mit Butter. Dazu reicht gerade mein Geld. Ich lasse mir in allem viel Zeit.

Gisela: Bleiernes Schweigen umgibt uns. Wir vernehmen darin die Parolen der Mafia. Unsere Namen stehen auf einer Liste – das meinen wir jedenfalls. Über uns wird geredet. Fraglich ist, ob wir mit bloßer Ächtung davonkommen.

Marcello und Paul halten sich bedeckt. Paul behauptet, er habe uns bei Catellone heraushauen wollen, es sei vor der Tür aber zum Handgemenge gekommen. Man habe ihn mit Pistolen bedroht. Vermutlich sei deshalb die Truppe auch abgerückt. Er ist immer noch wütend auf Catellone, dabei aber merkwürdig verhalten. Kann er es sich nicht leisten, die Malavita gegen sich aufzubringen? Wie tief steckt er im Sumpf der Mafia? Ich stelle ihn zur Rede, ohne Ergebnis.

Jutta bleibt bei Marcos. Nach Trastevere will sie nicht mehr. Ich treffe mich mit ihr in einem anderen Viertel. Manchmal habe ich Angst, dass Catellone Leute schickt, um uns zu holen, und von Paul bin ich enttäuscht. Trotzdem will ich seinen Anteil an dem Desaster nicht wirklich wahrnehmen. Jutta hält mir das vor.

Wir sind uns ziemlich sicher, dass wir beobachtet werden. Auf jeden Fall halten wir es für besser, eine Zeitlang zu verschwinden.

Wir fahren nach Sperlonga, bei Alvaro können wir eine Weile bleiben. Nachts kommen die Erinnerungen, immer wieder sehe ich den sinistren Zwerg auf mir, er wirkt jetzt ganz traurig und kaputt. Ich schlafe allein in einem öden Zimmerchen und vermisse Paul. Ich bin zerrissen zwischen Angst und Sehnsucht.

Alvaro hat einen Freund, einen französischen Schriftsteller, beide arbeiten an einem politischen Buch. Alvaro zeichnet die Comics dazu. Er zeichnet unglaublich gut. Er ist in meine Schwester verliebt und geht mir mit seinen Gefühlen auf die Nerven.

Jutta: Ich spüre Alvaros Hingabe und seine Angst, ich könnte gleich wieder gehen. Er versickert in mir. Ich spüre sein Gewicht kaum. Er ist sowieso mehr ein Luftwesen als ein Mensch, aber seine Liebe raubt ihm auch noch die Ansätze einer Statur. Markant sind allein seine Gesichtszüge. Er ist kein Mann für mich. Es wird bei einer gemeinsamen Nacht bleiben, und er wird leiden. Das kann ich nicht verhindern.

Auch die einfache Schönheit eines sonnenhellen Zimmers erreicht mich derzeit nicht. Der Raum scheint sich bis zum Horizont auszudehnen. Alles strahlt in dieser Hochzeit mit der Sonne, es könnte alles so schön sein, auch für mich. Aber ich bin immer noch beschämt. Ich werde Mario von Catellone nichts erzählen.

Ich habe Mario noch nicht angerufen. Wenn er schon meinen/unseren Himmel nicht teilen kann, denke ich, dann vermag er in meiner/unserer Hölle nichts zu verstehen. Warum sind wir so schnell aus unserer Erleuchtungswolke gefallen? Irgendwas haben wir nicht begriffen. Hypothetisch gesehen: Sind wir wegen Pauls Drogenschulden von Catellone zur Kasse gebeten worden?

Was ist nur auf Capri geschehen? Was verbindet Paul mit Catellone? Warum bin ich hier und nicht bei Mario? Habe ich bloß Gisela aus dem Turm geholt?

Ich sage zu Alvaro: „Ich kann dich nicht lieben. Weißt du, ich liebe Mario, obwohl ich bei dir bin."

Gisela: Ein Junge kommt zu uns an den Strand. Er macht den Boten für einen, der in einem Restaurant auf mich wartet. Ich wünsche mir, dass es Paul ist. Und er ist es auch, zu meiner Freude. Sein rotes Haar leuchtet. Er ist angespannt. Ich werde von ihm zur Heimkehr nach Rom aufgefordert. Paul verspricht, mit der Malavita zu brechen.

„Mach es, und dann komm ich zurück."

Paul sieht so licht, fast rein und engelsgleich aus. Wir verhandeln ein bisschen am Tisch … dann wende ich mich von ihm ab und kehre an den Strand zurück. Er ruft meinen Namen. Am liebsten würde ich bei ihm bleiben. Ich kann ihm nicht mehr böse sein, aber ich kann auch noch nicht mit ihm gehen.

Jutta will wissen, wie Paul mich gefunden hat. Es beunruhigt uns, denn wir wissen, dass auch Catellone unser Versteck kennt.

Jutta: Gisela sehnt sich nach Paul und ich sehne mich nach Mario. Gleichzeitig wissen wir beide nicht mehr, wohin wir gehören. Alvaro zeichnet einen Comic, in dem er und ich die

Hauptfiguren spielen. Die wilde Geschichte erzählt von Alvaros linker Vergangenheit, seiner Flucht aus Argentinien und von seinem Lotta-Continua-Engagement. Fiktiv allein ist meine Rolle als Revolutionärin. Mein Alter Ego und ihre Freiheitskämpferbande erpressen als Geiselnehmer Alvaros Freilassung aus dem italienischen Knast. Der künstlerische Einfall antizipiert ein historisches Ereignis von 1977, als die Roten Brigaden Aldo Moro entführten. Ich, die hoffnungslos Selbstverliebte, verliebe mich auch in mein gezeichnetes Ich.
Wir sind wieder in Rom und laufen uns die Hacken ab, auf der Suche nach einem Zimmer. Bei Marcos ist kein Platz, zu Paul wollen wir nicht. Zufällig treffe ich einen Bekannten auf der Straße, einen Mario vergötternden Kunstsammler. Ihm gehört eine Wohnung gleich neben Francos Elternhaus. Er bietet uns ein großes Zimmer für kleines Geld an, affiziert von meiner Liaison mit seinem Idol. Unsere Bedürftigkeit baut bei ihm, wie bei vielen, einen sexuellen Erwartungshorizont auf. Den verdunkle ich gleich wieder mit einem realistischen Angebot. Wir wollen mehr bezahlen, als er verlangt – obwohl wir das Geld im Augenblick gar nicht haben.

Gisela: In Trastevere wird ein großes Zimmer frei. Wir gehen gleich hin. Das Haus liegt neben dem Eckhaus, in dem Amando, Franco und ihre Mutter leben. Wird das gut gehen? Aber wir nehmen das Zimmer. Es ist ein Geschenk des Himmels. Das Fenster geht zur Straße und blickt auf eine alte Kirche.

Jutta: Ich bin lebend Catellones Hölle entronnen, habe uns aus Marcellos düsterem Turm geholt und für uns einen eigenen Platz gefunden.

Mit neuem Selbstbewusstsein betrete ich den Palazzo Ruspoli. Ein Mädchen führt mich in Marios Schlafzimmer. Dort liegt er in seinem seidenen Pyjama auf dem Bett, das er mit einem Durcheinander aus Zeitschriften und Kokskram teilt. Mario schaut auf, bleichgesichtig und nass geschwitzt. Ich sehe Schnee an der Nase, sehe seine Liebe in brennenden Augen – ein schwarzes Bild der Selbstvernichtung – und bin berührt. Das hier ist so viel intensiver und lebendiger als *sun on the beach* und Rotweinpalaver unterm Sternenzelt.

„Stronza!"

Wut und Wiedersehensfreude halten sich die Waage. Mario springt auf und kommt in einem Koksregen auf mich zu. Er deutet einen Schlag an. Und schon wechseln sich wüste Beschimpfungen mit Liebeserklärungen ab. Tragikomisch wendet er sich an das Mädchen, meine Rivalin: „Sie ist eine Stronza, eine Streunerin. Ich liebe diese Putana. Ich werde verrückt. Sie macht mich verrückt."

Nachts werden seine Worte wahr, und wir schwören uns, uns nie mehr zu verlassen. Mario verspricht mir, sich von seinem neuen Mädchen, sie heißt Nancy, zu trennen und dem Suchtteufel abzuschwören. Ich fühle mich wie in einer riesigen Hand geborgen. Glücklich rolle ich mich in eine leichte Decke.

Ein Diener bringt anderntags Frühstück ans Bett: French Toast und frischen Orangensaft in einem Silberglas. Mario, wie immer vor mir auf den Beinen, kommt ins Schlafzimmer, gut gelaunt, ausgelassen wie selten: „Steh auf, komm. Es gibt was zu tun. Auch für dich."

Er wirft sich dann aber aufs Bett. Wir schlagen und küssen uns ausgiebig. Dann rollt er sich zur Seite: „Ich hab mit eurem neuen Vermieter telefoniert. Geh jetzt mit Gisela in seinen Laden und kleidet euch ein. Deine Klamotten sind zu schrecklich."

„Stimmt", lache ich, „du hässlicher Vogel. Da muss wenigstens *ich* gut aussehen." Doch eigentlich finde ich ihn wunderschön, soweit man das als kosmisches Blumenkind von einem über Vierzigjährigen sagen kann.

Ich klaube mein Palästinensertuch, also meinen Rock, und meine Bluse auf. Ein neues Leben fängt an. Auf zu Gisela und einkaufen gehen. Ich fühle mich endlich dem Elend entronnen. Wir räumen den Laden fast leer. Besitzer Francesco guckt bedenklich. Wir suchen nicht nur Kleider aus, auch Bettwäsche und Tücher, schließlich haben wir jetzt einen eigenen Platz.

Aufgeregt versuche ich danach, Mario telefonisch zu erreichen. Er meldet sich nicht. Ich denke an das geheime Opiumzimmer und an die nächsten Tage ohne ihn. Die Tüten werden in meinen Händen immer schwerer.

Gisela: Wir richten unser Zimmer ein. Mit Tüchern errichten wir einen Himmel über unserem Bett. Viel ist Trödel mit Jugendstilvergangenheit. Wir haben aber auch Zeug aus entlegenen Lagern, in denen nach dem Krieg amerikanische Hilfslieferungen von der Mafia dem Volk vorenthalten wurden. So langsam fühlen wir uns hier zuhause.

Wir wollen als Schauspielerinnen arbeiten und suchen einen Agenten. Wir brauchen Fotos und haben keine. Ausgerechnet unsere Mitbewohnerin weiß Rat. Sie kennt den Mann, der uns gerade jetzt nützlich sein kann. Dieser Fotograf spricht nur Italienisch, die Verhandlungen sind aber nicht mehr so schwierig; wir haben in Sperlonga Verben gepaukt. Es braucht auch keine Überredungskunst, uns eilt schon ein Ruf voraus, der Fotograf will uns sofort sehen.

Claudio Abate ist relativ bekannt, und seine Bilder von uns sind wunderschön. Zeitschriften drucken sie, wir schöpfen mal wieder Hoffnung.

Jutta: Die „Vogue“ meldet sich. Claudio freut sich für uns und für sich. Er hat uns entdeckt, das soll sich auch für ihn bezahlt machen. Die Arbeit mit ihm ist ein Vergnügen. Er nimmt uns mit in seine Dunkelkammer und lässt uns Abzüge machen. Wir haben unsere Zeit in Rom dokumentiert, unsere Kamera, die für China bestimmt war, begleitet uns oft. Die Negative und die Treatments, die wir geschrieben haben, sind der Grundstock für einen neuen Traum – für unsere in Gründung befindliche „Firefly“-Firma.

Wir verwahren die Negative in einem Ordner, den wir wie unsere Augäpfel hüten. Claudio überlässt uns sein Labor für ein paar Tage, wir wollen große Abzüge machen für eine Ausstellung. Deshalb schaffen wir den Ordner eines Morgens in ein Taxi. Wir sind mal wieder sehr aufgeregt. Viele Fotos aus unserem Bestand haben wir noch nie gesehen. Das wird heute so etwas wie eine Uraufführung.

Rasch entwickelt sich ein temperamentvolles Gespräch mit dem Taxifahrer, der unserer Meinung nach Umwege nimmt. Wortreiche Erklärungen, warum und weshalb, mir erscheint die Fahrt endlos. Schließlich lässt uns dieser italienische Heini vor der Spanischen Treppe aussteigen.

Er braust ab und wir marschieren los. Unterwegs frage ich Gisela: „Du hast doch die Fotos?“

Gisela, im Sturzflug aus allen Wolken fallend: „Nein, hast du die denn nicht?“

Mehr müssen wir nicht sagen. Wie in allen Krisensituationen: Plateauschuhe aus, Röcke hoch und die Straße runter. Da hinten müsste das Taxi doch noch im Stau stehen. Wir rennen um unser Leben. Vor unserer Nase biegt dann der Wagen an der Via Condotti ab und mit ihm unsere Negative. Alle Nachforschungen ergeben nichts. (Wir trauern bis heute um unseren Schatz.)

Ich bin auf dem Vicolo della Scala und bemerke vor unserer Haustür einen Mann. Ich erkenne Franco nicht gleich. Ewig habe ich ihn nicht gesehen, sein Anblick erschreckt mich. Franco stellt Verschlossenheit zur Schau. Er lehnt in James-Dean-Pose an der Mauer und kaut auf einem Streichholz. Meine Fragen laufen ins Leere; Franco will mir nicht sagen, wie es ihm geht. Eine Schulhofsituation, denke ich, nur derber.

Für Franco sind wir immer noch ein Paar. Ein Paar, das eine Beziehungspause eingelegt hat. Unvermittelt drückt er mich an die Wand. Ein Passant könnte mir zur Hilfe kommen ... und unterlässt das. Er wird zum gleichgültigen Zeugen eines Schlags, der mich trifft. Ich werde wütend. Mir ist klar, dass ich das jetzt mit Franco grundsätzlich regeln muss; ich will keine Angst vor ihm haben. „Wir müssen reden", sage ich. „Lass uns hochgehen."

„Reden ja", entgegnet Franco, „aber bei mir."

Ich folge ihm auf einer baufälligen Treppe in Amandos Apartment, das schlimmer aussieht denn je. Die Tapete hängt in Streifen von den Wänden, der Fußboden ist teilweise gefliest. Der Rest liegt unter Schutt. Die Fenster sind mit rohen Brettern zugenagelt.

Franco setzt sich auf Amandos Matratze. Er lässt sich Zeit, inzwischen baut er umständlich einen Joint. „Ich habe es mir überlegt, ich lasse dich nicht gehen."

Ich bin perplex: Wir haben uns vor Monaten getrennt! Ich erkläre ihm das, aber er drückt mich geschmeidig auf die Matratze. Schon hat er ein Messer parat, ich spüre es an meiner Kehle. „Dann soll dich auch kein anderer haben", sagt er sanft.

Das kann gefährlich werden, soviel steht fest. Dieser liebeskranke Eierdieb ist für mich gefährlicher als alle Großköpfe der Malavita zusammen. Ich schaue Franco in die Augen: „Schneid mich auf, wenn es das ist, was du am liebsten willst."

Ich fühle mich wie in einem Loch, das die Zeit für die Ewigkeit aufgespart hat. Ich trudele in einen schwarzen Tunnel. Immer noch und ein wenig auch zu meinem Erstaunen spüre ich Francos Gewicht. Ich zucke nicht mit den Wimpern, das wäre mein Tod. Franco legt sein Messer auf den Boden, es liegt da sehr schön.

„Du bist eine Hexe. Geh."

Marios Diener führt mich ins Atelier. Mario steht am Fenster und schaut auf die Straße. „Gestern hat mich ein Freund besucht und mir eine seltsame Geschichte erzählt. Von einem jungen Mann in einer kleinen Straße in Trastevere, der ein junges Mädchen in den Armen hielt, es auch schlug. Ich fand die Geschichte so imaginativ und surreal, dass ich an ein Bild dachte, das ich malen möchte. Deshalb wollte ich mehr von ihm wissen, ich ließ mir das Mädchen von ihm beschreiben, und seine Beschreibung traf auf dich zu." Wie Marlon Brando im „Letzten Tango" verändert Mario behäbig seine Position im Gegenlicht. „Warst du das?"

Irgendwann kommt für jeden ein Augenblick der Wahrheit, und dann heißt es lügen, lügen, lügen. Aus dem Stegreif entwickle ich einen Ablauf des vorangegangenen Tages, mit lauter plausiblen Stationen. Wir waren in Claudios Labor. Natürlich hasst Mario auch Claudio, das passt jetzt gut ins Bild. Und Mario ist jetzt vollkommen nüchtern und erscheint mir dabei fast wie ein Unbekannter. „Ich würde gern mehr erfahren."

Wir erleben einen Moment großer Intimität, die sich – irrerweise – aus plötzlicher Fremdheit speist und in der sich eine neue Spannung aufbaut. Wie wäre es, wenn ich mich ihm offenbaren, ihm unsere Nähe zur Malavita offenbaren würde? Kann ich Mario von unserem Kidnapping, der Gewalt, der Armut, den Träumen und von meinem verflossenen Liebhaber, dem kleinen Verbrecher Franco, erzählen, ohne meine totale

Degradierung und danach den Verlust seiner Liebe zu riskieren? Kann ich ihm sagen, dass ich einem Ehrenmord entgangen bin – und dass ich für mein Glück keine Erklärung habe?

„Nein", sage ich, „das kann ich definitiv nicht gewesen sein."

Mario sieht traurig aus. Er wendet sich wieder von mir ab und blickt auf den Gassenrummel.

„Ich habe meinem Gewährsmann ein Foto von dir gezeigt. Er hat dich identifiziert."

Lachhaft, aber wahr: Im Augenblick ist meine Panik größer als gestern unter Franco. Mir steht sein Messer vor Augen, mit dem er mich gleichzeitig töten und lieben wollte, wie von einem Gossenartaud inspiriert. Fassbinder hat solche Bilder geschaffen, auf denen das heimliche Einverständnis des Opfers wie eine verwischte Signatur ... oder eher noch wie Schorf an einem Rand erscheint.

Ich werde Franco nie wiedersehen. Das aber weiß ich noch nicht, als ich mich vor Mario winde, ihn mit Lügen zudecke, um seine Achtung nicht zu verlieren. Wir waren zum Essen verabredet. Nun essen wir. Und schweigen.

Paul ist zurück – und verschwindet

Den Zwillingen liegen Filmangebote von Bernardo Bertolucci – und Carlo Ponti vor: „I want both of you, both. We make a five year contract. Every year one movie." Sie verkehren im Haus von Roberto Rossellini. Alberto Moravia lässt sich von ihnen inspirieren.

Jutta: „Wir sind durch Welten gewandert. Mittags haben wir nobel mit Bertolucci gegessen, abends saßen wir mit Räubern auf der Straße."

Alles scheint möglich in diesen Tagen: Cinecittà steht in voller Blüte, und viele Epochenfiguren halten sich in der Stadt auf: Andy Warhol, Glauber Rocha, Brian Eno, Brian Ferry, Elton John.

Gisela: Wir kannten nur Künstler und Gangster. Werner Herzog kam nach Rom und Glauber Rocha, der „Antonio das Mortes“ gedreht hatte und der mein Liebhaber wurde. Juttas Mario war in den Sechzigern mit Anita Pallenberg liiert gewesen, „hanging out with London's young hip aristocracy“, und sehr vorübergehend auch mit Marianne Faithfull. Und nun waren wir mittendrin in diesem Gewimmel von Namen – und Namenlosen.

Eines Nachts donnert es an der Tür. Die Schwestern erwarten Unheil in Gestalt von Catellone. Sie beschließen, sich nicht zu rühren. Plötzlich hören sie Paul: „Martine, Martine, open the fucking door. Open up.“

Gisela reißt die Tür auf. Paul rennt an ihr vorbei, springt ins Bett und zieht sich die Decke über den Kopf. Gisela legt sich zu ihm. „Wir krallten uns wie verlorene Kinder aneinander.“ Paul hat mit den Malavitaleuten gebrochen. Er findet sie dämlich und gefährlich zugleich. Es tut ihm leid, was mit uns passiert ist, vorsichtig streichelt er meinen Hals und kuschelt sich an mich, seine grünen schmalen Augen schillern. „I hate these guys, I hate their fucking guts. I'm finished with them, they are idiots. I'm not going back there.“

Paul gesteht, Gisela drei Wochen lang heimlich gefolgt zu sein, „wie ein unsichtbarer Schatten“. Nun will er nur noch bei ihr und ihrer Schwester bleiben. Das Trio schmiedet Pläne. Filme, Bücher, Bilder, Selbstdarstellungen, und über allem steht in flammenden Lettern: „Firefly“.

Hand in Hand mit Paul, „wir gehören zusammen", geht Gisela in ein Künstlerlokal, und es sind wirklich alle da. Das Paar zeigt sich demonstrativ verliebt. „Aber Paul ist nervös, schaut sich oft um, fühlt sich verfolgt. Er wird immer paranoider."

Einmal zieht er Gisela aus einem Taxi, in das sie sich gerade erst gesetzt haben. Paul ist davon überzeugt, dass der Fahrer von der Malavita geschickt wurde. „I recognized his fucking face, come on, they are after me."

Paul fürchtet, entführt zu werden. Manchmal verlässt er abrupt ein Restaurant, weil am Nebentisch Männer sitzen, die ihn angeblich seltsam ansehen.

Und er glaubt, dass die Zwillingsbude observiert wird.

Gisela: Wir erzählen Paul von Claudio Abate und zeigen ihm seine Fotos von uns. Paul möchte, dass Claudio uns drei zusammen fotografiert. Im Studio albern wir herum, es ist alles ein großer Spaß. Paul war gerade beim Friseur, er trägt sein Lieblingsleibchen mit dem Spruch „Cocaine. The Real Thing". Seine Paranoia verflüchtigt sich für einige wenige Augenblicke.

Der Beatlesfotograf Bob Freeman will mit uns arbeiten. Roman Polanski lädt uns ein, Faye Dunaway hat sich bei ihm angekündigt. Einen ganzen Tag verbringen wir in Polanskis Haus, aber Faye Dunaway zeigt sich nur kurz. Sie ist älter, als wir uns das vorgestellt haben.

Jutta und mir entgeht nicht, wie männliche Gäste uns ansehen, unsere Jugend ist eine Macht. Mit Paul spielen wir im Pool. Er verrät uns, was wir schon wissen: dass die anderen Männer ihn beneiden. Er schneidet Brunstgrimassen und wir lachen uns kaputt. Alles geht ganz leicht. Bob macht ein Foto von Paul, Jutta und mir, das bald darauf im „Time Magazine" erscheint.

Die Zwillinge posieren für Bob in Gassen und vor Marktständen. Hundertmal lässt der Fotograf sie auf verfallene Gemäuer klettern, hundertmal die Kleider wechseln. Die geschlauchten Modelle erholen sich nachts auf der Piazza Navona. Für den nächsten Tag nehmen sie sich vor, „A Streetcar Named Desire" zu sehen. Gisela geht mit Paul ins Bett, Jutta aus Höflichkeit mit Bob: „Für sein Alter war er ziemlich verklemmt und übervorsichtig. Er hatte ständig Angst, mir weh zu tun, und war um mein Wohl besorgt, als sei ich eine Kurpatientin. Er war einfach zu erwachsen und mit seiner männlichen Reife irgendwie vom Mars. Ich sah es fast wie eine Verpflichtung und flüchtete."

Gisela: Vom Bett aus beobachte ich Paul. Die Sommersprossen tanzen wie Goldstaub auf seiner weißen Haut, die ich gerade noch gespürt habe. Er ist ein Junge, weit davon entfernt, abgebrüht zu sein. Linkisch zieht er seine Jeans an. Dann steigt Paul in angemalte Schlangenlederstiefel. Sein Markenzeichen. „Let's hook up later in the afternoon, babe. I'm going to be busy for a while."

Nachmittags kriege ich eine Nachricht, ich solle Paul sofort unweit der Piazza Navona treffen. Es sei enorm wichtig. Ich klatsche mir kaltes Wasser ins Gesicht und entscheide mich für ein Seidennachthemd aus den vierziger Jahren. Es ist rosa und könnte in „The Thin Man" an einer Vollbusigen hervorragend zur Geltung gekommen sein. Meine Schuhe nehme ich in die Hand, um mir auf dem ruinierten Pflaster von Trastevere nicht die Beine zu brechen.

Paul wartet schon. Er zieht mich aufgeregt in eine Gasse. „Ich muss mit dir sprechen und du musst mir jetzt antworten. Wann geht deine Scheidung von Rolf Zacher durch?"

„In zwei Monaten."

„Ich will dich heiraten … Versprichst du mir, mich dann zu heiraten?“

„Hey, hey Pauli, I want to marry you.“

Ja, ich habe es immer gewusst: die Welt wird uns gehören. Das weiß ich, seit ich ganz jung in einer Zeitschrift einen Artikel über Talitha Getty gelesen habe. Ich fand sie wunderschön. Als goldener Hippie residierte sie über den Dächern von Rom. Auf dem Illustriertenfoto war sie barfuß abgebildet, ihre Haare flogen im Wind.

„Du versprichst es also?“ drängt Paul. „Ich muss es wissen. Und dann sollst du auch gleich deine Tochter holen. Wegen Geld mach dir keine Gedanken, alles geht klar. Ich kann jetzt nicht mehr sagen, aber du brauchst dir nie wieder Sorgen zu machen. Aber ich muss ganz genau wissen, dass du es wirklich ernst meinst, Martine.“

„Du bist noch so jung“, sage ich lahm, die Einwände seiner Eltern vorwegnehmend.

„Don't worry, ich weiß, was ich tue.“

Paul nestelt an meinem Hals, oft tut er das: „Bitte, Martine, versprich es mir.“ Ich lächle ihn an.

„You are so mad, Martine“, sagt er unvermittelt, „I wish you would …“

Er sagt den Satz nicht zu Ende. Und ich ahne das nächste Desaster noch nicht, das wie ein Geschoss schon auf uns zukommt.

Das Paar verschwört sich. „Die Gasse weitet sich, von Licht geflutet.“ Gisela wähnt sich auf einem goldenen Dach, hoch über der Welt. Paul muss jetzt noch jemanden treffen, später will man sich wiedersehen.

Jutta verbringt den Nachmittag mit Bob im Kino, hängt ihn dann ab. Sie sucht ihre Schwester, Gisela aber ist nicht zu finden. Ein Freund verkündet die anstehende Hochzeit ihrer

Schwester: „Ich sah mich um, sah all die Menschen in den Cafés, wie sie sich unterhielten und lachten – und fühlte mich plötzlich sehr einsam."

Zur verabredeten Zeit warten Gisela und der Zwillingshofstaat im Café Roma auf den Magnatenspross. Die Neuigkeit hat sich inzwischen wie ein Lauffeuer ausgebreitet. Alle gratulieren überschwänglich, Gisela muss sich zu Versprechungen und Schwüren hinreißen lassen. Nur Mona ist verstimmt: „Er wird dich nie heiraten, du wirst schon sehen."

Im Moment sieht es auch so aus: Paul lässt sich nicht blicken. Die Korona teilt sich zwei Cappuccinos, mehr kann sie sich nicht leisten. Der Cafébesitzer ist drauf und dran, die Hippies vor die Tür zu setzen. Um halb drei in einer schwülen Nacht ist endgültig Feierabend. Der Freundeskreis löst sich auf; manche müssen noch Geld auf der Straße verdienen.

Zuhause trifft Gisela nur Jutta. Von Paul keine Nachricht. Gisela ist enttäuscht. Sie sieht aus dem Fenster, findet den Platz vor der Kirche leer, ohne die notorisch nächtlichen Gestalten.

Die Zwillinge können nicht schlafen. Das vertraute Geräusch von Pauls Stiefeln auf den Steinen bleibt aus. Etwas stimmt ganz und gar nicht. Morgens um sechs machen sich die Schwestern auf die Suche. Die Stadt scheint ihre fatalen Empfindungen zu teilen: bleigrau liegen die ausgestorbenen Straßen vor ihnen.

Irgendwann treffen die Schwestern Marcello Crisi. Er markiert den Unberührbaren. Paul sei gewiss bei einem Mädchen. „Was denn? Ist doch normal." Gisela und Jutta klappern Plätze, Cafés und Straßen ab. „Wir ahnten, dass es hoffnungslos war. Irgendetwas war passiert."

Nachts entmutigtes Warten. Mutmaßungen. Kein Schlaf. Am nächsten Tag verlieren die Zwillinge ihre Hoffnung. „Die

Sonne schien grau. Rom war tot. Wir waren aus dem Paradies vertrieben worden."

Am Tag darauf steht es in der Zeitung: „Der Goldene Hippie ist verschwunden."

Gisela geht mit Marcello zu Pauls Mutter, die in Parioli lebt. Gisela sieht Gail zum ersten Mal. „Gail hatte kurze, blonde Locken. Sie trug einen Minirock, und ich dachte, das kann doch keine Mutter sein, sie sieht so jung aus. Ich hatte noch das Bild der deutschen Kriegsmütter mit ihren Dauerwellen vor Augen. Füllig geworden in den fetten fünfziger Jahren."

Gails Freund, Lou, ein Croupier, wirkt wie ein Mann der Mafia. Er gibt sich besonnen; Gisela mag ihn sofort. Sie trägt ihre Befürchtung vor, aber Gail glaubt nicht, dass ihr Sohn entführt wurde. Dabei haben die Kidnapper schon angerufen. Jemand mit grimmiger Stimme sagte, Paul sei in der Gewalt von Leuten, die Geld für ihn wollten. Gail hielt den Anruf für einen Scherz ihres Sohnes: „Paul is doing a prank, it's his humor. He has a funny sense of humor."

Giselas größtes Dilemma besteht darin, ihre Kontakte zur Malavita nicht offenbaren zu können. Falls Paul seine Entführung selbst arrangiert haben sollte, darf sie ihn nicht verraten. Zutiefst beunruhigt und verunsichert kehrt sie zurück nach Trastevere, wo Jutta ungeduldig wartet.

Gisela: Von unserer Entführungsidee dürfen wir keinem etwas sagen, das könnte sich ungut auf Paul auswirken, falls er von denselben Leuten geschnappt wurde wie wir. Sie könnten uns leicht mundtot machen. Uns umbringen und alles wie einen Unfall aussehen lassen. Mit diesen Leuten treibt man keine Scherze, das haben wir schon verstanden. Rache zu nehmen, ist für sie eine Selbstverständlichkeit, ihr täglich Brot sozusagen. Nur was, wenn Paul mit ihnen einen Pakt geschlossen hat und unsere Ahnungslosigkeit uns einfach nur schützen soll?

Wir ziehen es vor zu schweigen. Wir schwören uns das, auch mit dem Gefühl, schuldig geworden zu sein als Drogenkonsumenten, die zu ihren Lieferanten in einem konspirativen Kontraktverhältnis stehen. Außerdem haben wir Pauls Entführungsidee, zumindest eine Weile lang, gut und interessant gefunden.

Wir haben Dreck am Stecken und wir haben Angst. Also kein Wort zu niemand. L'Omertà!

Marcello zeigt sich gänzlich unbefangen. Pauls bester Freund macht sich noch weniger Sorgen als Gail. Wir verstehen das nicht. Was weiß Marcello, dass er so ruhig bleiben kann?

Freunde kommen vorbei, fragen nach Paul. Das Gerücht kursiert, Paul sei mit einer blonden Frau auf einer Yacht in See gestochen. Journalisten melden sich, das öffentliche Interesse nimmt täglich zu. Plötzlich sehen sich die Zwillinge auf Titelbildern. Der Fotograf Claudio Abate verkauft semi-privat entstandene Fotos, die Gisela und Jutta mit Paul zeigen. Die Schwestern geraten ins Rampenlicht. Sie werden auf der Straße erkannt. Paparazzi verfolgen sie. Sie verabreden sich mit Leuten, die vorgeben, Journalisten zu sein, in einem Eckcafé gegenüber dem Verlagshaus der Zeitung „Il Messaggero". Die „Journalisten" unterstellen ihnen ohne Umschweife eine geltungssüchtige Beteiligung an der Entführung. Sie wähnen Paul auf Capri oder auf einem Schiff davor. Schließlich geben sie sich als Polizisten zu erkennen und nehmen die Schwestern fest.

Jutta: Vor dem Café ist der Teufel los, wir hören Polizeisirenen, das Blaulicht mischt sich mit dem Sonnenuntergang. Wir zählen wenigstens zehn Polizeiautos.

Die Schwestern werden in die Questura gebracht, dort getrennt verhört. Sie zeigen sich naiv, schauen die vernehmenden Beamten „aus großen, dunklen und unschuldigen Augen an". Vor dem Präsidium werden sie von Reportern erwartet. „Wir waren verwirrt und erschöpft, aber es war toll und aufregend, im Zentrum der Aufmerksamkeit zu stehen … Plötzlich glänzten wir wie Moviestars." Zwei Tage später finden die Schwestern einen Brief in ihrer Wohnung … eine ausgerissene Heftseite in einem kleinen, grauen Umschlag. Der Brief stammt von Paul und richtet sich an seine Mutter, die nicht zu erreichen ist.

Liebe Mutter,

seit Montag nach Mitternacht bin ich in den Händen von Kidnappern. Der Anruf, den Du erhalten hast, war echt. Ich bitte Dich: Bring mein Leben nicht in Gefahr. Bitte, halte Dich fern von der Polizei. Denke nicht, dass dies ein Spiel ist, das ich angezettelt habe. Ich bitte Dich: Versuche Du selbst, mit meinen Kidnappern in Kontakt zu kommen. Sage nichts der italienischen Polizei, aber auch keiner anderen Polizei (aus dem Ausland), denn es geht um mein Leben. Mit Sicherheit würden sie mich dann töten. Und so warte ich jetzt, besorgt auch, was Dich betrifft, wieder freigelassen zu werden – wenn nämlich das Geld bezahlt ist, das meine Kidnapper fordern. Ich wiederhole: Stoppe alle Nachforschungen, falls Du möchtest, dass ich nicht gekillt werde – und bitte warte nicht zu lang. Die Polizei muss draußen bleiben! Wenn Du mich liebst, Mutter, müsste das, was ich hier gesagt habe, genug sein. Viele, viele Küsse für alle. Und übrigens: Wenn es Verzögerungen gibt, werden mir die Kidnapper einen Finger abschneiden und ihn Dir auf dem Postweg schicken. Ich bitte noch einmal: Hab bitte nicht die geringste Berührung mit der Polizei – sonst werde ich getötet.

Ich liebe Dich, Paul. Ich grüße euch alle. Kommuniziert mit uns übers Radio, immer nur übers Radio!

Gisela: Wir müssen handeln. Mein Herz schlägt rasend schnell. Mir ist schwindelig. Keine Polizei: soviel steht für uns sofort fest. Wir müssen zur Mutter, stürmen auf die Straße und gabeln ein Taxi auf. „Schneller, schneller." Wir treiben den Fahrer an und bezahlen ihn mit unserem letzten Geld.

Der Pförtner weist uns barsch ab. Mrs. Getty sei verreist und nicht zu erreichen. Er wisse nicht, ob und wann sie zurückkomme. Wir glauben ihm kein Wort, sein Text ist ein Sermon für Journalisten. In unserer Verzweiflung drohen wir ihm. Seine Indolenz könne ihn den Job kosten. Er wählt Gails Nummer und reicht uns den Hörer. Niemand nimmt ab. Wir entschließen uns zu warten. Sollen wir nun doch die Polizei verständigen, obwohl Paul das auf keinen Fall will? Wenn Gail nicht augenblicklich auftaucht, kann jede Entscheidung, die wir treffen, falsch sein.

Der Brief brennt in meiner Tasche. Ratlos stehen wir vor dem protzigen Apartmentklotz. Es ist dunkel geworden, kalt und windig. Immer mal wieder bestürmen wir den Hausmeister, aber er kann wohl wirklich nichts für uns tun. Schließlich bitten wir ihn, die Polizei zu rufen.

Mit vollem Alarm und in Rallyegeschwindigkeit geht es zur Questura. Im Auto schließen wir mit unserem Leben ab. Ich klammere mich an meine Tasche, sehr im Zweifel, ob wir diese Fahrt überleben.

Wir rechnen damit, dass eine gigantische Maschine in Bewegung gesetzt wird und dass der ganze Polizeiapparat zu Pauls Rettung in Gang kommt. Davon ist die Behörde aber weit entfernt. Man schickt uns mit dem Brief von einem Zimmer zum nächsten. Stets wird die Zuständigkeit bestritten. Wir werden ausgelacht. Der Brief dient der allgemeinen Belustigung. Es ist wirklich unfassbar.

Alle höheren Chargen scheinen außer Haus zu sein. Wir sprechen mit Hampelmännern, die einen Spaßvogel für den Urheber des Briefs halten. Man rät uns heimzugehen. Unsere Verzweiflung erreicht immer neue Höhepunkte. Stunden später bemüht sich dann doch noch ein Inspektor in unserer Angelegenheit. Er nimmt den Brief an sich und die Sache offensichtlich etwas ernster als seine Kollegen. Aber auch er befragt uns nicht. Er will gar nicht wissen, wie wir zu dem Brief gekommen sind. Plötzlich halten wir alles für möglich, auch dass Paul schon wieder aufgetaucht ist und mit seiner Mutter das Land verlassen hat. Was zur Hölle geht gerade ab?

What the hell was going on?

Die Presse verliebt sich in die Story vom amerikanischen Milliardärsenkel, der mit deutschen Zwillingen in eine Dreierbeziehung verstrickt ist. Freier Sex und wilde Nächte. Tag und Nacht belagern Reporter die Zwillingsbleibe. „Wir erscheinen auf jedem Titelbild“ – die exotischen schönen Zwillinge mit dem goldenen Hippie.

Die Fantasie der Gazetten kennt keine Grenzen. Die Zwillinge werden auf Schritt und Tritt von Paparazzi verfolgt. Sie sind die „Gemelle del Momento“ („It-Girls“ würde man heute sagen). Noch immer wird die Entführung allgemein nicht ernst genommen.

Mario Schifano mietet im Plaza Hotel ein Zimmer für die Schwestern. Morgens um vier schickt er seinen Rolls Royce, um die Verfolgten abzuholen. Sie finden es angenehm, jetzt im Hotel zu wohnen; abgesehen von ein paar Japanern sind sie die einzigen Gäste. Sie rufen sofort Freunde an, um sich mit ihnen einmal richtig satt zu essen. Eine wilde Bande macht sich ausgelassen über die mit Silber und Kristall gedeckte Tafel her. Später hält Schifano Jutta erbost die Rechnung unter die Nase.

Gisela: Wir leben im Hotel als „no names“ und bleiben inkognito. Zwar finden uns die Paparazzi nicht, jedoch erreichen uns alle möglichen Angebote. Jede Zeitung will ein Interview.

Der Drehbuchautor und Cutter aller Antonioni- und Bertolucci-Filme, Kim Arcalli, bringt mich mit einem Regisseur zusammen, der die Hauptrolle in seinem neuen Film, so eine Art „Last Tango in Paris“, mit mir besetzen möchte. Die Story geht so: Ein Provinzmädchen und ihre beiden Freunde stranden in der Großstadt, voller Sehnsucht nach den Plätzen ihrer Herkunft. Sie erleben die wahnsinnigsten Abenteuer, die Jungens kommen dabei um. Carlo Ponti soll der Produzent sein.

Der Regisseur kommt in unser Hotelzimmer, um diverse Szenen mit mir zu proben. Ich möchte die Rolle haben, traue mir aber kaum zu, sie zu spielen. Ich soll mich in einer Szene bewähren, in der ich einen alten Mann verführe, den gerade der Regisseur darstellt. Ich werde während der Probe zu einem ganz kleinen Mädchen mit Piepsstimme, albern vor lauter Schreck. Während der Regisseur sich gut unterhalten fühlt, könnte ich heulen. Nicht zum ersten Mal denke ich, zu versagen, wann immer es darauf ankommt, wirklich etwas zu bringen.

Gail wird verdächtigt, die Entführung ihres Sohnes inszeniert zu haben. Man sagt ihr Geldnot und Kontakte zur Mafia nach. Wir haben angeblich Kontakte zu den Roten Brigaden und wollen vom Lösegeld Waffen kaufen. Gleichwie, eines steht außer Frage: Der alte Getty zahlt nicht. Er hat noch dreizehn Enkel und sieht im Erfüllungsfall das Desaster eines Fasses ohne Boden oder auch eine Forderungslawine auf sich zu kommen.

Die Zeit vergeht und nichts (Pauls Schicksal Erhellendes) geschieht. Gail schreibt Richard Nixon einen Brief. Er soll das Herz des zahlungsunwilligen Magnaten erweichen. Ein ehemaliger CIA-Agent taucht auf, Fletcher Chase, der im Auftrag des alten Getty ermittelt. Er hat für seinen Boss Ölgeschäfte im Mittleren Osten abgesichert. Marcello erzählt uns von ihm, wir überlegen, was wir ihm sagen dürfen. Von der ganzen Wahrheit rät Marcello ab. Aber Chase will von uns nichts wissen. Vielleicht ist das ein großer Fehler, ich glaube, wir hätten ihm doch alles gesagt.

Der Stern von Gisela und Jutta leuchtet. In diesem römischen Sommer sind sie die meistfotografierten Mädchen Italiens. Und sie genießen es, berühmt zu sein.

Ihre Sorge um Paul hält Gisela von einer Affäre mit Glauber Rocha nicht ab.

Jutta: Wir sitzen in einem Restaurant, essen und halten sozusagen Hof. Marcos, Kim, Rudolpho, Prinz Dado Ruspoli, unsere Transvestiten und einige mehr bilden unseren erwählten Staat. Wie nebenbei erwähnt Marcos: „Glauber Rocha is in town" – und wir sagen: „Den wollen wir kennen lernen." Gisela befiehlt: „Bring ihn gleich her." Marcos zieht gehorsam in wichtigster Mission ab, und fünfzehn Minuten später steht Glauber vor uns. Er ist klein, rundlich und wuschelköpfig. Ihm gefällt die freche Art, wie wir mit ihm umspringen.

Gisela: Ich bin in ihn nicht so verliebt, wie ich in Paul verliebt bin. Glauber sieht Göttinnen in uns. Unseren Lebensstil findet er absolut faszinierend. Ich schlafe kaum mit ihm, weil ich immer an Paul denken muss. Glaubers Kopf interessiert mich viel mehr als sein Körper. Er macht ironische Bemerkungen über sein Aussehen.

Glauber ist charismatisch und intelligent. In Deutschland war er während unserer Filmerinnenzeit schon eine Legende, ein echter politischer Regisseur, Gründer des Cinema Novo in Brasilien, Freund von Godard.

Glauber stellt uns tausend Fragen, wir rapportieren unsere Lebensläufe und zeigen ihm unsere Fotos. Ihn beeindruckt sehr, dass wir uns ein Leben erfunden haben. Das will er dokumentieren. Glauber geht zu allen Produzenten, die er kennt, und sagt: „Wir müssen jetzt einen Film über die Zwillinge drehen. Ihr freier Lebensstil, das Kidnapping, die Gangster, das alles muss umgehend belichtet werden."

Etwas stimmt nicht

Jutta: Ich kann nicht immer so richtig an eine echte Entführung glauben. Dagegen spricht, dass der mächtige Großvater, der schon ganz andere Dinge in den Griff bekommen hat, Paul in drei Tagen hätte frei bekommen können. Auch Gerüchte, Paul sei auf einer Yacht bei Capri gesehen worden, könnten stimmen. Trotzdem, Zweifel bleiben und wir drücken sie aus. Es gibt immer wieder Zeiten der Niedergeschlagenheit und tödliche Ohnmachtsgefühle. Gleichzeitig werden wir dauernd in einen Strudel der Aufmerksamkeit gerissen, Dadurch, dass überall Bilder von Paul mit zwei jungen „Hippiemädchen" erscheinen, hat der Fall einen erotischen Touch bekommen, eine Sexiness, auf die sich die Presse stürzt.

Immer wieder muss ich darüber nachdenken, wieso wir erst von den Malavitaleuten gekapert wurden und Paul dann kurze Zeit später tatsächlich verschwunden ist. Gibt es da einen Zusammenhang? Wir haben mit der Idee einer Entführung gespielt, ja … Aber steckt nun Paul tatsächlich mit dahinter, damit wir mit dem alten Geld des Großvaters unsere neue Welt errichten können? Wir haben eigentlich keine moralischen Bedenken, weil unsere Moral die höhere ist. So sehen wir das. Weil wir die neue Welt, die sich abzeichnet, lieben. Weil die Liebe zu ihr die höhere Motivation ist und wir echte Werte haben: Freude, Offenheit, Verbindung mit den Menschen. Kreativität und Schönheit. Wir wissen, dass wir mit dem Geld Gutes anfangen könnten und dass das auch im Sinne des Großvaters wäre. Auch er muss schließlich gerettet werden. Also ist alles auch in seinem Sinn. Ich denke an die todtraurige, versteinerte Maske des Alten – eine Ikone der alten ängstlichen und gierigen Welt – und an das noch immer leuchtende Gesicht von Che Guevara. An Uschi und Rainer und die fröhlichen Kommunarden, an John Lennon, Yoko Ono und Bob Dylan. Immer wieder hat Paul gesagt: „The rich are the poor of the earth. Their malnutrition is of the spirit. One should pity them."

Der Alte tut uns leid. Und wir sind uns ganz sicher, dass er eigentlich auf unserer Seite ist und wie der Weise vom Berg lächelnd auf unser Tun schaut – wir müssen nur handeln.

Oder ist die Sache aus dem Ruder gelaufen und es steckt noch etwas ganz anderes dahinter? Vielleicht ist Paul tiefer in irgendeinen Mist mit den Malavitaleuten verwickelt, als er uns gesagt hat. Wie der Zauberlehrling, der nun die Folgen seines Tuns nicht mehr eindämmen kann.

Gisela und ich waren wie Schmetterlinge zu den Malavitaleuten gestoßen. Catellone hatte noch nie Mädchen wie uns kennen gelernt. Wir waren für ihn eine neue Welt, die nun in einem explosiven Clash auf die düstere, liebesarme Welt der Mafialeute gestoßen war. Wir waren licht und furchtlos.

Ich erinnere mich an die erste Begegnung mit Catellone. Ich flatterte in einem fast durchsichtigen Kleid in Marcellos Keller. Er saß hinter dem Schreibtisch und schüttete gerade Koks aus einem großen Plastikbeutel auf einen zerbrochenen Spiegelteil. Ich machte eine freche Bemerkung und er schaute auf. Vielleicht hatte er schon zuviel von dem Zeugs genommen, aber er blickte mich an, als wäre ich eine Erscheinung. Seine Augen weiteten sich, und ich dachte für einen Moment, jetzt kippt er vom Stuhl. Als auch noch Gisela in den Keller schneite und wir mit ihm über Inkarnation, Liebe, Tibet und esoterische Geheimlehren sprachen, sah er in uns vielleicht auch den Schlüssel für eine verborgene Welt, die er nicht kannte und die er sich irgendwie unter den Nagel reißen wollte.

War jetzt Paul dran? Irgendwas scheinen wir schuldig zu sein. Es ist eine unglaubliche Verstrickung. Wir waren schon dran gewesen. Kleine Mädchen zu quälen, selbst wenn sie nicht alles machen, was gefordert wird, ist auch schon eine Bezahlung. Also ein Genuss – und viele Spielfilme sind voll mit solchen Sachen. Außerdem konnten wir flüchten. Wie die Geschichte nach dem Willen der Männer schließlich ausgegangen wäre, wussten wir ja nicht. Wollten sie uns drei Hippies eine Lektion verpassen und mal Ernst machen: Mit der Mafia fuckt man nicht. Ganz klar, dass da irgendetwas war, was die Männer nicht hinnehmen konnten. Und die Art und Weise, wie Gisela und ich zur Kasse gebeten wurden, reichte offensichtlich nicht zur Wiedergutmachung.

Sicher: Seine Entführung war wahrscheinlich nicht aus heiterem Himmel gefallen. Niemand aber hat in das Vorher geblickt – und auf der Polizei haben wir eisern geschwiegen.

Wir müssen Paul freibekommen. Es hängt auch unsere Vision daran. Nur wie? Machtmittel haben wir keine. Aber wir fühlen uns stark. Wir zweifeln nicht, dass er mit unserer geistigen Unterstützung alles schafft und freikommt, wenn er gegen seinen Willen festgehalten wird. Unsere Bindung ist stärker als alles zusammen. Wir haben Gott auf unserer Seite und wir sind immer noch seine Lieblingskinder.

Gisela: Nichts wünsche ich mir mehr, als wieder mit Paul zusammen zu sein. Er wird zu mir zurückkehren, das fühle ich als Gewissheit. Ungewiss erscheint, ob er tatsächlich entführt wurde. Einiges spricht dafür, dass er seine Entführung inszeniert hat, die Regie ihm jedoch entglitten ist. Er könnte sich von Vereinbarungen mit der Malavita, aus Liebe zu mir, distanziert – und so den Unmut der Ehrenmänner auf sich gezogen haben. Warum war Paul vor seinem Verschwinden so paranoid? Hatte man ihm gedroht? Wusste er, was auf ihn zukommt?

Eine Stripteasetänzerin gibt sich als Pauls Freundin aus. Angeblich hat sie ihn zuletzt gesehen. Sie arbeitet in einem Nachtclub der Malavita, an ihrer Darstellung könnte etwas dran sein. Vielleicht hatte Paul mal was mit ihr.

Wir sind in einem Haus am Meer – in Porto Ercole. Es gehört Ettore, einem engen Freund von Mario Schifano. Im Garten meine ich Paul zu sehen, ganz klar, dann verschwindet das Bild. Nun weiß ich, dass er noch lebt und sich in diesem Moment an einem Fluss befindet – die Umstände sehe ich nicht genau, deutlich erscheint mir nur seine Gefangenschaft. Das Ganze nimmt sich wie eine Filmszene aus … ein Bach, Geröll, grober Sand. Paul sitzt auf Steinen und schreibt meinen Namen in nassen Sand. Ich vermisse ihn schmerzhaft.

Nachts konzentriere ich mich intensiv auf Paul, um ihm zu vermitteln, dass ich ihn liebe. Ich stelle mir vor, dass ich zu ihm gehe und mit ihm spreche, während er schläft. Später wird

Paul erzählen, dass er in der Nähe eines Flüsschens festgehalten wurde. Es hat ihm da sogar gefallen. Er hatte seine Ruhe und war aus allem raus. Er hatte sein Zeitgefühl verloren.

Jutta ist immer auch noch mit Marcos zusammen, der mit seinem Projekt über die brasilianische Linke ins Hintertreffen gerät; Glauber will nun lieber seinen Zwillingsfilm drehen. Man trifft sich zur Besprechung im Landhaus von Roberto Rossellini und findet dort Waffen aus dem Zweiten Weltkrieg.

Jutta: Im Haus nahm ein unguter Trip seinen Lauf. Über dem Fenster saß eine gigantische Gottesanbeterin. Marcos verlangte von mir, sie zu töten. Widerwillig nahm ich den Auftrag an. Mit jedem Schlag entfernte ich mich von allem Schönen und Wahren ... Und dann suchte ich Gisela und Glauber. Ihr Schlafzimmer war ein karges Loch mit einem Metallgitterbett. Gisela lag auf dem Bett und Glauber entwarf vor ihr einen großen revolutionären Plan. Er setzte auf Gaddafi, schlug Gisela vor, Gaddafi zu heiraten. Auch für mich hatte er Pläne, er war sicher, dass wir die mächtigsten Männer der Welt „bekehren" könnten. Später hüllten Gisela und ich uns in Decken wie in Ponchos, legten Patronengürtel an und spielten mit Gewehren.

Gisela: Ich möchte mich an Glauber klammern und ihn gleichzeitig abweisen. Doch ich fühle mich wie in Zement, ich kann mich nicht riechen.

Jutta: Ich gehe mit Marcos durchs Dorf. Ich fühle mich stark, aber mit mir stimmt etwas nicht, zumindest in den Augen der Machos vor Ort. Sie schmeißen sich in ihre Autos, rasen auf mich zu und keilen mich ein. Marcos befreit mich, wir schlagen uns in die Büsche. Alles pulsiert und wabert, und auf einer Lichtung steht, in einem Stacheldrahtverhau, ein Schloss.

Marcos weiß, dass es dem alten Getty gehört. Er ist sehr munter und schlägt vor, in die Nobelherberge einzubrechen. Wir überwinden das Tor, fühlen uns schon ein bisschen wie die wahren Eigentümer und laufen auf einladende Lichter zu. Wir stoßen auf einen hohen Zaun. Dahinter rasen Schäferhunde, denen wir keinen größeren Gefallen erweisen könnten, als uns von ihnen zerfleischen zu lassen.

Kleinmütig treten wir den Rückzug an. Die Dorfjugend lärmt in der einzigen Bar weit und breit, wir schleichen bloß noch vorbei. Marcos und ich fühlen uns mies wie räudige Straßenköter.

Gottfried John kommt nach Rom, begleitet von einer wohlhabenden Hexe. Mit ihr suchen die Zwillinge eine Kartenlegerin auf. Die Frau erkennt, dass Paul noch am Leben ist. Sie wähnt ihn an einem Ort, den auch Gisela schon im Traum ausgemacht hat.

Die Hexe fährt einen offenen Mercedes und besitzt eine fabelhafte Dachgeschosswohnung unweit der Engelsburg. Ein mit Efeu und Kletterblumen überwachsener Balkon friedet die Gemächer ein. Dorthin ziehen die Zwillinge um. Hier empfangen sie nun ihre Bewunderer. Sie finden Orchideen und Rosensträuße vor der Haustür.

Sie kriegen Fanpost. Die erledigt Mackay, ein exzentrischer Amerikaner „aus der Berliner Szene, der uns als treuer Vasall diente“.

Jutta: Michael Geißler und seine Videoindianer drehen einen Film mit uns. Mario nimmt mich mit zu der gerade sehr erfolgreichen Autorin Emmanuelle Arsan, der Schöpferin der „Emmanuelle“-Filme. Sie gratuliert Mario zu seiner Wahl: „Auf das Mädchen hast du lange gewartet.“

Mario fühlt sich veranlasst zu sagen, dass er mich heiraten will. Ich liebe ihn, aber mehr noch liebe ich meine Freiheit. Ich habe eine kurze Liebschaft mit Kim Arcalli. Danach, um ihn zu quälen, betrüge ich ihn mit seinem Sohn. Das Ausmaß seines Schmerzes überrascht mich.

Ein Zwischenspiel: Stash, Glauber, Kevin

Ein neuer Mann taucht auf: Graf Stanislas Klossowski de Rola, genannt Stash – er ist der Hausherr der Villa Medici. Seine Großmutter hatte was mit Rilke, Balthus ist sein Vater, Keith Richards sein Idol. Bei ihm hören Jutta und Gisela zum ersten Mal Reggae. Er erzählt von Jamaika, von religiösen Ekstatikern, die unentwegt Marihuana rauchen. Er entdeckt seinen Zuhörerinnen Bob Marley & The Wailers. Stash, „der ein bisschen wie Prinz Eisenherz aussah", ist in diesem römischen Sommer der Einzige, der diese Musik auf Lager hat.

Gigantische Zypressen, „ganz wie die von Velázquez gemalten", wachsen im Garten der Villa Medici. Die Schwestern wähnen sich darin jenseits einer Wirklichkeitsschleuse.

Gisela: Die Zypressen sind mystische Zeugen einer anderen Zeit und locken uns in den wahrhaft geheimen Garten. Jutta und ich bleiben stehen, es ist dämmerig und ganz still, wir sind verzaubert. Stash, groß und dünn, mit schwarzen, im Wind wehenden Haaren, kommt auf uns zu, „Kommt, ich zeige euch den Irrgarten." Über den grünen Teppich laufen wir auf die hohen dunklen Hecken zu und wir lachen wie sanfte, verrückte Kinder. Später liegen wir alle zusammen vor einem großen Kamin und rauchen Haschisch.

Der Prinz ist ihr Merlin … ein Alchemist, der seine Kunst so erklärt: „It's the journey from the One to the One." Jutta nennt er Galahad, Gisela Lancelot. In diesem steilen Benennungsgefälle gerät Gisela in die undankbare Rolle des Vaters ihrer Schwester, die als Galahad von Merlin in die Tafelrunde eingeführt wird und schließlich auch den Gral zu sehen bekommt.

Stash mag Jutta sehr, und die Schwestern besuchen ihn eine Weile jeden Abend. Stash war in Indien, erzählt von lebenden Heiligen. Besonders gern erzählt er von Milarepa, der ein Schwarzmagier war, bevor er in qualvoller Transformation zum Heiligen wurde. Sein Lehrer ließ ihn Steintürme auf- und abbauen. Jahre verbrachte er in Berghöhlen, ganz grün von Moos, seiner einzigen Nahrung.

Nachts spielen die Schwestern mit „ihrem ersten esoterischen Lehrer" im Garten Verstecken. Der Prinz ruft Jutta, „seine Stimme ist zärtlich und erregt" – und Gisela ist eifersüchtig, obschon sie sich nach Paul sehnt.

Gisela: Seit Wochen steht nichts mehr über Paul in den Zeitungen. Von Marcello oder Gail hören wir nichts, kein Kontakt. Jutta und ich überlegen schon, ob er vielleicht lange frei und von seiner Familie außer Landes geschafft worden ist. Aber ich bin mir sicher, er würde unter allen Bedingungen versuchen mit mir wenigstens zu sprechen. Ich liege noch im Gras und versuche mich ganz auf Paul zu konzentrieren, an ihn zu denken. „Galahad" höre ich Stash nach Jutta rufen. Plötzlich bin ich schmerzhaft und mir unerklärbar eifersüchtig. Ich bin mir nicht ganz sicher, ob auf Stash oder Jutta. Ich springe auf, Jutta steht zwischen den hohen Hecken des Irrgartens. Ich halte mein Schwert spielerisch (und doch etwas wütend) auf ihr Herz. Wir schauen uns an, unsere Augen leuchten, wir lachen und lassen uns in das Gras fallen. Sie wirft ihren Kopf in meinen Schoß. Stash und Mackay kommen angelaufen, bleiben vor uns stehen. Der Mond scheint auf Mackays platinblond gefärbte Haare, lässt sie silbern glänzen.

Jutta: Mario hasst Stash. Er bezichtigt den Prinzen der Hochstapelei, hält ihn für ein Groupie der Schönen und Berühmten. Der bedeutende Malervater habe ihm alle Anerkennung versagt. „Darunter leidet dein Prinz. Ich will nicht, dass du ihn siehst!"

Mario liebt Balthus. Er zeigt mir seine Bilder und erzählt mir von ihm … und wieder einmal bewundere ich Mario für seine Unbestechlichkeit, seine Urteilssicherheit und seine Unduldsamkeit. Er kann so großartig verachten und ebenso großartig verherrlichen. Von unseren Spielen in der Villa Medici will er nichts hören.

Jutta genießt die Aufmerksamkeit des Alchemisten, mehr aber nicht. Mario Schifano ist der Hauptmann ihres Herzens und bei ihm verweilt sie in einer Nacht, die für Gisela wenig Gutes hat. Nein, Gisela hätte sich nicht zu Stash vor den Kamin in der Villa Medici legen sollen. „Mitten im ohnehin fantasielosen Akt hörte Stash auf, um eine Platte umzudrehen, natürlich eine von den Stones." Das gemeinsame Bad am nächsten Morgen wird von einem Anruf von Jutta unterbrochen. Stashs hingerissenes Gewisper mit der von ihm favorisierten Schwester kommt bei Gisela als schwere Demütigung an: „Ich fühlte mich hundeelend, hatte auch das Gefühl, Paul betrogen zu haben – und, was noch schlimmer wog, mich selbst."

In der Auffahrt der Villa erwartet sie Jutta. Stash leistet Gisela Gesellschaft, mit der Aussicht, seiner Allerliebsten wenigstens einen schönen Tag wünschen zu dürfen. Jutta fährt rasant vor und hält abrupt. Schweigend steigt Gisela ins Auto. Stash zu Jutta: „I love you." Jutta versenkt das Seitenfenster im Blech, sie sagt: „You have no love to give." Schon tritt sie aufs Gas.

Gisela: Im Auto erzähle ich ihr alles. Es geht mir wieder besser, und plötzlich müssen wir beide über diese Niederlage lachen. Komisch ist das Leben, finden wir.

Gisela: Carlo Ponti will uns sehen. Ein Regisseur bringt mich zu ihm, in sein Büro in einem prachtvollen Palazzo an der Piazza Venezia. Ponti wirkt an seinem barocken, an vielen Stellen vergoldeten Schreibtisch wie ein Potentat einer vergangenen Epoche. Er ist klein und fleischig und seine Augen lassen mich an Saugnäpfe denken. Er erhebt sich für mich und sagt ohne Umschweife: „Voglio tutte le due – Ich will beide." Ich soll möglichst bald mit Jutta wiederkommen.

Ponti produziert gerade einen Film mit Maria Schneider und Jack Nicholson. Antonioni führt Regie. Maria und Jack spielen die Hauptrollen. Wir sollen gleich in dieser Liga einsteigen. Ponti erkennt in uns ideale Verkörperungen des Zeitgeists. Das eröffnet er uns, als ich dann mit Jutta vor ihm stehe. Ponti möchte uns für fünf Jahre und fünf Filme unter Vertrag nehmen. Er wünscht sich uns zuerst in einer Adam-und-Eva-Geschichte, in der zwei Evas den Rippenspender verführen.

Ponti schickt uns auf das Set von „Andy Warhols Frankenstein". Paul Morrissey ist der Regisseur, und Joe Dallesandro spielt eine Hauptrolle. Gedreht wird in Cinecittà. Wir kommen fantastisch angezogen und von mehreren Freunden begleitet an. Morrissey wird gleich auf uns aufmerksam, und Udo Kier nähert sich uns staunend. Er hört, dass Morrissey uns mehr oder weniger sofort verpflichten will. Aber anderntags verpassen wir einen Termin, und aus einem Film mit Morrissey wird nichts. Wir sehen den Regisseur aber noch oft auf der Piazza Navona.

Einerseits lernen wir die interessantesten Menschen der Welt kennen, andererseits können wir unsere Miete nicht bezahlen. Die Hexe schickt uns ein „Komitee" – ein paar ziemlich böse Buben, von denen wir einen kennen. Er hat nun das hämisch ausgelebte Vergnügen, uns vor die Tür zu setzen. Wir verhandeln und jammern, was das Zeug hält, aber das Rollkommando verspricht, am Abend wiederzukommen. Sollten wir dann noch da sein, könnte es schmerzhaft werden.

Die Weltstars in spe sind verstört ... und rufen erstmal Glauber Rocha an. Der beeilt sich, mit seiner Gegenwart beruhigend zu wirken. Und sagt den Zwillingen: „Ihr bleibt hier, ich rede mit den Jungen."

„Die hauen dich zusammen", warnen die Schwestern. Nur zu geläufig ist ihnen die handfeste Rechtsordnung der Mafiosi. Mit großbürgerlichem Gelaber halten die sich nicht auf. Aber Glauber, ein kleiner Mann mit feinen Händen, findet für Besorgnis keinen Grund.

„Was wollt ihr?" fragt er sehr freundlich, als die Horde erneut aufkreuzt. Eine feiste Hyäne fühlt sich dazu berufen, dem Revolutionär zu sagen, was Sache ist. Glauber hat in seiner Heimat der Macht aus Regierungsgewehrläufen widerstanden. Nun erläutert er den bewaffneten Eindringlingen: „Also, hört mal zu. Meine Freundinnen brauchen noch ein paar Tage zum Packen. Bis zum Ende des Monates bleiben sie in der Wohnung."

„Nein, sie müssen heute noch ausziehen, sonst ziehen wir sie aus ... dem Loft."

Glauber bleibt freundlich, dann aber versteigt er sich zu einer Ansprache: „Wie viele seid ihr? Zehn, zwölf? Vielleicht könnt ihr noch zehn mehr organisieren, mehr bestimmt nicht. Wie viele seid ihr dann? Zwanzig und ein paar. Und jetzt sage ich euch, was ich kann. Ich bin ein Kämpfer mit vielen Freunden in Rom: Palästinensern, Kubanern, Brasilianern. Das sind keine kleinen feigen Diebe wie ihr, sondern Krieger mit Erfahrung in Kämpfen auf Leben oder Tod. Wisst ihr, was die mit euch machen? Ein einziger Anruf genügt und in einer Stunde stehen Hundert auf der Matte."

Die Horde zieht sich umgehend zurück. Glauber verlangt noch, dass der Anführer seiner Auftraggeberin ausrichten soll, dass die Zwillinge eine Woche bleiben, des Weiteren habe er wiederzukommen und diesen Aufschub zu bestätigen. Keine Stunde später meldet der Junge, dass eine Woche okay sei.

Danach kommen wir bei Kevin unter. Kevin, der Bruder von Ryan O'Neal, ist ein extravertierter, koboldiger Rotschopf, der als Schauspieler bisher nicht aus dem Schatten seines berühmten Bruders treten konnte. Dabei sieht er Ryan zum Verwechseln ähnlich. Auf der Straße wird er ständig als Ryan O'Neal angesprochen und um Autogramme gebeten. Keiner glaubt Kevin, wenn er mit schwerem Akzent „Sono fratello" murmelt.

Kevin gehört zu meinen treusten Verehrern. Er gibt sich Mühe, mich zu trösten, denn ich werde von Tag zu Tag trauriger – und Jutta auch. Das öffentliche Interesse an Paul hat sich bereits erschöpft; manchmal kommt mir meine Zeit mit ihm wie ein ferner Traum vor.

Und alles geht den Bach runter. Die Regisseure rufen zwar noch an, wir verabreden uns auch noch mit ihnen, aber anschließend lassen wir nichts mehr von uns hören. Wir verkriechen uns in Kevins Apartment. Jutta liest ein Buch von Novalis und erzählt mir immer wieder von ihrer Lektüre. In meiner Depression steht sie zu mir, aber auch sie leidet, obwohl sie immer wieder Trost bei Mario findet.

Das Ohr

Juttas Verhältnis zu Mario Schifano bleibt gespannt. Das Paar reist nach Sabaudia, streitet sich vor edler Kulisse. „Wir gingen friedlich mit Moravia essen und kämpften hinterher umso heftiger." Sie rauchen Opium, Jutta kotzt auf ein Samtkissen, Schifano ärgert sich. Er ruft nachts an, Jutta kommt zu ihm, „wir schliefen gewalttätig miteinander, nahmen Heroin. Im Morgengrauen schleppte ich mich erschöpft aus dem Haus, weil wir uns nicht mehr ertragen konnten. Ich wollte ihn nie wiedersehen."

Tage später meldet sich Schifano. Jutta ist gleich bei ihm. Er liegt verwüstet auf dem Bett, blättert im Playboy: zwischen jeder Seite eine Kokslinie, die er mit einem gerollten Schein zieht. Jutta lässt sich an einen Pfosten binden.

Wegen eines Poststreiks erreicht ein stümperhaft amputiertes Ohr erst vier Wochen nach Versendung seinen Adressaten, die größte römische Tageszeitung, „Il Messagero". Mit der Drohung, es nicht bei der Amputation des einen Ohrs zu belassen, verbinden die Entführer von Paul Getty eine Lösegeldforderung von fünf Millionen Dollar.

Gisela: Ich will meine Tochter in Deutschland besuchen. Schon morgens früh bin ich auf dem Bahnhof. An einem Zeitungsstand fällt mir eine Schlagzeile auf. Ich lese „Abbiamo ricevuto l'orecchio di Paul Getty – Wir haben Paul Gettys Ohr erhalten." Ein Foto zeigt zum Beweis: das Ohr plus Haarbüschel in einer Plastiktüte, gehalten von einer Hand, die so isoliert wie abgehackt aussieht.

Mein Verstand verabschiedet sich, meine körperlichen Reaktionen sind massiv. Ich bin ganz dumpf, ganz wehrlos. Der

Zug kommt, Menschen steigen ein und aus, ich vernehme Durchsagen. Schließlich ist der Zug ohne mich abgefahren. Sowie ich die Kontrolle über meine Beine wieder habe, rufe ich Jutta an. Ich kann immer noch nicht denken, jedenfalls nicht mehr als: Nimm den Bus und reiß dich zusammen.

Jutta sieht sofort, was los ist. Wir sind wieder ein Körper. Ich gebe ihr die Zeitung. Sie wird blass, die Grausamkeit der Mafia ist unfassbar. Sie geht einfach nicht in meinen Kopf, ich verstehe sie nicht. Ich weiß nicht, ob man so eine Brutalität überleben kann. Wird Paul daran sterben? Diese Schweine, denke ich, wenn jetzt der alte Getty nicht zahlt, bringe ich ihn um. Aber natürlich hoffe ich, dass er zahlt, inzwischen kapiert doch jeder, dass es ernst ist.

Wir versuchen Marcello zu erreichen. Wir laufen zum Turm, nehmen an, dass er Kontakt zu Gail hat. Warum setzt er sich nicht mit uns in Verbindung? Auf unser Klopfen reagiert niemand. Der Turm wirkt verlassen. Wir hinterlassen eine Notiz mit Kevins Anschrift.

Verzweiflung begleitet uns auf dem Heimweg. Die Entführer haben gedroht, Paul in kleinen Stücken zu schicken, falls man sie länger hinhält. Sie haben das in kalabresischem Dialekt verkündet. Die Ndrangheta Calabrese ist für ihre Grausamkeit berühmt. Ihre Entführungsopfer werden gelegentlich auch dann noch umgebracht, wenn für sie bezahlt worden ist.

Ich stelle mir vor, wie Gail das Ohr identifizieren, also zur Hölle fahren musste. Wir müssen jetzt alle Gott um Hilfe bitten. Und voller Angst fragen wir uns, ob man ein abgeschnittenes Ohr überleben kann. Glauber wird um Auskunft gebeten und er beruhigt mich: lebensbedrohend sei so eine Amputation nur in Verbindung mit einer Blutvergiftung.

Der schrecklichste Gedanke ist der: dass das Ohr von einer Leiche getrennt wurde.

In den nächsten Tagen fallen mir büschelweise Haare aus. Von Marcello hören wir nichts.

Jutta: Gisela muss in Scheidungsangelegenheiten nach München. Ihr Zug geht früh, sie verabschiedet sich froh. Ich bleibe glücklich liegen. Endlich habe ich das Bett einmal für mich allein. Unser Zimmer hat keine Fenster, eine Treppe führt zu einem weiteren, kleinen Raum, der unmittelbar am Korridor liegt. Wahrscheinlich wurde hier einfach nur Treppenhohlraum in ein Apartment verwandelt. In ein Apartment für reiche Amerikaner. Amerikaner sind zurzeit immer reich und die meisten Italiener arm. In der Wohnung gibt es ein Telefon; Kevin muss als Drehbuchautor für Polanski erreichbar sein.

Das Telefon klingelt. Ich nehme den Hörer ab, wie in einem frühen „Kommissar“, schön schwarzweiß, denke ich gerade, süßen Bettduft verbreitend ... das Laken wie einen Sarong tragend. Wir drehen die Szene noch einmal: Ich hüpfe aus dem Bett, nehme den Hörer ab und vernehme Giselas Entsetzen. In ihrer Panik verhaspelt sie sich. Ich möchte gar nicht verstehen, was ich gleichwohl heraushöre. Mein Gehirn arbeitet gegen meinen Willen fieberhaft. Das geht wahrscheinlich gar nicht.

„Kannst du das glauben?“ fragt Gisela. In ihrem akustischen Hintergrund macht sich der Bahnhofsalltag bemerkbar. Auf allen Bahnsteigen wird gepfiffen. Ich sehe Gisela in ihrem Unglück und auch wieder mal in so einem Zeitloch, als hätte die Zeit schnell adieu gesagt und wäre gegangen. Sie kehrt zurück, der Film läuft weiter und meine Schwester fragt mich, was soll ich denn machen. Der Zug ist abgefahren. Soll sie auf den nächsten warten? Ich habe keinen Rat für sie. Wir wissen beide gerade gar nichts mehr. Gisela ist dann aber doch zur

Abreise entschlossen, bevor sie auflegt. Ich lege mich wieder hin und meine Fantasie geht mit mir durch. Vor meinem geistigen Auge spielen sich entsetzliche Sachen ab.

Mario ruft an, er weiß schon alles: „Ich hole dich in einer halben Stunde ab. Du musst etwas essen."

Ich bin ihm unendlich dankbar.

Sorrent – und Paul ist frei

Die Tage nach diesem Tag sind schrecklich, voller Ungewissheit, belastet mit grausamen und grotesken Gedanken, eine Achterbahnfahrt durch innere Höllen. Freunde überreden die Zwillinge, zu einem Filmfestival nach Sorrent zu fahren. Fassbinder soll da sein, ebenfalls Irm Hermann und Rainer Langhans, der seit einer Weile zu Fassbinders Entourage gehört. Jutta und Gisela verpassen den Regisseur und leider auch Rainer Langhans, an den Jutta in den vergangenen Monaten immer wieder gedacht hat.

Jutta: „Wenn ich an Deutschland denke, fällt mir immer nur Rainer Langhans ein. Er hat in meinen Augen eine dylaneske Qualität. Eigenwillig, authentisch, lockenköpfig und außerordentlich von sich selbst überzeugt – *against all odds, ein eigenes Lied im Herzen* und auf eine gute Weise asexuell, auch ein Wesen aus einer anderen Welt und irgendwie erleuchtet."

Sie sieht ihn dann beim Festivalfinale in Neapel in einer überfüllten Lobby: „Rainer ist anders, als ich ihn mir erträumt habe, kleiner, bescheidener, behänder." Seine Aufmerksamkeit gilt vor allem sich selbst, „für uns bleibt nichts übrig, er sieht uns nicht und kommt nicht auf uns zu, obwohl wir doch so bekannt sind".

Da steckt jemand den Zwillingen, dass die Geldübergabe stattgefunden hat – und dass Paul endlich frei ist (nach sechs Monaten in der Gewalt seiner Kidnapper) und in einem römischen Krankenhaus behandelt wird. Sie drängen zum Ausgang, ein Journalist, alarmiert vom plötzlichen Aufbruch, folgt ihnen, ein Freund, mitgezogen im Trubel, fährt sie zum Bahnhof. In Rom holt Glauber sie ab, sie landen, ausgelaugt von der erzwungenen Passivität im Zug, auf einem großen Bett in ihrem kleinen Apartment. Glauber ist abgemeldet, aber zeigt sich klug genug, nicht zu insistieren, und besorgt auch noch ein Mittel gegen Filzläuse, die in Sorrent „auf freundliche Wirte gewartet hatten. Wir dachten erst, wir hätten die Pest oder seien vergiftet worden. Und in die Apotheke trauten wir uns nicht."

Das Telefon ist außer Betrieb. Die Schwestern beschließen, Paul umgehend ein Telegramm ins Krankenhaus zu schicken. Jutta formuliert: „You won". Am nächsten Tag sehen sich Gisela und Paul.

Jutta: Kurz vor Pauls Freilassung fahren Gisela und ich zu einem Filmfestival nach Sorrent. Mario hat mir einen Film von sich mitgegeben, den er gezeigt wissen will. Fassbinder soll da sein, Irm Hermann und Rainer Langhans, der zu der Zeit mit zu Fassbinders Gruppe gehört, als Schauspieler, Regieassistenz und seelischer Beistand von Irm Hermann. Am liebsten möchte ich Rainer Langhans kennen lernen. Mit ihm verbinde ich Freiheit und den Mut, die alten Autoritäten in Frage zu stellen. Er und Teufel sind die deutschen Politpopstars gewesen, die uns 68 gezeigt haben, dass wir die Kinder

Hitlers sind – und als wir gesehen haben, dass unsere geliebten Eltern Mörder waren, mussten wir eine neue Welt erfinden.

In Sorrent verpassen Rainer und ich uns, auch weil wir ständig Freunde treffen, die den neuen deutschen Film repräsentieren, wie Robert van Ackeren, durch den Gisela Rolf Zacher kennen gelernt hat, oder Peter Lilienthal, der immer wieder Giselas Nähe sucht. Alexander Kluge und viele andere, die wir noch von den Tagen in Oberhausen kennen, leben derzeit in Italien. Die Wiedersehensfreude bei uns allen ist groß. Keine Zeit für Rainer, den ich eh nirgends sehe.

Aber in Neapel, wo das große Finale mit Ball und Preisverteilung stattfinden soll, will ich ihn unbedingt treffen. Ich erwische ihn (fast) in der völlig überlaufenen Lobby, wo Hunderte von Filmemachern, Schauspielern, Drehbuchautoren, Stars und Sternchen auf einmal einchecken wollen. Es ist ein gewaltiger Trubel.

„Dort ist er." Ich ziehe Gisela am Ärmel. „Er muss uns doch auch sehen."

Aber es ist einfach zu voll. Rainers Aufmerksamkeit, merke ich, ist zu achtzig Prozent nach innen gerichtet, der kleine verbleibende Rest wird mit großer Intensität zur Abwicklung der erforderlichen Eincheckaktivitäten verwendet. Allerdings dreht er mit diesen zwanzig Prozent sein Rad deutlich schneller als andere. Ruckzuck sind seine Angelegenheiten an der Rezeption erledigt. Er verschwindet mit der Hermann im Hotel. Für uns bleibt nichts von seiner Aufmerksamkeit übrig, obwohl ich meinen intensiven Hinschaublick eingeschaltet hatte.

Ich verschiebe eine Begegnung auf später. Erst mal einchecken. Doch soweit kommen wir nicht. Die Rezeptionistin hält eine Nachricht für uns bereit … ein Telegramm mit drei Worten: Paul ist frei.

Sekundenlang starren wir uns an, fassungslos. Dann bildet sich im Tumult eine Glücksinsel. Unsere Gebete sind erhört worden. Wir stehen da wie unter einer Glasglocke, in plötzlich vollkommener Stille. Das Einkörpergefühl stellt sich ein. Wir wissen, wir müssen sofort zurück nach Rom. Die Leute um uns herum kümmern uns nicht und wir schreien die Empfangsdame an: „No, no, niente, grazie, kein Zimmer mehr." Dann drängen wir gegen den Ansturm auf die Lobby zum Ausgang. Ein Journalist heftet sich an unsere Fersen …

In Rom holt uns Glauber Rocha ab. Er erspart uns den Bus und besorgt uns auch ein Mittel gegen Filzläuse … und zieht sich schließlich taktvoll zurück. Ergeben räumt er das Feld. Seine Zeit mit Gisela ist abgelaufen.

Wir müssen unbedingt mit Paul sprechen und beschließen, uns mit einem Telegramm bemerkbar zu machen. Unser Telefon ist, wie immer in schwierigen Zeiten, außer Betrieb. Was schreiben? Wir überlegen hin und her, finden lange keine Formulierung adäquat. Dann kommt mir der rettende Satz: „You won". Der Satz ist frei von Sentimentalität und unterstreicht Pauls Stärke – er hat gesiegt. Nachts gehen wir zur Post und schicken das Telegramm ab.

Am frühen Morgen erscheint Marcello, wir schlafen noch den Schlaf der Erschöpfung. Paul möchte Gisela am Nachmittag sehen, Marcello wird sie hinbringen. Der Nachmittag zieht sich dahin, ich blicke immer wieder auf die Uhr, kann kaum Giselas Rückkehr erwarten. Was hat Paul erzählt?

Paul erzählt erstmal nicht viel. (Warum, das verstehen die Zwillinge erst sehr viel später.) Aber er und Gisela sind von nun an unzertrennlich. Sie gehen nach Österreich, Jutta fährt mit einem Freund nach München. Sie will auf Giselas Tochter aufpassen, die bei dem Bruder der beiden lebt.

Jürgen, der von Giselas Verbindung mit dem Enkel des reichsten Mannes der Welt Märchenhaftes gehört hat, übergibt Anna an Jutta und meint, die Zeit sei reif für eine Familienzusammenführung – in Rom oder wo auch immer.

Jutta: Das kleine Mädchen ist mir fremd und ich ihm. Völlig desorientiert hält sich Anna in der Untermieterbleibe auf, die mir ein Freund nur für einige Tage überlassen kann. Ich versuche meine Nichte aufzuheitern, aber Anna versteht die Welt nicht mehr, ihre Familie ist die von Jürgen und ich wohl so etwas wie eine Entführerin. Sie schaut mich verwundet an, ich fühle mich hilflos. Zudem belastet mich Marios Lage. Er ist in Rom mit Opium im Auto in eine Verkehrskontrolle geraten und sofort festgenommen worden. Wann kommt er frei? frage ich mich. Ich habe Angst, dass ich mit Anna bald auf der Straße sitze. Nach drei Tagen gebe ich sie bei Jürgen wieder ab.

Gisela: Paul und ich sind zurück in Rom und wohnen im Hotel Inghilterra. Erneut sind wir knapp bei Kasse. Auch Pauls Mutter ist einigermaßen blank. Paul wird von einer Zeitschrift nach Marokko eingeladen, ich komme in der Zwischenzeit auf Vermittlung von Gail in einem alten Palazzo im Campo dei Fiori unter.

Paul bringt Aufnahmen von einem verfallenen Schloss in der Wüste mit. Wunderbar könnten wir dort unsere Vision verwirklichen, gemeinsam mit den Besten unserer Generation. Unsere „Fabrik" errichten. An diesem Traum halten wir fest.

Gail und Paul laden Gisela zu einem Dinner ein. Dabei wiederholt er, was er nun schon mehrfach gesagt hat: Er will Gisela heiraten. Und Gail? Ihr gefällt der Gedanke an eine baldige Hochzeit von Paul.

Gisela: Manchmal sehe ich Glauber Rocha, er ist nun ein aufmerksamer Beobachter unseres Werdegangs. Glauber liebt mich selbstlos und will auch immer noch einen Film mit uns – und nun auch noch mit Paul drehen.

Jutta zwischen München und Rom. Gisela und Paul heiraten

Jutta: Ich wohne jetzt in München bei Wolf Wondratschek in einer sehr aufgeräumten Schriftstellerwohnung. Alles liegt an seinem Platz, wir diskutieren viel und rauchen Joints. Wolf nimmt mich eines Abends mit ins Tiffany, wo Münchens Avantgarde Nacht für Nacht aufmarschiert. Kaum kommen wir an, werde ich gleich von einem fröhlich zugewachsenen Derwisch zum Tanz aufgefordert. Ich sehe einen kosmischen Brummbär, der seine Liebe zu allem Weiblichen im Verschmelzungstaumel demonstriert. Er bringt mich zum Lachen, ich fasse ihn gern an.

Er heißt so, wie er aussieht: Brummbär. Er ist ein Schwabinger Maler und Experte für Psychedelisches. Brummbär ist mit Timothy Leary befreundet. Er hat den ersten, im März Verlag erschienenen Crumb-Comic übersetzt. Er genießt einen Ruf als Liebhaber der Schönsten der Stadt – und er hat ein Zimmer frei.

Brummbär und Wolf sind gute Freunde: Sie haben gemeinsam eine Platte und ein Buch herausgebracht: „Maschine 9" und „Die Hundeente". An diesem Abend reagiert Wolf auf Brummbärs psychedelische Potenz und sinnliche Gelassenheit mit Stresssymptomen. Brummbärs genitaler Vorsprung könnte jeden Mann traumatisieren. Sein Schwanz ist ein Riese, das weiß eigentlich jeder, Brummbär selbst weiß es natürlich auch. Er erhebt mich unverzüglich zu seiner Göttin. Er will mir in jede Pore kriechen, obwohl ich ihm gesagt habe, dass ich immer noch Mario liebe. Und mir zuviel Nähe auf die Nerven geht, auch auf Brummbärs Wolke Sieben.

Pauls Vater lebt als registrierter Heroinsüchtiger in London, in einem einst von dem Präraffaeliten Dante Gabriel Rossetti bewohnten Haus. Obwohl er gegen die Hochzeit ist und auch sonst mit seinem Sohn nichts zu tun haben will, besteht Paul darauf, ihm seine Braut vorzustellen.

Das Paar trifft Pauls Vater in London nicht an. Victoria, seine Geliebte, lässt die jungen Leute immerhin ins Haus. Mit ihrem Pagenschnitt und ihren schmalen, hellen Augen erinnert sie Gisela an Louise Brooks als Lulu in Georg Wilhelm Pabsts „Die Büchse der Pandora". Nachts spielt Victoria ihren Gästen „mit silbrigen Gesten" Vignetten vor. Gisela würde gern mitspielen und mit Victoria tändeln, fühlt sich aber, rund, wie sie gerade ist, zu unattraktiv. Gisela ist wieder schwanger. Und Paul der Vater ihres Kindes.

Gisela lernt William S. Burroughs kennen, aber der große Underground-Poet beachtet sie kaum. Mit Paul reist sie nach Kassel, ihm gefällt die Stadt. Er findet sofort einen Dealer und träumt zugleich vom trauten Heim, „mit weißem Zaun und Rosen im Garten". Doch geht es gleich wieder weiter, zu Jutta nach München und in die Nachtclubs. Jutta kommt mittlerweile Rainer Langhans näher, mit Schifano scheint endgültig Schluss zu sein. Gisela und Paul werden überall von Paparazzi gejagt.

Wieder in Italien, ziehen Gisela und Paul zu Gail in die Toskana. In Sovicille werden sie getraut. Die Zeremonie findet nachts statt und unterhält Tausende. Danach flüchtet die Hochzeitsgesellschaft vor den Paparazzi über Felder. In Siena tafelt man wildromantisch bei Kerzenschein im Lager eines uralten Kolonialwarenladens. Am nächsten Tag geht der inner circle baden. Noch einmal sind alle glücklich zusammen, doch zeichnet sich das Ende einer Ära schon ab. Der italienische „Summer of Love" ist so gut wie vorbei.

Noch einmal kehrt das Paar nach Rom zurück. Die beiden wohnen fürstlich in einem Palast mit riesigen Terrassen. Es gibt Kokain zum Frühstück, für Paul bald auch Heroin. Seine Zustände gleichen Ankündigungen künftiger Katastrophen. Er kann nicht allein sein, nicht im Dunklen einschlafen. Er lebt mit einer Angst zusammen, die keinen Namen hat.

Immer wieder fliegt Gisela zu ihrer Schwester, die sich in einer Münchner Wohngemeinschaft einquartiert hat. Die Zwillinge zögern die erste transkontinentale Trennung hinaus, die erschreckend schnell auf sie zukommt und unausweichlich ist. (Der Getty-Clan wünscht vor allem eines: dass sich das junge Ehepaar in Amerika niederlässt.)

Gisela kreuzt in München auf. Die Mädchen malen sich Jungengesichter, rauchen Heroin und gehen tanzen.

Klaus Wiese ist gestern direkt aus Afghanistan zurückgekehrt. Er kommt mit ein paar Freunden bei den Zwillingen vorbei. In seinem Gepäck finden sich Schadors, Burkas, Teppiche und Instrumente. Man nimmt LSD. Wieses Erzählungen lassen die Wüste im Wohnzimmer entstehen. Die Männer improvisieren auf den Instrumenten, die Schwestern tanzen. Jutta: „Mein Körper löst sich auf, ich werde Musik." Später verformt sich eine Porzellantasse in ihren Händen: „Mein Geist kann wirklich alles."

Brummbärs Küche ist Besuchs- und Konferenzraum. Über einem verrotteten Sofa hängt das riesige Bild einer entblößten Vagina, altmeisterlich gemalt.

Die Zwillinge stehen spät auf, lesen viel, machen Musik, drehen Joints, gehen tanzen, „flitzen zum Elisabethmarkt, um Früchte und Müsli zu kaufen“, haben lange Gespräche über alles Mögliche, malen, liegen im Bett. „Wolf kommt manchmal nörgelnd an“, sagt Jutta. Er und sie gehen noch einmal gemeinsam auf einen Trip, „es wird eine traurige Angelegenheit. Beide finden wir keinen Weg zueinander und hängen in verschiedenen Filmen fest. Mein Körper schweigt.“

Die Zwillinge wissen, dass zu ihrem Leben etwas hinzutreten muss. Etwas, das die Ebene flüchtiger Beziehungen – so intensiv sie auch sein mögen – übersteigt. Etwas, das sie heranführt an die „Fabrik“, an das Schloss in Marokko oder anderswo, an den großen Traum der Versöhnung von Geld und Geist.

Eines Nachts klingelt das Telefon, Jutta hebt ab und hört Mario Schifanos Stimme. „Für einen Moment weiß ich nicht, ob ich halluziniere, träume oder was Realität überhaupt ist. Marios krächzende Stimme klingt wie eine innere Stimme von mir, ich hocke mich auf den Boden, und die Stimme hallt durch mich hindurch: Ich suche dich seit vierzehn Tagen. Wo steckst du denn? Warum hast du nichts hinterlassen? Ich möchte, dass du sofort kommst, wir wollen heiraten, Kinder kriegen, ich nehme nichts mehr, wir fangen mit einem ganz neuen Leben an, komm sofort, nimm das nächste Flugzeug.“

Ich verliere fast das Bewusstsein vor Seligkeit. „Vengo, vengo domani“, schreie ich.

Um sieben ist gepackt, um acht holt Brummbär für mich seine letzte Kohle vom Konto. Und mittags sitze ich übermüdet, aber aufgeregt im Flugzeug, das mir wie ein lachender Glücksdrache erscheint, der mit mir auf meiner Reise zum Licht durch die Wolken braust. Mein Glück beängstigt mich,

ich fürchte den Zorn der Götter. Ich frage mich, wie es weitergeht, denn glücklicher als jetzt kann ich nicht mehr werden. Gisela hat Paul, ich habe Mario.

Als Geschenk für Mario habe ich einen Fotoband von Brummbär dabei. Es ist ein utopischer Hippiesoftporno, Mario soll sehen, mit wem ich in meiner Abwesenheit von Rom zusammen war.

Mario lässt Jutta von einem Diener am Flughafen abholen. Er hat ein Abendessen arrangiert und enge Freunde als Zeugen seines Glücks zu Tisch gebeten.

Vor einer Schar Auserwählter gibt er seine Verlobung mit Jutta bekannt.

Jutta: Nachts will Mario genau wissen, was ich in den letzten Wochen erlebt habe. Ich zeige ihm den Band, den ich ihm mitgebracht habe. Aber er ist nicht begeistert, reagiert eigenartig zurückhaltend – was mich irritiert.

Hochzeitsvorbereitungen werden schon am nächsten Tag getroffen. Mario verlässt seinen Palast nur noch für Touren zum Strand von Sabaudia. Er ist zwanzig Jahre älter als ich, das macht ihm zu schaffen.

Er lässt mich ausgehen, aber ich merke, es ist ihm nicht recht. Wir verwickeln uns zunehmend in Streitereien, er wirft mir vor, dass ich mich zu sehr wie ein Hippie kleide, während ich die Kleider, die er für mich kommen lässt, zu bourgeois finde, einfach langweilig. Ich fühle mich darin wie meine Mutter, spießig und als sei ich irgendwie gefesselt. Nach vierzehn Tagen Glück und zunehmenden Dramen merke ich, dass Mario wieder Koks nimmt. Zudem kriege ich mit, wie er mit seinem Dealer spricht und nach Opium fragt.

Am nächsten Tag steht er früh auf, ich bleibe im Bett. Stunden später kehrt Mario zurück ins Schlafzimmer und verkündet seinen Sinneswandel. „Es geht nicht, ich kann dich nicht heiraten und ich habe auch schon meinem Anwalt Bescheid gegeben."

Ich sage nichts. Es ist das alte, Sucht, Anziehung, Ablehnung und unglückliche Bindung zusammenführende Spiel.

Mario trägt seinen vietnamesischen Pyjama, er sieht darin unglücklich und zerstört aus. Mir ist, als würde mein Herz aufhören zu schlagen. Und dennoch weiß ich: so wie hier, umgeben von allem Luxus, kann ich auch nicht leben – obwohl ich in diesem Moment viel verliere. Ich kann jetzt nur noch überleben. Das aber will ich.

Ich packe ein paar Blusen ein, die mir jetzt wie Lumpen erscheinen. Auf der Marmortreppe fällt mir noch ein, dass schon Napoleon in diesem Palazzo ein und aus ging. Und dann rufe ich ein Taxi. „Zum Flughafen, bitte."

Alles läuft wie inszeniert ab, als folgte ich einem Drehbuch ohne Happy End. Am frühen Abend treffe ich wieder in München ein.

Brummbär betreut mich. Der Schmerz muss verpackt und versenkt werden. Wir nehmen einen Trip und überfliegen wieder die vielen kostbaren Wunderwelten, die der Schöpfer in seiner unendlichen Güte uns auf einem Silbertablett präsentiert. Für ein paar Stunden jedenfalls.

Begegnung mit niemand

Tage danach: Rainer geht mir nicht aus dem Sinn. Ich löchere Brummbär, er soll ihn mir erreichbar machen. Zum Frühstück am Nachmittag liegt Rainers Telefonnummer auf meinem Teller, in ausführlichen Kringeln von Brummbär gemalt. Es dauert Tage, bis ich mich traue, die gemalten Ziffern zu wählen. Beim ersten Versuch meldet sich niemand. Erst einmal bin ich erleichtert.

Dann aber erreiche ich Rainer, vernehme eine federleichte Stimme. „Ich möchte dich kennen lernen", sage ich. Stille antwortet mir. Aber keine ablehnende. Dann schwingt die Stimme wieder an mein Ohr und schlägt den folgenden Nachmittag ab vier Uhr vor. Ich willige überrascht ein. Ich hatte etwas ganz anderes erwartet, eine Verabredung um Mitternacht vielleicht. Seltsam unromantisch finde ich diesen Termin.

Rainer wohnt nicht weit weg von Brummbär, ein paar hundert Meter bloß. Trotzdem muss Brummbär mir genau erklären, wie ich gehen muss. Tatsächlich nur kurz links, dann geradeaus, dann wieder links. Ich stehe vor einem stattlichen Altbau und suche das passende Klingelschild. Langhans steht nirgends. Aber Rabben. Stimmt, Mascha wohnt ja auch hier.

Ich läute, die Tür summt. Rainers Wohnung liegt im Parterre. Auf vieles bin ich gefasst gewesen, nicht jedoch auf so eine ernst blickende, magere, introvertierte Person. Kein Lächeln huscht über sein Gesicht, kein Zeichen eines freudigen Erkennens, keine Neugier, keine Überraschung oder Entzücken, dass ich nun da bin. Ich sehe dicke Brillengläser und Blässe. Die berühmten dichten Locken sind stark gekürzt. Als wollte Rainer sich selber gerade ausradieren. Ich folge ihm durch den Korridor in die Küche. Er deutet auf eine kleine Kammer, deren Tür offen steht. Ich registriere eine schmale Matratze und einige Bücher.

Rainer wohnt in einer ehemaligen Speisekammer. Wir setzen uns an den Tisch in der ungewöhnlich sauberen, fast sterilen Küche, und Rainer sagt: „Ich kann dir nichts anbieten, ich faste gerade."

Wie immer bin ich hungrig. Mein Blick schweift ungläubig herum und bleibt an einem Brotkorb mit drei Brötchen hängen. Da ist doch was. Rainer bemerkt meine Bedürftigkeit: „Die Brötchen sind drei Tage alt. Sie müssen so alt sein, denn ich benutze sie für meine Fastenkur. Aber wenn du willst, gebe ich dir eins, obwohl sie gerade für meine Kur hart genug sind."

Ich will so ein hartes Ding. Bereitwillig erklärt Rainer mir seine Methode des Fastens, benannt nach dem Arzt F. X. Mayer, bei der zu einem Schluck Milch ein Brocken dieses alten Brötchens tausendmal gekaut, eingespeichelt und dann gegessen wird. Mich ekelt die Verbindung von Milch und stundenlang gekauten, alten Brötchen. Bitte, keine Milch!

Mir ist, als sei die Zeit stehen geblieben. Hier gibt es keine Joints, keine Musik, kein wildes Lachen, keine Farben. Alles ist hellgrau und weiß. Ich frage Rainer nach Uschi. Sicher liebt er sie immer noch. Vielleicht will er den Verlustschmerz aushungern, denke ich. Rainer scheint meine Gedanken lesen zu können: „Ich musste weitergehen. Am Ende hat mich der Sex nur noch angewidert, schreckliche Wiederholungen. Ich habe einen Meister gefunden. Uschi aber möchte am Strand liegen. Sie möchte schön sein."

Rainer erzählt von seinem Meister und davon, dass Uschi den Weg nach innen, den Weg der wahren Liebe, wie er sagt, nicht mit ihm gemeinsam gehen wollte. Und fügt hinzu: „Ich will sterben lernen."

Mir wird klar, dass ich die Nacht nicht mit ihm verbringen werde. Die Kammer hat nur Platz für zwei: Für Rainer und seinen Meister und für schmerzliche Erinnerungen an die Frau, die auch für mich zu den schönsten Frauen der Welt zählt – neben Gisela und mir und Mascha.

Nachts in meinem Bett stelle ich mir vor, in Rainers Kammer zu sein und unter seine Decke zu kriechen und ihm von meinem rätselhaften Leben zu erzählen. Ich habe das Gefühl, ihm restlos vertrauen zu können. Mich irritiert aber die Ahnung, dass er sich aufgemacht haben könnte, eine Welt zu betreten, die mir Angst macht. Ich fürchte mich vor den Konsequenzen seines Lebens.

Was ich nun auch – immer drängender – weiß, ist: dass ich ernsthaft arbeiten muss. Ich sehe mir ein Exposé an, das Gisela und ich während der Entführungszeit geschrieben haben, stecke den Text in meine Tasche – und gehe zu einer Verabredung mit Alexander Kluge. Dann aber, ihm gegenüber, verliere ich kein Wort über unseren Text; die Sache ist mir doch noch nicht ausgereift genug, um sie zeigen zu können.

In Gefahr und größter Not

Wir sitzen in einem Chinarestaurant und reden über Filme. Alexander Kluge wirkt einnehmend, ungemein überzeugend. Ich hänge an seinen Lippen, während der Film, den zu drehen ihm vorschwebt, in seinem Vortrag schon auf der Leinwand meines Kopfkinos zur Aufführung kommt. Die zwischen Dokumentar- und Spielfilm angesiedelte Handlung findet 1973 in Frankfurt statt. Eine Beischlafdiebin und eine DDR-Spionin ziehen durch die Stadt. Es ist Faschingszeit und zugleich die Zeit des Häuserkampfes. Polizei räumt besetzte Häuser an der Bockenheimer Landstraße.

„Du musst wissen", sagt Alexander konspirativ, „die Beischlafdiebin heißt Inge Meier. Sie meint, dass Männer nie genug geben. Das Defizit gleichen ihre Brieftaschen aus. Sie bedient und bestiehlt auch den Polizei-Vizepräsidenten. Rita Müller-Eisert wiederum heißt die Kundschafterin des Friedens. Aber sie vermasselt etwas, und ihr Agentenführer kriegt deshalb den vaterländischen Verdienstorden nicht. Alles in allem interessiert sie sich für Staatsgeheimnisse viel weniger als für die gesellschaftliche Wirklichkeit. Von ihrem Agentengefährten lässt sie sich dazu bewegen, die bundesrepublikanische Realität an der Basis auszuspähen, eben im Fasching und als Zeugin rüder Häuserräumungen."

Für die Beischlafdiebin hat Alexander schon die passende Darstellerin. „Und wer spielt die Spionin?" frage ich. Ich glühe wie auf Kohlen, hier tut sich etwas Interessantes für mich auf. „Ja", sagt da Alexander, „ich wollte dich fragen, ob du noch mitkommen kannst. Ich treffe die Frau jetzt, mich würde interessieren, was du von ihr hältst."

In der Agnesstraße poltern wir eine Treppe hinauf. Die Aspirantin ist Grafikerin und zeichnet Kinderbücher. Ich erkenne eine Ähnlichkeit mit dem Typus, den Kluges Schwester Alexandra verkörpert: großäugig, eigensinnig und mutig. Doch irgendwie fehlt ihr etwas, ohne dass ich es benennen könnte. Aber sie hat eine Lebendigkeit, die sich plötzlich mitteilt, wie sie Alexander Zeichnungen zeigt, akribisch feine Bilder in hellen Farben. Ich fühle mich fehl am Platz.

Alexander muss telefonieren und verschwindet im Flur. Derweil nehme ich eine Bestandsaufnahme vor. Das Zimmer ist sauber, der Schreibtisch ist erschreckend gut aufgeräumt. Eine sehr helle Lampe beleuchtet die militärische Ordnung der Stifte. Hier spricht alles für Verlässlichkeit. Gerade komme ich mir wie eine Stadtstreicherin vor, aber natürlich haben die Löcher in meinem Shirt auch ihren Reiz. Ich vergewissere mich dessen vor einem Spiegel.

Im Treppenhaus ist Alexander gespannt: „Nun, was sagst du?“ Ich zögere, will nicht lügen. Andererseits möchte ich dem Mädchen auch nichts verderben.

Alexander wartet meine Antwort nicht ab. Er nimmt meine Hände und zieht mich die Treppe hinunter: „Ich habe schon mit Edgar telefoniert. Wir machen jetzt noch Probeaufnahmen mit dir. Er ist noch in seinem Büro.“

Edgar Reitz trägt eine helle Strickjacke. Er hat nicht Alexanders flexible, beeindruckend vitale Art. Er ist eher der Fels daneben … und durchaus freundlich bereit, jetzt noch, fast schon mitten in der Nacht, ein Szenario zu arrangieren. Ich merke rasch, dass er mich mag und sogar Lust hat, die plötzlichen nächtlichen Aufnahmen mit zu realisieren. Ich soll die Haare hochstecken, was ich hasse … und mich durch eine grell ausgeleuchtete Stuhlreihe drücken.

Nach zwei Stunden bin ich zuhause, erschöpft und angeregt zugleich. In meinem Zimmer höre ich „One Nation Underground“ von „Pearls before Swine“. Das Telefon mischt sich läutend ein, ich verstehe den Anrufer kaum, kriege aber doch mit, dass mich jemand im Auftrag von Alexander Kluge morgen nach Frankfurt fahren wird.

Ich habe die Rolle! Brummbär kommt angewedelt und freut sich mit mir. Wir schmusen ein bisschen und zünden zur Feier des Tages neue Patchoulie-Rauchstäbchen an. Brummbär brummt liebevoll zu Tom Rapps mystisch rau gelispelten Lyrics: „Did you follow the Crystal Swan?“ Das Lied lockt mich fort, ich will so schnell wie möglich zu Gisela und Paul, erst nach Rom und dann gemeinsam nach Amerika …

In Frankfurt geht es gleich rasant los. Alexander und Edgar verpassen mir einen Look als DDR-Agentin, der mir ganz und gar nicht passt. Rita Müller-Eisert trägt eine Hochsteckfrisur und geht im Kostüm.

Die Kamera schüchtert mich ein. Meine Regisseure haben erstmal nur wenig Spaß mit mir. Wir sitzen in einer Küche vor dampfendem Kaffee und diskutieren die Szenen im Voraus. Ich erkläre den Männern, dass eine junge Frau aus der DDR sich im Westen zuerst eine Jeans kaufen würde. Auch die Frisur müsse aktualisiert werden – damit überzeuge ich die Regisseure.

Nachts ziehe ich mit Gottfried John um die Häuser. Wir kiffen wie die Weltmeister, hängen in Nachtclubs ab und probieren auch mal Lachgas, was ziemlich fies wirkt. Alexander kriegt Wind von unserer Romanze. Er plant eine Szene, in der mich mein Agentenmann wegen eines gefährlichen Auftrags verlassen muss. Die Idealbesetzung dafür wäre Gottfried John.

An sich kann Alexander Kluge jeden für sich einnehmen und für seine Sache gewinnen. Erboste Hausmeister werden nicht bloß beruhigt, sie werden vielmehr rekrutiert und sind dann mit Eifer dabei. Aber bei Gottfried beißt sich Alexander die Zähne aus. Gottfried sieht seinem Starruhm entgegen, die offerierte Rolle ist ihm zu klein. Alexander redet mit Engelszungen auf den Schauspieler ein. Gottfried bleibt reserviert, auch unsere Liebschaft fällt nicht ins Gewicht. So trennt man sich verärgert.

Ungehalten und mit einem Mordstempo regelt Alexander die Partnerfrage. Norbert Kentrup, gestandenes Ensemblemitglied des Frankfurter Schauspiels, soll (und wird) nun die Rolle übernehmen. Eine halbe Stunde später klingelt das Telefon, es ist Gottfried, der es sich anders überlegt hat. Jetzt will er die Rolle haben. Nun aber zeigt sich Alexander abweisend; die Rolle ist vergeben. Ich gebe mir alle Mühe, Alexander umzustimmen. Ein aussichtsloses Unterfangen.

Für beide Regisseure bin ich ein bunter Vogel, ein Exot. Edgar Reitz plant immerhin weitere Filme mit mir. Als ich ihm einen Joint reiche, zuckt er zusammen. Er zieht tapfer. Gleichwohl ist an ihm kein Kiffer verloren gegangen.

„In Gefahr und größter Not bringt der Mittelweg den Tod" ist abgedreht, ich bin wieder in München und begegne Alexander Kluge erneut. Dieses Mal überredet er mich, eine echte Liebesszene zu drehen, für die ich meinen Partner mitbringen kann.

Alexanders erotisches Interesse ist beruflicher Natur. Ich fühle mich frei und rein genug für diesen Dreh. Die gefilmte Liebesnacht findet hauptsächlich unter einer Bettdecke statt. Alexander gibt detaillierte Anweisungen, wie ich mit dem Glied meines Partners umzugehen habe. Das Ganze hat etwas von einem Softporno – und die neugierige Kamera schlüpft mit unter die Decke. Es ist eine eigentlich zärtliche und sehr intime Situation. Ich habe meine Ängste überwunden und fühle mich stark. Alexander filmt selbst, dies ist eine Sache unter uns dreien. Nur, dass uns eine Kamera beobachtet. Am Ende gratulieren wir uns zu tollem Material.

Tage danach möchte ich den belichteten Streifen sehen. Alexander zeigt sich sehr verhalten. „Nein, das geht nicht, die Cutterin sitzt damit am Schneidetisch." Die wiederum ist von dem Material entsetzt. Für sie bin ich eine Art Hure. Und sie rettet den Ruf ihres Kollegen, indem sie die Szene mit meinem Freund so schneidet, dass kaum noch Anstößiges zu sehen ist. Irgendwie findet damit die Arbeit mit Alexander Kluge ein leises Ende.

Weitere geplante Projekte kommen nicht zustande, obwohl der „Spiegel" und die „Zeit" nur lobende Worte für mich finden. Der Spiegelkritik zufolge trägt mein lebendiger Ausdruck den Film. Aber das nutzt mir nichts. Den Preis der Freiheit habe ich gezahlt, für die Regisseure, die mir nur noch mit schlechtem Gewissen begegnen, am liebsten aber ganz aus dem Weg gehen. Anscheinend haben wir etwas Verbotenes gemacht, das nur mir angelastet wird. Aber den „Mittelweg" habe ich nicht genommen.

Ich erreiche Gisela, sie möchte, dass ich unbedingt nach Rom zurückkomme. Paul und sie hätten jetzt bald einen Platz für uns alle, an dem sich unsere Visionen endlich ansiedeln ließen, und außerdem sei noch so ein Anarchist in unseren Inneren Kreis aufgenommen worden, Alex aus Berlin, jetzt im Exil pendelnd zwischen Indien, Afghanistan und Rom. Er habe den Hausmeister eines Yachtclubs in die Luft gesprengt und sei deshalb zur Fahndung ausgeschrieben. „Ja, stimmt, Alex ist der Bommi Baumann von den umherschweifenden Haschrebellen, der Freund von Georg von Rauch. Du musst unbedingt kommen. Wir wollen einen Geheimorden gründen."

Diesmal muss Brummbär nicht seine letzten Märker zusammenkratzen, ich habe Geld. Gagengeld.

Hochzeit auf italienisch

Und einmal noch findet das Trio in Rom zusammen. Jutta, Gisela und Paul eröffnen eine Kunstagentur, aus der allerdings nichts wird. Der untergetauchte Bommi Baumann stößt aus Afghanistan dazu. Das Trio strebt mit ihm die Gründung einer spirituellen Geheimorganisation an. Baumann erntet Opium in der Toskana, Jutta ist mit ihm zusammen, hat aber wieder Kontakt zu Mario. Man sieht Liliana Cavanis „The Night Porter". Paul fotografiert daraufhin die Schwestern halbnackt und mit ss-Insignien. In ihrer Nachbarschaft lebt Tina Aumont, die „Modesty Blaise" in dem Film von Joseph Losey. Sie ist heroinsüchtig und anrührend schön. Sie fixt Paul an.

Jutta: Flug nach Rom, abends Treffen auf der Piazza. Überschäumendes Glücksgefühl, wir sind wieder alle zusammen. Paul und Gisela sehen sich immer ähnlicher. Die Liebe und unser gemeinsamer Spirit lassen uns wieder strahlen. Die düsteren Tage sind vorbei.

Mackay, unser alter Genosse, überschlägt sich fast in seinem Enthusiasmus. Der Mann am Tisch mit den dunkel geschminkten Augen ist Alex, Bommi Baumann, der wegen eines Bombenattentats in Deutschland auf der Fahndungsliste steht. Er lacht laut los, als er mich sieht, und macht einen Witz darüber, dass ich genauso aussehe wie meine Schwester. Dolle Ähnlichkeit. Sein Berliner Dialekt konterkariert seinen dandyhaften Habitus: Weiße Spitzenbluse, weißer Anzug, lange Haare, kajalumflorte Augen, helle Locken bis auf die Schultern.

Nun sind wir bald ein unzertrennliches vierblättriges Kleeblatt. Gemeinsame Unternehmungen. Auch eine Fahrt nach Sperlonga. Dort soll ein LSD-Trip – diesmal zu viert – unsere neue Bruderschaft festigen. Die Initiation in die gemeinsam zu betretende innere Welt erfährt ihr erstes Hindernis: Paul möchte nicht an die Sonne und an den Strand. Er verkriecht sich in sein Zimmer. Ich spüre, dass er mit Gisela alleine sein möchte. Gisela möchte eigentlich mit in die Sonne und bleibt widerstrebend bei ihm. Es ist für uns eine Trennung und ich spüre, dass es ein Opfer für sie ist, wenn sie bleibt, und dass sie lieber mit uns an den Strand gehen würde. Sie fühlt sich eingesperrt und ihrer Flügel beraubt.

Wir haben den Trip erst nachmittags genommen. Jetzt hängt die Sonne schon ziemlich tief. Bommi und ich laufen die

Treppe zum Strand hinunter. Er ist menschenleer. Ein leichter Wind wirbelt Sand auf, der silbrig vor unseren Augen tanzt. Wir laufen immer weiter – und ich fühle mich wie auf dem Planet der Affen nach dem Untergang der Zivilisation. Vielleicht hat der Big Bang schon stattgefunden, und wir sind nicht auf einem Trip. Vielleicht ist alles wahr. Unser Raumschiff ist irgendwo zerschellt und wir kommen in eine völlig neue Welt. Am Strand finden wir ein dickes Tau, auf dem kleine, ganz seltsame Wesen hocken. Kleine bewegliche Stängel mit einem muschelartigen Kopf, der sich öffnet und aus dem sich kleine Tentakel in unsere Richtung bewegen. Das sind Mutanten, beschließen wir nach langer Kontaktaufnahme mit den Dingern und verlieren uns vollständig in ihren fantastischen Anblick. Endzeit ist geschehen. Wir wissen nicht, ob wir zurückgehen sollen, um das Dorf zu warnen – falls es noch existiert. Wir entscheiden uns weiterzugehen. Die letzte Ansiedlung liegt nun weit hinter uns. Vor uns liegt ein neuer Planet. Die Natur, wie immer in solchen Zuständen, spielt mit. Die Sonne entfaltet ihre höchsten Möglichkeiten, ihr Untergang ist rot, golden, orange, feuerfarben bombastisch, dramatisch und ungeheuer farbenprächtig, Ehrfurcht einflößend und irgendwie so heilig, dass Bommi und ich auf die Knie fallen. Wir beten in völliger Ergriffenheit zu dem so sich offenbarenden Gott und fühlen, dass er direkt zu uns spricht. Wir sind gemeint. Das ist alles für uns. Wo sind Gisela und Paul?

In der einsetzenden Dunkelheit torkeln wir wie verrückte Heilige am Strand entlang, ohne Kleidung, sandig, braungebrannt und mit leuchtenden aufgerissenen Augen. Wir ziehen das große Tau mit den kleinen Außerirdischen zurück in das Wasser, das es herangespült und uns offenbart hat. Wir sind jetzt Gestrandete auf einem fremden Planeten und beginnen das Leben von Anbeginn an. Wir schauen uns in die Augen, wir sind zusammen unterwegs und doch alleine. Wir liegen am Strand und schauen schweigend in den sich dunkel färbenden Himmel. Plötzlich sage ich: „Wie war denn der Rainer in der Kommune so?“

Bommi lacht wieder sein berühmtes lautes Lachen, an dem ich merke, dass er langsam landet. Er sieht mich aus feuchten Augen an: „Der Kunze hat immer die Leute angemacht, aber der Rainer hat stundenlang mit ihnen geredet. Bis sie nicht mehr wussten, wer sie eijentlich waren. Die beeden, denen war keener jewachsen.“ Die Erinnerungen scheinen ihn zu erheitern, er lacht noch mehrmals laut auf und wischt sich die Augen.

Jetzt ist es auf einmal sehr dunkel hier draußen. „Komm, wir gehen zurück.“ Ich muss an Gisela und Paul denken. Hoffentlich sind sie noch unter den Überlebenden im Dorf zu finden.

Paul hat inzwischen tatsächlich ein Haus aufgetrieben. Die vier ziehen ein. Es ist ein bizarres altes Gästehaus auf dem Schlossgrundstück einer alten Gräfin, das am Ende eines Parks und eines großen Obstgartens an der Schlossmauer liegt. Innen im Haus gibt es seltsame Modernisierungen, zum Beispiel einen fast schwarz gehaltenen Partykeller mit schwarzen Plüschsesseln und roten Samtvorhängen. Eine Hölle an Geschmacklosigkeit. Die anderen Räume sind steif und mürrisch eingerichtet. Spanischer Stil. Schwere dunkle Satinvorhänge machen es dem Licht unmöglich, auch nur einen kleinen Strahl in die düsteren Räume zu schicken. Hier muss also einiges getan werden. Die dunklen Möbel werden zur Seite geräumt und das Haus auf den Kopf gestellt. Indische Tücher mildern den inquisitorischen Katholizismus, der in den Räumen atmet. Nachts kündigt die Gräfin plötzlich ihr Kommen an. Als sie das Kleeblatt sieht und obendrein noch einige Gäste, bekommt sie einen Schreianfall. Sie hat mit einem verwundeten Paul gerechnet, aber nicht mit einer Hippiekommune. Umgehend müssen alle das Haus verlassen. Noch in der Nacht. Wir kommen erstmal wieder bei Marcos und Glauber unter.

Bommi und ich wohnen hier und da, Gisela ist wieder mit Paul im Hotel Inghilterra. Wir planen weitere Projekte: Paul will mit uns Fotos machen, die Liliana Cavanis „Nachtportier" nachgestellt sind. Ich sehe wieder Mario. Wir kommen nicht voneinander los.

Ich habe mal wieder die ganze Nacht den Drachen gejagt, mir ist vom Heroin entsetzlich schlecht. Ich muss mich für die Foto-Session zusammenreißen, wir haben die SS-Uniformen nur für einen Tag geliehen. Gisela sieht als Cavani-Figur verdammt viel besser aus als ich. Ich betrachte mich im Spiegel, in Erwartung einer Katastrophe … die ausbleibt. Paul macht außergewöhnliche Fotos, wir sind sicher, dass unsere Kunstagentur damit abhebt. Mein Heroin-Chic passt.

Gisela: Paul und ich ziehen in ein Apartmenthotel. Zu unseren neuen Nachbarn in der Residenz Ripa zählt Jean-Pierre Aumonts Tochter Tina, der schönste Junkie auf Erden. Sie ist fast durchsichtig, ihre Augen sind schon erloschen. Manchmal verliert sie das Bewusstsein. Ich lerne, dass man einen Junkie aus seiner Ohnmacht holen und wach halten muss. Er fällt sonst ins Koma. Tina berührt mich in ihrer extremen Kaputtheit und Zerbrechlichkeit. Sie bringt Paul auf die Idee, Heroin zu rauchen.

Viel Zeit verbringen Paul und ich in unserem Zimmer. Wir entdecken uns gegenseitig, erzählen uns unser Leben und unsere Träume. Wir schmieden Pläne, die immer groß genug sind, um Jutta an allem teilhaben zu lassen. Außerdem finden die Hochzeitsvorbereitungen statt. Paul lässt sich einen schwarzen Mao-Anzug mit rotem Stehkragen schneidern. Ich habe kein Geld für ein neues Kleid. Noch träumen wir von einer großen Hochzeit in der Kirche auf der Piazza Venezia. John Lennon und Yoko Ono (mit denen wir uns identifizieren, weil ich älter als Paul bin) sollen eingeladen werden, überhaupt alle, die wir interessant finden.

Ich hole Anna in Deutschland ab, sie soll bei der Hochzeit dabei sein und vorher schon einige Zeit mit uns verbringen. Sie muss mich ja erst kennen lernen. Die Fahrt ist anstrengend, ich schleppe schwer an Koffern. Als wir endlich in der Toskana bei Gail ankommen, habe ich starke Blutungen. Gail rast mit mir zum Arzt, wir fürchten beide, ich könnte den Jungen verlieren, dem wir schon einen Namen gegeben haben: Balthazar. Ich kriege Bettruhe verordnet, eine Qual mehr auf dem langweiligen Land.

Jutta: Ich bin wieder in München – bei Brummbär. Gisela erzählt am Telefon, dass die Hochzeit nun doch klein wird. Es gibt nur eine standesamtliche Trauung. Unseren Eltern wird geraten, die weite Reise für die kleine Hochzeit nicht in Kauf zu nehmen. Erst in der Nacht vor dem Termin beschließe ich, zusammen mit Brummbär, doch dabei sein zu wollen. Wir kommen in Sovicille an. Ich steige bematscht von der langen Fahrt aus dem Wagen. Die Sterne hängen so dicht über der Erde, als wollten sie alle gleich runterfallen. Auf Zehenspitzen könnte ich sie erreichen.

Die Stimmung ist allgemein eher gedämpft. Ich finde Gisela in einem Zimmer der Villa. Sie hat Schwangerschaftsbeschwerden, ihr ist schlecht; und fast hätte sie das Kind verloren. Ich habe den Eindruck, dass der Trubel sie beelendet und sie unglücklich ist. Sie fühlt sich in ihrem dicker werdenden

Körper und in der Situation eingesperrt und sie hat nicht mal ein Hochzeitskleid.

An die Hochzeit erinnere ich nur eines: Hektik. Flucht vor Journalisten, Geschrei, Gedrängel und hartes Scheinwerferlicht vor dem Rathaus. Die Journalisten rufen nach Gisela: Martin, Martina, Martine. An meiner Seite Mackay, der mich neben Gisela schubst. Gisela stößt mich an: „Geh gerade". Sie hat immer noch alles im Blick.

Wir preschen in Autos davon, irgendwo wird man wieder in ein kleines Restaurant gestupst. Es gibt viel zu fette Landsalami, die ich nicht essen kann. Kerzenschein und Rotwein und vor der Tür die lärmenden Reporter. Ich habe einen Blackout.

Anderntags baden wir in einem Fluss. Das ist die eigentliche Feier der Blumenkinder. Am Abend fahre ich mit Brummbär zurück nach München.

Gisela: Jutta kommt aus München und viele Freunde kreuzen auf – aus Berlin und Rom und London. Wir werden nachts in Sovicille getraut. Busweise sind Schaulustige aus Rom angereist. Auf dem Weg zum Rathaus werde ich von Paul getrennt. Jutta erkennt die Lage und zieht mich durch die Menge. Hand in Hand betreten wir das Rathaus. Nach der Trauung müssen Paul und ich uns aufstellen, damit serienweise offizielle Fotos gemacht werden können. Dann versuchen wir den Fotografen zu entkommen. Wir feiern in Siena bei Kerzenlicht. Es gibt Salami, Spaghetti und roten Landwein.

Auf unserer „Hochzeitsreise" reisen wir erst einmal mit Jutta nach München und wohnen mit ihr bei Brummbär. Danach fahren wir nach Kassel. Meine Mutter gibt Paul auf sein Bitten hin ihr kleines Gespartes, das dann bei einem Dealer bleibt. Wir kehren zu Jutta zurück, immer auf der Flucht vor Paparazzi. Es folgt ein Kurztrip nach Berlin. Wir sehen uns die Mauer an, besuchen Michael Geißler und gehen auf Partys. Am Ende dieser Odyssee finden wir uns zu dritt in Rom wieder.

Jetzt wohnen Paul und ich im ehemaligen Palazzo seines Vaters, der inzwischen einem italienischen Geschäftsmann gehört. Er hat drei Stockwerke mit riesigen Terrassen: über den Dächern von Rom. Die afroamerikanische Gattin des Hausherrn ist großzügig und fast schon besessen von Paul. Unsere Freunde dürfen kommen und gehen, wie es uns gefällt. Und es gibt Kokain ohne Ende. Paul nimmt alles – und immer mehr Heroin.

Bommi Baumann meldet sich bei uns und tut sich mit Jutta zusammen. Zugleich nimmt sie ihre Beziehung zu Mario wieder auf, wenn auch zögerlich und mit Distanz. Es finden temperamentvolle Ablehnungs- und Anziehungsdramen statt. Bommi erntet Opium in der Toskana, wo wir ihn zeitweise in Gails Haus verstecken.

Gail fliegt nach San Francisco zu einer Krisensitzung der Familie Getty. Es wird beschlossen, dass Paul und ich nach Amerika ziehen sollen. Dort soll auch unser Kind zur Welt kommen. Zum letzten Mal fliege ich nach München, wo Jutta sich nun endgültig Rainer Langhans genähert hat. Sie hat ein kleines Zimmer in einer Wohngemeinschaft gemietet. Wir sind traurig. Wir wissen, es wird ein langer Winter.

Aber wir müssen uns jetzt trennen, um eine gute Zukunft in unserem Sinn zu schaffen. Wir müssen stark sein. Darüber zu sprechen brauchen wir nicht, unser Vertrag liegt versiegelt in der hintersten Kammer unserer Herzen.

5

Ankunft in San Francisco

Gisela: Im November 1974 fliegen Paul und ich nach San Francisco. Ich bin im achten Monat schwanger und darf eigentlich gar nicht mehr fliegen. Mit einem Trenchcoat verberge ich die anderen Umstände. Pauls Großeltern holen uns ab. Wir verpassen uns erstmal und finden uns dann doch … mitten in der Nacht.

Zum Empfangskomitee gehören Pauls Patenonkel, ein Chauffeur und ein Cousin von Gail.

Plötzlich bin ich schüchtern. Ich werde aber überaus herzlich begrüßt. Gails Mutter ist eine außerordentlich selbstbewusste und streitbereite Amerikanerin, wie ich sie aus Fourties-Filmen kenne. Ein bisschen erinnert sie mich an Bette Davis, nur finde ich sie noch schöner. An ihrer Seite würde mich auch James Stewart nicht überraschen. Unverzüglich und entschieden nimmt mich Aileen unter ihre Fittiche. Ihre herausfordernden Bemerkungen und ihr wacher Geist gefallen mir sofort. Auf der Fahrt vom Flughafen in die Stadt sehe ich von meiner neuen Heimat nur vorbeihuschende Lichter.

Wir sitzen mit den Großeltern an einem massiven Esstisch. Zwei schwarze Wuchtbrummen mit Häubchen und gestärkten Schürzen bedienen uns. Sie sehen aus wie Statisten in einem Rührstück à la „Onkel Toms Hütte“ und „Vom Winde verweht“. Sie lassen mich an den Sezessionskrieg denken und an viele Bücher, die ich als Mädchen gelesen habe. In ihrer Gegenwart wähne ich mich nicht in der Neuen Welt, vielmehr in einer ganz alten, Lichtjahre hinter Rom zurück. In einer Welt, die noch heil ist, nimmt man die WASP-Perspektive ein. Die Schwarzen sind schon ein ganzes Leben lang bei Pauls Großeltern. Meinen Mann kennen sie noch als rot gelockten Buben und Hoffnungsträger beider Großväter.

Gails Vater ist Richter. Er hat sich unter anderem dadurch einen Namen gemacht, dass er zur Abschaffung des Schweigegesetzes in Alcatraz beigetragen hat. Und schließlich war er auch an der Schließung dieses Knasts beteiligt. Er kennt alle Geschichten über Al „Scarface“ Capone und George „Machine Gun“ Kelly, die dort einsaßen.

Mich interessieren die politischen Aktionen der Indianer. Sie haben 1969 Alcatraz besetzt, um auf der Insel eine freie Universität zu gründen. Radio Free Alcatraz berichtete davon. John Trudell, Marlon Brando, Jane Fonda, Grateful Dead und Creedence Clearwater Revival gaben sich als Unterstützer zu erkennen.

Mit einem Protagonisten von damals freunde ich mich bald an: Dennis Banks. Er lädt mich in die Pine Ridge Reservation ein, um mich das Ritual des Sun Dance erleben zu lassen. Und er erklärt mir, welches vitale Zentrum der Civil-Rights-Bewegung in den Sechzigern die Bay Area, Berkeley, Oakland und San Francisco gewesen sind. Eine neue Kultur der Selbstbestimmung und gelebter Demokratie schien in einem historischen Augenblick damals durchsetzbar gewesen zu sein.

Von diesem Geist spüre ich wenig. Es ist Ende 1974, und die Depression meiner Generation nimmt ihren Anfang. Wir wohnen bei Pauls Großeltern in einer feinen Gegend und werden bald bei Pauls Tante noch feiner und weiter oben in Pacific Heights wohnen. Ich komme nie in die City oder nach Height Ashbury oder sonst wie in Kontakt mit den Relikten des Achtundsechziger-Auftriebs. Dabei ist so viel noch da … nur unser nobler Alltag registriert davon nichts. Wir sind Gefangene in viktorianischen Villen mit zauberhaften Gärten. Die Prächtigkeit der Häuser ist ohne Beispiel, und sie liegen an menschenleeren Straßen. Die Golden Gate Bridge funkelt in der Ferne.

Ich fühle mich wie in Huxleys „Brave New World". Ich habe Heimweh nach der Anarchie, dem Schmutz und dem Lärm auf römischen Straßen. Paul teilt meine Sehnsüchte, es geht ihm nicht anders als mir. Ab und zu streunen wir nach Chinatown, da sind wir Fremde unter Fremden, aber wenigstens ist unsere Fantasie angeregt, hinter jedem zugenagelten Kellerfenster vermuten wir eine illegale Opiumhöhle.

Natürlich hält auch die Noblesse unseres Alltags nicht lange an. Bald schleichen sich dunkle Typen aus den Diskos ins Haus der Tante ein. Ich habe keine Ahnung, wo und wie Paul die Dealer auftreibt; er hat für so etwas einen sechsten Sinn.

Das amerikanische Fernsehen erlebe ich als Instrument von Folter und Gehirnwäsche. Alle zwei Minuten unterbricht Werbung mit penetranten Melodien und Parolen jedes Programm. Besonders unerträglich ist das bei Filmen, die spät laufen, auf die ich Stunden gewartet habe. Ein Gebrauchtwagenhändler verdient besondere Erwähnung. Er präsentiert sich als Muster der Unbedarftheit, mit Stetson, vor einer Autoarmada und singt „Come see Carl, Come see Carl“. Ich ersticke fast in meinen Kissen, die Geburt meines Sohnes steht unmittelbar bevor, und im Zimmer daneben schnupft Paul Heroin. Welcome to the Brave New World.

Ja, wir leben jetzt bei Pauls Tante im Luxus, aber es ist schrecklich. Nach dem aufregenden Rom kommt mir alles hier leer und viel zu gepflegt vor. Ich sehe niemals jemanden auf der Straße. Ich habe Heimweh nach Rom, ich sehne mich nach Jutta, nach unserem freien Leben.

An meinen Freund Ulf Miehe in München schreibe ich in einem Brief: „… das Leben hier in Amerika ist vom Konsum bestimmt, im Fernsehen kommt alle paar Minuten ein Werbespot, der mich martert. Auch andere Programme, Sendungen werden infantil gemacht, jeder wird auf seiner kindischsten Ebene angesprochen. Das scheint der Demokratiebegriff der Amerikaner zu sein: alle sind gemeinsam Kinder. Wir sind ja auch Kinder, aber andere. Neulich, bei einer Autofahrt nach Reno, stand mitten in der Landschaft ein riesiges „Billboard“, darauf in großen Buchstaben LAST CHANCE. Die Gesichter vor den Spielautomaten sehen fast alle hoffnungslos und enttäuscht aus, unruhige Augen starren auf die flippenden Bilder. Die letzte Chance: gerade verloren … Und dann der Reichtum in unserer Nachbarschaft. Da kann man nur Kommunist sein …“

Paul nimmt immer mehr Heroin. Nachts kann er nicht schlafen, hat Panikattacken. Er hört die Stimmen seiner Entführer, erträgt keine Stille und lässt den Fernseher laufen. Ich kriege von den ständigen Werbeeinblendungen für Gebrauchtautos Alpträume.

Ein schreckliches Land, dieses Amerika. Alles ist zu organisiert, zu sauber. Da Paul und ich Chaoten sind, hat Pauls

Tante bald die Faxen dick. Für sie sind wir der Inbegriff undankbarer Egoisten, die nun das Haus bald zu verlassen haben. Okay, wir haben unser Anstandsprogramm absolviert. Pauls Onkel schenkt uns tausend Dollar – für den Anfang in Los Angeles. Wir kaufen davon umgehend in der Union Street einen Strickmantel mit Kapuze, den Paul und ich abwechselnd tragen wollen … und eine Sitar. Paul spielt betörend darauf … und wir haben noch dreihundert Dollar. Die werden übermorgen alle sein.

Wir brauchen einen Plan, Paul spricht von einem Buch, das er machen (nicht schreiben) will. Ihm schwebt vor, die Rechte an seiner Entführungsstory für viel Geld zu verkaufen – und ich kenne den richtigen Mann. Charles Fox, ein Journalist, der vergeblich nach Rom gekommen war, um Jutta und mich zu interviewen. Ich habe seine Rufnummer, sicher hat er keine Hoffnung, mich je wiederzusehen. Paul und ich besprechen eine Nacht lang das Projekt, ein Buch scheint uns die Lösung zu sein.

Am besten, wir suchen Fox gleich auf, sagt Paul, gar nicht erst anrufen. Wir finden seine Adresse, Telegraph Hill, im Telefonbuch, und im Morgengrauen klingeln wir ihn aus dem Bett. Er ist erstmal fassungslos, wir werden uns aber schnell einig. Sobald wir in L.A. Fuß gefasst haben werden, will er Paul und mich befragen.

In der Zwischenzeit soll der Deal mit einem Verlag ausgehandelt werden. Glücklich besteigen wir das Flugzeug nach Los Angeles, ich verstecke wieder meinen Bauch. Die Sitar reist mit als Handgepäck, so wie ein Spazierstock, den Paul sich hat machen lassen. Eine Nachbildung des Stocks von Aleister Crowley mit einem doppelten Januskopf und einer Gravur der Nummer Sechshundertsechsundsechzig.

City of Angels

In Los Angeles werden wir von Brett Halsey abgeholt, einem Freund von Gail. Er ist Heidi Brühls Gatte. Brett hat für uns im Sunset Plaza reserviert, einem billigen Hotel nahe Sunset Strip, in dem meistens zweitklassige Rockstars absteigen.

Paul schläft und ich erkunde die Gegend. Der Strip ist morgens um neun menschenleer. Dafür ist es warm, mitten im Dezember. Gigantische Werbetafeln ragen in den Himmel, der Marlboro-Cowboy gleich neben dem Chateau Marmont Hotel; davor ein kleines vegetarisches Hippierestaurant, The Source … geschlossen, wie alles andere auch. Ich suche ein Café und entdecke eine Pharmacy, Schwab's Drugstore. In dieser Apotheke sitzen Leute an einer langen Theke und trinken Kaffee. Man wird mir noch erzählen, dass Schwab's Pharmacy ein legendärer Treffpunkt der Hollywood-Stars und -Autoren in seiner goldenen Zeit war. Marilyn Monroe, Charlie Chaplin, Lana Turner, Ronald Reagan und Gloria Swanson traten darin als Stammgäste auf.

Da sitze ich nun in Amerika pur, mit dem Gefühl, in einem Film aus den fünfziger Jahren gelandet zu sein. Eine sieche Serviererin mit enttäuschtem Gesicht, vielleicht war sie vor Jahrzehnten ein Starlet, füllt ungefragt meine Kaffeetasse. „Here, honey", brummt sie.

Alle Serviererinnen sind alt und barsch und erfreuen sich dabei größter Beliebtheit. Sie spielen eine Rolle … im Schattenreich von Hollywood. Alte Männer holen sich den „Hollywood Reporter", studieren das Blatt und ereifern sich. Alle scheinen sich zu kennen.

Ich kehre zum Hotel zurück, mit der Absicht, Paul sofort mit dieser irren Drogerie vertraut zu machen. Ein Polizeiauto begleitet mich, ich stehe unter Beobachtung. Schließlich hält der Wagen, ein Polizist steigt aus. Ich soll meinen Ausweis zeigen und erklären, was ich auf der Straße zu suchen habe. Mein Ausweis ist im Hotel, aber mein deutscher Akzent und mein Bauch bekräftigen sämtliche touristischen Behauptungen. Ich bin keine Bordsteinschwalbe, die hier nichts verloren hätte. Welcome to Los Angeles.

Bald finden wir ein kleines weißes Haus oberhalb des Strip. Pauls Großvater, Ölbaron in England, will uns nun jeden Monat tausend Dollar überweisen. Das Haus kostet fünfhundert Dollar, der Rest ist zum Leben. Des Mäzens Bedingung: Paul muss studieren. Und Paul unternimmt einen Versuch.

Unser Haus hockt in einem kleinen Garten, ein Milchmann, genau so einer wie in Doris-Day-Filmen, stellt morgens eine Flasche vor unsere Tür.

Die Wände sind papierdünn. Ein Einbrecher bräuchte bloß seine Faust, denke ich, um ins Wohnzimmer zu gelangen. Heidi Brühl bringt mich zu ihrem Hausarzt. Eine Tante von Paul, die deutsche Frau des verstoßenen und enterbten Bruders von Pauls Vater (komplizierte Verhältnisse), nimmt uns mit zu Farmers Market, wo Babysachen erstanden werden. Paul und ich streichen unser Schlafzimmer schwarz und machen daraus mit Tüchern etwas Marokkanisches.

Am Fenster werde ich Zeugin eines Streits auf einem Parkplatz. Die Auseinandersetzung endet mit einem Schusswechsel und wirkt so unwirklich wie eine Filmszene.

Wir haben nun zum ersten Mal ein eigenes Zuhause. Überflüssig zu sagen, dass Jutta jetzt auch bald kommen soll.

Ich melde mich bei Ryan O'Neal. Er lädt uns zur Weihnachtsfeier seiner Geliebten, Barbra Streisand, ein. Ihr Haus, eine Mischung aus Ranch und Jugendstilvilla, steht auf einer Klippe über dem Pazifischen Ozean. John Wayne meets Oscar Wilde: das ist mein Eindruck. Das Wohnzimmer ist ein Saal mit knisterndem Kamin … vor dem es sich die Creme der Hollywoodstars gut gehen lässt.

Die meisten kennen Pauls Geschichte, haben sie in allen möglichen Zeitungen und Zeitschriften gelesen. Man begegnet Paul mit großer Sympathie. Auch ich komme nicht zu kurz. Barbra bemuttert mich, schwangere Frauen werden in Amerika allgemein viel liebevoller aufgenommen als in Europa. Ich darf mich beim ersten Anzeichen von Müdigkeit in einem Schlafzimmer separieren. Barbra setzt sich auf die Bettkante und streichelt meinen Bauch. Sie ist im Leben viel schöner als auf der Leinwand; ich fühle mich geborgen und versinke im Luxus wie in der mütterlichen Ursuppe.

Paul gesellt sich zu Barbra und mir. Die Haut unserer Gastgeberin schimmert wie Porzellan. In einem Augenblick vergesse ich, dass ich schwanger bin, bald mein zweites Kind haben werde, Paul ein Drogenproblem hat, wir kaum Geld haben …

Nachts gesteht Paul, dass er sich in Barbra verliebt hat. Wir müssen beide darüber lachen und fantasieren zusammen eine lange Geschichte mit Happy End.

Die jungen Gettys sind in Hollywood ein Thema.

Wir absolvieren einen Einladungsparcours. Vanessa Redgrave kommt zu Besuch. Sie sammelt Geld für eine trotzkistische Organisation und hält in unserem Haus eine Rede. Paul ist sofort begeistert von ihrem Engagement und stellt einen Scheck über fünftausend Dollar aus, obwohl auf unserem Konto allenfalls noch hundert Dollar sind. Er verdrängt die prekäre Lage.

Wir treffen Richard Rutowsky, der in Alejandro Jodorowskys Film „The Holy Mountain“ eine schaurigschöne Rolle hatte. Wir haben den Film in Rom gesehen, er ist für uns so wichtig wie „Easy Rider“ – und Jodorowsky steht für uns auf einer Stufe mit Castaneda.

Auch in natura ist Richard sehr beeindruckend. Jutta und ich finden den halben Mohawk-Indianer, seit wir ihn zum ersten Mal gesehen haben, einfach unglaublich. Er wird einer unser liebsten Freunde in Los Angeles. Von ihm höre ich zum ersten Mal, dass schwangere Frauen schön sind: „You must be very high.“

Ich fühle mich eher hässlich und gehemmt und wie aus dem Leben genommen. Ich kann es kaum fassen, dass Richard mich schön findet. Aber allmählich entwickle ich ein neues Selbstbewusstsein. Ich ziehe mich wieder auffälliger an und verberge den Bauch nicht mehr. Für mich ist das ein riesiger Schritt.

Und wieder schreibe ich Ulf Miehe: „Als wir von S.F. nach L.A. geflogen sind, hat der Himmel ein fantastisches Theater gespielt. Es war Abend – und der Himmel war tief schwarz und am Horizont aufgerissen wie eine Wunde, dahinter leuchtendes Rot und Orange. Darunter Los Angeles, ein Lichtermeer ohne Anfang und Ende, solche Ausmaße kennen wir gar nicht.

Ich fühlte mich wie Major Tom, völlig losgelöst von allen irdischen Verbindungen. Ich war aufgeregt wie schon lange, lange nicht mehr.

Los Angeles gefällt mir, eine flache Stadt. Hochhäuser gibt es nur in Downtown. Es ist eine verrückte Stadt. Wenn man das allerdings richtig überzieht, kann man hier echt abfahren, wir Verrückten fühlen uns ja nur im Chaos wohl, da können wir wie Fische im Wasser schwimmen. Mit Jutta habe ich gerade telefoniert, sie ist im Moment in Rom und bemerkte etwas über eine Art Depression. Sie muss gleich hierher kommen, sag ihr das bitte auch."

Pauls Universitätsbesuche werden seltener, dafür nimmt er jeden Tag Heroin und Kokain. Schlaf denkt Paul mit Panik zusammen, der Fernseher muss immer laufen. Jede Nacht geht Paul aus. Im Morgengrauen kehrt er zurück und schläft unruhig und schwitzend nur für ein paar Stunden. Anfänglich hat er Hilfe bei einem Psychiater gesucht. Aber niemand kennt sich aus mit Traumabehandlung. Paul hat nicht das Gefühl, dass ihm geholfen werden kann, und lehnt den Psychiater ab. „Der Mann in seinem prächtigen Haus und mit seiner Kunstsammlung hat keine Ahnung, was ich durchgemacht habe." Nachts liege ich hilflos neben Paul, höre sein Stöhnen und seine Qual und ich fühle seine Gefangenschaft und Folter, die er so jung durchlebt hat, und die Geister, die ihn nicht loslassen.

Etwas stimmt ganz und gar nicht mit Paul. Seine Lider sind unbeweglich, die Augen fast geschlossen. Er sieht offenbar nichts und ist auch nicht ansprechbar. Er reagiert in keiner Weise. Wie gesagt, man darf einen Heroinsüchtigen, der das Bewusstsein verloren hat, nicht in Ruhe lassen. Ich flöße Paul Kaffee ein, schlage ihn mit einem nassen Handtuch und schreie ihn an. Ich bin fast verrückt vor Angst. Ich zerre an dem Komatösen, will, dass er am Leben bleibt. Er will das wahrscheinlich nicht mehr. Ab und zu kommt Paul zu sich und haut mich mit einer Bewegung in die nächste Ecke. Wie eine Fliege klebe ich an der Wand … und krieche immer wieder zu meinem Mann zurück, bete, dass dem Kind nichts geschieht.

Die Sonne steht schon wieder hoch am Himmel, inzwischen läuft Paul wieder. An meinem Arm. Ich habe wahnsinnige Rückenschmerzen und bin heiser. Ich bin kaputt, das Haus ist verwüstet. Doch Paul kann jetzt schlafen. Ich heule, während er nun gleichmäßig atmet. Noch einmal werde ich das alles nicht durchstehen. Ich nehme mir vor, bald ernsthaft mit ihm zu reden.

Ich räume auf, von meinen Träumen getrennt ... eine verzweifelte amerikanische Hausfrau. Ein Monster der Hilflosigkeit.

Paul erwacht, ich setze mich zu ihm aufs Bett – und rechne mit einer Einsicht. Er weiß aber von nichts mehr.

Hollywood verkehrt im „Dan Tana's". Direkt daneben finden Konzerte im „Troubadour" statt. Waylon Jennings, Willie Nelson und Neil Young treten auf – und Allen Ginsberg mit seiner indischen Leier.

Paul und ich im „Dan Tana's". Freunde kommen an unseren Tisch, mit Leuten, denen wir vorgestellt werden ... der goldene Hippie und seine goldige Flowerfrau. Wir werden angestarrt von einem schwarzhaarigen Kerouac-Typen mit auffallend blauen Augen. Er ist auf Provokation aus und folgt uns, als wir das Lokal verlassen. Tatsächlich verfolgt er uns in seinem Auto, überholt gefährlich und schreit meinen Namen in die Nacht. Wir betreten einen Nachtclub, den Irren im Schlepptau. Paul reicht es, mir nicht. Ich lade unseren Verfolger an unseren Tisch ein. Nun sitzt bei uns auch meine Freundin Maria Smith. Sie kennt diesen wüsten Kerouac. Er heißt Tom Baker und war der Star in Warhols „I, a Man". Maria ist auch Warhol-Schauspielerin. Sie sieht mir ähnlich. Wir sind beide sehr dünn und dunkel.

Tom ist auch Poet, und er war Jim Morrisons bester Freund. Er und Paul werden bald unzertrennlich sein, bis zu Toms Drogentod sieben Jahre nach unserer ersten Begegnung.

Paul zieht ein paar Tage zu Charles Fox, um mit seinem Buch voranzukommen. Ich wiederum will die Zwischenzeit bei Maria in Malibu verbringen. Sie holt mich ab, gemeinsam mit ihrer Busenfreundin, der Schauspielerin Patti D'Arbanville (für sie schrieb Cat Stevens das Lied „Lady D'Arbanville"). Von Hollywood nach Malibu braucht man an sich vierzig Minuten, doch die Taxifahrt wird zur Odyssee. An der Küste geraten wir in einen sich in nördlicher Richtung verdichtenden Nebel. Wir verfransen uns, irren bis nach Mitternacht herum. Endlich finden wir eine Tankstelle und dann auch die richtige Abzweigung. Der Fahrer verlangt sehr freundlich zweihundert Dollar, wir kriegen gerade mal dreißig zusammen. Aber wir sind jung und schön, der Typ gibt sich geschlagen oder vielleicht auch zufrieden mit den paar Piepen. Girlspower in action.

Durch alle Ritzen des Häuschens dringt die Kälte wie eine kriegerische Patrouille ein. Patti ist das Gegenteil ihrer Gastgeberin und so auch von mir. Ihre Locken haben die Farbe von Weizen. Schon mit dreizehn wurde sie von Warhol entdeckt. Sie sieht gleichermaßen gerissen wie unschuldig aus. Ich verstehe, dass Cat Stevens ihr in seinem Lied ewige Treue schwört. Zu dritt kuscheln wir im Bett und reden bis zum Morgen über Männer. Die Sonne verbrennt den Nebel. Vor uns liegt in all seiner Pracht der Pazifische Ozean, und zum ersten Mal finde ich es fantastisch, in Kalifornien zu sein. Die „alte Welt" hinter mir gelassen zu haben. Und ich habe jetzt Freundinnen!

Elmer Valentine, der Besitzer des „Whisky a Go-Go"-Clubs und Erfinder der Go-Go-Girls, lädt uns zu sich nach Palm Springs ein. Elmer besitzt ein Glashaus in den Hollywood Hills; eine komfortable Partybude, in der sich ältere Lebemänner, Angeber, Dealer und Musiker die schönsten Mädchen der Welt zuführen lassen. In Nachbarschaft dieses Schauplatzes wohnt Frank Sinatra in einer Villa, die wie die meisten anderen Gebäude dieser Gegend in den Fünfzigern gebaut wurde, so dass für mich die Anfahrt etwas von einer Zeitreise hat. Hier sind die Hells Angels omnipräsent.

Die künstlich bewässerten Gärten sind abartig grün; man spielt Golf in großen Parks, hinter denen die Wüste beginnt. Ich fühle mich deplatziert, aber Paul hält den Termin für sehr wichtig. Wir essen mit Elmer und vertreten uns dann noch eine Weile die Füße. Der Sonnenuntergang ist gigantisch – der Himmel scheint sich direkt über unseren Köpfen aufzuspannen.

Nachts wache ich auf, Paul liegt nicht neben mir. Sofort schwer beunruhigt, suche ich ihn im Haus – und entdecke ihn im Wohnzimmer, der Kaminfeuerschein flackert orangerot. Paul hält sich nicht allein auf der Lichtinsel auf. Ich erfasse nicht gleich, was ich sehe … einen Liebesakt. Die Frau unter Paul sagt: „Hi, I'm Barbara."

Ich gehe wieder zu Bett, fassungslos. In mir tobt das Gefühl, dass sich meine Geschichte mit Rolf alptraumartig wiederholt. Rolf ließ mich mit dem Kind im Krankenhaus sitzen. Ich fand ihn mit einem Mädchen im Bett.

Ich bin starr vor Entsetzen, während auf meiner inneren Bühne die Welt einstürzt. Niemals hatte ich bisher nur den leisesten Zweifel an Paul. Aber nun fürchte ich, dass er mich verlassen könnte. Warum kommt er nicht, um mit mir zu reden?

Im Dunkel kann ich dann Pauls Silhouette erkennen, er sitzt auf der Kante. Ich fange an zu weinen. Sehr ruhig erklärt Paul, dass er nicht anders könne.

„Wer ist das denn?“ frage ich.

„Barbara ist eine Freundin von Elmer, ich habe sie bei Elmer kennen gelernt. Wir sehen uns schon seit ein paar Wochen.“

Plötzlich habe ich nur noch eine ungerechte Wut auf Elmer, nicht auf Paul und nicht auf das Mädchen. Elmer hat mich mit Paul hierher gebeten und Barbara hinter meinem Rücken eingeschleust. Die Verlogenheit bei alledem regt mich mehr auf als vorhin die Sexszene. Ich muss kotzen, schaffe es gerade noch ins Bad. Über der Klobrille schwöre ich Rache.

Paul schaltet Charles Fox als Vermittler ein. Unser Gespräch findet in einem Bikertreff bei Palm Springs statt; ein paar verrottete Tische stehen vor der Tür. Charles sagt ohne Umschweife: „Du bist mit einem jungen Mann verheiratet, einem Modern World Prince, dem Enkel des reichsten Mannes der Welt, der auch noch ungewöhnlich attraktiv und sowieso außergewöhnlich ist. Jede zweite Frau auf diesem Planeten wird versuchen, ihn zu erobern. Ohne Rücksicht auf dich, egal, ob er nun verheiratet ist oder nicht. Das spielt alles keine Rolle. Er wird zahllose Affären haben, entweder du schaffst das oder du packst am besten jetzt gleich deinen Koffer. Sorry, to put it this way, but that's the picture.“

Jede zweite Frau, das immerhin scheint mir übertrieben. Wir sitzen in der Wüstensonne, Biker rollen an, holen Budweiser flaschenweise aus dem windschiefen Flachbau und rotten sich zusammen.

„Ich schaffe das“, sage ich kurz.

Balthazars Geburt. Jutta kommt …

Kurz nach dem Wochenende in Palm Springs fahren Paul und ich zu meinem Arzt. Bis zur Geburt werden seiner Ansicht nach noch zwei Wochen vergehen. Nachts wache ich mit Schmerzen auf, Paul ist auf einer Party. Die Schmerzen könnten Wehen sein. Die Auskunft des Arztes veranlasst mich aber, eine eher läppische Ursache anzunehmen. Morgens kommt Paul heim, er beruhigt mich, obwohl die Schmerzen stärker geworden sind. Mittags wecke ich ihn, er ruft seine Tante an: Sie soll uns zum Krankenhaus fahren. Es ist Sonntag, der Freeway kaum befahren. Bloß wissen wir nicht, wo das Krankenhaus liegt. An einer Tankstelle halten wir, Paul ruft im Krankenhaus an wegen einer Wegbeschreibung. Paul und seine Tante sind so aufgeregt, dass ich sie beruhigen muss. Vor dem Krankenhaus wartet ein Pfleger mit Rollstuhl, nun geht alles sehr schnell. Ich kriege eine Spritze und werde auf einem Stuhl festgeschnallt. Man deckt meinen Unterleib ab, ich kann nicht sehen, was zwischen meinen Beinen vor sich geht.

Die Geburt meines Sohnes dauert zwanzig Minuten und verläuft schmerzfrei. Irgendwie fühle ich mich betrogen. Vorsintflutlich wird der Säugling auf den Kopf gestellt, bis er seinen ersten Schrei tut. Ich muss daran denken, wie weich und ekstatisch Annas Geburt war, hier hat sich seit den Fünfzigern nichts geändert. Ich möchte meinen Sohn halten, aber das gestattet man mir nicht.

Paul weint vor Freude. Der Name unseres Kindes steht schon lange fest. Gleich nach der Entführung hatten wir darüber gesprochen, dass er heißen soll wie Pierre Clementis Sohn: Balthazar.

Zuhause erwartet mich ein Blumenmeer, es ist Januar 1975. Paul hört kurz auf Drogen zu nehmen, einige Wochen lang sind wir glücklich, und Balthazar schläft zwischen uns. Paul und ich wollen unser Leben verändern. Nie wieder Drogen, keine Affären. Die guten Vorsätze halten nicht lange vor.

Das Geld für Juttas Flug lässt sich nicht einfach auftreiben. Wir kriegen das aber hin, Jutta reist mit meiner inzwischen zweijährigen Tochter. Meiner Schwester geht es nicht gut, sie hat gerade eine Abtreibung hinter sich und im Flugzeug starke Blutungen. Anna kennt mich nicht, sie fühlt sich fremd bei uns. Infolge der Notgemeinschaft mit Jutta im Flugzeug nimmt sie Essen nur von ihr an, wenn sie es nicht schlankweg verweigert.

Auf einen Schlag habe ich zwei Kinder und einen Mann, den seine Heroinsucht wieder überfällt. Ich erlebe beängstigende Nächte voller Chaos. Außerdem habe ich keine Ahnung, dass die Miete schon monatelang nicht bezahlt worden ist. Unser Geld reicht kaum für Nahrungsmittel. Von Leihgaben kaufen wir Snacks.

Jutta und ich schmieden Pläne, wir wollen unser Schicksal in die Hand nehmen, vielleicht hilft das auch Paul. Wir können alles, was uns vorschwebt, in Amerika bringen, nicht umsonst gibt es den „American dream". Wir fotografieren uns gegenseitig, die Bilder sollen einen Agenten von unseren Starqualitäten überzeugen.

Jutta und ich nehmen zum ersten Mal seit Rom wieder zusammen LSD. Ich verlasse meinen Körper, habe eine Erleuchtung. Auch Jutta erkenne ich wieder als das unfassbar schöne Götterkind. Tagelang sind Jutta und ich davon überzeugt, dass es doch noch bis zu unserer Vision, unseren großen Träumen zu schaffen ist.

Ja, wir wollen das Licht wieder finden und unsere Sperlongastrandoffenbarung bestätigt kriegen …

Gerade habe ich geduscht. Jetzt sitze ich nackt und allein vor meinem Spiegel. Das Haar liegt nass auf den Schultern. Jutta ist im Bad, bis sie wieder bei mir ist, möchte ich mich selbst anschauen, sehen, wer ich bin. Ich möchte mir begegnen und nicht wieder nur meiner Schwester im Spiegelbild. Obwohl es so schön ist, sie in meiner Nähe zu wissen. Meine Haut leuchtet golden und ich sehe aus wie ein hübscher Inder. Das gefällt mir, ich konzentriere mich auf mein Gesicht, es verändert sich ständig, verrutscht schließlich und wird hässlich. Ich starre eine grausige tibetische Maske an. Kann ich das sein? Angst kriecht über die Wirbelsäule, dem Dämonenkopf entgegen. Ich will die Fratze aushalten ... Du musst dich anschauen, das alles bist du. Du bist nicht nur schön, du bist auch hässlich. Allmählich verbessert sich mein Aussehen. Ich werde wieder der indische Junge, der sich in ein indisches Mädchen verwandelt, um dann zu einem perfekten androgynen Wesen aufzusteigen. Auf meiner Stirn bewegt sich etwas. Ich entdecke eine Lotusblüte. Sie öffnet sich. In ihrem Zentrum bewegen sich Wesen von überirdischer Schönheit, zweifellos sind sie heilig. Ich geselle mich zu ihnen. Ein lichter Garten ist ihr Quartier. Darin löst sich alles auf wie in stellarem Nebel. Es gibt keine Formen mehr, nur noch milchiges Licht. Ich vernehme den Schlag einer schweren Glocke. Mir ist sonnenklar: „Bis hierher und nicht weiter."

Ich schwebe unter der Decke und sehe mich zugleich ganz weit weg und winzig klein vor dem Spiegel sitzen. Ruckartig rutsche ich wieder in meinen Körper. Ich sehe mich wieder im Spiegel und denke, jetzt bin ich erleuchtet, ganz und gar ... jetzt wird alles wieder gut, ich bin göttlich, wie konnte ich das nur vergessen. Jutta kommt an, ein Blick genügt, um zu wissen, dass sie weiß, wo ich war und was ich erlebt habe. Ihr selbstredend kongeniales Erlebnis fand im Bad statt.

Knocking on Heaven's Door 1

Jutta: Kurz nach Balthazars Geburt finden Gisela und Paul ein Häuschen Up Sunset in Hollywood. Gisela besorgt mir kurzfristig ein Ticket; Elmer Valentine stiftet es. Unser Bruder Jürgen bringt Anna zu mir, sie soll mit nach Amerika kommen. Er erwartet nun geordnete Verhältnisse im fernen Amerika.

Kurz vor dem Abflug übernehme ich noch schnell die Regieassistenz bei einem Kurzfilm von Peter Kaiser. Rainer Langhans stößt in irgendeiner Funktion zur Produktion. Ein spärliches Gespräch ist alles, was wir gemeinsam haben, aber ich entdecke doch seine Fürsorge und ein merkwürdiges Zusammengehörigkeitsgefühl, das unausgesprochen bleibt. Ich reise mit Fotos, die Rainer am Set zeigen. Es sind meine Aufnahmen. Ich bringe sie Gisela mit.

Voller Trubel dann sind die Tage in Giselas und Pauls Haus. Warren Oates kommt ständig vorbei, Dennis Hopper auch. Ich werde sofort in die Hollywood-Familie aufgenommen. Und manches erinnert an römische Aufregungen.

Ich sehe Paul mit einem Buch der Krishna-Leute: der Bhagavad Gita. Wir reden über Erleuchtung. Ein Satz von Paul bleibt hängen: „Wenn du ein Heiliger werden willst, dann musst du sterben. Du musst deinen Körper zurücklassen und so gut wie tot sein.“ Er lacht, aber ich verstehe ihn. Paul wird von einer verzweifelten Suche nach Wahrheit getrieben. Er kann nicht anders, als aufs Ganze zu gehen.

Gisela und ich kloppen ihn nach Überdosen von irgendwas in den Körper zurück. Seinem Geist widerstrebt das. Von seinen komatösen Ausflügen bleibt nichts in seinem Gedächtnis. Er weiß von unserer Sorge nichts und nichts von unseren Bemühungen, wenn er erwacht … um bald wieder einen kompletten Ausstieg mit allen Mitteln anzustreben.

Wir pendeln zwischen Glamour, der abebbenden Sixties-Euphorie, Geldmangel und richtigem Hunger. Ständig ist Paul verschwunden. Wir müssen Dollars leihen, um Essen kaufen zu können. Dann erreicht uns ein Telegramm (das Telefon geht wieder mal nicht): „Ticket für Freitag gebucht. Du hast die Rolle. Komm."

Unsere Rettung! Wir beschließen, dass ich die Rolle übernehme. Und nach den Dreharbeiten mit Geld antanze.

Dennis kreuzt auf. Wir machen uns gerade fertig für eine Filmpremiere, zu der Bert Schneider geladen hat. Dennis folgt mir auf die Toilette. Ich schminke mich, er schaut sich das an. Behutsam legt er seine Arme auf mir ab: „Ich möchte, dass du mit mir nach Taos kommst. Dort lebe ich, nicht in Hollywood. Ich möchte, dass du mit mir lebst."

Ich antworte seinem Bild im Spiegel: „Dennis, ich kann das nicht. Aber ich brauche dich. Ich bitte dich, eine Gelegenheit zu finden, bei der ich Bob Dylan kennen lernen kann. Und zwar schnell, Ende der Woche fahre ich für vier Wochen nach Italien zu Dreharbeiten, und vorher möchte ich Bob noch begegnen. Du musst mir helfen!"

Meine Unverfrorenheit amüsiert Dennis. Er kontert auf seine Art: „Weißt du, dass ich seit Tagen eure Slips aus den Schlafzimmern klaue und daran rieche? Ich bin scharf auf dich, und du fragst mich nach Dylan!" Dabei zieht er den Reißverschluss am Rücken meines Kleides auf.

„Ich werde so oder so nicht mit dir nach Taos gehen", jetzt sitzt der Kajal, ich wende mich Dennis zu: „Es gibt da so eine Inkaanlage in Südamerika, da möchte ich hin."

„Machu Picchu", knarzt Dennis, „da heiraten wir. Ich war schon dreimal verheiratet. Meine letzte Ehe mit Michelle Phillips hat nur eine Woche gehalten." (Michelle Phillips wird später befinden: „We were married for eight days and truly... they were the happiest days of my life.")

Mich amüsiert der Gedanke, dass er auch Gisela schon die Ehe angetragen hat. Ich denke, na gut, das ist zumindest eine Option. „Dennis, du musst eine Gelegenheit finden, und zwar vor Freitag. Hörst du, diese Woche noch!"

Auf dem Sunset liegt ein kleiner Liquorstore. Der Laden führt auch Milch in seinen futuristischen Kühlanlagen, die holen wir für die Kinder, wann immer wir ein paar Cent auf mirakulöse Weise zusammengekratzt haben. Der Besitzer nimmt Telefongespräche für uns entgegen. Er reicht uns einen Zettel: „Dennis called. Tomorrow party at Rogers (McGuinn/Byrds). B. there. Meet me in Malibu." Die Adresse ist kaum zu lesen. Gisela und ich schnappen über. Paul ist mit dem Wagen abgehauen. Verzweiflung mischt sich in unsere Aufregung. So kurz stehen wir vor der Erfüllung unseres größten Wunsches ... und dann meint Paul irgendwo abhängen zu müssen, mal wieder stocksauer und eifersüchtig auf Gisela.

Also, Dennis ist in Malibu, dort sollen wir ihn treffen, um gemeinsam mit ihm zu Roger zu fahren. Unsere Welt droht unterzugehen, angesichts unserer von Paul verschuldeten Immobilität. Doch plötzlich steht Paul im Zimmer. Gisela schreit ihn wütend an – was Paul ihr einige Zeit mit einem Fahrstil heimzahlt, der mich daran zweifeln lässt, dass wir Malibu jemals lebend erreichen werden. Wie in einem David-Lynch-Film erscheint alles gespenstisch, die Berge, das Meer ... verrissene Scheinwerferlichter, die blitzweißen Markierungen auf der Straße. Ich kauere auf dem Rücksitz und gestatte mir ein paar Hoffnungen. Eine lebensbedrohliche Ewigkeit endet am Gate einer exklusiven Wohnanlage in Malibu.

Der Wächter will die schrägen Vögel nicht passieren lassen. Paul rettet die Situation, eine verloren geglaubte Telefonnummer taucht wieder auf, nach komplizierten Rücksprachen werden wir eingelassen und finden auch bald das kleine Haus am Strand. Dennis kommt uns ausgelassen entgegen, für uns fängt die Party jetzt an. Joints werden gedreht, und eine Freundin verbreitet Koks auf einem silbernen Spiegel. Im Haus herrscht ein herzliches Klima. Es sind die letzten Tage des „Summer of Love", der Zeit weltumspannender Liebe, illuminierter Wahlverwandtschaften – aber das wissen wir in diesen Momenten noch nicht.

Dennis zieht mich in ein Zimmer: „Hast du meinen Vorschlag erwogen?" Er lässt den Schmusebär in sich von der Leine. Es tut mir unendlich leid, übermorgen fahren zu müssen. Ein bisschen fühle ich mich so, als sollte ich nach Alaska zum Goldschürfen und müsste die Familie, das Liebgewonnene, für immer hinter mir lassen.

„Dennis, ich muss für einen Monat nach Europa. Ich drehe einen Film. Ich kann ein bisschen Geld machen. Aber heute Nacht möchte ich Bob kennen lernen. Bist du sicher, dass er kommt?"

Dennis lockt mich zu einem Holztisch. Darauf liegt aufgeschlagen ein Landschaftsbuch. Ich sehe eine Abbildung des Machu Picchu.

Dennis klappt das Buch langsam zu und nimmt eine fast zögerliche Haltung an: „Ich habe das Gefühl, dass du so schnell nicht wiederkommst. Aber du musst mir versprechen, dass du gut auf dich aufpasst. Du bist sehr empfindsam. Nichts für diese Welt."

Dennis sieht wild aus, seine Augen sind weit aufgerissen und seine geraden Brauen stehen so aufrecht wie Ausrufezeichen.

Was er sagt, berührt mich eigentümlich. Ich versuche doch ganz anders zu sein, eben „born to be wild".

Dennis lacht rau: „Come on, don't look so serious, it's all a game! Ich hab bei Roger angerufen, Bob ist schon da."

Dennis und ich schließen uns den anderen an. Wieder kommt Gras in die Tüte. Gisela setzt sich auf Dennis' Schoß, sie sieht umwerfend aus. Ihr Anblick bedroht mich irgendwie.

Dennis erzählt von Dreharbeiten. „The Last Movie" wird ihn finanziell fast in den Ruin treiben. Auch seine Reputation ist schwer beschädigt. Er bedauert das nicht. Dennis ist der amerikanische Antichrist, unser Begleiter auf der road to nowhere.

Wir begeben uns jetzt zum Haus von Roger McGuinn. Die Party ist in vollem Gang. Die Augen gewöhnen sich an schwaches Kerzenlicht. Man lagert auf Teppichen und Matten. Überfluss, wohin man schaut. Kartons voller Kokain werden herumgereicht, überall wartet das Gras in Schalen. Dazu psychedelischer Rock. Wir glauben in einem Refugium für freie Geister und freie Liebende zu sein. An einem mythischen Ort auf der Spitze der Welt. Bei einer magischen Versammlung der Auserwählten im Auge des Hurrikans. Hier atmet das große Karma: „For ever young, for ever here."

Dennis ist stolz auf uns. Wir stehen im Mittelpunkt und jeder will wissen, wer wir sind.

Dennis führt uns in die Küche – da steht Bob plötzlich vor uns. Dennis nimmt ein Feuerzeug, er hält die Flamme hoch. Bob grinst schief und boxt den Kumpel in die Seite. Mir erscheint nun alles in einem sehr hellen Licht. Bobs Interesse an mir ist so unmittelbar wie mein Interesse an ihm. Wir versenken uns ineinander – und ich habe die erregende Empfindung, Jakobs Leiter hinaufzusteigen, Sprosse für Sprosse immer weiter und höher, bis ich das Leben ungeteilt sehen kann … ein Leben mit ihm, mir, Gisela, Dennis und Paul.

Wir schauen nur, sonst geschieht nichts – und doch ist das schon eine Art von Verschmelzung. Heilig erscheint mir die Stille in der Küche.

Dann sagt Bob etwas über Hitler. Und sagt, was im Dritten Reich passiert sei, würde allgemein noch nicht verstanden.

Bob fragt, ob unser Vater auch Nazi war und was wir zum Thema Übermenschen zu sagen haben. Wissen will er, wie man mit so einem Erbe lebt und wie in Deutschland darüber gedacht und geredet wird. Dennis, Gisela, Bob und ich sind jetzt in der Küche eine verschworene Gemeinschaft auf der Suche nach Antworten auf Fragen, die uns in aller Abgründigkeit wichtig sind. Andere fangen an zu tuscheln und Kommentare in unsere Richtung zu machen.

Ich bin dann mal kurz weg und ertappe bei meiner Rückkehr in die Küche Gisela und Bob im intensiven Austausch. Meine Eifersucht macht das ganz große Fass auf. Ich falle von der Himmelsleiter und nenne meine Schwester in Gedanken ein verdammtes Biest. Bob, das ist doch meiner! Meiner!

Auch Paul ist wütend und wohl auch ziemlich desorientiert. Ich fange an, herumzurennen, aufgewühlt und vollständig abgehoben. Ich gerate in Kammern, die meine Fantasie auf die Reise schicken. Auf dem Klo stoße ich mit Gisela zusammen, zwischen uns entbrennt ein tödlicher Streit. Schreiend erinnere ich Gisela an unseren Vertrag, bin bereit zum Mord. Ich sehe ihr weißes Gesicht im Spiegel, für einen Moment weiß ich nicht, ob nicht ich das bin, und empfange nun wieder ihre Gefühle wie meine eigenen. Ich hocke mich auf den Boden, ich weiß nicht weiter. Ich hab viel zu viel geraucht – oder gilt das nur für Gisela? Wo fängt sie an, und wo ende ich? Werden wir beide gerade verrückt? Wir schließen einen hasserfüllten Frieden. Ich krame in meiner Tasche. Ich habe noch einen halben Trip dabei. Jetzt teile ich ihn.

„Kommst du gleich mit zurück", fragt Gisela, noch halb geschockt von unserem Kampf. „Ich muss zu den Kindern, es ist schon vier."

Ich verspreche es, wir sind schon irgendwie im Freien, vielleicht auf der Veranda ... ein völlig breiter, riesiger, melancholisch aus der Wäsche schauender Kris Kristofferson läuft wie ein kenternder Kahn auf. Jemand stoppt ihn mit der Frage: „Kennst du schon die Zwilli...?" „Ja", schreit er, „verdammt noch mal, ich kenn sie. Zum hundertsten Mal! Lasst mich in Ruhe!"

Er hat mehr als eine Flasche Whisky und noch jede Menge anderes intus. Gleich fällt er tot um.

Dennis' brennende Augen sind in meiner Nähe, ich muss unbedingt an die frische Luft. Der Boden unter mir hat plötzlich an Festigkeit verloren. Meine Knie zittern. Paul sieht mich an, böse, verletzt und verzweifelt. Für einen Moment scheint er mir der einsamste Mensch auf Erden zu sein, dann fliegt er vorbei wie ein Satellit im All ... Ich bin jetzt im Garten, das Meer meldet sich unter mir. Ich stehe auf Klippen, über mir die Sterne. Mich erreicht der warme Santa-Ana-Wind, extra für mich ist er noch einmal aus seinem Bergnest gekrochen und bringt mit sich Granatapfelblütenduft. Da vernehme ich seine Stimme: „Ich möchte dich gern zeichnen. Ich möchte euch beide zeichnen. Bist du einverstanden?"

„Ja", entgegne ich schlicht. Ist es nicht das Natürlichste überhaupt, dass Bob uns zeichen möchte?

Bob nimmt meine Hand. Es ist eine schüchterne, zugleich selbstverständliche Geste. Doch unversehens dreht sich alles, ich falle um. Meine Nerven versagen. Das ist alles zu viel für eine Nacht.

Erst einmal sehe ich wieder nur schwarzen Himmel, dann, auch wenn es schrecklich kitschig klingt, Augen so strahlend wie Sterne. In blue. Sie schauen mich neugierig und belustigt an, und der Kopf über mir ist tatsächlich der echte Bob Dylan und nicht nur eine Halluzination, obwohl ich kaum noch etwas auseinander halten kann. Irgendwie habe ich das Gefühl, ich schaue mich selbst an, und irgendwie sehen wir uns ähnlich. „Are you alright?“ fragt er vertraut und teilnehmend. Ich muss lachen, weil eigentlich alles gerade so verrückt ist und so extrem alright und ich mit ihm im Gras über den Klippen liege. Ich sage: „Big grass bed“. Dann lachen wir beide, seine Augen bleiben ernst, und mein Mund beruhigt sich und ich schaue wieder irgendwie in die nächtliche Ewigkeit und mein Gehirn rattert fieberhaft und sprudelt Bilder. War vielleicht doch nicht so eine gute Idee mit dem geteilten Trip auf dem Klo. Ach, egal. Meine Hand nähert sich seinem Gesicht – das sehe ich selbst mit Erstaunen – und berührt kurz seinen Schmetterlingsmund. Plötzlich ist Dylans Stimme gaz nah: „Ihr seid natürlich Nazis.“

„Tochter Hitlers.“ Könnte ich sagen. Und schon ist es raus.

„Ja und, was noch?“

„Mein Gott, vor Lichtjahren haben wir darüber nachgedacht und für uns war damals klar: die Nazis kommen aus der kleinen bürgerlichen Familie. Ich sehe mich plötzlich wieder nach Bochum zurückversetzt, an den Tisch mit den Genossen. Es ging um Kommune und andere Lebensformen. Um Kapitalismus, Ausbeutung, falsches oder richtiges Leben. Sitzt denn das Gift unserer Eltern auch in mir? Undenkbar … Dylans Frage hallt durch die Nacht und scheint ein endloses Echo auszulösen. Ehe als Brutstätte des Faschismus. Das dachten wir damals. Und bastele ich nicht gerade schon heimlich in Gedanken an einer Ehe hier mit meinem strahläugigen Gegenüber, den unsere Eltern noch ermordet hätten? Ich sage schließlich laut: „Kapitalismus und Familie führen zum Faschismus.“

Dylan kommt näher: „Ich weiß nicht, ob das Problem damit ausreichend beschrieben ist …“ Sein Gesicht neben mir erscheint mir noch plastischer und irgendwie noch leuchtender als zuvor. Ich bin gerade unfähig zu denken. Im Hintergrund tobt Musik.

„Ja“, stammele ich noch einmal, „ich bin, wenn du so willst, eine Tochter Hitlers, damit irgendwie verflucht und hochinfektiös.“ Ich schaue ihn direkt an, erkenne einen gänzlich angstlosen Mann – und der Moment erlaubt eine erschreckende Offenheit. „Mein Vater war Major und im Krieg. Er, den ich liebe, hat auch die deinigen umgebracht.“

Es stimmt, die Erkenntnis schlägt mich wie eine Peitsche. Das Ungeheuerliche ist so unfassbar. Wieder schluckt uns die Stille. Dann überwältigen mich schreckliche Bilder. Bilder, mit denen ich aufgewachsen bin und die mir keiner zeigen wollte. Ich sehe zu Skeletten abgemagerte Leiber, Pistolen an den Köpfen von Menschen, baumelnde Männer an laublosen Bäumen, Frauen, die mit geschorenen Köpfen durch die höhnende Menge getrieben werden, mit Schildern um den Hals, Auschwitz, Dachau, My Lai, Russland, Endlösung, Dörfer in Flammen, rollende Panzer, Menschen, die in Gruben fallen, während am Grubenrand ungerührte Gesichter stehen, tote Menschen, die auf Feldwegen verwesen, schreiende Mädchen und Jungen und überall schwarzes Blut, das in Flüssen über die Erde läuft. Ich höre, wie mein Vater auf unsere Fragen mit einem verzerrten roten Gesicht schreit: „Alles Lügen. Lügen, Lügen!“ Und ich sehe Gisela und mich am Strand von Sperlonga und spüre das Licht, das auf uns fällt, und zugleich grausam die Schrecken der Dunkelheit und Verwüstung unserer Vergangenheit. Eltern sind Götter, Götter, die einen zu Stein werden lassen. Willst du den Himmel, so ertrage die Hölle.

Ich spüre meine Hand, gehalten von einem jüdischen Sänger. Ich schwitze und meine Zähne schlagen jetzt hörbar auf. „Hörst du? Ich kann nichts dafür." Ich versuche es mit einem schwachen Lächeln, das kaum gelingen will. Ich richte mich auf, drehe mich steif um und fasse das Haus fest in meinen Blick, um mich ein bisschen zu normalisieren. Doch es gelingt mir nicht, ich muss weinen, Tränen laufen über mein Gesicht.

Ich lege hilflos die Arme über mein Gesicht und ein wildes Schluchzen kommt aus meiner Kehle. Es ist plötzlich ganz still. Dann fühle ich, wie meine Arme sanft von meinem Gesicht weggezogen werden. Ich schaue wieder in die angstlosen Augen des Sängers, der mir so bekannt ist und auf einmal so unbekannt. „Sprich ruhig", sagt er leise, und wie eine Flut kommen meine Worte: „Wer das Schwert aufhebt, wird durch das Schwert fallen … Wir müssen da mehr überlegen, wie geht das mit der Liebe? Ich kann gar nicht lieben … Es kommt mir immer wie eine Lüge vor … Wo fängt der Krieg an, der Faschismus … Was mach ich hier? Wer bist du überhaupt?" Ich habe das Gefühl, als würde sich ein Eisenring, der sich um mich spannt, lösen. Endlich kann ich reden und das Versteckte, das ich wie ein heimliches Monster in mir vergraben habe, dringt befreit n die warme Nacht und fürchtet sich nicht mehr. Ich rufe laut: „Auch USA ist SS." Der Vietnamkrieg ist schließlich noch nicht zu Ende. Dauernd sterben Menschen für irre Ideen, weil alte Männer Angst vor dem Sterben haben und ihre Erbärmlichkeit nicht aushalten und mit Gier und Macht verdrängen …

„Your Hitler Reich was something else, mit nichts zu vergleichen, oder?" Dylan insistiert eindringlich.

Was heißt das bloß? Wieso war es möglich, dass das Volk der Dichter und Denker zu so einem Amoklauf angesetzt und ihn bis zum bitteren Ende durchgezogen hat? Wieso sollten die

Juden vernichtet werden? Wieso haben Deutsche Millionen ins Gas geführt, während ihre Familien hundert Meter weiter in ihren Häuschen die Tannenbäume mit Lametta und Zuckerkringeln schmückten und die Mütter mit ihren Kindern „Vom Himmel hoch, da komm ich her“ für ihre Mörderpappis einstudierten?

Dylans Blick wird härter. „Und schließlich gab es diesen Rassismus – und die systematische Judenvernichtung. Das ist doch etwas ganz anderes als das, was andere Völker je gemacht haben! Woher kam das? Was ist das? Ihr seid doch Antisemiten. Das musst du doch auch noch sein. Du bist da groß geworden, das Land ist zwar vor einiger Zeit befreit worden, aber der Boden ist doch verseucht von einem mörderischen, vernichtenden Antisemitismus. Wie fühlst du dich denn? Du bist doch auch ein heimlicher Judenmörder. Du hattest nur keine Gelegenheit dazu. Du bist doch das Kind von schrecklichen Eltern, wie du selber sagst, aber hier machst du auf brav! Steckt dir nicht das Gift selbst in den Schuhen? You don't get rid of that so easily, don't you, Yu… – what was your name?“

Ich frage: „Yu? Sagtest du Yu?“ Und irgendwie habe ich das Gefühl, dass meine Zähne klappern und meine Knie aneinanderschlagen. Ich konzentriere mich darauf, wie ich heiße, und für einen Moment ist mein Name weg. Wer bin ich überhaupt? Und wo bin ich? Die ganze Situation ist extrem unwirklich und gleichzeitig so hyperreal. Die Erinnerung daran, wie ich heiße, kommt wie ein alter streunender Kater. Ich stammle: „Juutta“. Ein unmögliches Wort. „Juutta, like, like … the state Utah.“ Ich sehe, dass das eine gute Erklärung war. „Utah. So.“

In diesem Moment höre ich das Meer jetzt unten unverschämt laut an die Felsen klatschen und orte mich wieder irgendwo auf der Erde. Meine Gedanken rasen durch den Kopf und gleichzeitig fühle ich mich hellwach und klar und denke, ich könnte hier bis zum Ende der Welt sitzen und wichtige Welträtsel lösen. Mit meinem Geliebten, ihm da, meinem anderen Ich, für das ich gerade Gisela aufgebe. Nie habe ich eine Zwillingsschwester gehabt. Und alles ist wahr. Meine Zähne schlagen weiterhin leise und nervös aufeinander.

„You have to be anti-Semite." Ich habe plötzlich das Gefühl, dass Dylan mich provozieren will, und denke „Utahhh, pass auf!" Wahrscheinlich aber wird er nur von seinem Interesse und seiner Neugier getrieben, den Dingen auf den Grund kommen und ein Gegenüber haben zu wollen, mit dem er sprechen kann. Vielleicht spüren wir beide, dass so ein Moment nie wieder kommen wird. Jedenfalls nicht so bald – und dass jetzt die Gelegenheit ist, alles zu sagen und zu fragen.

„Yeah, I have to be …", stammle ich. Es ist ungeheuerlich. Ich kann nicht antworten. Wie ein Blitz fährt es in mich. Haben wir aus dem Hass der Eltern gelernt und sind wir wirklich bessere Menschen? Oder sind wir kontaminiert bis in die letzte Zelle? Plötzlich friere ich und werde unsicher. Dylan ergreift meine Hand: „No fear. You get through that. With me. I've seen something deeper." Und ich spüre, dass er als der Dichter, der er ist, tiefer blicken kann, vielleicht sogar tiefer, als ich es im Moment kann – und dass ich keine Angst haben muss.

Wir schweigen lange. Dann aber sprechen wir weiter – und über etwas ganz anderes, ich vergesse jeden Satz, der jetzt noch fällt. Man könnte mich erschlagen, ich weiß nicht, um was es gerade geht. Vermutlich führen wir nun ein Selbstgespräch zu zweit, selbstredend ein karmisch-verrücktes, das uns der Wind stiehlt und ungefragt hinaus über das schwarze Meer trägt, wo es ungehört verhallt …

In weiter Ferne, so scheint es mir, ruft Gisela … meinen Namen. Ich höre ihre Verzweiflung und fahre hoch.

„Ich muss jetzt gehen", sage ich. „Ich kann nicht länger bleiben."

Gisela findet uns, wir stehen unschlüssig in der Nacht. Bob drängt zu bleiben – wir sollen auf keinen Fall fahren. „Geht nicht, ich muss los, ich kann nicht bleiben", sage ich, es scheinen Schicksalsmächte gegen ihn und mich zu sein. In meinem Fall: meine Schwester. Dann fragt er nach unserer Telefonnummer. Wir sagen, dass unser Telefon abgestellt sei. Wir hätten auch keine Nachbarn, bei denen Bob uns erreichen könne. Bedrücktes Schweigen unter Sternenkindern, die sich verschworen haben. Bob zögert den Abschied heraus. Er erzählt was von seiner Studiosituation, er habe noch kein Telefon da, und der häuslichen Lage, die schwierig sei. Er kämpft mit sich, dann gibt er uns doch seine Privatnummer. Ich soll gleich am folgenden Nachmittag anrufen.

Paul zieht die Party einer gemeinsamen Heimfahrt vor. Gisela und ich wähnen uns im Auto auf einer himmlischen Rutsche und verfahren uns nicht ein einziges Mal. Verschweben wäre treffender.

Mein Abflugtag ist diesig. Morgens um sechs steige ich übermüdet in ein Taxi. Ich habe nur eine kleine Tasche mit dem Nötigsten dabei. In drei Wochen will ich zurück sein. Dann haben wir Geld, können Milch für die Kinder kaufen und Fotos abziehen lassen für einen Agenten.

Sunset verblasst hinter mir. Der Taxifahrer besteht grinsend auf Komplizenschaft unter Blumenkindern. Ich rieche das Gras in seiner Zigarette. Selbstverständlich beteiligt er mich an seinem Vergnügen.

„Wo fliegst du hin?"

Wir kommen ins Gespräch, aber meine Gedanken kreisen um Dylan. Gestern habe ich nach ein paar mit Sara gewechselten Worten aufgelegt. Gisela und ich waren zu einem Telefonhäuschen am Sunset gegangen, ich hatte Dylans Nummer gewählt. Zuerst war eine Frau am Apparat: „Bob ist nicht da."

Sie rief Sara. Im Hintergrund hörte ich Kinder weinen. Stress in Saras Stimme … ob ich eine Nummer hinterlassen wolle. Ich sagte nein, ohne Überlegung; verabschiedete mich und legte auf. In den Sinn kam mir „Freedom is just another word for nothing left to lose". Ein Ohrwurm. Mein Leitspruch, dachte ich … NOTHING, NOTHING. NOTHING. „Freedom is just another word for nothing left to lose/ Nothing, that's all that Bobby left me, yeah!" Eigentlich gibt es doch zu jeder Situation einen passenden Song, denke ich …

Knocking on Heaven's Door 2

Eines Nachmittags bringt Paul Dennis Hopper mit. Er kreuzt bei uns so auf, als käme er direkt von den Dreharbeiten zu „Easy Rider".

Er sieht Jutta und mich und ist fassungslos. Zwillinge. Auf der Stelle entwickelt er eine Filmidee, die er sofort mit uns verwirklichen will. Er ist rasend schnell im Kopf. Ihm schwebt ein Pornofilm vor, ein allerdings künstlerisch wertvoller. Gedreht wird in Paris, die Filmmusik besorgt Bob Dylan. Bob ist Dennis' Buddy, bis gerade eben hat er mit ihm abgehangen oder vielleicht war das auch schon gestern. Sie sind zwei fabelhafte Buddies, die immer mal wieder die Welt unter sich aufteilen. Und Jutta leuchtet heller als tausend Sonnen. Wir verständigen uns gleich: Gott hat den Verbindungsmann geschickt, direkt nach Hause hat er ihn geschickt, damit wir nicht so viel Umstände haben.

„Den Bob, den wollen wir umgehend kennen lernen", sagen Jutta und ich wie aus einem Mund. Meine Schwester knüpft sich Dennis vor und führt ihm den Ernst unseres Wunsches deutlich vor Augen. Dennis bleibt bis spät in die Nacht, wir haben es ihm angetan. Schon am anderen Tag ruft Dennis an und lädt uns zu einer Party bei Roger McGuinn in den Bergen ein.

Gisela: Wir zwei sehen einer historischen Nacht entgegen, denn Bob kommt auch zu Roger. Als wir eintreffen, drehen sich alle nach uns um. Dennis verkündet: „Here are the German twins and John Paul."

Der alte Byrdsvogel Roger sieht aus wie eine Figur aus dem achtzehnten Jahrhundert. Er ist ein Wahrheitssucher wie wir auch. Paul und er verstehen sich auf Anhieb. Am Kamin lehnt Kris Kristofferson, der in einem Lieblingsfilm von uns mitgespielt hat, in Sam Peckinpah's „Pat Garrett and Billy the Kid". Kris Kristofferson steht auf unserer heimlichen Lieblingsmännerliste. Warren Oates, uns bekannt aus Peckinpah's „The Wild Bunch" hat sich ebenso eingestellt wie Dean Stockwell, Donovan, Harry Dean Stanton, um bloß ein paar zu nennen. Aber so richtig kratzen die mich alle nicht, ich will wissen, wo *der* Mann ist. Ich entdecke Bob Dylan dann in der Küche – versunken in ein Gespräch mit meiner Schwester. Zu gern wäre ich jetzt dabei, aber ich habe Jutta ein Versprechen gegeben. Sie hat bei Bob den Vortritt. Die beiden reden sehr lang, finde ich. Dennis zieht mich auf eine Couch, er ist so betrunken wie stoned. Paul geistert bleich durch die Räume, oft verschwindet er mit Roger in einem Zimmer, um sich ganz besondere Sachen zu genehmigen.

Eh, Kris Kristofferson will meine Telefonnummer. Dennis erklärt ihm: „That's John Paul's wife, man." Ihn selbst kratzt das wenig. Ich soll mit ihm nach Taos kommen. Er hat aber auch schon Jutta einen Heiratsantrag gemacht. Er spielt mit meinen Haaren: „You are so beautiful."

Jutta und ich treffen uns kurz, ich sehe, sie ist verliebt. Inzwischen bin ich berauscht von der Aufmerksamkeit, den Drogen und von mexikanischem Schnaps. Nun muss ich doch auch mit Bob reden. So helle blaue Augen habe ich noch nie gesehen! Er stellt sofort die Zwillingsfrage: Wie ist das, ein Zwilling zu sein? Dass wir Deutsche sind, scheint eine große Rolle für ihn zu spielen. Sein Interesse wirkt intensiv und ist zweifellos ernsthaft. Er will uns malen, sagt, dass er auch Maler sei, was aber nicht viele Leute wüssten. Mir ist übel, vor mir dreht sich die Küche. Bobs Augen kommen mir gerade elektrisch vor, ich stehe kurz vor Vertragsbruch und Verrat. Aber vorher muss ich aufs Klo. Da begegne ich meiner Schwester, und plötzlich sind wir mitten in einem Handgemenge. Mit einem Mal will ich kein Zwilling mehr sein und keine Rücksicht mehr auf Jutta nehmen. Ich wähne mich in einem Käfig, das ist doch alles Wahnsinn mit uns beiden, ein verhängnisvoller Irrtum der Natur. Ich liebe Bob auch.

Schließlich fahren Jutta und ich zurück, der Kinder wegen. Jutta sitzt am Steuer, ich navigiere. Paul ist geblieben. Während der Fahrt schweigen wir ausdauernd. Erst am Sunset entsteht wieder ein Gespräch, in dem wir zum ersten Mal thematisieren, dass unsere Zwillingsblase platzen kann.

Am nächsten Tag ruft Jutta Dylan von einer Zelle am Sunset Strip an. Ich stehe gespannt neben ihr, da hängt sie abrupt auf. Sie sagt: „If you've got nothing, you've got nothing to lose."

Ich bedränge meine Schwester, sie soll Bob Dylan noch einmal anrufen. Aber sie will nicht.

Jutta: Hier bin ich – "like a Rolling Stone. How does it feel?" Aufregend und süß und schmerzend in einem. Brennendes Leben und die richtige Liebe: Loslassen. Ich ziehe noch einmal am Joint, grinse zurück und spüre, wie das Leben mich verschluckt und verflogene achtzehn Stunden später am Münchener Flughafen wieder ausspuckt. Kai holt mich ab ... und Rainer, der sich im Hintergrund gehalten hat.

Auf der Fahrt zur Produktion erzählt er, dass er in meiner Abwesenheit den Regisseur des Filmes aufgesucht, mit ihm am Drehbuch gearbeitet und auch eine Rolle im Film bekommen hat, also mit nach Sizilien fährt. Ich höre das mit gemischten Gefühlen, denn von Rainer geht etwas aus, was ich nicht fassen kann und was mir mitunter unangenehm ist. Wir bekommen Augenschalen angepasst, im Film sind wir alle blind. Das ist scheußlich. Ein Schauspieler fällt dabei in Ohnmacht.

Vier Drehtage in einer jugoslawischen Tropfsteinhöhle. Viel heißer Tee und dicke Decken in den Drehpausen. Rainer ist immer an meiner Seite. Wenn er nicht mit mir spricht, dann schließt er die Augen und meditiert. Ich finde das übertrieben, aber auch interessant.

Danach durchqueren wir Italien. Rainer fährt den Bus, ich rolle mich auf der Rückbank zusammen. Zum ersten Mal habe ich richtige Angst im Auto. Mir kommt es vor, als würde Rainer den Bus durch den italienischen Verkehr so steuern, als führe er auf einer imaginären Bahn, von der nur er eine Ahnung hat. Ich rechne jede Sekunde mit einem Unfall. Aber vielleicht fühle ich mich auch nur deshalb sterblich, weil Gisela nicht da ist.

Liebes Giselchen,

es tut mir leid, ich habe lange nichts von mir hören lassen, aber es ist so viel passiert, und ich schreibe Dir alles, was seit meiner Abreise passiert ist. Nach einem anstrengenden Flug – bis London ging es gut, da aber fünf Stunden Warten (habe mich meist hingelegt und geschlafen), kam ich also in München an, wo ich von Kai und Rainer erwartet wurde. Dann ging die Fahrt nach Postojna los, mit Rainer und zwei Männern aus der Produktion im VW-Bus. Anderntags in einer riesigen Tropfsteinhöhle erste Dreharbeiten. Dann von Rainer erste Einführungen zum spirituellen Weg, „Weg zum Selbst" und „Weg zu Gott". Kein LSD mehr, sagt er, kein Fleisch, kein Fisch und auch keine Eier. Das sind die geringsten Sachen, die man hinter sich lassen muss, und so langsam verstehe ich auch, wieso (plus Meditation). Davon später mehr.

Zuerst die äußeren Ereignisse: Vier Tage Jugoslawien, die meiste Zeit in der kalten, immens großen Höhle. Sie ist 20 km tief – und sie in einem elektrischen Zug zu durchqueren dauert schon eine Weile. Hier gibt es auch so ein ganz komisches Tier, einen Grottenolm, blind, nackt und weißlich rosa, der nur hier im kalten Wasser lebt.

Dann eine anstrengende Fahrt nach Italien. Übernachtung in der Nähe von Porto Ercole – an Orgia vorbeigekommen! Und nachts bei einem Fastvollmond in einer heißen Schwefelquelle gebadet. Morgens ging es früh weiter, wir haben kurz in Rom gestoppt. Dort habe ich mir Turnschuhe gekauft, weil ich nicht mehr auf hohen Schuhen gehen will. Dann durch Kalabrien bis nach Sizilien. Um drei Uhr nachts sind wir angekommen, aber die Überfahrt habe ich verschlafen. Unterwegs lange Gespräche mit Rainer. Anderntags gab es eine Besprechung mit dem Team, das zur Hälfte aus Technikern und Profis und zur anderen Hälfte aus uns „Hippies" besteht. Da ist Kai, der fotografieren soll, Ulrike, ich und einige andere „Hascher" und Rainer, den ich nicht so dazuzähle. Zwei verschiedene Welten, wie auch das Thema des Films, stießen aufeinander und viele unbewusste Kräfte kamen ins Rollen.

Während der Besprechung erklärte der Regisseur die Schwierigkeiten und Risiken des Filmes: gefährliche Drehorte und unwegsame Straßen. Zeit- und Gelddruck, fremde Sprachen und unbekanntes Gelände. Kurz, eigentlich alle Risiken, die Du Dir ausmalen kannst.

Anschließend haben wir uns in die Wagen verteilt. Dann ging es in einer Autoschlange los. Dreißig Kilometer über eine Schwindel erregende, kurvenreiche, enge Bergstraße aus trockener Erde und Gestein. Rainer, Kai und ich haben irgendwann den Anschluss verpasst und nur durch ein Wunder den Drehort gefunden. Es ist ein steiles Bergtal mit Gräberhöhlen, in den Kalkfels gehauen von den Vorchristen, gefährlich hoch und erschreckend schön und völlig unbewohnt. Von den anderen war noch keiner angekommen – und so warteten wir.

Nach einer Weile kam nur ein Wagen an und Harald, der Aufnahmeleiter, stieg aus und rannte auf uns zu. Er schrie, wir sollten mitkommen, zwei aus dem Team seien tödlich verunglückt. In einer Kurve abgestürzt. Ich konnte es nicht fassen, Angst stieg in mir hoch und mir war, als würde ich einen Herzschlag bekommen. Tausend Emotionen tobten in mir. Rainer stand ganz in meiner Nähe und sagte, ich solle mich selbst beobachten, was ich auch tat: Ich hatte unwahrscheinlich Angst und den Gedanken, nur weg von hier. Bis ich mich bezwang und mit zur Unglückstelle fuhr. Aber ich zitterte vor dem Grauen, das mich erwartete. Als wir an die Unglückstelle kamen, sah ich viele Menschen und Rainer sagte zu mir: „Alle versuchen, das Mysterium des Todes zu verstehen. Deshalb schauen sie und können ihr Interesse nicht verbergen." So habe ich es noch nicht gesehen, sondern immer nur verächtlich, von oben herab.

Jetzt kommen wir an die Brücke: der Wagen hat ihre Brüstung durchbrochen, ein pittoreskes Mäuerchen ... und ist in einen Canyon gestürzt. Seine Trümmer liegen in einem trockenen Flussbett, dekorativ neben Geröll; wie von einer bösen Kinderhand achtlos weggeschmissen. Ich steige bis zur Talsohle ab, fast möchte ich sagen, mit geliehenem Mut. Unser Beleuchter Rüdiger hängt irgendwie im Wrack, als blutüberströmter Leichnam. Sein Gesicht ist schon aufgegangen wie ein Hefekloß, die Lippen sind blauweiß. Unter dem herrlichen sizilianischen Himmel ... in dieser arkadischen Landschaft erscheint die Szene von derart grotesker Unwirklichkeit, dass ich wahnsinnig zu werden fürchte.

Es muss auch noch der andere Beleuchter im Wagen sein. Rüdiger und er waren immer zusammen, als eng verzahnte Antipoden. Rüdiger war stattlich und geräuschvoll, ein Dampfplauderer, und Wolfgang war (ist?) schmal, leise und halbblind.

So furchtbar der tote Rüdiger auch aussieht, geht doch etwas Friedliches von ihm aus. Plötzlich nehme ich die vollkommene Stille vor Ort wahr.

Rainer steht am Straßenrand und filmt die Katastrophe mit seiner Superachtkamera. Ich sehe, wie ruhig er ist. Ihm kommt der Tod freundlich vor.

Niemand hat Wolfgang gesehen. Mich belebt die unsinnige Hoffnung, dass er gar nicht mitgefahren ist.

Dann fährt ein großer Kran vor. Ein Staatsanwalt kreuzt auf und verbietet erstmal die Bergung der Toten. Die Spurensicherung zieht sich hin. Erst nach Stunden wird der Wagen aufgebrochen. Wolfgang hängt kopfüber im Auto. Er starb, wie Rüdiger, an einem Schädelbruch. Die Leichen werden schließlich in der einsetzenden Dämmerung mit dem Kran wie verendete Tiere nach einer Treibjagd bis zur Straße hochgezogen.

An Schlaf ist in dieser Nacht nicht zu denken. Die Bilder des Tages wecken Schrecken der Vergangenheit. Sie überblenden Ansichten von Pauls Entführung, von seinen Exzessen in L.A., ich sehe Catellone mit der Rasierklinge im Bad. Gewalt und Tod erscheinen mir als Rückseite des Vexierspiegels unserer Erleuchtung am Strand von Sperlonga.

Ich nehme den Unfall als mahnendes Zeichen. Das Spiel ist aus. Ich spreche mit Rainer. Ich habe so viele Fragen. Was soll das alles? Um was geht es? Warum sind wir hier, wer bin ich überhaupt? Kommt nach dem Tod noch etwas? Der Schock der Erkenntnis, dass das Leben so rasch enden kann, sitzt tief.

Giselchen, ich habe beschlossen, kein LSD mehr zu nehmen, und will auch kein Fleisch mehr essen. Ich möchte in allem bewusster werden, und das heißt auch, kein totes Tierfleisch mehr zu essen, mich am Tiermassenmord nicht mehr zu beteiligen. Ich habe gesehen, wie schrecklich Sterben ist. Ich habe schon vor Drehbeginn vegetarisch gegessen, aber mehr, wie ich jetzt merke, um Rainer zu gefallen, als aus eigenem Antrieb.

Wir wissen alle nicht, wie es weitergeht. Kai, Ulrike, Rainer und ich sind jetzt zu Sylvie Winter nach Kalabrien gefahren. Sie zelebriert ihr Landfrauenglück mit einem Amerikaner in einem einsam gelegenen Haus. Kalt und ungemütlich hätte ich das früher gefunden. Aber jetzt tritt alles Äußere in den Hintergrund. Ich frage mich, wie kann ich mich ändern?

Wir fasten. Sylvie, Rainer und ich pflücken Orangen. Rainer überzeugt mich davon, mein neues Leben gereinigt beginnen zu müssen. Wir fasten und pflücken Orangen für einen Bauern …

Jutta: Rainer und ich sind unzertrennlich. Kai, der sich auch um mich bemüht hat, sieht sich als Verlierer. Schlecht gelaunt, fängt er ein Verhältnis mit Ulrike an. Ich will alles von Rainer wissen. Ich löchere ihn mit Fragen. Erklären soll er mir den Sinn des Lebens, die Funktion des Universums und die Wege der Erleuchtung. Ich will wissen, warum Rainer einen geistigen Lehrer hat und welcher Lehre er folgt. Ich will alles wissen, die großen Fragen sollen nun geklärt werden.

Rainer schneidet meine Fußnägel und presst Orangen für mich aus. Ulrike und Kai erbost so viel Fürsorge. Sie fühlen sich ausgeschlossen. Zu Recht. Sie sind keine Quellen für meinen kosmischen Wissensdurst. Ich frage Rainer über Uschi aus, lechze nach jedem Detail auch der Trennungsgeschichte. Frage, wie es in der Kommune war, was Kunzelmann und Fritz Teufel außerhalb der Öffentlichkeit trieben.

Rainer kommt mir mit Ausführlichkeit entgegen. Aber er interessiert sich auch sehr für mich und fragt mich nach allem. Noch nie wollte ein Mann so viel von mir wissen.

Das Fasten lässt sich gut an. Wir trinken viel Orangensaft, ich werde dünn. Sylvie betrachtet meine Initiation mit Misstrauen. Ihr ist Rainer nicht geheuer. Sie hat uns in ihrem Haus eine Rumpelkammer überlassen. Wir haben den Kram und die alten Möbel zur Seite geräumt und uns aus Matten und Decken ein Lager gebaut. Hier schlafen und meditieren wir.

Gestern hat er mich gefragt, ob ich etwas Körperliches mit ihm machen wolle.

Ich war mit Kai am Strand gewesen – und nach unserer Rückkehr gestand Rainer mir seine Eifersucht. „Mir gehen deine Löckchen nicht aus dem Sinn und ich würde dich gerne berühren. Ich möchte enthaltsam leben und Schritte aus der Projektion auf dich hinaus machen. Weil ich solche Gedanken nicht schön, sondern quälend empfinde. Ich schlage vor, wir machen vielleicht etwas Körperliches und schauen uns an, was passiert."

Ich war erstaunt, Rainers Lehrer verlangt doch Enthaltsamkeit!

Rainer zieht sich ganz sachlich aus. Ich soll mich auf ihn legen und meinen Spaß mit ihm haben. Ich lecke seine Brustwarzen, gleite zu seinem Glied.

Rainer: „Das ist ja alles ganz automatisch. Du empfindest gar nichts dabei."

Ich bin alarmiert. Was ist denn? Das mache ich doch gut. „Hast du das nicht gern?" frage ich.

„Nein, das ist alles zu schnell und zu heftig. Ich möchte keinen Samenerguss haben. Dabei verliere ich meine Lebenskraft. Außerdem bin ich danach traurig und leer."

Das empfinde ich als persönlichen Angriff. Als Missachtung meiner zauberhaften Fähigkeiten. Ich bin fassungslos. Keiner hat je dergleichen zu mir gesagt. Danach liege ich nur stumm neben ihm. Auch auf seine Ermunterung hin, mit ihm zu sprechen, schweige ich.

In der vierten Nacht bei Sylvie schlägt Rainer einen weiteren Sexversuch vor. Diesmal sorge ich für ein erotisches Ambiente. Ich bin sehr zärtlich. Auch Rainer ist zärtlich. Wir schaffen eine weiche Situation, ich empfinde Hingabe. (Meist war ich der aktive Teil bei meinen erotischen Abenteuern. Ich habe auch noch keinem Mann gesagt, dass ich ihn liebe. Diese Worte sind für mich absolut tabuisiert.) Meine Hingabebereitschaft ist für mich eine neue Erfahrung. Rainer merkt, dass ich schmelze und zieht sich zurück. „Ich möchte nicht hinter dem roten Vorhang verschwinden."

Ich verstehe nicht, was er meint. „Der Blutvorhang. Der Blutrausch. Immer wieder derselbe.“

Ich kapiere das nicht und ich bin heiß, meine innere Kälte löst sich gerade auf. Ich flehe Rainer förmlich an, mit mir zu schlafen. „Schlafen“, meint Rainer freundlich, „bezeichnet ja schon ganz ungeschminkt das tatsächliche Geschehen. Man schläft ein. Man ist also ohne Bewusstsein. Ich möchte nicht bewusstlos sein.“

Ich möchte aber im Moment nichts lieber als die Vereinigung mit Rainer. Ich breche in Tränen aus und erkläre ihm mühsam, dass ich Gefühle habe, die ich so nicht kenne und dass ich mir nichts sehnlicher wünsche, als mit ihm vereinigt zu sein.

Rainer, traurig: „Du bist auch nicht anders als Uschi. So spricht die Sinnlichkeit. Ich biete dir etwas anderes an. Warum willst du nicht ein Stück mit mir in eine andere Richtung gehen. Das sind doch alles Wiederholungen. Der Weg ist bekannt und führt nicht zu dem Glück, das ich suche, denn der Ausgangspunkt ist immer der, dass man sich in Wirklichkeit für den anderen überhaupt nicht interessiert, sondern nur dafür, wie viel man investieren muss, damit er einen bei der egozentrischen Lustgewinnung aus sich selbst nicht stört. Das ist doch die Realität. Die Leute halten sich zwar ein schönes Gesicht hin, aber in Wirklichkeit ist es ein erbitterter Kampf. Und genau da beginnt für mich die Frage: Wie kann so etwas anders sein? Natürlich kann man nicht da ansetzen, wo man noch nicht ist. Ich will möglichst wenig Körper und möglichst viel Geist haben. Es hat natürlich keinen Zweck, den Körper zu verdrängen.“

Ich will jetzt nicht wissen, was er mit der „anderen Richtung“ meint – just in dem Augenblick, in dem ich genau weiß, in welche Richtung es gehen soll. Es könnte jetzt so schön sein.

Wenn es in meine Richtung ginge. Aber wenn nicht in die, wohin dann? Meine Gier tobt wie ein Biest in mir.

Nach einer schlaflosen Nacht fege ich durch den Wald und schreie laut aus Enttäuschung und Wut. Ich kehre zum Haus zurück und treffe die schöne Sylvie, die auf einem Spinnrad Schafwolle zu Fäden zu spinnen versucht. Ich bin noch atemlos und verzweifelt: „Dafür habe ich Bob Dylan verlassen", stöhne ich und breche verwirrt und wütend in Tränen aus. Gleichzeitig fühle ich mich in meinem Ausbruch wie eine Schmierenkomödiantin und dabei wie von mir selbst getrennt. Ich betrachte die Aufgewühlte und denke: das bin nicht ich.

Ich spüre, dass mit Rainer für mich etwas weitergeht. Er bietet mir eine Praxis an, in der ich meine Visionen wiederfinden kann. Was wäre die Alternative? Mit dem Sixpack in der Hand im Studio auf einen Musiker zu warten, der sich auslebt, während ich Wartezeit habe und Kinder bekomme?

Ich spüre das wilde Kind in mir, das um sich schlägt. Nein, meine Suppe esse ich nicht. Doch ist es dafür schon zu spät. Ich habe den Geschmack der Wahrheit kennen gelernt – und kann mir nichts Wichtigeres vorstellen als mit meinen Fragen ernst genommen zu werden.

Abends legen wir Kartoffeln in ein Gartenfeuer. Unsere erste Mahlzeit seit elf Tagen steht an. Die in Stanniolpapier geschmorte Kartoffel ist ein Festessen. Nachts kommen Worte über meine Lippen, die ich noch keinem gesagt habe: „Ich weiß, dass ich Bilder bei Männern ausgelöst habe, aber ich habe mich auf ihnen nicht gesehen. Mir war stets, als hätte ich eine Rolle zu spielen, mit dem Gefühl, dass, wer mich wirklich sieht, sich entsetzt von mir abwendet."

„Was könnten sie denn wirklich sehen?"

Ja, was? Ich winde mich: „Ich denke, eigentlich bin ich ein Monster." Und sage: „Ich habe Angst, weil ich mich total hässlich fühle."

„Was heißt hässlich, äußerlich? Das kann doch nicht sein!"

Ich schüttele mich: „Ich habe mich immer ganz hässlich gefühlt!"

„Also innerlich. Was ist das Hässliche in dir?" fragt Rainer behutsam.

„Ich habe mich so kalt gefühlt."

„Unfähig, etwas zu empfinden?"

„Ja."

„Jemanden zu mögen?"

„Ja", schluchze ich.

„Man tut nur so, als ob, und wundert sich, dass die da alle was veranstalten, aber eigentlich ist bei einem selbst im Inneren gar nichts ..."

„Ja, ich habe das Gefühl, ich kann nicht lieben. Ich habe noch nie zu jemandem gesagt: Ich liebe dich. Nie. Ich habe das nicht einmal, halb noch als Mädchen, zu Adolf gesagt – und er hat es auch nicht zu mir gesagt."

Rainer meint: „Erzähl dir deine Geschichte, bis sie schön ist, bis du die Handelnde bist, die alles genauso wollte, wie es geschehen ist. Dann ist es eine gute Geschichte."

Ein Gefühl subtiler Freiheit und Liebe ergreift mich. Ich wende mich Rainer zu. Er lächelt, als wüsste er, was auf meine Lippen drängt: „Du kannst es ja mal versuchen zu sagen. Ich mache dir keinen Strick daraus."

„Ich liebe dich."

Meine Stimme ist mir seltsam fremd, sie klingt ein bisschen wie die Beschwerde einer Katze, auf deren Schwanz man steht. Aber nun ist das endlich gesagt. Die Welt ist schön.

Jutta: Zwei Wochen später flüchte ich. Erst zu den Sufis nach England, wo ich als Dachdeckerin und in einem Irrenhaus arbeite. Dann reise ich mit Klaus Wiese nach Afghanistan. Nach einer fürwahr wilden Fahrt durch persisches Gebirge – wahnsinnig schön – erreichen wir in Islam-Quala die afghanische Grenze. Nachts wandern wir durch eine Wüste, ich ängstlich zunächst, doch bald high. Ich fühle mich im Orient angenommen.

Ein Busfahrer gabelt uns auf, er zwingt uns zur Mitfahrt. Er kann ganz gut englisch und erklärt, die Grenzer, allesamt ungebildete Mongolen, würden uns als Fußgänger glatt erschießen. In deren Augen können wir nichts anderes sein als Drogenschmuggler.

Wie Recht er hat, werden wir noch erleben ... bei einem nächtlichen Spaziergang. Es ist stockdunkel. Plötzlich ein wahnsinniges Geschrei, ich habe ein aufgepflanztes Bajonett vor dem Bauch und schaue in die aufgerissenen Augen eines rasenden Mongolen. Klaus lässt sich nicht erschrecken und wirkt beruhigend auf die Soldaten ein. Sie vernehmen uns auf ihrer Wache ... und lassen uns laufen.

An einem der nächsten Tage geht es im Minibus weiter nach Herat.

Herat ist ein Traum. Ein bisschen wie Wilder Westen, breite Lehm- und Sandstraßen und flache Lehmhäuser, wilder Osten eben. Hier herrscht das Mittelalter, die Reise hierher ist eine Zeitreise. Unbeachtet stehen Gebäude aus Marco Polos Epoche herum ... und uralte Ruinen, in denen Schafe am spärlichen Gras zupfen. Eine kleine Jungenbande verfolgt mich, der Mutigste hängt sich an meine Jacke und verlangt: „Missis, one kiss, please, one kiss."

Mit Bommeln geschmückte Pferde ziehen Taxikutschen.

Wir gehen in den Basar und kaufen alte Tücher und Decken. Das heißt, wir feilschen darum. „Du musst handeln", sagt Klaus. Er steckt dabei, einem Spiel, wie Klaus meint, jeden Afghani in die Tasche.

Wir hören traumhaft schöne Musik, folgen dem Klang und geraten so in einen Hinterhof voller Afghanis. Nur Männer. Der Sänger ist eine Berühmtheit, er singt mir zu, nachdem wir auf einem Flachdach Platz gefunden haben. Hundert Männer mit riesigen dunklen Augen schauen mich an. Ein Junger wispert mir zu, dass der Sänger über seine Freude improvisiert, dass ich gekommen bin, eine persische Blüte, die den Abend vergoldet. Ich bin sofort verliebt. Der Sänger, *ein wirklicher Mann* von vierzig Jahren, ist königlich schön und singt wie ein Gott.

Afghanische Musik ist *strange*, poetisch, fantastisch. Ein bisschen wie indische, aber ungestümer. Zwei Tage später begebe ich mich wieder in die Gegenwart meines orientalischen Prinzen, mit Klaus als Begleiter. Die Nacht ist wie aus Samt. Mein Prinz unterbricht seinen Vortrag bei meinem Anblick und bittet uns, neben ihm auf dem Podest als Ehrengäste zu fungieren. Pfirsiche, Granatäpfel und frische Pistazien, die noch in ihren Blüten stecken, werden uns auf silbernen Tabletts gereicht. Ich rechne den Service der Verführungskunst des Morgenlandes zu.

Der Sänger widmet mir den Abend mit glühendem Blick. Ich fühle mich wie Scheherazade mit ihrem König Schahriyâr, bei einem Spiel mit umgekehrten Vorzeichen. Ich erwarte, die ganze Nacht mit Gesang erquickt zu werden. Der Wüstenwind und die Sterne begleiten uns ins Paradies.

Das bekränzte Podest erscheint mir als fliegender Teppich und die ekstatische, erotische und tiefreligiöse Musik entrückt uns tatsächlich bis in Allahs himmlische Sphären. Soweit so prächtig. Indes spüre ich Ungeziefer an mir nagen. Um schön zu sein für meinen Erwählten, habe ich mir ein weißes, mit silbernen Fäden durchwirktes Gewand gekauft. Klaus hielt schon beim Handeln für möglich, dass es verwanzt sei. Ich habe seine Bedenken in den Wind geschlagen und mir noch Mandelblüten aus dem Vorgarten unserer kleinen Herberge ins Haar gesteckt.

Im Hotelzimmer liege ich entkleidet und ernüchtert auf dem Bett. Klaus betupft die Bisse und Stiche mit Jod. Er wirkt zufrieden, wie ein Sufi, der seiner ungestümen Schülerin eine Lektion vom besten Lehrer, dem Leben selbst, erteilen ließ.

Anderntags schon sieht man uns in alten Bussen oder auf der Ladefläche von angemalten Lastwagen in die Berge fahren. Pässe und Schotterpisten. Unser Weg führt uns zu den Buddhas von Bamyan im Hindukusch. Wir besteigen die Statuen, ziehen durch die Berge. Wir meditieren über den Buddhas auf einer Hochebene.

Klaus ist weg. In der Dunkelheit finde ich alleine ins Dorf zurück. Das gehört zu einer Sufiprüfung. Dann reiten wir zu den tiefblauen Seen von Band-e-Amir. Das sind heilige Plätze. Ihre unfassbare Schönheit nimmt die Seele gefangen und lässt andere Eindrücke zur Bedeutungslosigkeit schrumpfen.

Schnee fällt. Ich fühle, dass ich zurück muss. Ich melde mich bei der deutschen Botschaft in Kabul, um zu erfahren, dass ich als vermisst gelte.

Auf Sizilien wird wieder gedreht, man erwartet mich da. Klaus will weiter nach Pakistan und Indien. Ich begleite ihn bis zur Grenze am Kyberpass. Das ist das Stück Erde, das Karl May als „wildes Kurdistan" beschreibt. An der Grenze hocken wilde, vermummte Gesellen, die Gewehre schmieden. Zur Nacht rollen wir uns in einen kleinen Gebetsteppich und schlafen weit abseits der Straße im Gebirge. Es ist eiskalt. Wir wärmen uns gegenseitig und werden doch kaum warm. Am Morgen sitzt ein alter Mann neben uns und stochert in einem kleinen Feuer und versucht die Flamme am Leben zu halten. Aus einer zerbeulten Blechtasse in der Asche kommt Duft von gewürztem Tee. Der Mann starrt unentwegt Klaus an. Als er den Mund öffnet, sehe ich, dass das Alter ihm die meisten Zähne genommen hat. Seine Augen scheinen zu lächeln. Er zeigt auf die Tasse und nickt und ruft uns dann mit krächzender Stimme zu: „Western people know only to breath in and not to breath out." Nach zwei Tagen darf Klaus die Grenze passieren.

Ich fahre mit einem Laster auf einem Berg Kamelmist zurück nach Kabul. Mit einer Lastmaschine fliege ich mit Ziegen und Hühnern nach Teheran – und von Teheran nach Rom.

In Rom sehe ich Mario, der mir gebrochen erscheint. Wie ein gefledderter Rabe im goldenen Käfig seiner Träume. In Gedanken bin ich noch im Hindukusch, an verzauberten Seen … noch mit der Unendlichkeit in den Augen. Mario sucht in seinem vietnamesischen Pyjama nach einem Geschenk in seiner Palazzowohnung. Schließlich wirft er mir seine Uhr in den Schoß: „Voilà, putana, die musst du jetzt immer tragen. Wehe, du verlierst sie."

Ja, wir sind wie die zwei Königskinder, die nicht zueinander finden, weil das Wasser einfach zu tief ist. Ich muss los, meine Maschine nach Catania geht in zwei Stunden.

Die Crew hat einige der fünftausend byzantinischen Grabkammern der Necropoli di Pantalica bezogen. Rainer führt mich durch eine sagenhafte Lebens- und Arbeitswelt. Ich habe ihm gefehlt. Seine weiche Stärke weist immer noch in die beste aller Richtungen. Umwerfend verlässlich folgt er seiner Vision der höchsten Liebe zu sich selbst.

Ich suche mir eine Höhle, die nur mit einer Strickleiter erreicht werden kann. Auf Schaffellen fasse ich einen nächtlichen Entschluss: Ich werde es noch einmal probieren, das mit der Liebe. Das Wort Liebe soll in meinem Herzen wirklich klingen und nicht wie eine verrückte Lüge lärmen.

Von L.A. nach New Mexico. Dennis

In L.A. wird das Leben mit Paul beschwerlich. Längst ist der Götterliebling polytoxikoman. Man bringt das Geld für Miete nicht mehr auf, lässt anschreiben in Turner's Liquorstore. Die Kinder werden zuzeiten mit Käsekräckern abgespeist. Gläser voll roter Götterspeise in gläsernen Kühlschränken sieht Gisela im Cantor's, einer Nachtschwemme im jüdischen Viertel von Fairfax, Kalifornien. Hier meldet der Produzent Pierre Cotrell die Ankunft von Dennis Hopper in Los Angeles.

Hopper hat einen Dreh mit Henry Jaglom. Er spielt einen paranoiden Vietnamveteranen, der einen Toten nach Texas bringt ... und wohnt im Chateau Marmont, „wenn du willst, können wir gleich hingehen". Gisela hat Hopper seit Monaten nicht gesehen. „Ich wusste, dass er Jutta vor ihrer Abreise nach Deutschland einen Heiratsantrag gemacht hatte. Sie hatte abgelehnt, wohl wegen Rainer Langhans. Zugeben wollte sie das aber nicht."

Jutta, die von ihren Dreharbeiten zurück ist, hat sich verändert, ist ernster geworden. Nach einem Dinner bei Velvet Underground-Entdecker Paul Morrissey kommt sie zu dem Schluss: „Mir ist das alles zu oberflächlich."

Nun folgen die Zwillinge ihrer Vision auf verschiedenen Spuren. Gisela fährt mit Pierre, „es macht ihm Spaß, von mir ausgenutzt zu werden, wir haben eine gute Gemeinschaft", nach West Hollywood zum Chateau Marmont. Sie sieht Helmut Newton auf dem Sunset Strip vor einer überlebensgroßen Marlboro-Reklametafel. Newton steht unter dem Bild eines Lasso schwingenden Cowboys. Jahrzehnte später wird er an dieser Stelle verunglücken, zweiundzwanzig Jahre nach John Belushis Tod im Hotel.

Hopper kniet auf dem Boden eines halbwegs im Dunkel liegenden Zimmers. Er trägt einen speckigen Cowboyhut, sein Haar ist fettig. Er fragt gleich nach der Schwester.

„Jetzt bin *ich* hier", sagt Gisela.

Hopper bietet seinen Lieblingsstoff, reicht den gerollten Dollarschein. „Es brennt in meiner Nase", erklärt Gisela, „und ein paar Minuten später fühle ich diese eigenartige, hungrige Macht. Ich will alles erleben, und ich weiß, den Mut dazu habe ich allemal, auch wenn ich zittere. Dennis spürt das, seine hellgrünen Augen sagen es mir. Fast fange ich an zu halluzinieren. Dennis steht auf, greift meine Hand und sagt: Komm mit. Er schließt uns im Bad ein, setzt mich aufs Klo."

Der Mode des Augenblicks gehorchend, trägt Gisela ein orientalisches Gewand. Hopper legt frei, was ihn gerade besonders interessiert, in „Blue Velvet" wird er die Welt an dieser Szene beteiligen. Gisela Getty als Isabella Fiorella Elettra Giovanna Rossellini … und Hopper sagt leise: Please, „ich will dich nur anschauen".

In seinen Augen entdeckt Gisela etwas, was sie vorher nie wahrgenommen hat: „Etwas, das nur Männer fühlen, ich verstehe es selbst nicht, aber es erregt mich unvorstellbar. Trotzdem bleibe ich ruhig. Ich beobachte, wie Dennis meinen unaussprechlichen Teil, den ich hässlich, eigentlich abstoßend finde, betrachtet. Er kommt mir vor wie ein wahnsinniger Heiliger. Sein Interesse ist so intensiv, dass ich vor Rührung heulen könnte. Ich glaube, ich starre Dennis an. Er berührt mich nicht."

Er behält ein Kleidungsstück von Gisela, um es sich gelegentlich an die Nase zu halten.

Gisela und Paul müssen ihr kleines Haus am Sunset Boulevard aufgeben. Pauls Mutter hilft beim Auszug. Gisela erzählt Paul, dass sie mit Hopper nach New Mexico fliegen wird.

Paul scheint das recht zu sein, jedenfalls möchte ich es so sehen. Mit Dennis über den Wolken werde ich mein Leben vergessen. Ich fliege einer neuen Erfahrung entgegen … Diese Reise will ich machen, koste es was es wolle. Es ist mein Leben, die alte verlogene Moral hat ausgedient. Rücksicht nehmen und dann den Anderen oder die Kinder dafür hassen, erscheint mir brutaler als das, was ich vorhabe.

Diese Zeit ist eine Zeit für Frauen, wir tun, was wir wollen.

Wie oft habe ich meine Mutter vor dem Fenster auf und ab gehen sehen. Aufgerieben und verkümmert vom täglichen Krampf am Spülbecken und Kochtopf. Sehnsuchtvoll sah sie hinter Jutta und mir her, ich fühlte mich traurig, und es dauerte stets einige Herzschläge, bis ich diese resignierte Schwere, die von meiner Mutter ausging, abschütteln konnte. „Ihr habt es gut", sagte sie, „wir durften nichts."

Sie beneidete uns und sagte das auch. Nur im Krieg, als die Männer weg waren, hatte sie aufregend und selbstständig gelebt. Doch die Männer waren zurückgekommen. Als Verlierer.

Die Stewardess bringt Tequila Sunrise. Dennis hat Diana, seine Freundin, einige Reihen hinter uns geparkt, in der zweiten Klasse. Die erste Klasse ist komplett für ihn und mich reserviert. Ihm erscheint das ganz selbstverständlich, und nach einem Tequila Sunrise geht es mir genauso. Diana hat Herpes. Ihr ist klar, dass sie gegen mich keine Chance hat. Ich bin schöner, die Frau von Paul Getty, etwas Besonderes auf jeden Fall.

Dennis will mich heiraten, am besten jetzt gleich. Am besten noch im Flugzeug, die Sonne schickt einen Strahl durch das ovale Fenster. „Du musst dich von Paul scheiden lassen, das bringt nichts. Mit mir hast du ein besseres Leben, ich trage dich auf Händen."

Dennis ist schon blau, seine Ehe mit Michelle Phillips von den Mamas und Papas hat eine Woche gehalten. Keine Sekunde ziehe ich eine Scheidung in Erwägung.

In Santa Fe wird die kuriose Reisegruppe von zwei pubertierenden Indianerinnen und ihrem Bruder erwartet. Die Schönheit der indigenen Halbkinder erzählt von einer anderen Welt. Allenfalls sind sie fünfzehn, der kaum ältere Junge lacht Gisela an, vielleicht auch aus. Sie ist im Castanedaland gelandet.

Es ist Anfang Mai, noch kühl, aber ein trockener Wind verkündet schon die Wüstenwärme der kommenden Monate. Dennis setzt sich ans Steuer eines Pickup, seine Favoritin soll neben ihm sitzen. Der Tross bietet einen Anblick voller Folklore auf der Ladefläche. Alle wirken beglückt.

Die Landschaft gefällt sich in hellen Grautönen, mit goldenen Einschüssen. Geröll wie Tempel haben eine Farbe. Dann kommt die Nacht mit Neonlicht. Die Korona trinkt in einer mexikanischen Bar. Gisela verlässt unbemerkt den Schankraum. Sie ist betrunken, vor ihr liegt der Rio Grande. Der Kosmos fühlt sich gut an. Die Ewigkeit unterbricht ihr Programm, um sich der jungen Frau zu erklären. „Ich war hier schon einmal. In einem anderen Leben oder im Traum."

Gisela: Langsam zieht der Tag hinter den Fenstern herauf. Ich bin schon lange wach, Dennis schläft noch ... komplett angezogen, so wie ich auch. Sein Haar klebt auf der Stirn. Behutsam schleiche ich zu einem Fenster. Soweit das Auge reicht, breitet sich flaches Land aus, nur am Horizont beschirmt von heiligen Bergen.

Das von vielen Häusern bestandene Anwesen meines Gastgebers hat eine lange Geschichte. Anfang der neunzehnhundertzwanziger Jahre wurde es von der New Yorker Mäzenin Mabel Dodge Luhan erworben, die ihrem Mann, einem Maler, etwas Ansprechendes bieten wollte. Eines Tages stellte ein hünenhafter Indianer sein Zelt vor das Haus. Fortan schlug er allnächtlich eine Trommel ... so lange, bis Mabel ihn erhörte.

Ein fahler Mond beschien das weite Land. Der Gatte kam mit der Knarre an, die er sich in Taos besorgt hatte. Er wollte den Indianer in love vom Grundstück jagen. Aber es war zu spät, Mabel hatte sich verliebt, und dem Maler blieb nichts anderes übrig als abzureisen. Zum Trost und aus Freundlichkeit unterhielt ihn Mabel volle vier Jahre. Der Indianer, er hieß Tony Luhan, zog bei Mabel ein. Ab und zu verschwand Tony, um seine Indianerfrau im Pueblo zu beglücken.

Mabel war auch die Frau, die D. H. Lawrence und seine Frau Frieda von Richthofen, eine Baronesse, die für Lawrence Kinder und Mann verlassen hatte, nach Taos geholt hatte. Frieda hatte zwischendurch eine Affäre mit Otto Gross, einem österreichischer Psychoanalytiker, Freidenker und Mitbegründer von Dada. Gemeinsam mit Johann Jakob Bachofen wollte er der verklemmten Zivilisation ein goldenes Jahrhundert der befreiten Sexualität, Gleichheit und Hierarchielosigkeit schenken. Mit anderen Worten, eine Gruppe Prä-Achtundsechziger trieb sich schon seit dem Ende des Ersten Weltkriegs in und um Taos herum.

Georgia O'Keefe, die D. H. Lawrence unter seiner Lieblingskiefer malte, lebt heute noch in Dennis' Nachbarschaft. Ein Besuch bei ihr steht auf meiner Agenda.

Ein extrem dünner und hochgewachsener Mann, mit Brillengläsern wie Bullaugen, kommt unbefangen ins Zimmer. Er könnte indianische Vorfahren haben und sieht intellektuell aus. Wir mögen uns gleich. Er heißt Satya und scheint so etwas wie die rechte Hand von Dennis zu sein, ich durchschaue das Verhältnis nicht.

Satya bringt Frühstück ans Bett, das heißt, eine Flasche Whisky und Kokain. Dann setzt er sich auf die Bettkante und rollt einen Joint. Dennis erwacht und greift unverzüglich zur Flasche … bevor er die erste Runde kokst. Nun ist er wieder da. Zur Abrundung des Frühstücks wird noch gekifft.

Ich halte mit. Dennis trägt schon wieder seinen berüchtigten Cowboyhut, mit dem er besser erzählen kann – sagt er. Satya und er lachen schallend. Das Gelächter der beiden klingt wie eine Schusssalve und irgendwie irre.

Dennis' Freundin kommt zu uns, sie garniert ihr Elend mit Heiterkeit. Diana legt sich zu Dennis, auf die freie Seite. Mir passt das durchaus, dann will Dennis, sagt er, mit der Deutschen allein sein …

Nachdem wir zusammen waren, verzieht sich Dennis ans Fußende des Bettes, ich betrachte ihn lange. Plötzlich verändern sich seine Züge, er sieht, fast traue ich meinen Augen nicht, wie ein Teufel aus. Der Atem stockt mir. Ich offenbare Dennis, was eben war. Er lächelt: „Wenn du mich noch länger anschaust, wirst du auch Jesus in mir sehen."

Wir besuchen Georgia O'Keefe. Ihr Haus steht in einer hellgrauen Landschaft. Die Malerin trägt ein schwarzes Kleid. Wie aus poliertem Holz scharfkantig geschnitten, wirkt ihr Antlitz. Dennis schließt die alte Frau in seine Arme, am Horizont schimmern ockerrote Berge. Die Aufregung, der Alkohol und die Drogen versetzen mich in einen Zustand von Hyperrealität. Ich nehme alles mit wahnsinniger Intensität wahr. Wieder stellt sich das Gefühl ein, schon einmal an diesem Ort gewesen zu sein.

Dennis erzählt Georgia, dass er mich liebt. Sie schaut mich an; ihr gefällt, was sie sieht. Mich berührt eine Vertrautheit, die den wilden Mann mit der greisen Künstlerin verbindet. Auch ich werde einmal alt sein, in einer mir unvorstellbaren Zukunft. Halluziniere ich? Ich sehe am Rand eines uralten Pfades gigantische Knochen, vom Wüstenwind gebleicht, und am Himmel eine Schlange mit leuchtenden Punkten.

Wir rasen durch Neumexiko. Manchmal hält Dennis an einem einsamen, isoliert in der Gegend stehenden Liquorstore, und dann holt da seine Freundin Bier oder Tequila. Dennis trinkt exzessiv.

Die mexikanische Schönheit Maria schließt sich uns an. Dennis fährt mit seinen Mädchen auf einer malerischen Route zur ehemaligen D. H. Lawrence-Ranch in die Berge. Er hat dort in einer Kommune gelebt. Jetzt sind alle ausgeflogen, bis auf ein Mädchen namens Helen. Sie trinkt und flucht wie Dennis. In ihrem sonnenhellen Zimmer sitzen wir auf dem Boden. Von den Wänden blättert Farbe.

Helen zählt zu Dennis' Verflossenen, sie wirkt wild wie ein Mustang. Die blauäugige Amazone spannt einen Bogen, legt mit dem Pfeil auf mich an. Ihr Blick fordert mich heraus, regt mich auf.

Die Situation ist auf explosive Weise sexualisiert. Helens Spiel heißt Gewalt und Verführung. Ich kenne mich da nicht aus. Helens Art ruft Angst und Verlangen in mir hervor. Diese Ambivalenz verunsichert mich zutiefst. Das wiederum gefällt

Dennis. Den anderen Mädchen gegenüber zeigt er sich gereizt. Deren Eifersucht nervt ihn. Noch ahne ich nicht, wie sehr er Dr. Jekyll und Mr. Hyde ist.

Die Luft, die Landschaft, die Blicke … alles atmet eine rätselhafte Sinnlichkeit. Ich fühle mich im Zentrum sämtlicher Begierden, denn sie gehen von Dennis aus oder richten sich auf mich. Er erscheint wie ein Gott, zumindest wie der Guru einer weiblichen Wildfangmeute, in der sich jede ohne Bedenken nimmt, was sie will.

In Taos quartieren wir uns im La Fonda Hotel ein. Im Foyer steht ein Kamin, über dem Treppengeländer und den Balustraden hängen Indianerdecken. An den Wänden Bilder von D.H. Lawrence … „Forbidden Art" … mit grobem Strich gemalte sexuelle Darstellungen.

Der Hotelbesitzer Saki Karavas führt uns in ein Schlafzimmer. Auf dem Bett liegt eine mysteriöse Greisin. Noula, Sakis Mutter, trägt ein altmodisches griechisches Kostüm. Irgendwie ist sie märchenhaft exzentrisch. Dennis bringt ihr die gleiche, wie ich empfinde, zärtliche Achtung entgegen wie Georgia O'Keefe. Er redet über mich, erzählt, dass er zum ersten Mal seit Jahren glücklich lachen musste, nachdem er mich geliebt hat. Er will so sehr, dass ich bleibe. Noula zitiert mich mit einer herrschaftlichen Geste an ihre Seite: „Gib mir deine Hand."

Sie studiert die Linien. Ich fühle mich auserkoren und wichtig, und sie bestätigt das: „Du hast ein ungewöhnliches Schicksal, vieles wird schwer werden. Es gibt Tragödien in deiner Zukunft."

Von einer Sekunde zur nächsten wird Dennis aggressiv. Er schreit Saki an, nennt ihn einen geilen son of a bitch und wirft ihm vor, mich angemacht zu haben. Dennis flippt immer weiter, er ist schwer betrunken. Er imitiert einen rasenden Stierkämpfer, fragt, wo die Maschinengewehre versteckt seien, droht Saki abzuknallen. Saki wiederum kaschiert seinen Ärger mit Beschwichtigungsfloskeln. Er ist sichtlich verletzt.

Noula bleibt ruhig, die anderen auch. Alle scheinen diese Seite von Dennis zu kennen. Ich bin nicht ohne Bewunderung für seinen Ausbruch … für diese Hemmungslosigkeit. Er schreit, was ihm in den Kopf kommt, rücksichtslos heraus und ohne Angst, dann nicht mehr geliebt zu werden. Diana macht den Fehler, Dennis beruhigen zu wollen. Er dreht noch mehr auf, wirft ihr und Maria ihre Eifersucht vor, von der er sich terrorisiert fühlt.

Er rast aus dem Zimmer, wir laufen ihm nach und springen zu ihm in den Pickup … in einer pechschwarzen Nacht. Die Scheinwerfer fressen sich durch die Dunkelheit, das Gebüsch am Rand der Sandpiste fliegt als flackerndes Muster vorbei. Dennis fährt wie ein Henker und schreit und schreit. Kurz vor seinem Anwesen hält er an.

Dennis verschwindet mit Maria und Diana in der Küche. Ich verkrieche mich auf einem Sofa im dunklen Wohnzimmer. Im Kamin glimmt die Glut, ich fühle mich wie in einem Versteck. Aus der Küche kommen böse Geräusche. Ich kann mich jetzt nicht feige davonstehlen, obwohl mein Herz vor Angst rast.

Dann stehe ich im Küchentürrahmen. Diana kauert auf den Fliesen, mit blutender Nase. Neben ihr hockt Maria, beide atmen schwer. Dennis ist eigenartigerweise nackt. Als er mich sieht, sagt er: „Ich bringe euch alle drei um."

Dann wendet er sich wieder an die beiden anderen Mädchen: „Holt mein Maschinengewehr, na los, macht schon. Wenn ihr mir nicht sofort mein Maschinengewehr bringt, schlag ich euch zusammen."

Jeder Versuch, Dennis zur Vernunft zu bringen, schlägt fehl. Er ist nicht mehr Herr seiner Sinne. Ich fühle mich eigenartig lebendig und wach. Fantastisch wach. Ich lebe, Totschlag und Gewalt sind nur eine Illusion.

Ich gehe in das gemütliche Schlafzimmer, nehme das schwere Maschinengewehr aus seiner Heimstatt, einer Holzkiste, und trage es in die Küche. Mit meinem Entschluss, das Gewehr zu holen, habe ich jede Angst verloren. Ja, ich habe ein Gefühl von Kraft, fühle mich machtvoll.

Ich gebe Dennis die Waffe. Er starrt mich an … dreht sich um und streift mich im Abgang: „Komm in mein Schlafzimmer."

Ich folge Dennis ohne Eile.

Er sitzt auf der Bettkante und flennt. Ich stehe neben ihm, mit hängenden Armen. Er ergreift meine Hand. Stumm setze ich mich zu ihm. Was soll ich auch sagen? Schweigen ist jetzt das Beste.

Maria platzt in unsere Stille. Sie geht vor Dennis auf die Knie. Sie bettelt ihn an; er soll mit ihr schlafen. Dennis' Erregung macht sich bemerkbar. Plötzlich, und nun wieder vor Wut grimassierend, drückt er mir Marias Unterhose ins Gesicht: „Riech das, so riecht eine richtige Frau. Das hast du bestimmt noch nie gerochen. Du bleibst immer cool, nichts berührt dich. Du und deine Schwester, ihr denkt, ihr seid was ganz Besonderes. Aber auch du wirst kriechen müssen, das ist genau das, was du brauchst. Ich schlag dir sonst die Zähne ein. Dann kannst du als Freak neben deiner schönen Schwester herlaufen."

Ich weiß: Dennis brächte das fertig. Jetzt, da die Gewalt sich gegen mich richtet, dämmert mir langsam, dass ich in einer realen Situation bin, mit jemandem, der ziemlich ausgeflippt ist.

Wer könnte mich vor Dennis beschützen? Ich denke an die Berge Kokain, die ich in den letzten Stunden in seiner unmittelbaren Nähe gesehen habe. Diese Mengen würden jeden fertig machen. Immer noch habe ich Marias Unterhose im Gesicht. Einen Moment lang denke ich, dass ich nur noch kurz zu leben habe. Doch unversehens kommt mir Dennis wie ein gehetztes und erschöpftes Tier vor … und überhaupt nicht mehr gewalttätig. Ich erinnere mich an seinen Satz: „… und wenn du länger hinschaust, dann siehst du auch Jesus in mir."

Schon heult er wieder. Er streichelt mich, und wir kuscheln uns zu dritt aneinander. Das letzte Bild eines langen Tages liefert der sternenklare Himmel.

Dennis ist so kultiviert wie wild. Sein Haus gleicht einer Galerie für moderne Kunst und Kunst der Ureinwohner. Ich mustere mit ihm eine Sammlung von Edward Curtis-Fotos; bräunlich monochrome Prärieindianeraufnahmen. Ich darf mir ein Foto aussuchen, es soll mich immer an meine Zeit im Indianerland erinnern, die ich zusammen verbracht habe mit diesem verrückten Cowboy, der so intensiv die Freiheit unserer Epoche lebt und in Hollywood ausgestiegen ist auf der Suche nach dem ultimativen Ausdruck seiner selbst. Vergleichbar erscheint Dennis mir nur mit Antonin Artaud und seinem „Theater der Grausamkeit". Artaud wollte mit „Grausamkeit" im Theater die Masken der Falschheit entlarven. Dennis lebt Artauds Vorstellung. Seine Wut richtet sich gegen jede Verlogenheit und alle Beschränkungen. Jedenfalls sehe ich ihn so.

Tagein tagaus bedröhnen wir uns mit irren Dosen von diesem und jenem. Alkohol ist immer dabei. Gegessen wird wenig. Ein mildes Delirium ist die Standardverfassung. Dennis will, dass ich meine Stiefel im Bett anbehalte. Er wickelt mich in ein Netz. Mein Haar hängt nass im Gesicht.

Wir können die Augen nicht voneinander lassen. Manchmal verbringen wir eine ganze Nacht im Gespräch. Dennis erzählt von James Dean, seinem Idol. Sich ganz auf sich zu stellen, immer das Eigene zu verfolgen, das ist es, was ihn an dem früh Verunglückten fasziniert.

Ich vergesse die Zeit, und ich vergesse Paul und die Kinder. Die Gegenwart nimmt mich gefangen. Ich halte es für möglich, nie wieder aus diesem heiligen Wahnsinn herauszukommen. Und ständig habe ich die Hitze einer Fieberkranken.

Meine Sexualität ist mir ein Rätsel. Dennis regt mich an und auf, ich brenne in seiner Nähe. Jeder Blick und jede seiner Gesten sind geladen mit seinem Verlangen nach mir. Ich bin permanent ekstatisch, sicher auch der Drogen wegen. Ich fühle mich von meinem Verlangen schon so gut wie gesprengt und gleichzeitig spüre ich meine Ausstrahlung auf ihn. Meine Ausstrahlung ist meine Macht. Wenn es dann zum Akt kommt, gehe ich aber aus meinem Körper und beobachte mich und Dennis, als baumelte ich von der Zimmerdecke. Das Doppelexistenzgefühl ist immer in mir. Nie kann ich mich ganz hingeben, stets bin ich auch die beobachtende Fremde.

Mit Maria und Dennis habe ich eine echte Ménage à trois. Maria und ich küssen uns, ich untersuche sie, berühre sie an allen Stellen. Ich greife in ihr Haar, sie erscheint mir süß und weich und ich komme mir wie ein verliebter junger Mann vor. Später hält mich Dennis lang in seinen Armen. Er verspricht mir ein noch schöneres Mädchen als Maria.

Ich laufe durch die graue Wüste, am Horizont begrenzt ein Zaun das freie Land. Ich werde von Fantasien verfolgt, zumindest hoffe ich das. Eine Max Ernst-Figur zwischen Mann und Vogel ist mit großem Abstand hinter mir her. Einmal taucht das Zwischenwesen mir zur Rechten auf, dann wechselt es seine Observationsposition. Ich nehme mir vor, einen Lastwagen anzuhalten und mit dem Fahrer zu schlafen und am nächsten Truckstop den Fahrer gegen einen anderen auszutauschen. Ganz ohne Ansehen der Person. Nicht aus dem Sinn geht mir Dennis' Vorwurf, ich sei abgehoben und unberührbar ... im Grunde überhaupt nicht in der Welt. Sollte er Recht haben?

Aufwirbelnder Staub bewegt sich auf mich zu. Aus der Wolke schießt schließlich der Pickup heran. Dennis hat Robby, den jungen Indianer, losgeschickt, um mich zu suchen. Er findet meine Wanderung zu der sehr weit entfernten, zu Fuß unmöglich zu erreichenden Ranch so abwegig wie gefährlich.

„Du hättest die Ranch nie gefunden. Sie liegt da, wo die Geister wohnen. Sie hätten deine Sinne verwirrt."

Meinen mysteriösen Verfolger hält Robby für einen auf Notzucht und Mord ausgehenden Redneck. Ich hatte eher an Castanedas Don Juan gedacht. Wenigstens irgendein Schamane sollte es schon gewesen sein und nicht bloß ein weißer Finsterling, den der Inzest in der dritten Generation debil gemacht hat.

Das neue Mädchen erscheint ... sie ist beeindruckend. Umgehend widmet sich Dennis ihr im Schlafzimmer. Ich will nicht gleich mitgehen, aber die Neugier führt mich doch ans Bett. Die Neue liegt ausgezogen da, Dennis ist auch nackt. Er verschwindet sofort. Verwirrt von der atemberaubenden Schönheit des Mädchens bin ich etwas eifersüchtig. Sein Selbstbewusstsein ist phänomenal. Sie kommt mir spöttisch entgegen. Ich ahne, dass sie eine ganz andere, exquisitere sexuelle Welt bewohnt als ich. Sie werde ich nie betreten können.

Ich bin verunsichert und fühle mich wie ein Kind. Vielleicht wie ein kleiner Junge, der seine schöne Mutter anschaut, ohne hinter ihr Geheimnis zu kommen. Dennis kreuzt mit schwarzer Spitzenwäsche und allerhand Spielzeug auf. Er breitet die Sachen auf dem Bett aus: ein schwarzes Korsett, Seidenstrümpfe, eine Peitsche. Das Mädchen lacht und springt auf, Dennis ist wie immer betrunken und fiebrig. Das Mädchen freut sich und fordert mich auf, mich mitten im Raum auszuziehen. Ich bin verschüchtert, auch viel zu dünn für diese Aufrüstung mit Korsett.

Aber ich mache mit – und ziehe meine Jeans aus. Das Mädchen sprengt derweil mein Jeanshemd auf. Es ist in allem wahnsinnig dominant. Dennis hilft ihm, mich im Korsett zu verpacken. Ein Band muss mit vielen Ösen verbunden werden.

Das Mädchen rollt die Strümpfe an meinen Beinen hoch, berührt mich dabei. Schließlich sind die beiden fertig mit mir, ich sehe bestimmt schrecklich aus.

Fast erkenne ich mich nicht im Spiegel. Ich schaue mich lange an. Ich bleibe mir fremd und doch: ich sehe schön aus. Ich bin frei von Eitelkeit und staune nur, im Spiegel ein fremdes Wesen zu entdecken, das mich fesselt. Ich studiere mein Spiegelbild, ruhig und ernst. Das Szenario hier hat für mich erstmal nichts mit Sex zu tun. Ich spüre, dass ich jetzt lebe und schaue.

Schließlich lege ich mich zu dem Paar.

Ich breche zusammen, schaffe es nicht mehr. Dennis bringt mich ins Bett. Ein Arzt kommt, der hohes Fieber feststellt. Plötzlich vermisse ich Paul schmerzhaft. Dann verliere ich das Bewusstsein. Fünf Tage hüte ich das Bett, betreut von Dennis oder seinem guten Geist Satya. Endlich erwache ich – mit Heißhunger. Und Satya sagt: „Da ist jemand am Telefon, der dich sprechen will."

Es ist Paul, ich weine vor Freude. Er hat ein Häuschen am Strand von Malibu gefunden und möchte, dass ich zu ihm zurückkomme.

Gisela: Elmer Valentine lädt Paul und mich in seinen Roxy Club zu einem Patti Smith-Konzert ein. Ihr Stern geht gerade auf. Ein bisschen wie Dylan soll sie sein, noch kenne ich nur Bilder von ihr.

Wir kriegen die besten Plätze, die Bühne liegt im Dunkeln. Ein Spot isoliert Patti im Licht. Nach drei Sekunden weiß ich, dass Paul sich in sie verlieben wird. Sie gefällt mir auch, so dünn im Männerhemd. Mit Hosenträgern. In einem Augenblick meine ich mich selbst auf der Bühne zu sehen. Der Schicksalsrabe streift mich mit einem Flügel … und Patti tritt ein in mein Leben.

Backstage geht alles ganz schnell. Eine Sicherheitskraft schleust uns durch die Menge zu Pattis Umkleideraum. Ungeniert wird angeklopft: „Hey, it's Paul Getty … open up."

Die Tür fliegt auf, Patti sitzt vor einem Spiegel, den hundert Glühbirnen rahmen. Ich sehe ihre Erschöpfung, den Triumph … Ein paar Jungens stehen herum, alle schauen Paul an. Patti springt auf, springt meinen Mann an: „Oh Paul, ich habe alles über dich gelesen … it's my dream to meet you!"

Pattis Leidenschaft beeindruckt mich. Ohne weiteres zieht sie Paul an sich. Das sehe ich noch, dann knallt die Tür zu, und der Securitytyp sagt „Sorry" zur Gattin, die plötzlich und benommen nur noch zur staunenden Fantraube gehört. Wie ein Gesicht erscheinen mir die vielen Gesichter um mich herum. Ich sehe ein großes Begehren, die Situation wirkt bizarr auf mich.

Wohin soll ich gehen? Das Kraftei zeigt sich verlegen: „Can't let you in", doch weiß es auch, dass ich nicht in die Menge gehöre. „I take you to the partyroom, they all will be there soon."

Hier halten sich Musiker in Reichweite von Sandwiches und Bierflaschen auf. Das Übliche. Man wirft mir Blicke zu, gleich werde ich angesprochen. Ich möchte ganz einfach verschwinden, allein mir fehlen die hundert Dollar für ein Taxi nach Hause. Paul taucht überraschend rasch auf. „Let's drive home."

Vor uns liegt der lange Pacific Coast Highway. Eine Stunde fährt man bis zu unserem Holzhaus am Strand. Die Markierungslinien des Highways huschen wie Überläufer durch die Nacht. Wir beschweigen eine anstehende Veränderung in unserem Leben, bis Paul meint: „She is really ugly when you see her close up."

Das soll mich trösten, ich weiß. Ich weiß aber auch, dass Paul Patti umgehend wiedersehen wird.

„Ich finde sie aber schön", sage ich.

Schlafen kann ich nicht. Vor meinem inneren Auge steht Patti immer noch auf der Bühne. Sie geht mir nicht aus dem Sinn.

Helen taucht auf. So weit weg von den violetten Bergen von New Mexico löst sich ihr Nimbus als wilde Frau im Smog auf. Sie erscheint ziemlich zerrüttet – und ist besessen von Joe Cocker. Helen rühmt seine Liebhaberqualitäten.

Gisela: Cocker ist ein Nachbar von mir, den ich bislang nicht zur Kenntnis genommen habe. Helen nimmt mich mit zu ihm. Hohe Mauern beschirmen sein Haus. Es wirkt unbelebt, geradezu verlassen auf den ersten Blick. Joes rechte Hand, ein Engländer, lässt uns eintreten. Er hat das typische Benehmen eines Betreuers. Er führt uns in ein aufgeräumtes Wohnzimmer voller dunkler Eichenmöbel und Sofas, in denen man versinkt.

Wir warten auf die Legende, mit freier Aussicht auf das glitzernde Meer. Wieder einmal geht die Sonne unter: am äußersten Rand der westlichen Welt. On the edge, sozusagen. Der Adlatus macht sich bemerkbar, wir sollen Joe im Schlafzimmer begegnen.

Das Gesicht des Musikers ist geschwollen. Er sieht furchtbar mitgenommen aus, eigentlich halbtot. Helen nimmt er nicht wahr. Wie soll dieser Mann am Boden seiner Existenz ein unglaublicher Lover sein? Ich erfasse die Stärke weiblicher Projektionen: Wir sehen wirklich nur, was wir sehen wollen. Helens Ideen haben mit der Wirklichkeit wenig zu tun. Einen potenten Liebhaber auf dieses menschliche Wrack zu projizieren, kommt mir fast schon wie eine himmlische Leistung vor.

Joes Augen irritieren mich. Kaputte Männer üben auch auf mich einen Reiz aus, aber dies übersteigt meine Möglichkeiten.

Joe Cocker braucht Hilfe in seiner vermaledeiten Jenseitigkeit. Ich möchte gehen, aber der englische Betreuer ermutigt mich zu bleiben. Ich bin sehr befangen, während Helen versucht, Kontakt zu Joe herzustellen. Sie trinkt Wodka, um sich selbst aufzuhellen. Sie setzt sich auf die Bettkante, streichelt Joe, lacht ihn an, erzählt Witze. Ich bezweifle, dass er sie wahrnimmt.

Helen ist jetzt in meinem Wohnzimmer, ziemlich betrunken. Inzwischen halte ich sie für eine komplette Spinnerin. Sie erinnert mich an Dennis.

Ich baue einen Joint … nun sehe ich die Vagantin in Helen, den Tramp. Sie ist immer noch sehr intensiv. Ich höre mir traurige Geschichten an und liebe sie wieder. Ein paar Tage später ist Helen verschwunden.

Der Engländer ruft an. Joe lädt zum Dinner ein. Ein gespenstischer Abend steht mir bevor. Zu dritt sitzen wir an einem runden Tisch, den erloschenen Joe hat man irgendwie auf den Stuhl geklemmt, immer wieder sackt das Kinn auf die Brust, der Kopf zur Seite. Ihm ist jede Konversation unmöglich. Ich habe keine Ahnung, was ich sagen soll, meine Befangenheit lässt mich verstummen. Alles verhallt. Ich bilde mir immerhin ein, von Joe in einem Augenblick erkannt zu werden.

Der Betreuer heißt Peter. Er bringt Joe zu Bett, ich soll bitte warten. Peter will noch einen Joint mit mir rauchen. Angeblich hat mich Joe in sein müdes Herz geschlossen. Jedenfalls behauptet das Peter. Ich möge ihn doch jederzeit besuchen. Ich glaube nicht, dass meine Existenz Joe berührt, kann er sich doch selbst kaum noch erleben.

Der Joint schmeckt chemisch. Ich fürchte, mich mit Angel Dust kontaminiert zu haben. Ich weiß nicht, wie ich nach Hause finde. Entrückt schwebe ich über allem, mir ist speiübel. Panikattacken wechseln sich mit Allmachtsfantasien ab. Zutiefst beeindruckt bin ich von mir selbst. Unter mir liegt die Welt so klein. Schwer betäubt wanke ich über den nächtlichen Pacific Coast Highway und werde beinahe von einem Lastwagen überfahren. Dabei habe ich das Gefühl, alles von der Straße fegen zu können.

Ich höre Kojoten heulen. Ich heule mit ihnen den Mond an. Meine Stimme ist mir fremd, aber vielleicht verstehen mich die Kojoten. Fremd erscheint mir auch mein eigenes Haus. Ich betrete es mit der irren Empfindung, noch nie in dieser Gegend gewesen zu sein. Zur Hölle übrigens auch mit den kalten Bäumen.

Paul ist aus, ich bin allein im Haus … und verliere das Bewusstsein. Ich komme zu mir, überzeugt, dass meine letzte Stunde geschlagen hat. Ich sehe zwar noch allerhand, meine mich jedoch in kompletter Schwärze aufzuhalten.

Ich will einen medizinischen Notdienst alarmieren. Ich bin nur noch zum Kriechen in der Lage. Das Telefon ist zu weit weg, neben mir liegt mein Malzeug. Ich fange an zu kritzeln, die Umrisse eines Mannes und einer Frau, verbunden durch Farbkreise. Ich male, bis der Morgen graut. Ich fühle, dass ich mein Leben ändern muss. Aber wie die Amerikaner sagen: „The road to hell is paved with good intention." Ist das nicht auch der Titel eines Liedes von Johnny Cash? Oder von Waylon Jennings? Und schon falle ich in einen Erschöpfungsschlaf.

Jeden Morgen laufe ich mit der Erwartung einer Nachricht von Jutta zum Briefkasten. Ihre auf hellblauem Luftpostpapier geschriebenen und mit afghanischen Stempeln versehenen Briefe sind lebensnotwendige Botschaften aus meiner Parallelwelt. Bleiben sie aus, bin ich zutiefst enttäuscht.

Sara

Sally Kirkland lädt mich zu der Party eines erfolgreichen Drehbuchautors ein. Sein Haus liegt am Ende des Hollywood Boulevard, als marokkanischer Traum in einem Palmengarten. Ich komme vor Paul an. Überhaupt gehe ich gern allein auf Partys, bewege mich gern allein in den Szenen. Sally findet Paul und mich ganz außerordentlich. In ihren Augen sind wir die aktuellen Fitzgeralds. Meine europäische Aura gefällt ihr.

Sally, extrovertiert und charismatisch, will mich in Hollywood jedem vorstellen, sie liebt mich. Sie liebt auch Paul und meint, ich müsse mich mehr um ihn kümmern. Ich sei zu selbstbezogen, zu frei.

Ihr Liebhaber ist Bob Dylan. Für mich bleibt Sallys Tür nur dann verschlossen, wenn er bei ihr ist.

Auch auf dieser Party bringt Sally mich gleich in das Zimmer des Gastgebers, hier hat sich die Creme von Hollywood versammelt. Ich gehöre dazu. Ganz klar. Mein Name ist das Ticket und schon Teil meines Selbstbewusstseins. Er gibt mir die Freiheit, zu den „Auserwählten" zu gehören. Mir wird immer eine besondere Aufmerksamkeit und Neugier entgegen gebracht. Mir fällt eine Frau mit dunklen Locken auf. Ich weiß, wer sie ist: Sara, Bobs Frau. Sie erscheint unnahbar wie eine Monarchin, tatsächlich unerreichbar. Ihr Blick ist abweisend. Lächeln kommt für sie nicht in Frage. Sharon Kemp, sie wird bald meine Agentin und ist jetzt schon meine Freundin, sorgt wispernd dafür, dass Sara über mich Bescheid weiß. Wir halten Abstand, ignorieren uns bis an die Schwelle der Unhöflichkeit. Ich treffe sie im Bad, sie tritt nach mir ein, plötzlich sehe ich mich neben ihr im Spiegel.

Bloß um irgendetwas zu sagen, preise ich einen Ring, den Sara trägt. Er sieht nach ägyptischem Aristokratenschmuck aus und lässt mich gleichzeitig an Tolkien denken. Von diesem Ring geht Macht aus. Saras Weiblichkeit wirkt überwältigend. Neben ihr komme ich mir wie ein stotternder Junge vor; eine Erfahrung, die ich nicht zum ersten Mal mache.

Es gibt eine weibliche Spielart der Überlegenheit, die mich in Frage stellt. In der Gegenwart ihrer Protagonistinnen empfinde ich mich wie ein Neutrum, das Weiblichkeit nur vortäuscht. Ich bin sicher, dass solche Frauen Erlebnisse mit Männern haben, die ich nie haben werde. Aber nun ringt sich Sara doch ein Lächeln ab. Sie fragt nach meinen Vorlieben, soweit Steine und Ringe betroffen sind. Das war für mich noch nie ein Thema.

Das Gespräch kriegt eine mystische Dimension, wir reden nicht einfach über Ringe, vielmehr über etwas, das sich meinem Verständnis entzieht, mich aber doch einiges ahnen lässt. Sara lässt sich mit dieser kryptischen Bemerkung vernehmen: „Wenn ein Mann dir Edelsteine gibt, dann zeigt er dir deinen Wert als das große andere Prinzip. Yin und Yang. Der Ring hat aber nur dann einen Wert, wenn er ihn dir aus dieser in der Liebe geronnenen Einsicht gibt."

Paul hat mir noch keinen Ring geschenkt. Das hat mich bisher auch nicht gekratzt. Jetzt frage ich mich, ob mir eine Dimension auf dem Liebesmarkt glatt entgangen ist. Ich bin verwirrt.

Als ich in das Zimmer zurückkomme, ist Paul da. Er wirkt unruhig und wild. Nüchtern ist Paul peinvoll unsicher, aber jetzt wirkt er faszinierend, mit seinem blassen Gesicht, den leuchtenden Haaren und einer spürbaren schillernden Todessehnsucht, die ihn ständig gefährliche Situationen suchen lässt. Wieder überkommt ihn die Lust, seine Macht auszuprobieren und zu provozieren, ich beobachte den Effekt, den er auf andere hat. Ein Kreis von Leuten bildet sich um ihn. Auch ich finde ihn immer wieder verführerisch.

Bei allem, was glänzt und interessant ist, sind wir doch nahezu mittellos. Unsere Armut ist krass, oft reicht das Geld nicht für Lebensmittel. Wir leben im Chaos. Verabredungen und Termine werden grundsätzlich nicht eingehalten. Wir kommen keiner Verpflichtung regulär nach. Schon siedelt unsere Existenz in Reichweite einer Spirale, die nach unten führt.

Ein Anruf: „Sara mag dich, sie findet dich interessant und will dich wiedersehen. Sie möchte dich zuhause besuchen. Aber niemand sonst darf da sein, auch Paul nicht. Das musst du mit ihm arrangieren."

Paul zeigt Verständnis und erzählt etwas von einem Sphinxtreffen. Wie ein Liebhaber erwarte ich Sara.

Sie kommt spät … in einem Mercedes. Es ist eine warme Sommernacht, das Lilienfeld, in dem Paul sich während der Polizeiaktion verborgen hielt, leuchtet. Ich erwarte Sara an der Tür. Als sie auf mich zukommt, muss ich natürlich an „Sad-Eyed Lady of the Low Lands" denken, Dylans Lieder sind schließlich ständig präsent.

„My warehouse eyes, my arabian drums,
Should I leave them by your gate,
Or, sad-eyed lady should I wait?"

Mich besucht jemand, von dem ich lernen kann.

Sara sieht sich in meinem Häuschen um. Mit Zeichen unirdischer Ruhe macht sie ihre Beobachtungen … zwei Matratzen auf dem Boden, mit indischen Tüchern abgedeckt, davor ein chinesischer Teppich, darauf ein Tablett mit Teetassen. Mehr kann ich nicht bieten. Die Zeichnung von mir an der Wand, die ich auf Angel Dust im Überlebenskampf hervorgebracht habe. Sara fängt vom Ägyptischen Totenbuch an zu erzählen, das ich, verglichen mit dem Tibetanischen Totenbuch, oberflächlich finde, aber eigentlich, wie ich jetzt merke, weiß ich wenig darüber.

Jetzt aber muss ich an Jutta denken. An ihre Liebe zu Bob. Verrate ich sie mit meinem festen Entschluss, Sara als Freundin zu gewinnen?

Die heftige Schlägerei auf dem Klo von Roger McGuinn kommt mir in den Sinn. In dieser Nacht stand ich kurz vor dem Verrat … vor der erschreckenden Erkenntnis, dass unsere Absprachen letzten Endes unmöglich sind. Ja, Bob ist Jutta versprochen. Daran habe ich mich zu halten. Andererseits mache ich mir klar, dass Jutta inzwischen eine Entscheidung für Rainer und gegen Bob getroffen hat. Aber bin ich deshalb wirklich frei? Während ich mit mir aushandle, wie weit ich gehen darf, höre ich Sara von Amun-Re und Osiris reden. Ich vernehme etwas über eine Fresserin, die Herzen von Toten verschlingt, „wenn sie von Sünde bedeckt sind".

Geht das gegen mich? Kann Sara meine Gedanken lesen? Schon sehe ich Apophis, den Schlangendämon, einen der vielen ägyptischen Götter, unter meinen indischen Tüchern hervorkriechen. Ich muss mich zurückrufen und wieder zuhören.

Es ist bestimmt eine Art Vorhölle, die Frau von Bob Dylan zu sein. Ein Leben im Schatten. Reicht es, seine Kinder zu haben, die Muse zu sein, besungen und verehrt zu werden? Ich bin vor dem Ehefrauenschicksal gefeit – Jutta und ich sind zusammen eine Macht. Zusammen werden wir immer unabhängiger sein können, als eine einzelne Frau es je sein kann.

Sara fährt wieder ab, ich schaue ihr nach … und bin in Gedanken bei Jutta in Afghanistan. Jutta hat die richtige Entscheidung getroffen, indem sie sich für Suche und Freiheit entschieden hat. Sie wird nie eine Schattenfrau sein. Ich bin mit ihr in Afghanistan, erlebe durch unsere Spiegelneuronen das orientalische Sternenzelt. Ich sitze mit Jutta im Bus und wir fahren durch das wilde Land, als würde ich wirklich neben ihr sitzen. Gleich hinter meinem Haus fusionieren die afghanischen Berge mit den Malibu Hills. Jutta und ich lassen uns von einem Heiligen belehren.

Wer bin ich denn?

Jutta: Mit der Liebe ist es wirklich nicht so leicht, wie ich es mir unter dem sizilianischen Sternenhimmel vorstelle. Es geht bei meinem Experiment mit Rainer um mehr. Um sehr viel mehr. Um es unumwunden einmal auszudrücken: Um die letzte große Liebe, um die Liebe zu sich selbst. Oder zumindest darum, dass man sich auf den Weg dahin macht. Mit anderen Worten: um Arbeit. Um unermüdliche kleine Arbeit an sich selbst, mit noch anderen, drastischeren Worten: Es geht ums Sterben.

Ich bin natürlich für den großen Bankraub und bilde mir auf meine Erleuchtungen eine Menge ein. Ich bin das Sternenkind, die Sucherin und will barfuß in Indien auf Blumen und Totenschädeln tanzen, mein Körper soll allen gehören. Ich will in die Berge ziehen, Männerherzen brechen, Wasser zu Wein verwandeln und in Dylans Augen ertrinken. Ich will die Welt erlösen, aber nicht sehen, wer ich eigentlich bin.

Rainer fragt mich: „Hast du dich denn schon wirklich unbekleidet gesehen? Kennst du dich wenigstens körperlich? Kennst du dein Geschlecht? Kannst du es so sehen, wie ich es sehe? Komm, schauen wir es uns an."

Ich hab jetzt ein kleines Zimmer in München. Auf dem Rückweg von Sizilien habe ich mich mit Rainer gestritten. Und mir geschworen, so schnell wie möglich zurück nach Amerika zu gehen.

„Pah", sage ich, „natürlich kenne ich mich, soll das ein Witz sein?"

Rainer schaut mich nicht an. „Du kannst es alleine machen, ich muss nicht dabei sein."

Als er weg ist, gehe ich in das Bad und hänge den großen Spiegel ab. Ich lehne ihn an die Wand. Dann stelle ich die Schreibtischlampe daneben und mache helles Licht. Es ist eine eigentümliche Begegnung mit mir selbst, und die einsetzende Intimität macht mich befangen. Unvermittelt werde ich nervös, seit Sperlonga kann ich mich leicht entkleiden; in den Kommunezeiten habe ich noch gewartet, bis alle weg waren, um aufs Klo zu gehen, weil man die Türe nicht abschließen konnte. Verändert eigentlich schon das Zuschalten des Bewusstseins das Erlebnis, oder sehe ich mich tatsächlich gerade zum ersten Mal selbst? Habe ich bis jetzt nur auf Gisela gestarrt und mich gar nicht selbst wahrgenommen? Wer ist dieses Mädchen, das hier einen Spiegel aufstellt und sich nicht schön macht, sondern sich in aller Ruhe – aber dazu bin ich jetzt zu aufgeregt – betrachten möchte. Wie manchmal, wenn ich alleine im Bett liege und nicht schlafen kann, kommt mir mein Leben unheimlich vor, unheimlich, dass ich überhaupt existiere – als ich, nicht als Gisela oder irgendjemand anderes, sondern als ich. Und dann: Warum hat dieses Stück Körper ausgerechnet dieses Ichbewusstsein, genau so und nicht anders? Unwiderruflich und unveränderbar. Ich bin aufgeregt und nehme mir mit dem Entkleiden Zeit. Ich bin sogar so aufgeregt, dass sich die Dimensionen des Raumes verschieben, und kurz nehme ich wahr, dass meine halluzinatorische Begabung wohl eher eine Flucht aus der Wirklichkeit ist. Auch die Zeit spielt wieder einmal mit und versteckt sich und tut so, als gäbe es sie nicht. Es gibt anscheinend keinen weiteren Menschen auf der Welt. Ich bin gänzlich allein und gleich werde ich die Wahrheit wissen. Die ganze Wahrheit, vor der sich nicht nur Bukowski fürchtet, sondern, wie er sagt, jeder Mann, die Wahrheit, den Anblick einer nackten Frau auszuhalten. Schließlich bin ich jetzt nackt. Ich hocke mich vor den Spiegel auf den Boden. Große aufgerissene Augen signalisieren meine Furcht. Dann wandert der Blick nach unten – und ich verstehe Bukowski. Es ist kein eitler Blick mehr, kein selbstverliebter, kein im wilden, körpersprachlichen Handgemenge entfremdeter Blick. Jetzt sehe ich mich direkt und ungefiltert und ich weiß: Es ist dies der erste Schritt, mich selbst zu sehen, losgelöst aus der Überhöhung von Drogen, Sexualität und Narzissmus. Ich öffne meine Beine und erkenne die Kraft der Frau, den Sog des Kreatürlichen, den Schreck, verschlungen zu werden, ausgelöscht, zu verschwinden. Lustvoll zu verschmelzen, immer und immer wieder. Leben zu geben, Quelle zu sein, Tor zum Unbekannten und Allzubekannten, immer wieder und wieder für Sekunden, sterbend den Tod zu vergessen, zurückzukommen und doch nie bleiben zu können. Regression und Wiedergeburt.

Aha, unter diesem Diktat möchte Rainer nicht leben. So seine Worte. Und ich? Auf diese Kraftquelle soll ich verzichten? Unmöglich! Auf die Süße, diese Lust, diese Dunkelheit, diese Macht, mit der ich in der Welt alles erreichen konnte? Nur damit sind Männer, die Herren der Welt, manipulierbar, sind Sklaven. Ich bin gerade mal Mitte zwanzig! Noch steht mir alles offen. Oder nicht? Aber ist Sklaventreiberin nicht auch eine blöde Rolle? Und kann ich überhaupt wählen? Hab ich da nicht längst etwas in mir eingebaut, was mich immer wieder aus der Welt laufen lässt, mit der wilden Hoffnung, dass es noch etwas anderes geben muss? Bin ich nicht schon längst an der Welt gescheitert, an Beziehungen? An der Schwester?

Plötzlich bete ich laut, Gott, lass mich dich erkennen und überhaupt verstehen, was ich hier soll. Wer bin ich denn? Und ich heule und spürc, dass mich diese Frage schon als Kind umgetrieben hat, dass sie mein Motor ist und nur meiner. Dass ich gerade dabei bin, mir Rainer zu erfinden, weil ich einen Spiegel brauche, um mich zu sehen …

Ich denke an Gisela und habe, wie so oft, das Gefühl, sie retten zu müssen. Amerika erscheint mir rabenschwarz, eine Straße in die Hölle. Ich muss auch Paul retten. Dann schiebt sich schnell eine andere Stimme in meine sich überstürzenden Gedanken: Du hast doch keine Ahnung, wie das geht, du stehst am Anfang, geradezu an einer Kreuzung. Ist unser Zusammenkleben nicht die Angst vorm Sterben, vor dem Erwachsenwerden, der Verwirklichung der eigenen Verantwortung?

Ich merke, während ich mich betrachte, erregt, dann ruhiger und immer klarer und lichter, so klar, dass ich spüre und sehe, das etwas anderes in mir und durch mich durch leuchtet, durch den Körper, etwas von dem anderen, das Rainer Geist nennt und das mich ergreift, von dem ich spüre, dass es meine Rettung sein könnte und meine Zukunft und Wirklichkeit. Eine Welle von Euphorie und Leben packt mich, ich rufe Rainer an, sage ihm, was ich fühle und denke, aber er bleibt gelassen bei meiner Euphorie und holt mich wieder auf den Boden. Ich schreibe Gisela, du musst kommen, hier geht es weiter.

Allein

Gisela: Eigentlich wohnen wir im Paradies. Unser Haus entspricht einer Art Gartendependance des Haupthauses, in dem unsere Vermieter leben, intelligente, ruhige Leute. Die Frau passt oft auf unsere Kinder auf, dafür sind ihre Hunde, zwei afghanische Windhunde, meistens bei uns. Anna schläft mit ihnen, verschmilzt mit einem haarigen Knäuel.

Ich bin gern auf dem Dach unseres Hauses. Ein rot blühender Gigant erhebt sich über ihm. Eine Affenkralle. Paul hat eine Hängematte an dem mächtigen Zweig angebracht. Man kann darin mit Meerblick schaukeln.

Nach einem LSD-Trip liege ich darin. Paul mag kein Acid, aber er bleibt bei mir. Wir schaukeln zusammen. Endlich fühle ich mich wieder bei mir angekommen. Ich entdecke Zärtlichkeit in Pauls Blicken … und Verletzungen. Ich bin offen genug, ihn so annehmen zu können. Ich sehe seine Unsicherheit, sein stetes Bemühen, Halt zu finden. Wie auch immer, wir könnten uns lieben … Ich berühre Paul leicht, will damit nur andeuten, dass gerade alles gut ist. Ich höre ihn wie aus weiter Ferne. Er fragt, ob ich ihm immer treu gewesen sei.

Untreue, so ein Quatsch, das gibt es doch gar nicht. Das weiß Paul an sich genau. Es geht um wahre Liebe, die dem anderen seine Erfahrungen und seine Freiheit gönnt, jenseits allen Besitzdenkens. Und Paul lebt auch so.

„Nein, untreu war ich nie wirklich, aber du weißt, dass ich mit Dennis zusammen war?“

Mit der Wucht eines auffahrenden Trucks fährt Pauls Wut in meinen Innenraum. Überdeutlich stellt sich mir seine Enttäuschung dar. Er sagt nur eines: „I hate you.“

Ich muss mit Paul reden. Ungemein unsicher auf den Beinen begebe ich mich ins Haus. Die Luft ist zum Schneiden dick. Etwas kracht auf meinen Kopf, es tut nicht weh, lässt mich aber einknicken. Ich drehe mich um, über mir droht Paul wie ein Racheengel, die zersplitterte Sitar vibriert in seinen Händen. Und dann haut er noch einmal zu.

Ich erkenne Paul kaum wieder und fürchte um mein Leben. Paul ist definitiv nicht ganz bei sich. In diesem Zustand lässt er mich mit meinen Gefühlen ganz allein. Seine Reaktion ist so stark, und in meinem Zustand weiß ich kaum, wie ich damit umgehen kann.

Ich habe aber Angst um Paul … und rufe Sara an. Sie beruhigt mich, David Blue ist bei ihr, sie wird ihn sofort losschicken. Tatsächlich ist er in wenigen Minuten da. Paul kreuzt auf, noch immer in Rage.

David beschwichtigt ihn und erinnert Paul an dessen Frauengeschichten. „Kinder, vertragt euch, nehmt das alles doch nicht so ernst."

Ich hake nach: „Und was ist mit Patti Smith, du siehst sie doch die ganze Zeit." Zugegeben hat er es bislang nicht.

„Ich werde auf jeden Fall eine Zeitlang verschwinden, ich kann dich nicht mehr sehen. Ich weiß nicht, ob und wann ich wiederkomme."

Schon ist Paul fort. „Schönen Gruß an Patti." Das schreie ich ihm hinterher.

In derselben Nacht kommt Paul wieder, mit klopfendem Herzen höre ich seine Schritte. Er setzt sich zu mir auf die Bettkante: „Ich weiß nicht, ob es mit uns noch Zweck hat. Ich bin in Patti verliebt, das wollte ich dir noch sagen, ich gehe gleich wieder."

Paul bleibt in dieser Nacht. Endlich hatten wir einen ehrlichen Moment, Paul ist in Patti verliebt. Auch wenn es wehtut, erleichtert mich sein Eingeständnis.

Einige Tage später liegt ein Blatt Papier auf meinem Bett. Paul hat es geschrieben:

„west german revolutionary / west german wet dream / dreadlocks and all / montezuma flash / montezuma crash / celibate's dream / malibu silver screen / tibetan rug / beads sara gave her …
she can't cook / but she drives like tazio nuvolari …
once I caught her in a cowboy's arms / hard time letting go / she came home smelling good / nice smile / I soon rubbed that off / then I let her go / she called me collect / said ‚I hate you' / but I love her so / then I bit the dust / karma (instant)"

Ein Auszug aus einem Brief von Jutta: Liebes Giselchen, jetzt habe ich schon lange nichts mehr von Dir gehört, und ich weiß gar nicht, was du machst. Ich habe Dir ja schon geschrieben, wie ich jetzt versuche zu leben. Sicher erinnerst Du Dich noch an das Buch, das ich Dir mit nach L.A. gebracht habe, „Der Pfad der Meister"? Giselchen, glaub mir (und ich habe mich schon eine ganze Menge damit beschäftigt), es ist das einzige Wahre. Wahrscheinlich gefällt es Dir nicht gleich, denn es hat eine andere Madness, als wir sie kennen, dann aber (auf den zweiten wirklichen Blick) ist es eine wirkliche Bewusstseinserweiterung. Für uns das Wichtigste, denn wir haben die Realität total verloren. Wenn du willst, schicke ich Dir Texte. Giselchen, ich mach mir manchmal Sorgen, weil ich auch mich kenne …

Marcello kommt aus Rom – und ab geht die Post mit Paul. Ihr neuester Scoop ist der: Don King will in Manila eine Ausstellung für Paul organisieren, als Rahmenprogramm für einen Boxkampf, den sie alle den „Thriller of Manila" nennen.

Paul ist begeistert, nicht zuletzt von der Aussicht auf mindestens zwanzigtausend Dollar. Die Philippinen sind eine Diktatur und Don King doch wieder nur so eine schattige Figur. Ich versuche Paul von diesem Vorhaben abzubringen, aber Paul weiß, es wird ein historischer Kampf zwischen Ali und Frazier und den will er nicht verpassen Allmählich komme ich mir wie eine Spielverderberin vor. Also mache ich mit.

Wir malen Tag und Nacht, jeder zwölf Bilder. Es erinnert mich an die frühen Zeiten in Rom, nur Jutta fehlt. Paul und Marcello teilen miteinander eine wahnsinnige Vorkampferregung. Eines Morgens finde ich meine Tochter vor den Bildern, wenigstens zehn davon hat sie mit Klecksen verschönert. Sie hat uns die ganze Zeit malen gesehen und hatte endlich, während wir noch schliefen, ihre Chance gefunden. Nach einem gehörigen Schrecken nehmen wir Annas Kunstsinn dann als Inspiration und Vorgabe für weitere Abstraktionen. Imelda in Manila wird's schon nicht stören.

Nach Ali gegen Frazier ruft Paul an, der Kampf war ein Gemetzel. Paul ist im Boxfieber, die Ausstellung erwähnt er kaum. Zur Eröffnung sei die philippinische High Society erschienen, alles Gangster. Ich finde seine Berichte mehr als vage. Er verspricht baldige Rückkehr und eine Überraschung. Er vermisst mich: „Wollen wir noch einmal anfangen? Ich mache Schluss mit den Drogen."

Jutta kommt nicht wieder. Sie will mit Rainer arbeiten. Nur bei ihm geht es weiter. Alles andere hat keine Perspektive, schreibt sie. Ihre Briefe verkünden ernsthafteste Absichten. Keine Drogen mehr, Selbsterforschung und Suche nach Sinn, Schattenarbeit.

Ich bin oft allein mit den Kindern. Eines Sonntags ziehe ich meinen goldenen Badeanzug an, drehe die Musik auf und tanze. Anna springt herum, Balthazar, noch kein Jahr alt, liegt auf einer Decke. Ich bin jung und schön und einsam.

Ich spüre, dass ich beobachtet werde … von Donald Cammell. Er ist mit Paul befreundet. Donald war Co-Regisseur in dem Nicolas Roeg-Film „Performance". Paul und ich lieben den Film. Außerdem war Donalds Vater der Biograf von Aleister Crowley und Crowley wiederum der Patenonkel von Donald. Und Paul ist von Crowley fasziniert.

Donald will einen Film mit mir drehen. Ich sei zwar ein schwieriger Typ für Amerika, aber dennoch. Ich hole meine neuen Photos, ich habe sie noch keinem gezeigt. Ich stelle mich darauf absolut dunkel dar. Nico und Patti lassen grüßen. Donald gefällt das sehr: „In Europa würdest du ständig besetzt, hier mögen sie blonde Mädchen lieber. The girl next door."

Ich habe an sich andere Pläne, will nach Indien, mit Anna. Balthazar ist zu klein, vielleicht nimmt Gail ihn. Meine Freundin Mascha ist bei Bhagwan und sehr begeistert vom heiligen Mann. Donalds Angebot bringt mich in einen Zwiespalt.

Eine Postkarte. Paul kann nicht mehr

Paul und Marcello sind auf der Flucht. Paul hat uns gesagt: „Ich sage dir nicht, wohin ich gehe, dann kannst du es ihnen auch nicht sagen."

Ein protziger Schlitten fährt vor. Zwei fiese Typen kommen ungebeten ins Haus. Sie fragen nach Paul. Auf meine Entgegnungen hin entschließen sie sich zu einer Ausdehnung ihres Besuchs. Einer der beiden, ein Latino, macht es sich auf meiner Matratze bequem. Er legt eine Pistole vor seinen Füßen ab. Beide setzen mich unter Druck; mir soll spätestens bis zum Abend einfallen, wo Paul steckt. Ich nehme Balthazar auf den Arm und Anna an die Hand. Ich will mit den Kindern zum Strand. Das wird mir verwehrt.

„You stay right here."

Nun spielen die Ganoven die bad guy, good guy-Nummer. Der Latino will das Haus anzünden, der andere, ich habe ihn schon einmal irgendwo gesehen, gibt sich den Anschein, dagegen zu sein. Ich weiß, dass beide bluffen. Ich fühle mich an Catellone erinnert, an all die bösen Romgeschichten. Am liebsten möchte ich meine Gäste auf den Mond schießen. Sie gehen endlich von ganz alleine – nach einem Schläfchen des

Latinos. Ich hatte mich solang mit den Kindern im Schlafzimmer eingeschlossen.

Tagelang höre ich nichts von Paul. Bei seinem ersten Anruf veröffentliche ich meine Wut. „Beinahe wären wir alle umgebracht worden."

Er bekundet Reue, die Sache mit diesen Männern habe er in die Reihe gebracht. Er wird heute noch wiederkommen.

„Wo bist du denn die ganze Zeit", frage ich.

„Bei Charles in Bolinas."

Immer wieder lese ich Juttas Briefe und das Buch, das Rainer ihr für mich mitgegeben hatte: „Der Pfad der Meister". Es handelt von heiligen Männern in Indien. Rainer ist von so einem Meister eingeweiht worden. Der „Pfad" ist ein anspruchsvoller Weg, ich weiß nicht, ob ich gut genug dafür bin. Mir fällt ein Buch in die Hände, das sehr wichtig für mich wird, „Cutting through Spiritual Materialism". Sein Autor ist der tibetische Lama Chögyam Trungpa Rinpoche. Er schreibt über den Unterschied zwischen Psychologie und Spiritualität und über das Wesen des geistigen Materialismus.

Bald steht für mich fest, dass ich mir einen Lehrer suchen werde. Noch steht der Plan, nach Indien zu fahren, aber jetzt möchte ich vielleicht doch lieber nach Colorado zu dem tibetischen Lama. Ich rufe im Nairopa Institut an und erhalte die Auskunft, dass ich kommen und studieren kann.

Oder doch lieber Indien?

Nachts lese ich Paul Stellen aus „Cutting through Spiritual Materialism" vor, Paul lässt sich von meiner Begeisterung anstecken. Auch vom „Pfad der Meister" erzähle ich ihm. Er will mir die Flugkarte nach Indien besorgen und für Balthazar sorgen. Gail wird ihm helfen.

Ich kriege das Geld und einen hellblauen Buddha aus Edelstein dazu. Paul hat ihn in Manila für mich gekauft und nur auf einen guten Moment gewartet, um ihn mir zu geben. Doch das Schicksal zieht eine andere Karte. Eine Postkarte liegt in meinem Briefkasten. Eine unbekannte winzige Schrift, die Karte ist von Rainer aus München. Er schreibt über einen Traum, den Jutta hatte, einen schwierigen Zwillingstraum. Darunter steht die Frage: „Warum nach Indien? Es gibt hier so viel zu tun!“

Ich kann nicht sagen, weshalb, aber die Karte entscheidet. Geschwankt hatte ich zwischen Bhagwan und Chögyam, zwischen Indien und Colorado. Jetzt reserviere ich einen Flug nach München – für mich und meine Kinder.

Eine Weile danach lande ich mit den Kindern in München, Rainer und Jutta holen uns am Flughafen ab. Rainer entspricht meinen Vorstellungen und dann wiederum auch überhaupt nicht. Er ist still und sehr ernst, und sein Blick scheint nach innen gerichtet zu sein. Fast habe ich den Eindruck, dass er mich nicht sieht. Er ist nicht der wilde Kommunarde, wie ich ihn von Bildern kenne, und doch durch seine Locken, die runde Nickelbrille unverkennbar die 68er Ikone. Wir fahren zu Juttas Zimmerchen in der Türkenstraße. Dort nimmt sich Rainer meiner an, ich breche förmlich auseinander. Alles Aufgestaute fließt langsam ab. Schweigend sitzen wir zusammen, bis es dunkel wird.

Ich bleibe monatelang in München. Dort passiert der erste Riss zwischen Jutta und mir. Der erste Lichtstrahl dringt durch unsere Symbiose. Wir hatten den ganzen Tag überlegt, wie es weitergehen soll. Nach Amerika zurück wollte sie nicht, und ich konnte auch nicht mehr an den amerikanischen Traum glauben. Dort fehlt einfach der Geist, die Vision, die ich jetzt in Rainer sehe und die mich mit Hoffnung, ja sogar Begeisterung erfüllt. Ich weiß, es muss nach vorne gehen und wir müssen dafür arbeiten, und zusammen können wir bestimmt mit Rainers Hilfe und Management doch noch berühmt oder erfolgreich und vielleicht Stars werden. Unser Plan wird immer plausibler und wir bauen ihn bis in das kleinste Detail aus. Rainer wird angerufen, er soll kommen, wir wollen unseren genialen Plan vorlegen. Rainer hört uns zu. Dann geschieht das Entsetzliche, er lehnt ab. Er glaubt nicht daran, obwohl er den Reiz erkennt, „auch Zwillinge müssen sich individuieren. Als Symbiose wird es nicht klappen, das habt ihr versucht. Auch ihr müsst eigenständige Individuen werden, das bleibt euch nicht erspart."

Ein Strudel ergreift mich, ich gehe unter. Juttas Gesicht vor der Wand, ich starre es an, es verschwindet hinter einer Feuerwand. Unsägliche Angst ergreift mich, ich möchte Rainer anschreien, er hat meine Hoffnung zerstört. Ich sitze auf einem Berg verbrannter und rauchender Ruinen, ich bin allein. Ich drehe mich um, Jutta ist verschwunden. Nachts heule ich aus Angst und wegen des Gefühls, meine Existenz verloren zu haben, aber in der inneren Dunkelheit scheint ein kleiner Lichtstrahl, kaum erkennbar, wie ein hauchdünner Silberstreifen zu schimmern, eine eigenartige Möglichkeit und leise Aufregung scheinen mich zu erfassen – vielleicht gibt es mich ja, jenseits der Zwillingsexistenz? Ein unbekanntes Wesen wartet auf mich: ich. Und dieses Ich will ich finden, das weiß ich genau, und doch ist es nur ein heimlicher Gedanke. Wäre er nicht der große Verrat?

Die nächsten Monate bleibe ich in München. Ziehe sogar mit Rainer zusammen. Fasten und Schattenarbeit. Meistens hasse ich Rainer. Er ist das ganz andere *System*. Aber es und er lassen mich nicht los, nur dass Paul mit Patti auf Welttournee ist, beunruhigt mich immer wieder. Aber hier geht es um mein Leben. Und auch um seins.

Nach ein paar Monaten werden Pauls Anrufe immer häufiger und dringender.

Schließlich kommt er, um mich abzuholen. Eine Seite in mir ist froh, Rainer entkommen zu können. Noch wartet ein abenteuerliches Leben auf mich, mit Paul. Ich kann noch nicht heilig werden, loslassen wird es mich aber nicht mehr, und Rainer wird die Konstante in meinem Leben. Mit allen Schwierigkeiten, Fluchten und Widersprüchen.

Mit Paul und den Kindern aber fliege ich erstmal weiter nach London. Dort wollen wir es noch einmal zusammen versuchen.

Warten auf Bob

Jutta: Alles, was Rainer sagt, stößt auf meinen Widerstand, und dennoch spüre ich dahinter eine Möglichkeit, den freien Himmel, den ich suche, zu finden. Immer wieder laufe ich weg und komme immer wieder an das Ende der Leine und werde unvermittelt zurückgerissen. Die erste Zeit ist turbulent und von extremer Anziehung und Abstoßung geprägt.

Aber nicht nur mir geht es so: Wir wollen mit Irm Hermann, die sich gerade unter Schmerzen von Fassbinder löst, zusammenziehen. Irm leidet tierisch unter der Liebe zu Rainer Werner Fassbinder und seinen Demütigungen und sieht in Rainers Angebot, ein schöner und eigener Mensch zu werden, eine geradezu rettende Alternative. Den Preis für dieses Unternehmen sieht sie nicht: schlicht unermüdliche Arbeit an sich selbst und letztlich ständige Demütigung des alten Ichs. Das nämlich muss auf der Strecke bleiben und kann nur noch Stoff sein, der sich verwandelt.

Leicht gesagt. Letztlich ist es meist eine ziemliche Plackerei. Anderen die Schuld zu geben, ist so viel leichter.

Wie schmerzhaft das ist und wie langwierig es werden wird und so ganz anders, als wir es uns damals vorstellen, ahnen wir in dem Frühling der Selbstverwirklichung (ich hasse das Wort) nicht. Man kann das alles auch kaum mit uns verbinden. Krieg der Frauen, schwarze Sexualität würde eher passen. Alles Eigene wird in Frage gestellt, jedes Gefühl, jeder Wunsch, jedes Wissen. Frühere Freunde nennen uns ironisch Baader-Meinhof-Yogis oder RAF-Heilige. In Rainers Nähe stürzt jeder ab.

In letzter Minute haue ich den Mietvertrag vom Tisch. Unterschlupf finde ich in der Nähe. Ein kleines Zimmer unter dem Dach bei einer verrückten Malerin. Gloria malt besessen, nachts schreit sie in einer verrückten Sprache, die in wüstes Schimpfen übergeht, mit dem sie Gott und den Teufel verflucht und mich, weil ich ihr die Cowboyboots, die ich ihr beim Einzug geschenkt habe, einige Tage später wieder abknöpfe. Ihre hasserfüllten Schreie zerteilen die Nächte, aber die Tage sind ruhig, wenn sie sich, durch viel Schnaps narkotisiert, ihren Träumen überlässt.

Meine kleine Kammer, man könnte auch Verschlag sagen, ist eine abgeteilte Ecke des großen Dachbodens, der sich ansonsten in ein dunkles Nichts verliert. Die Decke ist unverputzt und durch die alten Ziegel quetscht sich etwas Licht. Ein kleines Dachfenster gibt den Blick auf einen Fetzen Himmel frei, ansonsten herrscht hier Dunkelheit wie in einem tibetischen Tempel. Auf dem Boden liegt eine flache Matte – mein Bett. An den Holzverstrebungen baumeln einige kleine Gebetstücher aus Afghanistan. Es gibt ein schmales Brett, das auf einigen Büchern ruht und mir als kleiner Tisch dient. ‚Für die nächste Zeit ist diese unfertige Zelle meine abgeschiedene Berghöhle im Himalaja und für mich, auch in der Erinnerung, der schönste Platz der Welt. Ich lebe von wenig. Einmal am Tag Haferbrei und etwas Obst. Meine Versuche zu meditieren steigere ich zuweilen auf bis zu täglich sechs Stunden. Ich reise durch mein Inneres, doch: Irgendwann habe ich von der Anstrengung Tinnitus und ich falle auf die Matte und schlage um mich. Es schrillt in meinem Ohr. Gott verdammt, ich habe übertrieben. Trotzdem murmele ich ständig Gebete: Lass mich Dich erkennen. Irgendwie spinne ich.

Dann will ich wieder raus. Klaus Wiese bringt Brennnesseln zum Essen. Oben auf der Treppe liegt ein Penner. Nachts steige ich vorsichtig über ihn. Einmal kreischt er wild los, weil ein schwarzer Rabe, ich, über ihn klettert. Er packt mich und Wahnsinn züngelt über sein verdrecktes Gesicht, sein alkoholischer Pestatem betäubt mich fast. Sein Blick ist aggressiv. Er bewohnt jetzt vier Stufen mit seinem dreckigen Sack und Pack. Kaum noch zu überklettern und fortschreitend gefährlicher. Ein stöhnender und ächzender Müllhaufen. In dem trüben Flurlicht, hier oben ist die Birne auch noch kaputt, erkennt man nicht, dass unter dem Müll ein Wesen haust, das sich mit Alkohol und Stumpfsinn fertigmacht und tagelang in seinen teerschwarzen Fetzen eingerollt auf den Treppen liegt. Unberechenbar wie eine lauernde Muräne am Felsriff. Ich stelle ihm manchmal etwas Essen hin. Es bleibt meist zwei Tage stehen, dann ist es plötzlich weg.

Ich kann Gisela nicht erreichen. Wir wollen nach Indien. Rainer schickt Gisela eine Postkarte: warum Indien? Außerdem habe ich da so einen versauten Traum, der mir nächtelang den Schlaf raubt. Es gibt erste Heftchen und Tonbänder von einem indischen Heiligen namens Acharya Rajneesh, der sich bald Bhagwan Shree Rajneesh nennt und zu dem einige Freunde nach Indien abwandern. Auch Mascha. Ich verwerfe ihn bald als Option für weitere Erleuchtungen, ich finde seine Stimme falsch und tückisch, er kommt mir vor wie eine eitle, zischende Schlange, die ihr Opfer hypnotisiert, bevor sie es verspeist. Und der laut feiernden roten Masse um ihn herum fehlt jeglicher Stil und Intelligenz.

Ich besuche Rainer oft. Er leidet darunter, dass ich mich immer wieder abwende, packt sozusagen sein Herz ungeschützt auf den Küchentisch, aber er bleibt seinem Weg verbunden. Ich kann ihn nicht in die Knie zwingen beziehungsweise unter die Macht meiner Hüfte. Ich kann ihn nicht einmal zu einem Joint überreden. Das berührt mich und fordert mich. Trotzdem kämpfe ich weiter gegen ihn. Aus Angst. Ich beiße um mich. Da ist etwas stärker als ich. Das darf nicht sein.

Ich sage Rainer, dass ich wieder nach Amerika gehe. David Blue, blauäugiger und melancholischer Sängerkumpel von Dylan und Bewunderer Giselas, ruft mich nachts an. Erst um sein Leid zu klagen, dass Gisela in Europa ist, und nach ein paar langen nächtlichen Gesprächen bedrängt er mich immer mehr, ich solle nach Amerika kommen. Er spielt mir seine Lieder am Telefon vor und flüstert seine neuen Gedichte. Ich sage also Rainer, dass ich noch einmal nach Amerika will. Er bohrt, was möchtest du dort? Eigentlich will ich Dylan, aber ich spüre genau, dass der Moment vorbei ist und es David sein wird, dass der Jakobsleiter die letzten Sprossen fehlen und ich schon im Fall bin. Das gestehe ich mir aber nicht ein. Es ist die Utopie mit Rainer, die mein Leben bestimmen wird. Das weiß ich genau. Und gestehe es mir noch weniger ein. Ich weiß auch, dass ich mich in Amerika so desillusionieren werde, dass dieses Fluchttor geschlossen sein wird – wenn ich zurückkomme.

Ich kratze mein letztes Geld zusammen und mit einem Billigflieger lande ich früh morgens auf einem ausgelagerten Landeplatz in L.A. – es ist diesig, die Sonne hat Goodbye gesagt und einem milchigen Nebel den Platz überlassen. Kein Mensch holt mich ab. Ich habe nur eine Telefonnummer in der Tasche. Gisela ist weit weg – in Europa, in London. Ich hocke mich auf den Bordstein auf einem Parkplatz. Keine Seele weit und breit. Ein Farbiger holt mal einen verbeulten Toyota, dann scheint an diesem Dead End von L.A. jegliches Leben gewichen zu sein, als hätte der Nebel als Gift von Outerspace die Menschen hier gekillt. Ich habe einige Cents und gehe zurück zu dem Schuppen, der die Ankunftshalle simuliert. Nach einigem Suchen finde ich ein Telefon. Seltsamerweise hört man schon immer am Ton des Freizeichens, ob jemand dran geht oder nicht. So auch hier. Langes Freizeichen, keine Antwort. Irgendwann ein Anrufbeantworter. Ich schreie in den Hörer: „David, ich bin da! Ich bin gelandet, aber nicht auf LAX, sondern irgendwo in der Pampa. Du musst dorthin kommen. Ich ruf dich nachher noch mal an und sag dir, wo!"

Ich setzte mich wieder auf den Parkplatz. David pennt noch, denke ich, noch ist die Zeit der langen Nächte und der kurzen Tage, die am späten Mittag beginnen. Meine Zeit mit Rainer hat meine Uhr schon umgestellt. Es gibt einen Anflug von Disziplin und einen guten Geschmack davon. Ich kann warten, ich habe meditiert. Warten scheint eine Kunst zu sein, und ich denke an die Herausforderungen, die es zu meistern gilt. Eigentlich muss man nur still werden und das Verstreichen der Zeit ertragen, denke ich mir, während ich die wütende Gereiztheit in mir wahrnehme, dass David nicht kommt. Eine leichte Verachtung für seine Verpenntheit mischt sich in meine Erinnerungen an Bamyan, wo ich vor einigen Wochen auf dem Kopf des gigantischen steinernen Buddhas für Stunden mit geschlossenen Augen gesessen habe. Der Parkplatz wird zu meinem amerikanischen Buddha, aber nach einigen Stunden merke ich, dass ich noch etwas unternehmen muss, sonst sitze ich heute Abend noch hier.

Ich bekomme Zweifel, ob David überhaupt weiß, dass ich gelandet bin. Ich gehe wieder zum Telefon und lasse lang läuten. Dann höre ich eine gänzlich verschlafene Stimme. Zwei Stunden später ist David in einem alten weißen Mustang da, der schon bessere Tage gesehen hat, und Davids herunterhängende Augenlider geben kaum den Blick auf seine blauen Lichter frei. Die einsetzende Depression nach dem Höhenflug einer ekstatischen Generation hätte sich kaum besser abbilden lassen als in dem Pärchen David und Jutta. Finde ich. Ich fühle mich wie eine Schamanin nach der Ernüchterung, die an der erloschenen Feuerstelle die herumgestreuten Knöchelchen aufliest und keine Botschaft daraus mehr empfangen kann. Es ist noch etwas Glut in der Asche, aber zu wenig Holz, um es wieder zum Lodern zu bringen.

Das junge ekstatische Amerika wird gerade dahingeschlachtet. Meine Wahrnehmung von den raffgierigen Frauen der unmäßig reich gewordenen Popstars, der ehemaligen Rebellen, die mit ihren inzwischen zahllosen kleinen Kindern, ihrer Sicherheitsbrut, ein neuen gnadenlosen Konsum entfesseln, quält mich und macht mich ratlos. Eine weibliche Bande, welche die Beute verprasst. Ich kann mich nicht als Teil davon empfinden. Wie Schiffbrüchige aus einer sich immer weiter entfernenden alten Welt, die langsam im Nebel untergeht, fallen David und ich entfremdet auf irgendwelchen Partys und Kindergeburtstagen rum. Ich treffe Kevin O'Neal wieder, der mich auf eine Familienfeier mitnimmt. Die Mutter, Farrah Fawcett, gerade als Charlie's Engel zu Ruhm gekommen, feiert mit Ryan O'Neal und mit turmhohen Sahnekuchen, Zauberern, Pferden und überdrehten Müttern den zweijährigen Geburtstag ihres gemeinsamen Sohnes. Das Kind erstickt unter den Geschenken, und die Mütter reden rausgeputzt an den Tischen über Kosmetik, Schmuck, Kleidung und Babysachen. Irgendwo sitzen die noch langhaarigen Männer, die durch ihr Outfit noch Rebellion signalisieren, aber sie haben verloren. Ihre Frauen mit den Kindern haben gewonnen, und das heißt: besinnungsloser Triumph der Materie. Diese Entwicklung, erkenne ich hier unvermittelt wie in einem grellen Licht, hat Jim Morrison das Leben gekostet – und wird vielen die Kehle zuschnüren.

Es gibt noch kleine Inseln. David und ich treffen uns täglich mit Tom Waits, der noch einen Fuß im Underground hat. Wir begegnen uns in einem alten Burito Diner am Sunset, Vertriebene unter sich, und lesen uns Songs und Gedichte vor, die wir geschrieben haben. Ich gehe zur Schauspielschule und befreunde mich eng mit Bert Schneider, der den einbrechenden Zeitenwandel mit einer Liebe zu Greta, einer jungen blonden Schauspielschülerin aus meiner Klasse, aufhalten will. Ich ziehe mit Greta zusammen, fahre mit ihr und Bert nach New Mexico, durch Arizona, Utah und die Mojave-Wüste. Es reihen sich interessante Ereignisse wie Perlen an eine Kette, aber sie sagen mir nichts. Es ist mir egal, dass ich durch fantastische Landschaften fahre, in den alten Höhlen der Hopiindianer sitze, in eleganten Restaurants speise und dann wieder mit David die letzten Dollars zusammenkratze, um mit Tom am Sunset rumzuhängen. Ich fühle mich immer leerer und heimatloser. With no direction home.

Ich trinke, rauche und kiffe wieder und morgens ekele ich mich vor mir selbst. Meiner Zerrissenheit folge ich mit aggressiven Gedichten an David, der seinem Talent nicht gerecht wird und daran zerbricht. Er kontert: I found your writing on the table. The poem cut me like a knife. Für eine Weile schreiben wir gemeinsam Songs und Gedichte. Dann warte ich im Studio lange Stunden, wo er mit Joni Mitchell seine Songs einspielt. Ich warte auf ihn, ohne ihn zu meinen. Ich warte auf Godot, der in meinem Fall Dylan heißt. Ich warte auf Bob. Ich warte auf Niemanden. Er ruft nicht an. Ich halte nichts mehr in den Händen. Eines Morgens weiß ich, dass ich zurückfliege. Der Traum ist aus. Ich warte auch nicht mehr auf Gisela, die zwei Tage später aus London nach L.A. zurückkommen wird. Ich werde nicht mehr warten. Meine Entscheidung ist gefallen. Sie ist schon längst gefallen.

„We will sit together on top of a mountain …"

Ein Blick in die Zukunft 1980: Ich bin mit den Kindern in San Francisco. Paul ist in Cannes beim Filmfestival. Ich versuche, eine kleine Ordnung in unser nomadisches Leben zu kriegen, obwohl ich an sich lieber durch das Chaos surfe. Aber mit Kindern ist man eben langsamer, auch wenn meine durch unsere Odyssee gestählt und außerordentlich flexibel sind. Sie sind mehr kleine Kampfgefährten als Kinder.

Paul ist zurück und kommt gelegentlich vorbei.

Ich fahre nach Deutschland, mein Vater liegt im Sterben. Paul geht mit den Kindern nach Los Angeles. Er lässt sich in eine Entzugsklinik einweisen. Ich muss sofort zurück zu ihm. An den Wänden seines Zimmers hängen Fotos aus Coppolas „Apocalypse Now".

Paul hört ständig „The End". Er identifiziert sich mit Jim Morrison.

Ich nehme die Kinder mit zurück nach San Francisco. Schreibe ein Theaterstück über den Tod meines Vaters, über meine Angst und den Kampf, dass er nicht in ein Krankenhaus muss und zuhause sterben kann. Zur Premiere von „Mr. Smith is Dying" reist die ganze Familie aus Los Angeles an. Man ist stolz auf mich. Einer von Gails Freunden, ein Literaturagent von ICM, will mich unter Vertrag nehmen. Ich verstricke mich in eine kleine Affäre mit Governor Jerry Brown. Er reicht mein Stück an den Theaterkönig Papst in New York weiter.

Paul schickt ein Telegramm aus Spanien. Er dreht dort mit Wim Wenders „The State of Things" („Der Stand der Dinge"). Wir arbeiten jetzt beide. Vielleicht wird doch noch alles gut.

In einem Traum sieht sich Gisela mit Paul „in einem kleinen düsteren Haus am Rand eines Moores". Ein Steg verbindet das Moor mit dem Festland. Eine Limousine hält auf der sicheren Seite, Männer der Mafia steigen aus. Sie nähern sich „unserem Haus", dabei in Gisela „ein unheilvolles Gefühl von unabwendbarer Gefahr" stiftend. Sie sieht ein Todeskommando entgegenkommen.

Nun sprechen die Männer mit Paul. Sie schirmen ihn vor Gisela ab. Sie wollen, dass Paul mit ihnen kommt. Gisela möchte ihn festhalten, noch kann er bleiben. Die Männer verlegen sich auf ihre Drohroutine. Als Paul dann mit ihnen geht, dreht er sich auf dem Steg noch einmal um, mit einem von Hoffnungslosigkeit verdunkelten Blick. Er steigt in die Limousine.

Gisela: Entsetzt sehe ich in meinem Traum, dass sie den kleinen dunklen Weg nehmen, der in das Moor führt und von dem ich weiß, dass er im sumpfigen Nichts endet. Ich laufe aus dem Haus und hinter dem Wagen her, ich kann sie nicht einholen. Ich sehe gerade noch, dass am Ende des Wegs die Limousine stehen bleibt; die Mafiosi steigen aus und mit ihnen Paul. Es ist fast dunkel nun, die Nacht ist plötzlich hereingebrochen, aber ich sehe noch, dass er sich nun nicht mehr umdreht. Er verschwindet mit den Männern, auf kleinen wackelnden Trittbrettern balancierend, in das dunkle Moor. Ich bleibe allein mit lähmender Angst und schweren Todesahnungen zurück.

Ich wache auf. Der Traum war so ungeheuer stark, dass ich mich erst einmal sammeln muss. Die Angst steckt mir in allen Gliedern. Ich weiß, dass Pauls Zustand sich verschlechtert hat. Ich muss Gail anrufen. Paul muss in ein Krankenhaus, irgendetwas muss geschehen. Er ist am Ende.

Ich erreiche Gail nicht und hinterlasse eine Nachricht auf ihrem Anrufbeantworter.

Paul ruft an, er will Rainers Telefonnummer. Die dämonischen Stimmen in ihm sind so laut, dass er um seinen Verstand fürchtet. Er glaubt, dass Aleister Crowley sich in ihm inkarnieren will, dass irgendeine schwarze Magie die Kontrolle über ihn gewonnen hat. Seine Seele wähnt er bereits verloren.

Paul klingt absolut verzweifelt. Vielleicht kann Rainer helfen. Paul achtet Rainer, bewundert seine politische Vergangenheit und nun sein ernsthaftes Leben. Aber es ist gewiss schon zu spät. Paul befindet sich im freien Fall. Es gibt kein Halten mehr. Oder?

Trotzdem wollen wir gemeinsam ein Drehbuch zusammen schreiben. Von einem Freund leihen wir uns eine Schreibmaschine. Zusammen fahren wir zum Zen-Center von San Francisco und holen sie ab. Uns schwebt eine verdrehte Dreiecksgeschichte zwischen einem Jungen und zwei Mädchen vor.

Paul kann sich nicht konzentrieren und wirkt gehetzt und will auch schon wieder nach Los Angeles. Am Abend vor der Abreise gehen wir in das alte Café Tosca, es gehört einer Freundin. Pauls Vater und Gail haben vor Ort schon Maria Callas aus der Jukebox gehört. Als wir Columbus Avenue überqueren, legt er seinen Arm um meine Schulter.

Ein bewegender Moment mitten auf der Straße: „Martine, when all the madness is gone and we have lived all our mistakes and cried over all the regrets we still will be together. We will sit together on top of a mountain, old but through with all of it, just looking at the sunset."

Ja, so wird es sein. Wir sind uns nah. Er gehört zu mir, so wie Jutta.

Nur ein paar Tage danach ruft Paul aus einem Krankenhaus in Los Angeles an, er ist – wegen schwerer Schädigung seiner Leber (sagt er) – vorübergehend erblindet. Er will beim besten Willen nicht im Krankenhaus bleiben.

Ich erkenne Paul kaum wieder, als er in San Francisco ankommt. Er ist aufgedunsen. Seine Lippen sind spröde, seine Augen trüb. Dieser Liebling der Götter hat sich so weit selbst zerstört, dass sein Ende unausweichlich erscheint. Und nun will er die Scheidung, um eine Italienerin heiraten zu können.

Paul fragt, ob ich einwilligen werde. Ich sage, dass er in ein Krankenhaus muss, jetzt sofort, und ich muss die Kinder aus dem Kindergarten abholen … er will mit mir mitkommen. Im Auto sagt er: „Martine, versprich mir, dass du nie in eine Scheidung einwilligst."

„Sowieso nicht", sage ich, „du musst sofort in ein Krankenhaus."

„Ich schaue meiner eigenen Zerstörung zu und kann nichts dagegen machen. Und ihr Motor ist stärker als alles andere." Das höre ich Paul mit der Stimme eines alten Mannes sagen, desillusioniert und gefasst. Er kann nicht mehr.

Das Ende

This is the end
Beautiful friend
This is the end
My only friend, the end

Of our elaborate plans, the end
Of everything that stands, the end
No safety or surprise, the end
I'll never look into your eyes … again
Can you picture what will be
So limitless and free
Desperately in need … of some … stranger's hand
In a … desperate land

Lost in a Roman … wilderness of pain
And all the children are insane
All the children are insane
Waiting for the summer rain, yeah.

Ich betrete meine Wohnung, sehe, dass das rote Licht meines Anrufbeantworters blinkt. Hinterlassen hat Gail mir diese Nachricht: „Paul ist im Krankenhaus. Er liegt im Koma. Komm sofort, er wird es vielleicht nicht schaffen."

Ich finde jemanden, der auf die Kinder aufpasst. Auf dem schnurgeraden und super öden Highway Nummer 5 fahre ich von San Francisco nach Los Angeles. Meine Augen brennen, morgens um sechs komme ich ans Ziel. Bert Schneider stellt mir sein Gästehaus zur Verfügung. Ich treffe Gail, gemeinsam fahren wir zum Cedars-Sinai Hospital, das im Herzen von Hollywood liegt.

Gail erzählt, was passiert ist. Paul war auf einer Party. Er hatte Alkohol getrunken und dazu vom Arzt verschriebene Tabletten genommen. Er fiel dann unbemerkt ins Koma. Die übrigen Gäste wähnten ihn schlafend. Erst am nächsten Morgen kam seinen Freunden an Paul etwas komisch vor. Sie konnten ihn nicht wecken. Sein Atem war kaum zu vernehmen. Sie hielten ein Streichholz vor Pauls reaktionsblinde Augen, dann riefen sie den Notarzt.

Esma Annemon Dil
Ariane Sommer
Foreign Affairs
weissbooks.w